皮书系列

皮书系列

皮书系列

权威·前沿·原创

皮书系列

皮书系列

皮书系列

皮书系列

皮书系列

文化蓝皮书

BLUE BOOK OF CHINA'S CULTURE

中国公共文化服务发展报告（2012）

REPORT ON DEVELOPMENT OF CHINA'S PUBLIC SERVICES OF CULTURE (2012)

顾　问／蔡　武　杨志今
主　编／于　群　李国新

社会科学文献出版社
SOCIAL SCIENCES ACADEMIC PRESS (CHINA)

图书在版编目(CIP)数据

中国公共文化服务发展报告. 2012/于群, 李国新主编. —北京: 社会科学文献出版社, 2012. 10
(文化蓝皮书)
ISBN 978 - 7 - 5097 - 3616 - 6

Ⅰ.①中… Ⅱ.①于… ②李… Ⅲ.①公共文化 - 服务 - 发展 - 中国 - 2012 Ⅳ.①F323.89

中国版本图书馆 CIP 数据核字 (2012) 第 036089 号

文化蓝皮书
中国公共文化服务发展报告(2012)

顾　　问 / 蔡　武　杨志今
主　　编 / 于　群　李国新

出 版 人 / 谢寿光
出 版 者 / 社会科学文献出版社
地　　址 / 北京市西城区北三环中路甲 29 号院 3 号楼华龙大厦
邮政编码 / 100029

责任部门 / 皮书出版中心 (010) 59367127
电子信箱 / pishubu@ssap.cn
项目统筹 / 邓泳红
经　　销 / 社会科学文献出版社市场营销中心 (010) 59367081　59367089
读者服务 / 读者服务中心 (010) 59367028
责任编辑 / 任文武
责任校对 / 师敏革
责任印制 / 岳　阳

印　　装 / 北京画中画印刷有限公司
开　　本 / 787mm × 1092mm　1/16
印　　张 / 25.75
版　　次 / 2012 年 10 月第 1 版
字　　数 / 442 千字
印　　次 / 2012 年 10 月第 1 次印刷
书　　号 / ISBN 978 - 7 - 5097 - 3616 - 6
定　　价 / 98.00 元

目录

𝔹Ⅰ　总报告

𝔹Ⅱ　宏观视角

BⅢ　地方实践

BⅣ　重点扫描

B V 他山之石

B VI 大事记

皮书数据库阅读使用指南

CONTENTS

BⅢ Local Practice

B IV Key Scan

B V Outside the Box

B VI Chronicle

序 言

蔡 武*

我国的公共文化服务体系是以保障人民群众基本文化权益、满足人民群众基本文化需求为目的，以政府为主导，以公共财政为支撑，以公益性文化单位为骨干，向全社会提供公共文化设施、产品、服务的总和。《“十二五”时期文化改革发展规划纲要》提出到2020年“努力建设社会主义文化强国”的奋斗目标，把“文化事业全面繁荣，覆盖全社会的公共文化服务体系基本建立，努力实现基本公共文化服务均等化”作为一项重要的战略任务。

“十一五”时期，我国公共文化服务体系建设取得了重要突破，公共财政投入大幅度增长，覆盖城乡的公共文化设施网络初步建立，城乡基层公共文化资源不断丰富，服务能力不断提高，公共文化服务体系呈现蓬勃发展的良好态势。整体上看，当前我国公共文化服务体系建设已进入了整体推进、科学发展、全面提升的新阶段。但是，我们也要清醒看到，由于我国仍处于社会主义初级阶段的基本国情没有根本改变，社会的基本矛盾仍然是落后的社会生产力与人民群众日益增长的物质文化需求之间的矛盾没有根本改变，我们的文化建设同经济社会各项事业一样，城乡之间、区域之间的发展很不平衡，统筹城乡文化发展的任务还相当艰巨。公共文化服务体系建设总体水平不高，投入总量不足、投入结构不合理，广大农村和中西部地区文化发展相对滞后，特别是县级公共文化服务体系建设基础薄弱，县乡村文化设施相对落后、财政保障机制不健全、基本公共文化服务供给不足问题十分突出。公共文化服务体系政策法规不完善，政府主导和全社会推动公共文化服务体系建设的自觉意识在一些地方还没有完全形成。这些问题在一定程度上影响了社会主义精神文明建设和人民群众素质的提高，影响了文化建设和经济社会的协调发展，影响了新农村建设的整体推进，迫切需要采取得力

---

* 蔡武，文化部部长。

措施加以解决。

加强公共文化服务体系建设，是中国特色社会主义文化建设“双轮驱动”的“双轮”之一。在中国特色社会主义市场经济体制环境中，我们逐步加深了对“文化”双重属性、双重功能的认识，李长春同志在《正确认识和处理文化建设发展中的若干重大关系，努力探索中国特色社会主义文化发展道路》[①] 一文中明确指出，“在社会主义市场经济条件下，文化产品既有教育人民、引导社会的意识形态属性，也有通过市场交换获取经济利益、实现再生产的商品属性、产业属性、经济属性。”“正确把握‘两种属性’的关系，要求我们必须正确认识和处理‘两个效益’即社会效益与经济效益的关系。”一手抓公益性文化事业，一手抓经营性文化产业，实现“双轮驱动”、协调发展，体现了对中国特色社会主义文化建设正确道路的深刻认识和自觉把握。

加强公共文化服务体系建设，是保障人民群众基本文化权益、满足人民群众基本文化需求的主要途径，是开放的国际条件下和全球化时代浪潮中维护公共文化生活公平正义和健康有序、促进社会和谐稳定、建构中华民族共有精神家园的重要保障，也是履行政府职能、建设服务型政府、改善和发展文化民生的内在要求。中国特色社会主义决定了中国公共文化服务体系始终以保障人民群众的基本文化权益为出发点和立足点，同时，中国特色社会主义初级阶段的特点也客观地决定了现阶段我国公共文化服务体系重在“保基本、重基层、惠民生”的特点和规律，决定了当前和今后一段时期公共文化服务体系建设必须把公共文化服务均等化、城乡公共文化服务一体化和切实解决“文化低保”问题放在重要位置。

加强公共文化服务体系建设是当前我国文化建设的一项战略性工作，是各级党委政府肩负的重要职责，也是各级文化行政部门第一位的工作。李长春同志在视察文化部工作时着重指出，加快建设覆盖城乡的公共文化服务体系，更好地保障人民群众的基本文化权益，这项工作针对十三亿人，具有普惠性质，是当前文化工作中最重要的任务。为了深入贯彻科学发展观，全面落实党的十七届六中全会提出的“文化事业全面繁荣，覆盖全社会的公共文化服务体系基本建立，努力实现基本公共文化服务均等化”的重要任务，各级党委政府和文化行政部门

① 李长春：《正确认识和处理文化建设发展中的若干重大关系，努力探索中国特色社会主义文化发展道路》，《求是》2010 年第 12 期，第 3～13 页。

有必要在“六个到位”上下工夫。一是思想认识到位。坚持文化发展为了人民、文化发展依靠人民、文化发展成果由人民共享，充分认识公共文化服务体系建设始终以人民为中心，注重发挥人民在公共文化服务体系建设中的主体作用。二是公共投入到位。坚持政府主导，加大公共财力投入力度，落实对“基本文化服务”的财力保障，把主要公共文化产品和服务项目、公益性文化活动纳入公共财政经常性支出预算。三是建设运行到位。既要继续抓好公共文化服务设施的网络覆盖和合理配置，更要注重设施、机构的管理运行，不断提升运行绩效和服务质量。四是制度设计到位。加强制度设计研究，逐步建立与现代化公共文化服务体系建设相适应的体制和制度，加快国家和地方的公共文化服务立法进程，稳步推进公共文化服务体系建设的科学化、制度化、规范化。五是创新发展到位。大力推进公共文化服务体制改革和机制创新，加强公共文化产品生产供给，积极促进公共文化资源整合、共建共享，引导和鼓励社会力量参与公共文化服务，加快发展文化志愿者事业，及时将为农民工提供文化服务纳入城市公共文化服务体系，想方设法改善社区和农村基层文化服务，着力提高全国公共文化服务均等化水平。六是宣传示范到位。积极落实党的十七届六中全会关于“推进国家公共文化服务体系示范区创建”要求，充分发挥创建示范区典型引路作用，进行广泛宣传。各级宣传文化部门要善于挖掘和总结本地好经验，不断推出先进典型，加大宣传推广力度，以点带面，逐步形成具有地域特点、符合实际的公共文化服务体系建设模式。

当前，中国特色社会主义文化建设以及公共文化服务体系建设面临最好的发展时期，我们要在党的十七届六中全会精神鼓舞下，把握机遇、乘势而上，脚踏实地、努力奋斗，不辜负伟大时代赋予的历史使命和重要责任。

认真贯彻落实党的十七届六中全会精神 加快构建中国特色公共文化服务体系

杨志今*

一　我国公共文化服务体系建设战略的提出和主要内涵

2002年，党的十六大第一次将传统的大文化事业分为公益性文化事业和经营性文化产业两个部分，明确提出“积极发展文化事业和文化产业”，初步形成了一手抓公益性文化事业，一手抓经营性文化产业，“两手抓，两加强”的文化改革发展战略。适应发展公益性文化事业和建设公共服务型政府的需要，2005年10月，党的十六届五中全会在国家公共服务体系的大框架下第一次正式提出，要“加大政府对文化事业的投入，逐步形成覆盖全社会的比较完备的公共文化服务体系”，把公共文化服务体系建设列入党和国家科学发展的大局。2006年，党十六届六中全会作出的《中共中央关于构建社会主义和谐社会若干重大问题的决定》要求，“加快建立覆盖全社会的公共文化服务体系”。2007年6月，胡锦涛总书记主持召开中央政治局会议，专题研究加强公共文化服务体系建设的有关问题。2007年8月，中办、国办下发《关于加强公共文化服务体系建设的若干意见》，对公共文化服务体系建设的目标任务、基本原则、政策措施等作出了全面阐释。党的十七大把建立“覆盖全社会的公共文化服务体系”作为实现全面建设小康社会的重要目标之一。2010年7月，胡锦涛总书记在中央政治局第22次集体学习会上的重要讲话中，把“加快构建公共文化服务体系”作为文化改革发展要做好的“三加快一加强”四项重要工作之一。2011年《国民经济和社会发展第十二个五年规划纲要》明确提出“十二五”时期要“建立健全公共

---

* 杨志今，文化部副部长。

文化服务体系”。党的十七届六中全会提出了建设社会主义文化强国的宏伟目标，要求“到2020年，文化事业全面繁荣，覆盖全社会的公共文化服务体系基本建立，努力实现基本公共文化服务均等化”。构建公共文化服务体系这一战略任务的确立，体现了党和政府对自身文化职能的清晰定位、对公民文化权利的尊重和对文化民生的主动担当，为更好地坚持中国特色社会主义文化发展道路指明了方向。

在我国，公共文化服务体系是以保障人民群众基本文化权益、满足人民群众基本文化需求为目的，以政府为主导，以公共财政为支撑，以公益性文化单位为骨干，向全社会提供的公共文化设施、产品、服务及制度体系的总称。完善的公共文化服务体系包括公共文化产品生产供给体系、设施网络覆盖体系、资金人才和技术保障体系、组织支撑体系、运行评估体系等五个基本的子系统。在这些子系统中，设施网络覆盖体系、资金人才和技术保障体系、组织支撑体系为公共文化服务提供了平台和载体；生产与供给体系解决公共文化产品的生产和服务的供给；运行评估体系保证整个体系有序、高效地运转。五个子系统相互联系，密切配合，共同构成我国公共文化服务体系的基本框架，支撑起公共文化服务体系的整体运作和功能发挥。

公共文化服务体系具有四个基本属性：一是公益性。政府提供的公共文化服务不以营利为目的，基本上是免费的或低于成本、收费很少的服务，具有公益性质，体现对人的关怀。目前，我国提供公共文化服务的骨干力量是公共图书馆、群艺馆、文化馆（站）、博物馆、美术馆、文化中心以及全国文化信息资源共享工程服务点等公益性文化单位。二是基本性。公共文化服务体系建设的主要目标是实现“广覆盖、保基本”，重在保障一定经济社会发展水平之上人们生存和发展必需的基本文化条件和基本文化福利水准。目前阶段，基本公共文化服务的主要内容包括看电视、听广播、读书看报、进行公共文化鉴赏、参加公共文化活动等。三是均等性。全体公民不论地域、民族、性别、收入及身份差异如何，都能获得与经济社会发展水平相适应，大致均等的基本公共文化服务。从价值层面来看，均等性体现的是公平性、平等性价值，要求在不同区域和不同群体之间均等地分配公共文化资源，使人民群众能够获得同等程度的公共文化服务。四是便利性。要求阵地服务、流动服务和数字文化服务相结合，做到公共文化服务网点化，确保一定空间范围内有公共文化活动场所，方便群众就近参与。

公共文化服务体系建设战略的提出，有其深刻的历史背景和现实原因，显示了我国公共文化服务体系建设从理论表述到实践工作、从抽象理念到具体制度安排层层推进的历史过程，也体现了中央对公共文化服务体系建设的高度重视。从国际上看，全球化浪潮及其带来的国际竞争压力，促使我国在经济、政治、军事之外，越来越把文化作为重要战略力量。从国内来看，我国进入了经济体制深刻变革、社会结构深刻变动、利益格局深刻调整、思想观念深刻变化的社会转型时期，处在由重点推动经济发展迈向实现全面科学发展的转折阶段，关注文化民生，促进社会和谐是这个转折阶段的应有之义。因此，必须加快构建完善的公共文化服务体系，发挥公共文化产品凝聚核心价值、巩固共同理想、培育精神文明、促进文化认同以及协调利益诉求的价值引导功能，为个人全面发展和社会全面进步提供精神动力与智力支持，推动我国科学发展目标的实现。

二　我国公共文化服务体系建设的具体举措和主要成效

党的十六大以来，在党中央和国务院的正确领导下，各级党委、政府和文化部门认真贯彻落实文化改革发展战略部署，把公共文化服务体系建设作为文化工作的重要任务，以保障人民群众基本文化权益为着力点，以实施重大文化惠民工程为抓手，以文化设施为载体，以文化服务为核心，加大建设力度，公共文化服务体系建设呈现蓬勃发展、整体推进、重点突破的良好态势，为“十二五”时期公共文化服务体系建设奠定了坚实的基础。

（一）文化经费投入和设施建设力度不断加大，公共文化设施实现有效覆盖

党的十六大以来，随着我国财力的增强，文化建设投入不断增加，为公共文化服务体系建设提供了有力的资金保障。2011 年，全国文化事业费为 392.62 亿元，与2002 年的 83.66 亿元相比，增长了 3.69 倍。人均文化事业费从 2002 年的6.51 元增加到 2011 年的 29.14 元，增长了 3.5 倍。一系列面向基层、面向农村的重大公共文化设施建设项目顺利实施，显著改善了城乡公共文化设施的整体面貌。“十五”期间，中央财政共投入 4.8 亿元，扶持中西部地区县级图书馆、文化馆建设，初步实现了“县县有图书馆、文化馆”的建设目标。2007 年至 2010

年，中央财政共投入 39.48 亿元，补助全国 2.67 万个乡镇综合文化站建设，到“十一五”末基本实现了“乡乡有综合文化站”的建设目标。2011 年，国家发展改革委、文化部和国家文物局共同实施《全国地市级公共文化设施建设规划》，“十二五”时期，中央将补助 70 亿元用于地市级公共图书馆、文化馆和博物馆建设，将基本实现全国所有地市级城市都建有设施达标、布局合理、功能完善的公共图书馆、文化馆。此外，财政部还先后设立了县级图书馆文化馆修缮、乡镇文化站设备购置和城市社区文化中心（文化活动室）设备购置专项资金，加强对城乡公共文化设施设备配备的支持。截止到 2011 年底，全国共有县级以上独立建制公共图书馆 2952 个，文化馆（含群艺馆）3285 个，乡镇（街道）文化站 40390 个，基本实现了“县有图书馆、文化馆，乡有综合文化站”的建设目标，覆盖城乡的公共文化设施网络基本建立。

（二）公共文化服务体系软件建设深入推进，制度保障水平明显提高

近年来，各级文化部门认真贯彻落实中央文化体制改革会议精神，把公共文化政策法规体系建设和制度设计作为履行公共文化管理和服务职能的重要抓手，加强典型经验的总结推广，不断提高公共文化服务制度保障水平。

一是开展制度设计研究，加强公共文化服务体系顶层设计。2010 年 3 月，文化部启动了国家公共文化服务体系制度设计研究，针对当前公共文化服务体系建设存在的突出矛盾和问题，立足我国区域差异和城乡差异的具体实际，对涉及全局性、战略性的重大问题进行研究，提出具体解决方案和政策建议，形成公共文化服务体系建设的长效机制。

二是开展国家公共文化服务体系示范区（项目）创建工作，探索公共文化服务体系建设科学发展的路径。2011 年，文化部、财政部实施了国家公共文化服务体系示范区（项目）创建工作。“十二五”期间，在全国东、中、西部创建一批结构合理、发展平衡、网络健全、运行有效、惠及全民的公共文化服务体系示范区，培育一批具有创新性、带动性、导向性、科学性的公共文化服务体系示范项目，为我国公共文化服务体系建设探索路径、积累经验、提供示范，推动公共文化服务体系建设科学发展。从首批示范区创建工作情况看，各示范区创建城市将创建工作作为探索建立符合本地实际的公共文化服务体系建设模式的重要举

措，大幅增加财政资金投入，大力推进公共文化设施建设，加快解决制约公共文化服务体系科学发展的突出矛盾和问题，推动了公共文化服务体系的跨越式发展。

三是加快推进文化立法，完善公共文化法律法规体系。近年来，文化部先后推动制定了《文物保护法》、《非物质文化遗产保护法》、《公共文化体育设施条例》等法律法规，积极推进《公共图书馆法》立法工作，推动地方落实《乡镇综合文化站管理办法》，组织修订《文化馆管理办法》，制定《城市社区文化设施管理办法》等规章，争取早日形成一个比较完备的具有中国特色的公共文化法律法规体系，提高依法治文水平。

四是总结和推广公共文化服务体系建设的典型经验，在全国发挥示范和带动作用。2010 年以来，文化部先后组织召开了“全国村级文化建设工作座谈会”、“全国县级公共文化服务体系建设现场经验交流会”、“全国地市级公共文化服务体系建设现场经验交流会”，总结推广地市级—县级—村级文化建设的典型经验，有效发挥了先进典型的示范带动作用，以点带面推动公共文化服务体系建设。

（三）公共文化机构业务建设稳步推进，行业管理更加规范

加强行业管理，推进公共文化机构业务工作的制度化、标准化、规范化是公共文化服务体系建设的重要内容。党的十六大以来，我国公共文化机构服务标准和服务规范逐步完善，行业管理日趋规范。

一是业务规范化建设取得新进展。《乡镇综合文化站管理办法》、《公共图书馆建设用地指标》、《文化馆建设用地指标》、《公共图书馆建设标准》、《文化馆建设标准》、《公共图书馆服务规范》正式颁布，公共文化机构标准规范体系日益完善。

二是公共文化机构评估定级工作有序开展。文化部积极组织开展公共图书馆、文化馆评估定级工作，全国上等级文化馆达到 2028 个，达标率为 62%，上等级图书馆达到 1784 个，达标率为 63.3%。

三是公共文化队伍建设进一步加强。2010 年，中宣部、文化部等六部委下发了《关于加强地方县级和城乡基层宣传文化队伍建设的若干意见》（以下简称

《意见》），明确了乡镇综合文化站人员编制标准和培训要求，并组织督查组对各地贯彻落实《意见》情况进行督查，有效推动了城乡基层公共文化队伍建设。2011 年，文化部在全国组织开展了“全国基层文化队伍培训项目”。

“十二五”期间，将对全国现有 24.27 万名县乡专职文化队伍和 366.85 万名左右的业余文化队伍进行系统培训。一些地方还探索建立了包括图书馆总分馆体系中的分馆馆长委派制度、村级文化中心（室）专职管理员制度、镇（街）综合文化中心专职工作人员编制量化制度、乡镇综合文化站工作人员下派制度等，有效加强了公共文化队伍建设。

（四）重大数字文化工程稳步实施，文化和科技融合度日益提高

公共数字文化是数字化、信息化、网络化环境下文化建设的重要内容。近年来，文化部、财政部积极适应时代进步和信息技术发展的要求，联合实施了全国文化信息资源共享工程、国家数字图书馆推广工程、公共电子阅览室建设计划等重大数字文化工程。2011 年，文化部、财政部下发了《关于进一步加强公共数字文化建设的指导意见》，提出要加大三大数字文化惠民工程实施力度。全国文化信息资源共享工程自 2002 年实施以来，经过十年建设，已初步构建了层次分明、互联互通、多种方式并用的国家、省、市、县、乡镇（街道）、村（社区）六级数字文化服务网络。截至 2012 年 5 月，工程已建成 1 个国家中心，33 个省级分中心（覆盖率达 100%），2840 个县级支中心（覆盖率达 99%），28595 个乡镇基层服务点（覆盖率达 83%），60.2 万个行政村基层服务点（覆盖率达 99%），部分省（区、市）村级覆盖范围已经延伸到自然村。全国文化信息资源共享工程数字资源总量已达到 136.4TB，累计培训 591 万人次，提供服务 11.2 亿人次。

数字图书馆推广工程于 2011 年 5 月正式启动，其核心内容是建设覆盖全国的数字图书馆虚拟网、互联互通的数字图书馆系统平台和海量分布式数字资源库群，形成完整的数字图书馆标准规范体系，借助全媒体提供数字文化服务，推动形成公共文化服务新业态。目前，全国所有省级馆和 185 个市级馆参加。2011 年中央补助资金 4980 万元，2012 年中央补助资金达 1.23 亿元。公共电子阅览室试点工作于 2009 年下半年在北京、天津、辽宁、山东、上海、浙江、广东、安

徽、陕西等9省（市）开展。截至2011年底，9个试点省（市）各级经费投入近2.7亿元，参加试点的公共电子阅览室数量达6200个，资源总量达386GB，服务近1700万人次。

（五）公共文化服务方式不断创新，服务能力和服务水平明显提高

加强公共文化服务体系建设，必须积极创新服务方式，提高服务水平，为城乡居民提供优质高效、普遍均等的公共文化服务。公共文化机构免费开放是推动群众共享文化发展成果，体现文化惠民的重要创新举措。从2004年开始，我国各级各类国有博物馆、纪念馆、美术馆和有条件的爱国主义教育基地等公共文化设施逐步实行了免费或者优惠开放。2011年，文化部、财政部推动实施全国公共图书馆、文化馆（站）、美术馆免费开放工作。截止到2011年底，全国2952个公共图书馆、3285个文化馆、34139个乡镇综合文化站实现了无障碍、零门槛进入，所提供的基本服务项目全部免费。据不完全统计，2011年3～10月，全国各级文化馆免费开放服务人次514.45万，比2010年全年429.8万服务人次的数量增长19.7%，各级公共图书馆到馆人次4.27亿，比2010年全年3.28亿人次的数量增长30%。此外，文化部还会同财政部、教育部、全国总工会、共青团中央、全国妇联、中国科协等相关部门，共同推动工人文化宫、青少宫、妇女儿童活动中心、科技馆免费开放工作。除免费开放以外，各地文化部门还采取了一系列措施推动公共文化服务方式创新。如江苏苏州、浙江嘉兴等地形成了多种模式的跨行业、跨系统的地方性图书馆共建共享体系，图书馆信息无障碍服务、公共图书馆讲座等蓬勃开展；辽宁省依托广播电视“村村通”网络，传输文化共享工程信息资源，实现文化共享工程进村入户；广东、福建等地积极发展流动文化馆、图书馆、博物馆，使群众能够享受就近、便捷的公共文化服务。

（六）群众文化活动蓬勃开展，群众文化生活日益丰富

党的十六大以来，文化部按照“宏观布局、统筹指导、抓住重点、整体推进”的工作思路，以导向性、示范性、带动性、可持续性为原则，以“群星奖”和“中国民间文化艺术之乡”为龙头，努力形成点面结合、上下联动的群众文

化活动长效机制，引导和带动全国群众文化活动广泛开展。“群星奖”是文化部为推动全国群众文化活动开展而设置的一个国家级奖项。近年来，文化部通过改革创新，推出一批雅俗共赏、群众喜闻乐见的文艺作品，并将精彩纷呈的群文节目送进社区、广场、学校和军营，提高了“群星奖”的社会影响力和社会效益。“中国民间文化艺术之乡”自 1987 年创办以来，在全国命名、培育了一批具有影响力和持续性的特色文化品牌，丰富了广大城乡基层群众的精神文化生活。文化部还组织开展了一系列重大群众文化活动，如“纪念改革开放 30 周年——首届中国农民文艺会演”、“歌声伴着我成长”——庆祝新中国成立 60 周年优秀少儿歌曲音乐晚会、“大地情深”——全国城乡基层群众小戏小品展演、全国城乡基层群众庆祝建党 90 周年系列群众文化活动等，充分展现了改革开放时代大潮中全国人民昂扬向上的精神风貌。

（七）针对特定地区和特殊群体的公共文化服务广泛开展，公共文化服务均等化水平有效提升

按照努力推进基本公共文化服务均等化的要求，各地文化部门以进城务工人员、老年人、未成年人、下岗失业人员、低收入人群、残障人群等特殊群体为对象，采取政府采购、项目补贴、定向资助等措施，推动公共文化资源向特殊群体倾斜，提高公共文化服务能力。2011 年，文化部联合人力资源和社会保障部、全国总工会印发了《关于进一步加强农民工文化工作的意见》，提出把农民工文化工作纳入城市公共文化服务体系。2011 年和 2012 年元旦春节期间，文化部连续两年在北京组织了慰问农民工春节晚会，以“农民工演、演农民工、农民工看”的形式，推动草根节目走上大舞台，充分发挥了文化在推进农民工融入城市方面的桥梁作用。2012 年 5 月，文化部在浙江省东阳市组织召开了全国农民工文化建设现场经验交流会，推介 40 个“2012 年农民工文化服务示范项目”，发挥在全国的示范带动作用。为保障边疆民族地区群众文化权益，文化部组织实施了“春雨工程”——全国文化志愿者边疆行工作。活动紧紧围绕“共同团结奋斗，共同繁荣发展”的新时期民族工作主题，通过内地省区和边疆地区“大舞台”、“大讲堂”、“大展台”的对口交流活动，构建内地与边疆少数民族地区文化交流的新平台。活动开展 3 年来，共有 20 多个内地省（市）和单位组织 50 多支志愿团，招募 2000 多名文化志愿者，为 12 个边疆民族省、自治区和新疆生

产建设兵团组织文艺演出300多场，业务培训1400多学时，文化展览400多天，惠及群众数十万人次。同时，通过举办中国老年合唱节、中国少儿合唱节，实施中国少儿歌曲创作推广计划，通过建设少儿图书馆、盲人图书馆等举措，有效保障了老年、少年儿童、残疾人等特殊群体的基本文化权益。

党的十六大以来，我国公共文化服务体系建设取得了显著成绩，但仍存在一些制约公共文化服务体系建设科学发展的观念、体制、机制障碍。比如，一些地方党委政府仍然没有真正树立科学发展意识和正确的政绩观，文化自觉意识不强；公共文化服务体系建设经费保障机制尚不完善，投入总量少、比重低，城乡、区域不平衡问题仍然突出；公共文化服务体系尚不完善，管理和服务水平不高。公共文化服务体系建设与全面建设小康社会的目标要求还不相适应，与经济社会发展的总体水平还不相适应，与人民群众日益增长的精神文化生活需求还不相适应。在“十二五”期间必须采取有力措施，解决这些突出矛盾和问题，推动公共文化服务体系科学发展。

三　加强公共文化服务体系建设的几项重点工作

按照党的十七届六中全会要求，当前和今后一个时期推进公共文化服务体系建设的主要思路是：以满足人民群众基本文化需求为出发点和落脚点，按照体现公益性、基本性、均等性、便利性的要求，以公共财政为支撑，以公益性文化单位为骨干，以全体人民为服务对象，以保障人民群众看电视、听广播、读书看报、进行公共文化鉴赏、参与公共文化活动等基本文化权益为主要内容，以国家公共文化服务体系制度设计和国家公共文化服务体系示范区（项目）创建工作为抓手，依循“保基本、强基层、建机制”的基本路径，完善覆盖城乡、结构合理、功能健全、实用高效的公共文化服务体系，努力实现“广覆盖、高效能”，全面提升公共文化服务均等化水平。

具体而言，重点抓好以下几项工作。

（一）弘扬社会主义核心价值体系，充分发挥文化引领风尚、教育人民、服务社会、推动发展的重要作用

公共文化服务体系建设作为社会主义国家的重要文化职能之一，具有鲜明的

导向性，应以弘扬社会主义核心价值体系为基础工程和灵魂工程，切实承担起宣传和弘扬社会主义核心价值体系的重要责任，用文化的力量凝聚核心价值、巩固共同理想、培育精神文明，让人民群众在丰富多彩的文化服务中受到教育和启发，促进文化认同，在全社会形成统一的指导思想、强大的精神力量和良好的道德风尚。

（二）统筹兼顾，进一步提高公共文化服务体系化水平

“体系化”要求加强顶层设计和谋篇布局，在政府主导之下，整合区域内各级公共文化资源，凝聚各方面力量，发挥各方面优势，形成合力，建立动态的公共文化服务系统。推进体系化建设，要重点做好“两个统筹”：一是要统筹区域和部门的文化资源。“十二五”期间，重点以国家公共文化服务体系示范区为平台，消除行政壁垒和区域分割，突破体制障碍，加大跨地区、跨部门、跨领域、跨系统的文化项目的交流与合作，促进公共文化资源共建共享，提高利用效率。二是要统筹城乡文化发展。建立城乡文化发展联动机制，推动公共文化资源在城乡之间均衡布局、合理配置，增加农村公共文化服务总量，缩小城乡公共文化服务差距，促进城乡文化协调发展。

（三）立足长远，积极推动公共文化服务体系制度建设

“十二五”期间，要加快文化立法工作，重点推进《公共图书馆法》的立法进程，开展《公共文化服务保障法》立法论证工作，提高文化建设法治化水平。要把公共文化服务体系制度设计研究与示范区创建工作有机结合，集中精力、集中资源对关键环节的制度进行攻关设计，努力取得操作性强的制度研究成果。其中，重点完成以下方面的制度设计研究：一是探索建立群众文化需求的动态反馈机制，充分尊重群众的文化表达权和参与权，加强对群众文化需求的了解、引导和培养，按照群众需求有针对性地提供公共文化服务；二是探索完善公共文化服务供给机制，进一步明确服务标准和服务规范，着力提高文化产品生产能力和服务水平，为城乡居民提供优质高效、普遍均等的公共文化服务；三是探索完善公共文化服务体系建设绩效评价和监督机制，制定政府、文化行政部门、

公共文化机构文化工作绩效评价指标体系，建立以群众为主体的评价和监督机制；四是推动建立公共文化服务体系建设的社会力量参与机制，按照中央关于推动民间资本进入公共服务领域的要求，研究制定和推动落实社会力量参与公共文化服务体系建设的政策文件，为社会力量参与公共文化服务体系建设提供畅通的渠道。

（四）完善保障，强化公共文化服务体系建设的资金、人才和技术支撑

一是完善公共文化服务投入和保障机制。重点要明确各级政府的投入责任和分担比例，推动落实中央关于对文化建设投入的增长幅度高于财政经常性收入增长幅度的要求，确保各级财政对公益性文化事业的投入逐年稳定增长。积极推动在中央、省、市三级设立农村文化建设专项资金，保证一定数量的中央转移支付资金用于乡镇和村文化建设。二是完善公共文化队伍建设机制。按照“存量优化、增量优选”的原则，探索能够发现人才、吸引人才、培养人才、留住人才、用好人才的体制机制，制定基层文化人才队伍建设规划，完善机构编制、学习培训、待遇保障等方面的政策措施，探索实施公共文化服务执业资格制度。三是大力推进公共数字文化建设。积极推动将信息技术、数字技术、网络技术等现代科学技术和传播手段用于公共文化服务，创新文化表现形式，丰富文化服务内容，拓宽服务渠道。统筹实施文化共享工程、数字图书馆推广工程和公共电子阅览室建设计划等三大公共数字文化惠民工程，努力形成内容丰富、技术先进、覆盖城乡、传播快捷的公共数字文化服务网络。

（五）扩大参与，推动形成社会各界广泛参与公共文化服务体系建设的格局

“十二五”期间，要切实采取有效措施，调动社会各界参与公共文化服务体系建设的积极性。在投入方面，积极鼓励和引导社会资本以多种方式投入文化建设，逐步形成以政府投入为主、社会力量积极参与的多元化公共文化服务投入机制。在人才方面，要制定出台文化志愿者队伍建设的方针和政策，发展文化志愿者队伍，鼓励专业文化工作者和社会各界人士参与基层文化建设，形成专兼结合的基层文化工作队伍。在实体方面，重点是通过土地、税收优惠等政策，鼓励

社会力量兴办公益性文化事业，支持各种民办图书馆、文化馆、博物馆等公益性文化机构发展。在整合资源方面，主要是制定鼓励政策，调动政府、社会组织、企事业单位等的积极性，将展览馆、科技馆、工人文化宫（俱乐部）和青少年宫，以及大型企业、科研院所、高等院校等单位内部文化设施纳入公共文化服务范围，扩充公共文化服务资源。在供给方面，主要是积极探索公共文化服务的市场化提供机制，采取政府采购、项目补贴、定向资助、贷款贴息、税收减免等政策措施鼓励各类文化企业参与公共文化服务，把公共文化服务的供给从文化系统的“内循环”转变为市场的“大循环”。

总 报 告

General Report

B.1

中国公共文化服务体系建设的历史性转折

李国新　杨永恒　毛少莹*

摘　要： 以十七届六中全会为标志，中国公共文化服务体系建设实现了历史性转折。近年来的主要成就有：覆盖全社会的公共文化设施体系初步建成；文化建设投入实现五年“翻一番”；近5万所“四馆一站”实现“免费开放”；重大文化惠民工程显著提升公共文化产品和服务供给能力；公共文化服务水平明显提高；法规政策建设取得突破。存在的突出问题是：一些基层党委政府缺乏文化自觉；投入不足，发展不平衡；设施不完善，管理和服务水平不高；人才队伍数量不足，结构不合理；资源缺乏统筹；政策法规体系不完善，落实不到位。未来的发展方向和主要任务是：进一步强化党委领导和政府主导

* 李国新，国家公共文化服务体系建设专家委员会副主任，北京大学教授；杨永恒，国家公共文化服务体系建设专家委员会秘书长，清华大学副教授；毛少莹，国家公共文化服务体系建设专家委员会委员，深圳特区文化中心研究员。

责任；继续完善设施网络体系；提升服务能力，改善服务效益；加快城乡文化一体化发展；建设规模宏大、结构合理的人才队伍；加强制度设计研究，提高公共文化法治化水平；推进示范区（项目）创建，打造示范高地。

关键词：公共文化服务体系　十七届六中全会　“十二五”规划纲要

2002 年，中共“十六大”吹响了发展公益性文化事业，切实尊重和保障人民基本文化权益的号角。2005 年 10 月，十六届五中全会首次提出逐步形成覆盖全社会的比较完备的公共文化服务体系，拉开了我国新时期构建公共文化服务体系的序幕。2007 年 6 月，中共中央政治局专题研究公共文化服务体系建设，系统地提出了我国公共文化服务体系建设的方针原则、目标任务和发展方向，随后中办、国办发布《关于加强公共文化服务体系建设的若干意见》。2007 年 10 月，中共“十七大”把加快建立覆盖全社会的公共文化服务体系列入建设更高水平小康社会的奋斗新目标。2010 年 10 月召开的十七届五中全会提出了“十二五”时期文化建设的两大战略任务，其中之一是基本建成公共文化服务体系。2011 年 10 月，中共十七届六中全会专题研究文化改革发展，通过了具有历史意义的《关于深化文化体制改革，推动社会主义文化大发展大繁荣若干重大问题的决定》（以下简称《决定》），对未来公共文化服务体系建设作出了全面部署，提出了到 2020 年文化事业全面繁荣，覆盖全社会的公共文化服务体系基本建立，努力实现基本公共文化服务均等化的奋斗目标。以此为标志，我国的公共文化服务体系建设实现了历史性转折，跨入了大发展大繁荣的新的历史阶段。

十七届六中全会通过的《决定》总结过去公共文化服务体系建设的丰富实践和宝贵经验，对公共文化、公共文化服务、公共文化服务体系的性质、内容、特点、目标等一系列问题作出深刻阐释。公共文化以满足人民群众基本文化需求为目标，是社会主义文化建设的基本任务。在目前阶段，公共文化的主要内容是保障人民群众看电视、听广播、读书看报、进行公共文化鉴赏、参与公共文化活动等基本文化权益；实现方式是政府主导，公共财政支撑，公益性文化单位为骨干；服务对象是全体人民。公共文化的突出特点是体现公益性、基本性、均等性和便利性。“四性”之间的逻辑关系是，均等是核心，公益是保障，基本是公益的尺度，便利是均等的前提。公共文化服务体系是公共文化产品、服务、制度和系统的总称，主要包括设施网络覆盖体系，产品和服务供给体系，人才、资金和技术保障体系，组织支撑体系，以及评估体系。构建公共文化服务体系的目的是为了更好地提供公共文化服务，让人民群众广泛享有免费或优惠的基本公共文化服务，以实现保障人民基本文化权益、满足人民基本文化需求的目标。

一　我国公共文化服务体系建设的主要成就

1. 初步形成覆盖城乡的公共文化设施体系

截至2010年底，全国共有公共图书馆2884个，其中省级馆37个，设置率为119%，地（市）级馆334个，设置率为100%，县（市）级馆2512个，设置率为88%；文化馆（含群众艺术馆）3264个，其中省级馆31个，设置率为100%，地（市）级馆343个，设置率为103%，县（市）级馆2890个，设置率为101%；乡镇（街道）文化站40118个，设置率为102%。此外，全国博物馆总数达到2435所，艺术表演场馆2112处。① 从总体上看，经过长期持续的努力，目前我国基本上形成了中央省地县乡公共文化设施体系。

2. 全国文化建设总投入实现五年“翻一番”

“十一五”时期，全国文化事业费（不含基本建设投资和文化管理部门行政运行经费）总计1220.40亿元，是“十五”时期的2.46倍；年均增长19.3%，是改革开放以来增长速度最快的时期。2010年和2005年相比，城市文化建设投入增长110.24%，农村文化建设投入增长140.98%，均实现了投入总量五年“翻一番”的目标。人均文化事业费2005年为10.23元，2010年增加到24.11元，同比增长135.6%，同样实现了五年“翻一番”。

3. 近5万所“四馆一站”全面实现“免费开放”

2008年，全国公共博物馆（含纪念馆）率先实现免费开放，至2009年，实现免费开放的博物馆（纪念馆）已达1743所。截至2010年，中央财政三年累计补助博物馆（纪念馆）免费开放资金60亿元。②“十二五”规划纲要把公共文化

① 本文所用数字除特别注明外，均出自文化部编《中国文化文物统计年鉴（2011）》，国家图书馆出版社，2011。

② 《全国美术馆、公共图书馆、文化馆站免费开放工作新闻发布会·财政部教科文司副司长王家新答记者问》，http：//www.ccnt.gov.cn/hdjlnew2011/wszb_ 2869/。

纳入基本公共服务范畴，2011 年初，财政部、文化部发布《关于推进全国美术馆、公共图书馆、文化馆（站）免费开放工作的意见》，全国 46000 多所“三馆一站”免费开放设施空间场地、免费提供基本服务和辅助性配套服务的目标在 2011 年底全部实现。中央财政按照地级馆每馆 50 万元、县级馆每馆 20 万元、乡镇综合文化站每站 5 万元的基本服务经费补贴标准，西部地区补助 80%，中部地区补助 50%，东部地区以奖代补，当年共支付补助经费 18.22 亿元。2011 年 11 月，中央财政 2012 年度三馆一站免费开放补助经费的 80%（16 亿元）已经预拨到位。截至 2011 年，中央财政累计投入百亿元以上资金支持全国近 5 万所城乡公共文化服务设施，使之实现了零门槛开放和免费提供基本服务。公共文化设施免费开放是我国公共文化服务体系建设实现历史性转折的标志，是公共文化服务真正走向“公共”的标志。

4. 重大文化惠民工程显著提升公共文化产品和服务供给能力

全国文化信息资源共享工程和数字图书馆推广工程使公共文化服务具备了数字资源提供能力和远程服务能力，成为我国公共数字文化体系的骨干工程。截至 2010 年底，文化共享工程县级支中心达到 2814 个，覆盖了全国 96% 的县；乡镇服务点达到 15221 个，覆盖了全国 44% 的乡镇；与全国农村党员干部现代远程教育合作共建村级基层服务点 75 万个。文化共享工程的数字资源总量已达 108TB。2010 年，国家图书馆实施了“县级数字图书馆推广计划”，通过文化共享工程的服务网络，将国家图书馆优秀数字资源推送到全国每一个县。在此基础上，“十二五”期间文化部、财政部在全国实施数字图书馆推广工程，建设互联互通的分级分布式数字图书馆资源库群，形成数字图书馆服务体系。2011 年，中央财政安排转移支付经费 4980 万元，对中西部省份省、市两级数字图书馆的硬件设备购置予以补助。

此外，送书下乡工程和流动舞台车工程的实施，使基层文化资源更加丰富。春雨工程以文化志愿服务形式把大舞台、大展台和大讲堂送到了边疆少数民族地区。中华古籍保护计划和非物质文化遗产保护工作顺利推进，设立“文化遗产日”，文化遗产得到有效保护。

5. 改善和创新服务方式，公共文化服务水平明显提高

以“苏州模式”、“嘉兴模式”为代表的图书馆总分馆制探索在深化。如苏州市在创建国家公共文化服务体系示范区过程中，将苏州图书馆在市区创造的总分馆经验推广到“大苏州”范围，构建由市区和县（市）两个公共图书馆总分馆体系构成的资源共享、协同采编、统一检索、一卡通用、覆盖城乡的公共图书馆总分馆体系。截至2011年，全市总分馆体系已包括103所公共图书馆。嘉兴市以创建国家公共文化服务体系示范项目——“城乡一体化的公共图书馆服务体系建设”为契机，从在“大嘉兴”范围内形成“中心馆—总分馆体系”、乡镇分馆向村级延伸、组建跨系统的图书馆服务联盟、整合公共文化服务资源四个方面，深化具有嘉兴特色的公共图书馆总分馆体系。同时，多种形式的图书馆服务体系实现方式不断涌现。如流通点建设、流动服务体系建设、跨地域或跨系统的图书馆服务联盟、联合服务、基于计算机网络的服务体系等。

群众文化活动体系化、经常化，参与群众文化活动成为提升幸福指数的重要方面。江苏吴江的区域文化联动、浙江的“文化走亲”，带动了区域文化的交流与融合，丰富了人民群众的文化生活。河北邯郸的“欢乐乡村农村文化工程”、浙江萧山的“十大金色文化工程”、贵州遵义的“四在农家”活动，内容不同，形式各异，但都是具有明显体系化特征的群众文化活动形态。

现代信息技术应用创新了公共文化服务方式与手段。公共图书馆在现代信息技术应用方面走在前列。截至2010年，全国省级公共图书馆数字资源总量已近700TB，市级公共图书馆数字资源总量超过200TB，国家数字图书馆数字资源保有量到2011年已达560TB。各级公共图书馆拥有计算机近15万台，普遍具有数字资源提供能力。依托计算机和网络的远程检索、阅览、参考咨询、资源推送等服务方式和手段走向普及。手机图书馆、移动阅读器在许多图书馆进入主流业务范畴。“城市街区24小时自助图书馆”由点到面，作为固定图书馆的有益补充，在我国已有广泛应用。数字文化馆的研究和实践开始引起重视。

文化部“群星奖”评奖活动已举办了15次，推出3500多件获奖作品。“中国文化艺术之乡”第一批命名963个，第二批命名528个。落实中国少儿歌曲推广计划，举办了4届中国少年儿童合唱节。举办了13届“永远的辉煌”——中国老年合唱节。

6. 法规政策建设取得突破，公共文化法治化水平有所提高

全国人大颁布《非物质文化遗产法》，《公共图书馆法》立法进程加快。国家发展和改革委员会、住房和城乡建设部、国土资源部、国家质量监督检验检疫总局、国家标准化管理委员会等多个部门与文化部联合颁布了一批规范公共文化服务设施规划、建设和服务的标准，如2008年颁布的公共图书馆和文化馆的“建设用地指标”与“建设标准”，2012年初以国家标准形式颁布的《公共图书馆服务规范》。地方性公共文化法规政策建设发挥着先行先试、探索路径、积累经验的作用。如上海、山东、江西、新疆等地先后出台的公共图书馆服务规范，为作为国家标准的《公共图书馆服务规范》的制定提供了借鉴，积累了经验；《广东省公共文化促进条例》和《江苏省农村公共文化服务管理办法》的出台，拉开了我国加强公共文化立法的序幕。

二　我国公共文化服务体系建设存在的突出问题

我国公共文化服务体系建设取得了显著成绩，但同时必须看到，目前的公共文化服务总体水平不高，与经济社会发展的进程和水平不相适应，与广大人民群众日益增长的精神文化需求不相适应，与底蕴深厚的文化资源强国地位不相适应，与社会主义文化强国的目标要求不相适应。

1. 一些基层地方党委政府没有真正树立科学发展意识和正确政绩观，对文化建设特别是公共文化服务体系建设重视不够，缺乏文化自觉

一些地方政府和部门，没有把文化建设放在应有的位置，单纯追求GDP增长，存在着对公共文化服务体系建设轻视、忽视、偏视的现象。许多地方没有建立科学发展考核评价体系，没有将公共文化服务体系建设成效纳入领导干部政绩考核体系，没有纳入当地经济社会发展规划。文化“说起来重要，干起来次要，忙起来不要”的现象在基层还比较普遍。

2. 公共文化服务体系建设投入总量少、比重低，城乡、区域不平衡突出，实现公共文化服务均等化的任务非常艰巨

文化事业费占国家财政总支出的比重，多年在0.3%～0.4%之间徘徊。2010年，全国文化事业费总计323.04亿元，占国家财政总支出的0.36%，约相当于教育事业费的1/30，卫生事业费的1/13，科技事业费的1/9，是改革开放以来的新低。文化事业经费投入的城乡差距和区域差距较大。2010年各级财政对农村文化投入共计116.41亿元，占全国文化事业费的36%；中东部地区文化事业经费投入占全国总投入的76%，西部地区仅占全国的24%。全国人均文化事业费24.11元，其中中部地区15.64元，只相当于全国平均水平的64.9%。尽管西部地区人均文化事业费23.8元，高于中部地区，但仍低于全国平均水平。

3. 公共文化设施不完善，管理和服务水平不高

各地加大投入，建成不少规模大、标准高的公共文化设施，但由于配套资金和措施不到位，一些建成的设施处于“空壳”状态，难以正常运行服务。在文化资源和服务提供上，尚未建立以群众文化需求为导向的供给模式。公共文化产品的新形式、新内容不多，缺乏广大群众喜闻乐见、丰富多彩的文化产品。与人民群众日益增长的多样化精神文化需求相比，设施不完善，产品和服务供给水平不足。2010年全国公共图书馆人均藏书0.46册，远低于联合国教科文组织和国际图联《公共图书馆服务发展指南（2001）》中提出的人均1.5~2.5册的建议性标准。① 2010年我国平均42万人拥有一所文化馆，日本在2008年时平均7700人就拥有一所公民馆。②

4. 基层公共文化队伍数量不足，结构不合理，专业素质偏低

基层文化单位缺乏稳定的专业化队伍，能力和素质难以适应新时期基层文化建设的需要。在乡镇综合文化站，无编制、无人员、无经费的“三无”现象较为严重，文化专干不专职、不专业、不专心的“三不专”现象也十分突出。培训机制不健全、培训经费匮乏，难以保证队伍素质的提高。

5. 公共文化资源缺乏统筹，难以发挥整体效益

公共文化服务体系建设存在多头管理、条块分割等问题，行政管理部门各自为政，管理中错位、越位、缺位现象同时并存，公共财政资金投向难以集中，造成公共文化资源分散，有限资源缺乏有效整合，重复建设和资源浪费现象严重。

6. 政策法规体系不完善，政策落实不到位

公共文化服务建设缺乏制度化、系统化的法律法规，政策落实不力。国家“十一五”规划纲要中提出的建立公共文化服务专项资金或基金、从城市住房开发投资中提取1%用于社区公共文化设施建设、公益性捐赠的税收优惠等政策措施尚未得到普遍落实。鼓励社会力量参与公共文化服务体系建设的政策力度不够、实施细则不完善、税收减免的程序和手续过分繁杂，导致社会力量参与公共文化服务体系建设的积极性不高，参与程度非常有限。

---

① 《公共图书馆服务发展指南》，林祖藻译，上海科学技术文献出版社，2002。

② 〔日〕文部科学省：《社会教育調查（平成20年度）·公民館調查》，http://www.e-stat.go.jp/SG1/estat/List.do?bid=000001026008&cycode=0。

三　我国公共文化服务体系建设面临的挑战和机遇

立足当前，展望未来，我国公共文化服务体系建设挑战和机遇并存。主要表现如下。

1. 落实科学发展观、推动经济发展方式转变带来的挑战与机遇

经济社会的发展，始终是我国公共文化服务体系建设重要的宏观背景和发展基础。纵观当今世界，经济风险明显增多，我国经济发展中不平衡、不协调、不可持续问题仍很突出。面向全球化，未来相当长的时期，我国经济社会发展的主调是“稳增长、调结构、保民生、促稳定”。其中，科学发展是主题，转变经济发展方式是主线。转变经济发展方式就是要把粗放式经济增长转变为集约式经济增长；把单纯追求 GDP 量的增长，转变为更加注重优化经济结构、提高经济质量；把只重经济发展转变为经济发展与人的全面发展并重，在不断提高人民群众物质生活水平的同时，注重提高文化生活水平，丰富精神世界，让文化更多地体现“发展”的意义。转变经济发展方式，为我国公共文化服务体系建设提出了新的挑战和机遇。在落实科学发展观、促进经济增长方式转变的背景下，公共文化服务将在承担更多责任的同时，发挥更大作用，获得更广阔的发展空间。

2. 面对西方文化冲击，构建社会主义核心价值体系带来的挑战与机遇

改革开放以来，中国文化转型一直在加速之中，西方文化的冲击加快了这一进程，使得国人的价值信仰、生活态度、道德观念都发生了巨大变化。价值观作为文化的灵魂，涉及人们对生活的意义、目的等的理解，也决定着人们的道德理想、思维方式、生活态度乃至审美取向。不同民族因不同的传统、制度等形成的不同的文化价值观，是区分不同文化和文明类型的重要标志。价值观是文化塑造心灵、引领风尚、服务大众、推动社会健康发展的重要力量，是民族凝聚力的重要源泉，更是民族共有的精神家园。十七届六中全会通过的《决定》提出文化改革发展以构建社会主义核心价值体系为根本任务，深刻地揭示了社会主义核心价值体系在文化建设中的灵魂作用，体现了对文化建设规律以及当代意识形态错综复杂的博弈与发展状况的深刻认识。构建社会主义核心价值体系，为未来公共文化服务体系建设提出重大的挑战，也创造了新的发展机遇。公共文化服务要始终围绕社会主义核心价值观构建和民族共有精神家园的营造而展开，这是公共文化服务体系建设服务和贡献于社会主义文化强国建设的关键。

3. 城市化快速发展，人民群众文化需求急剧增长带来的挑战与机遇

中国城市化发展速度惊人。2011 年，中国城镇人口占总人口的比重超过 50%，意味着我国数千年来以农村人口为主的城乡人口结构发生了重大逆转，进入了以城市社会为主的新成长阶段。这种变化不是一个简单的人口百分比数的变化，本质上是人们的生产方式、职业结构、消费行为、生活方式、价值观念所发生的深刻变化。[①] 就公共文化服务来看，城市化带来更多集中居住的城市人口，更复杂的人口结构，更频繁的人口流动，更多样的文化需求。由于我国长期以来城乡二元结构的制约，工作和居住在城市中的原农业户籍者大多还处于“半城市化”状态。公共文化服务体系建设如何适应城市化发展的要求，加大建设力度，拓展服务内容，创新服务形式和手段，不断提高公共文化服务的覆盖水平，不断提高公共文化产品和服务的供给能力，不断提升公共文化服务的公平性和均衡性，是未来公共文化服务体系建设应当着力解决的问题。

4. 幅员辽阔，区域发展不平衡带来的挑战与机遇

我国幅员辽阔，各地发展水平不同，地区差异很大，为公共文化服务体系建设带来了挑战和机遇。鉴于文化传统、人口差异等因素，即便经济规模相近，文化需求也可能不一样，因此，在一些涉及国家全局性的政策制定中，如确定文化类的转移支付项目、实施免费开放等重大文化政策，要照顾地区差异，避免“一刀切”。各地如何因地制宜，生产适合本地情况的公共文化产品，采用适合本地的公共文化服务模式，形成本地的公共文化服务特色，是未来公共文化服务体系建设必须面对的问题。

5. 财政实力增长，服务型政府建设带来的挑战与机遇

2010 年，中国经济规模已经位居全球第二，成为世界上最具影响力的发展中经济体。经济的发展和财力的增强，使国家能够拿出更多的钱来解决民生问题，也为公共文化体系建设带来了强有力的经济保障。这种变化，对公共文化服务体系建设也有一定的挑战，主要表现在两个方面。一是如何提高文化投入效率。我国的文化投入一直存在效率不高的问题，这是影响各级政府，尤其是地

---

① 《“2012 年〈社会蓝皮书〉发布暨中国社会形势报告会”发言实录》，http://www.china.com.cn/zhibo/2011-12/19/content_24150076.htm?show=t。

方政府投入公共文化建设积极性的重要原因之一。如何在加大投入的同时，提高投入使用的效率和综合效益，真正让纳税人的钱用到实处，是公共文化服务体系建设面临的新挑战。二是如何合理划分各级政府的事权责任和支付责任。由于国税和地税的分流，我国中央政府和地方政府各有不同的财权，也承担着不同的职能和任务。就公共文化服务体系建设来说，如何处理好府际关系，区分中央政府和地方政府的公共文化服务职能，将财权与事权进行更好的划分和结合，各尽其职，共同推动公共文化服务体系建设，是服务型政府不能回避的问题。

6. 现代信息技术发展带来的挑战与机遇

网络技术、数字技术、新媒体技术的推广应用，为公共文化产品的生产、组织、提供、传播、消费等各个环节提供了技术支撑保障和技术创新空间，也给未来公共文化服务体系建设带来了挑战和机遇。中办、国办 2006 年 5 月印发的《2006～2020 年国家信息化发展战略》，从国家发展战略的层面对文化信息化做出部署，明确要求改善公共文化信息服务，加快文化信息资源整合，加强公益性文化信息基础设施建设，完善公共文化信息服务体系，将文化产品送到千家万户。[①] 十七届六中全会的《决定》对文化改革发展中发展健康向上的网络文化，以及构建技术先进、传输快捷、覆盖广泛的现代传播体系提出了明确要求。今天的公共文化服务体系建设，不仅需要固定设施体系、流动服务体系，还需要数字服务体系；今天的公共文化机构，不仅需要传统服务方式和手段，还需要数字资源提供能力和远程服务能力；数字图书馆、数字博物馆、数字文化馆、移动阅读、掌上服务等，改变的不仅仅是文化的载体形式，更是在改变着人们利用公共文化服务设施、享受公共文化服务的方式。在公共文化服务体系建设中如何实现文化和科技的融合，如何打造公共文化服务体系中的现代传播体系，化挑战为机遇，是公共文化服务体系建设面临的时代任务。

四　我国公共文化服务体系建设的发展方向与重点任务

《国家“十二五”时期文化改革发展规划纲要》提出了“十二五”期间基本

① 《中办、国办印发〈2006～2020 年国家信息化发展战略〉》，http://news.xinhuanet.com/newscenter/2006－05/08/content_ 4522878.htm。

建立覆盖全社会的公共文化服务体系的目标任务。完善的公共文化服务体系的总要求是覆盖城乡、结构合理、功能健全、实用高效。我国公共文化服务体系建设要实现新的发展，跃上新的台阶，需要在以下方面寻求突破。

1. 全面落实十七届六中全会提出的文化改革发展的组织保证措施，进一步强化公共文化建设的党委领导责任和政府主导责任

十七届六中全会的《决定》把公共文化建设的党委领导责任和政府主导责任提升到“政治责任”的高度，明确要求各级党委政府把文化建设纳入经济社会发展总体规划，纳入“四位一体”总体布局；明确要求把文化建设的成效作为评价地区发展水平、发展质量和领导干部工作业绩的重要内容；明确要求把文化建设的内容纳入各级党校、行政学院、干部学院的教学体系。这些推动文化改革发展的组织保障措施，表明中国共产党人对文化建设在经济社会发展中重要性的认识实现了新飞跃，达到了新高度。不可否认，目前在一些地方党委政府工作布局中，公共文化建设“说起来重要，做起来次要，忙起来不要”的现象并没有完全消失，而在我国的体制与政策环境中，没有党政的重视与主导，稳步推进公共文化服务体系建设就失去了第一保障和第一推动力，因此，组织保证措施能否真正落实到位，是未来公共文化服务体系建设能否持续健康推进的关键，从某种意义上说，它比落实经费保障、人才保障措施更为重要，更为根本。

2. 以完善和拓展公共文化服务设施“免费开放”政策为突破口，建立持续稳定的公共文化服务体系建设和运行经费保障机制

公共财政是公共文化服务政府主导的重要标志；公共文化服务设施免费开放，是公共财政支持的重要体现。免费开放政策的实施，解决了我国公共文化服务中几个关键性问题。第一，与公共文化服务保障公众基本权益、满足公众基本需求的目标相适应，界定了目前阶段我国基本公共文化服务的内容和范围，划分了政府和市场在公共文化服务中作用的范围和边界；第二，朝着逐步理清各级政府在公共文化服务中的事权责任和支付责任的方向迈进，为建立中央财政和地方财政合理分担的公共文化服务体系建设和运行经费保障机制奠定了基础；第三，以落实基本服务保障经费为基础，逐步解决我国公共文化服务机构长期存在的设施出租和挪用现象，实现公共资源回归公共；第四，引导公共文化服务机构把主要精力用于开展基本公共服务，健全服务项目，提升服务能力，提高服务质量，改善服务效益。

进一步落实和推进免费开放政策的着力点在两个方面。一是现行免费开放政策的完善。总结和研究免费开放政策在实施过程中出现的新问题、新情况，调整和完善政策，以增强政策的针对性、适用性，彰显政策效益。二是免费开放政策的进一步拓展，向文化行政部门归口管理之外的更广泛的公共文化服务设施拓展，如工人文化宫、青少年宫、妇女儿童活动中心、科技馆、纪念馆、爱国主义教育示范基地等。免费开放政策的最终目标，就是十七届六中全会《决定》中提出的要求：把主要公共文化产品和服务项目、公益性文化活动纳入公共财政经常性支出预算；保障公共文化服务体系建设和运行；让人民群众广泛享有免费的或优惠的基本公共文化服务。

3. 进一步加强基础设施建设，逐步形成覆盖城乡的公共文化服务设施网络体系

设施网络体系是公共文化服务体系的基础。经过长期持续努力，目前我国覆盖城乡的公共文化服务设施体系初步形成。但是，很多地方有设施但形不成设施网络或设施网络不健全，“设施孤岛”现象突出。因此，在公共图书馆、文化馆的规划和建设中，要落实现行“建设用地指标”和“建设标准”中有关服务半径、覆盖面积、建设规模的规定，使公共文化设施从较高的设置率走向较高的覆盖率，这是公共文化设施建设的重点任务，也是实现公共文化服务普遍均等的必然要求。在《国家“十二五”时期文化改革发展规划纲要》中，“公共文化服务建设工程”规划了新建、改扩建一批地市级公共图书馆、文化馆、博物馆，以及加强边疆民族地区文化设施建设项目，提出了加强社区公共文化服务设施建设，把社区文化中心建设纳入城乡规划和设计的任务，提出了完善面向未成年人、残疾人等特殊人群的公共文化服务设施的任务，还提出了推动跨部门合作、统筹规划和建设基层公共文化服务设施的任务，这些都是让设施建设逐步走向网络化、体系化的重要举措。十七届六中全会之后，许多地方的“文化强省”、“文化强市”战略都提出了构建城市“十分钟文化圈”、“十五分钟文化圈”，农村“十里地文化圈”一类构想，表明改变目前较为普遍存在的“一级政府办一个图书馆文化馆”、“一个城市只有一所图书馆文化馆”的“设施孤岛”现象，正在变成各级政府的自觉意志和自觉行动。

4. 加强公共文化产品和服务供给，提升服务能力，改善服务效益

满足人民群众的基本文化需求，是公共文化服务的出发点和落脚点；提供内容丰富、形式多样、健康向上、品质优良的基本公共文化产品和服务，是满足人民群众基本文化需求的主要途径。公共文化服务机构提供的产品和服务，在内容上应切实落实以构建社会主义核心价值体系为根本任务，成为传播主旋律的主阵地，为全体人民坚定共同理想信念、弘扬民族精神和时代精神、树立正确的道德观和荣辱观作出贡献，以此在应对各种思想文化交流交融交锋更加明显、斗争更加尖锐复杂的新形势中发挥作用。在产品和服务的提供方式上，政府主导不等于政府包办，未来应重点探索和实践以政府采购、项目补贴、定向资助、贷款贴息、税收减免等政策措施吸引和鼓励全社会参与的实现方式，发挥市场手段在公共文化服务资源配置上的作用。

提升公共文化服务机构的服务能力和服务效益，是落实十七届六中全会关于公共文化服务体系“项目建设和运行管理并重”要求的应有之义，也是把文化部公共文化服务体系建设“由注重硬件向软硬件并重转变”工作思路付诸实践的具体体现。从事业发展的基本规律和普遍的国际经验来看，公共文化服务机构形成和保持良好的服务能力和服务效益，首先以形成规模适宜、结构合理的资源保障体系为前提。国际图联（IFLA）在20世纪70年代初发布的《公共图书馆标准》就提出公共图书馆藏书量“普遍适用的标准是每个居民2册书”①，2001年提出“平均每人1.5～2.5册书”②，日本图书馆协会2000年发布了公共图书馆的最低藏书标准为5万册（以出版5年之内的为主），开架藏书所占比例为85%以上，年新增资源需达到开架藏书的1/8至1/7，③ 这些要求，都是着眼于公共图书馆形成持续服务能力的资源量化指标。目前，美国公共图书馆的目标人群覆盖率达到了70%以上④，2008年，日本公民馆的到馆人数达到国民人均年1.85次⑤，如此良好的服务效益，基础在于产品、项目和活动等服务资源达到了支撑服务持续发展的“临界水平”。相比之下，目前我国有为数不少的图书馆还

① 文化部图书馆事业管理局科教处编《世界图书馆事业资料汇编》，书目文献出版社，1990，第93～110页。

② 《公共图书馆服务发展指南》，林祖藻译，上海科技文献出版社，2002。

③ 日本図書館協会図書館政策特別委員会：《公立図書館の任務と目標解説（增補修訂版）》，東京：日本図書館協会，2000，第31页。

④ 刘璇：《有效借鉴美国公共图书馆的经费保障制度》，2012年3月2日《中国社会科学报》。

⑤ 〔日〕文部科学省：《社会教育調查・平成20年度結果の概要》，http://www.mext.go.jp/b_menu/toukei/chousa02/shakai/kekka/k_ detail/1286560.htm。

属于“有馆有人没有书”的“空壳图书馆”，为数不少的文化馆站还是“有馆有人没活动”的“空壳文化馆站”，因此，未来我国公共文化服务机构在服务能力、服务效益建设中的重要任务，首先是探索和建立资源保障的“临界标准”，形成足以支撑服务能力持续发展的、科学合理的资源规模、数量和结构比例，在此基础上，通过建立公共文化服务指标体系和评估考核办法，强化内部激励机制和外部约束机制，达到服务能力全面提升、服务效益全面改善的目标。

5. 加快城乡文化一体化发展

构建覆盖城乡的公共文化服务体系，最终目标就是实现公共文化的城乡一体，逐步消除城乡二元体制导致的城乡文化差距和知识鸿沟。目前阶段，加快城乡文化一体化发展的首要任务是增加农村文化资源和服务总量。国家重大文化惠民工程的“扩大范围、消除盲点”发展方针，中央、省、市三级设立农村文化建设专项资金，把支持农村文化建设作为创建文明城市的基本指标，以及公共文化设施建设、资源配置和服务提供向农村倾斜等措施和政策，都是着眼于做大农村文化的蛋糕。没有农村文化资源和服务总量的大幅度增加，就没有城乡文化的一体化。加快城乡文化一体化发展的另一重要任务，是尽快把农民工纳入城市公共文化服务体系。2011 年 9 月，文化部、人力资源和社会保障部、中华全国总工会联合下发了《关于进一步加强农民工文化工作的意见》，提出了政府主导、企业共建、社会参与的农民工文化工作机制，明确了常住地政府是农民工文化服务的责任主体，公益性文化事业单位是农民工文化服务的骨干力量，城市社区和用工企业是农民工文化服务的主要阵地的农民工文化工作原则，把农民工纳入城市公共文化服务体系的总体思路已经清晰。目前需要探索和实践农民工文化服务从形式到内容的需求特点、载体特点、服务特点，以及实现方式和保障条件，增强农民工文化服务的针对性和有效性，通过文化融入推动农民工的城市融入、社会融入。

6. 建设一支规模宏大、结构合理的公共文化服务人才队伍

公共文化服务人才队伍，是公共文化服务体系建设的基础力量。落实十七届六中全会精神，进一步加强公共文化服务人才队伍建设，首先是落实机构编制、学习培训方面的政策措施。管好用好基层公共文化服务设施，需要按照十七届六中全会《决定》、《国家“十二五”文化改革发展规划纲要》以及中央六部委《关于加强地方县级和城乡宣传文化队伍建设的若干意见》的要求，配齐乡镇综合文化站专职人员，开发并设立城乡基层公共文化服务岗位，配置公共财政补贴的村、社区公共文化服务组织和管理人员。公共文化服务队伍的学习培训，按照文化部的部署，“十二五”期间将通过分级培训、分类实施的方式，对全国25万县乡专职文化队伍和360多万名业余文化队伍进行系统培训，并以这一工作为抓手，建立覆盖全国的基层文化队伍培训基地和远程培训服务平台，编辑出版系列教材，形成一支稳定的高水平的师资队伍，健全培训考核评估与督查制度，使培训工作走上制度化、规范化道路，使基层公共文化从业人员的职业道德、职业素养和专业技能稳步提高。

造就一批高层次的基层公共文化服务领军人物，形成事业发展的中坚力量，对全面提升我国公共文化服务体系建设水平至关重要。在推进公共文化服务体系建设进程中，基层公共文化服务领军人物遴选和任用的科学化、制度化、规范化、职业化，应成为完善人才队伍建设的突破口；培养一批基层公共文化服务领军人物，应纳入“十二五”期间国家规划的“四个一批人才培养工程”之中。没有一批全面了解国家公共文化方针政策、深切理解现代公共文化服务思想理念、高素质与职业化的基层公共文化服务领军人物，公共文化服务体系就不会有持续稳定的繁荣发展。

7. 加强制度设计研究，提高公共文化建设法治化水平

2010年文化部部署的国家公共文化服务体系建设制度设计研究，针对公共文化服务体系建设的全局性、战略性、前瞻性重大现实问题，以及当前存在的突出矛盾和问题，开展系统化的、理论与实践紧密结合的研究，提出政策建议、解决方案和制度设计，目标是服务于决策参考、指导实践、推动立法，将制度设计研究成果转化为制度建设成果。开展国家公共文化服务体系制度设计研究，是落实我国公共文化服务体系建设由实践推动向理论建设和实践推动并重转变的战略举措；制度设计研究和示范区（项目）创建实践紧密结合，是创建国家公共文化服务体系示范区（项目）的突出特色。在未来的公共文化服务体系建设进程中，进一步加强制度设计研究，适时将行之有效的公共文化政策、制度上升为全国性或地方性的法律法规，健全社会主义法律框架体系中的文化法律法规要素，提高文化建设的法治化水平，是一项长期、艰巨的战略性任务。“十二五”期间，推动《公共图书馆法》的早日出台，加强有关公共文化服务保障、文化遗产传承和保护、著作权保护、公共文化服务设施规划与建设、运营管理和服务等方面的法律法规和制度规范的支撑性研究，是公共文化服务体系建设的重要任务。

8. 推进国家公共文化服务示范区（项目）创建，打造公共文化服务体系建设示范高地

2011 年初，文化部和财政部启动了国家公共文化服务体系示范区（项目）创建工作，目标是按照公益性、基本型、均等性、便利性要求，在全国创建一批覆盖城乡、结构合理、功能健全、实用高效的公共文化服务体系示范区，培育一批具有创新性、带动性、导向性、科学性的公共文化服务体系示范项目，为我国公共文化服务体系建设探索路径，积累经验，形成制度，提供示范，推动公共文化服务体系建设可持续发展。十七届六中全会的《决定》和《国家“十二五”时期文化改革发展规划纲要》都明确要求“推进国家公共文化服务体系示范区创建”，以此为标志，示范区（项目）创建由部门行为上升为国家战略。在“十二五”时期的公共文化服务体系建设中，示范区（项目）创建是一个标志，是各地以实际行动落实十七届六中全会精神和推动经济社会科学发展的一个标志；是一次机遇，是全面提升我国公共文化服务体系建设整体水平的一次机遇；是一个抓手，是在社会主义文化大发展大繁荣的背景下，各级政府着力推动公共文化服务体系建设的一个工作抓手；是一个过程，是动员全社会力量，集中精力，整合资源，解决公共文化服务体系建设中的突出矛盾和问题，进而全面提高公共文化服务指标水平的一个过程。到“十二五”末，我国 1/3 的地市级区域将建成公共文化服务体系示范区，还有一大批在公共文化服务体系的某一方面、某一构成要素取得突破的示范项目，共同形成我国公共文化服务体系建设的示范高地，这将为实现我国“十二五”时期基本建立覆盖全社会的公共文化服务体系的战略目标奠定坚实的基础。

Historic Turning Point of China's Public Cultural Services System Construction

Li Guoxin, Yang Yongheng and Mao Shaoying

Abstracts: Seventh Session of the Sixth Plenary Session for marking, China's public cultural services system construction faces the historic turning point. In recent years, the main achievements are: the whole social public cultural facilities system initially have been built; the investment of cultural construction have achieved "double" during five years; nearly 50000 public libraries, museums, galleries, public cultural centers and their branches have been opened for free; important cultural projects that benefit the people have significantly brought up public cultural projects and services supply capacity; public cultural services level have been increased obviously; the development of laws and policies have made the breakthrough. In contrast, existing prominent problems are: lack of cultural consciousness for some grassroots party committees and governments; inadequate investment, unbalanced development; facilities imperfection, low level of management and services; talents shortages, unreasonable structure; lack of resources as a whole; imperfect policies and regulations system. The future development direction and main tasks are: the responsibility of leading party committee and government leading responsibility will be further strengthened; the facilities network system will continue to improve; service ability and service efficiency will be improved; the development of urban and rural cultural integration will be speeded up; scale grand and reasonable structure talent team will be built; the system design research will be strengthened, the legal system of public cultural level will be improved; demonstration areas (projects) to create, making demonstration highlands will be promoted.

Key Words: Public Cultural Services System; Seventh Session of the Sixth Plenary Session; 12th Five-Year Plan Outline

宏观视角

Macro Perspective

B.2
政府公共文化服务主体地位和实现形式

冯守仁*

摘　要：保障公民基本文化权益、满足公民基本文化需求是政府的一项重要职责。在我国公共文化服务体系建设中，政府既是公共文化服务的责任主体，又是供给主体，政府向公民提供服务的方式主要有直接提供、设置公共文化服务机构及中介机构提供、通过购买社会资源提供，以及通过政策鼓励社会力量参与和公民参与提供等。当前需要进一步深化体制改革，合理界定政府公共文化职能，逐步建立现代公共文化管理体制。

关键词：政府　公共文化　主体

政府是公共文化服务的主体，向公众提供的以保障公民基本文化权益、满足公民基本文化需求为目的的文化服务是政府的一项重要职责。政府公共文化服务

* 冯守仁，北京市文化局原副局长，国家公共文化服务体系建设专家委员会委员。

主体地位的定位和实现形式与公共文化服务体系各方面的体制机制密切相关，是连接各方面体制机制的重要环节。政府公共文化服务主体地位的定位和实现形式直接影响服务方式、供给体系、活动机制、社会参与机制、经费保障机制、队伍建设、技术支撑和评价体系的建设。

一 政府公共文化服务主体地位的定位及其实现形式

政府在公共文化服务中的主体地位是明确的。但是，在我国公共文化服务发展的不同阶段，在人们对于政府公共文化服务主体地位的认识上，以及在不同的公共文化服务模式中，政府公共文化服务主体地位的定位和实现形式又是不同的。

（一）我国公共文化服务政府主体地位及其实现形式

我国公共文化服务大致经过了三个发展阶段，在不同的阶段政府主体地位的定位和实现形式呈现不同特点。

第一阶段，“大包大揽”的公共文化服务阶段。计划经济时期，政府直接承担公共文化服务生产和供给的责任，几乎所有公共文化产品和服务都由政府财政支付。在“大包大揽”公共文化服务体制下，政府成为唯一的公共文化管理主体，政府和政府兴办的文化事业单位也成为唯一的公共文化生产与供给主体，政府承担了公共文化服务的全部职能和责任。

第二阶段，走向市场的公共文化服务阶段。随着社会主义市场经济体制的建立，在文化事业的发展中引进了市场机制，在国家政策鼓励下，文化事业单位在市场经济体制下逐步转变为独立法人参与市场运营活动，公益性文化事业单位也实行了“经济承包责任制”、“以文养文”、“多业助文”等做法，在市场中寻找出路。

第三阶段，公共文化服务体系建设阶段。2005 年，党的十六届五中全会提出要“加大政府对文化的投入，逐步形成覆盖全社会的比较完备的公共文化服务体系”，初步提出建设公共文化服务体系的目标。2007 年 6 月，胡锦涛总书记主持中央政治局会议专门研究公共文化服务体系建设，明确提出我国公共文化服务体系建设的目标任务是：按照结构合理、发展平衡、网络健全、运行有效、惠及全民的原则，以政府为主导、以公益性文化单位为骨干、鼓励全社会积极参与，努力建设公共文化产品生产供给、设施网络、资金人才技术保障、组织支撑和运行评估为基本框架的覆盖全社会的公共文化服务体系。

（二）政府主体地位定位和实现方式

围绕我国公共文化服务体系建设目标，学者们从不同角度对政府公共文化服务的主体地位及其实现形式做了研究。大多数学者认为，在公共文化服务供给的主体选择上，政府应承担最终的责任，在市场经济条件下的公共文化服务，应形成政府、国有公共文化服务机构、民间非营利机构以及众多个人共同参与的多元化供应主体结构。对公共文化产品的生产、服务和提供等方面，应主要由政府或政府资助的公益性机构来承担，政府应发挥责任主体的作用。为明确政府在多元化公共文化服务供应主体中的特殊地位和作用，一些学者提出了“责任主体”和“实施主体”的概念，即公共文化服务的责任主体——政府；公共文化服务的实施主体——政府的具体职能部门、文化事业单位、公益性社会团体与机构等。在这里，政府既是公共文化服务的责任主体，又是实施主体之一，而且承担着公共文化服务的管理职能。①

（三）公共文化服务不同模式下政府主体地位的不同体现

最早提出公共文化服务概念的是19世纪后期的德国政策学派，其后，发达国家开始了对公共文化服务供给模式的探索，并形成三种供给模式。在不同的供给模式下，政府公共文化服务主体地位的定位和体现形式不同。

一是以法国为代表的“政府主导”模式。法国从中央到地方政府均设有文化行政管理部门，各级政府文化部门提供比较完善的公共文化服务，其鲜明特点就是“政府一竿子插到底”，突出强调政府在公共文化建设中的主导作用。法国对文化事业的资助是典型的基于政府主导的公共财政模式。他们的文化预算在国家总开支中占1%，政府直接管理的文化事业单位，得到的政府财政资金达到全部收入的60%以上。②

① 陈威：《公共文化服务体系研究》，深圳报业集团出版社，2006，第47～48页。

② 陈威：《公共文化服务体系研究》，深圳报业集团出版社，2006，第47～48页。

二是以美国为代表的“民间主导”模式。美国的中央和地方政府都没有正规的文化行政主管部门，对文化事业的资助是典型的基于市场导向的公共财政模式，政府将文化策略转化为一种开放性的市场策略，只提供宽松的外部环境和严格的法律保障，将文化艺术活动放置于市场经济和民间社会中成长。对于非营利性文化单位，政府一方面通过中介机构给予有限的资助，另一方面通过综合运用多种融资工具和财税优惠政策，广泛吸引社会资本和产业资本进入公益性文化事业领域。①

三是以英国为代表的政府与民间共同参与建设管理的“合作共建”模式。英国在文化管理体制方面，根据本国实际，建立了不同于法美的运行模式，即“不能不管，也不能多管”。一方面采用美国对文化管理的超脱，但又不是完全不管。另一方面学习法国对全国文化“一竿子插到底”的直接管理方式，但避免过多行政干预，即“一臂之距”（英国人首创的一种文化管理模式：“Arms’ Length Principle”）。政府不直接管理各个文化机构或企业，而是在政府和文化机构（企业）之间设立某种中介机构，这类机构负责向政府提供文化政策建议和咨询，并受政府委托，决定对被资助文化项目的财政拨款，对拨款使用效果进行监督评估。英国对文化事业的资助是典型的国家干预与市场调节相结合的公共财政模式，其中文化彩票收入是弥补政府文化预算不足的重要来源。②

二　政府公共文化服务供给主体地位及其实现形式

我国公共文化服务体系建设的目标是“以政府为主导、以公益性文化单位为骨干、鼓励全社会积极参与，努力建设公共文化产品生产供给、设施网络、资金人才技术保障、组织支撑和运行评估为基本框架的覆盖全社会的公共文化服务体系”。在这样的公共服务体系内，政府既是公共文化服务的责任主体又是供给主体。但由于我国地域广阔，各地区自然地理环境、社会历史环境以及社会经济发展水平差异很大，政府公共文化服务主体地位的实现形式也不一样，大体有以下几种。

① 陈威：《公共文化服务体系研究》，深圳报业集团出版社，2006，第47～48页。

② 陈威：《公共文化服务体系研究》，深圳报业集团出版社，2006，第47～48页。

（一）政府直接提供公共文化服务

在计划经济体制下，政府是公共文化服务的直接提供者。随着社会主义市场经济体制的建立和政府职能的转变（管办分离），政府直接供给公共文化产品的服务形式逐渐减少，但是依然存在。如政府直接主办的大型群众文化活动、公益性演出活动、文化下乡活动等。政府直接提供公共文化服务的原因：一是由于传统计划经济的影响，全能政府的思想和做法在一定范围内还存在；二是有些地方市场经济体制还不完善，政府自身职能的转变不到位，替代政府提供公共文化产品的组织还不成熟；三是客观上也有这种需要。目前，一些政治性、宣传教育性的大型公益性文化活动，一些在全省、全市大范围开展的公共文化服务活动，一些带有导向性的公共文化服务活动，往往采取政府直接主办的方式。学者们在研究中大都不赞成政府直接供给的方式，甚至把其称为“全能政府模式的习惯性越位”[①]。

（二）政府通过设置公共文化服务机构向公民提供公共文化服务

在我国，政府设置的公共文化服务机构在多元化供给主体中发挥着骨干作用，政府通过其设置的公关文化服务机构向公民提供公共文化产品和服务是政府供给主体最主要的实现形式。以政府为主导，建立全覆盖的、均等化服务的公共文化服务体系，必须改革现在的公共文化服务机构建设机制、管理体制和服务方式。一是贯彻公共图书馆、文化馆、乡镇综合文化站建设标准。这三个标准打破了按照行政级别确定公共文化服务设施建设规模的旧模式，确定了以服务人口为主要依据确定公共文化服务设施建设规模的原则和建设指标体系。二是以地市或县级政府为建设主体，联合建设公共文化服务网络。多级政府联合建设一个公共图书馆群、文化馆群、博物馆群。采取总分馆、联合图书馆（文化馆、博物馆）等管理模式，实现资源共享、联合服务。三是根据各地区不同的环境特点，建立和发展符合本地区环境特点的公共文化服务体系。一些地区提出的建设 15 分钟文化圈的模式主要适合在城市。一些地区提出的建设 15 公里文化圈，主要适合

① 刘日：《政府职能定位与履行视角下的公共文化服务体系建设问题》，《安徽行政学院学报》2010 年第 1 期。

平原人口密集地区。山区居住分散、交通不便；牧区，由于牧民冬季居住在居住区，夏季转到牧场，建在居住区的公共文化服务设施在夏季闲置，需要在牧场提供公共文化服务；海岛居民不仅居住分散，而且联系不便（特别是台风季节）。这就需要探索符合本地区自然环境的公共文化服务建设机制和服务方式。四是实施软件建设工程，提高公共文化机构的服务能力和水平。

（三）政府通过政策鼓励社会力量参与公共文化服务

国家通过制定各种优惠政策，引导和鼓励社会力量捐助和兴办图书馆、博物馆、文化馆等公共文化服务机构，向公民提供公共文化服务，是政府作为供应主体间接提供公共文化服务的一种重要实现形式。《国家“十一五”时期文化发展规划纲要》明确提出，要“形成政府主办、社会参与、功能互补、运转协调的公共文化服务组织体制”，“鼓励社会力量捐助和兴办公益性文化事业”。① 这一实现形式有以下几种。

引导鼓励社会力量资助公共文化服务项目。政府通过鼓励无偿捐赠、企业冠名、形象展示、重大文化活动推介等形式，吸引社会资金投入公共文化服务。这方面的案例很多，各地都在这样做，现在的关键是政府要承担起公共文化服务供给主体的责任，建立政府鼓励社会力量资助公共文化服务的制度和机制，搭建社会力量资助公共文化服务的平台。如青岛市和烟台市创造的“公益文化项目推介活动”平台。2003 年以来，烟台市按照“部门协调，市场运作，社会参与，群众受益”的思路，实行公益文化项目推介，吸纳社会资金发展文化事业。

引导鼓励社会力量兴办公益性文化机构。《北京市图书馆条例》颁布后，出现了一批民办图书馆，但由于政府缺乏具体的扶植政策，有些艰难运行一段时间后因资金困难而关闭。实践表明，只有那些政府认识到公共文化服务社会化的意义，承担起鼓励社会力量兴办公益性文化机构的责任，制定出具体扶植政策的地区，社会力量兴办公益性文化机构才能得到持续的发展。被命名为“中国博物馆文化之乡”的宁波市鄞州区，创造性地推出了“合作联办”、“企

---

① 《国家“十一五”时期文化发展规划纲要》，http：//news. xinhuanet. com/politics/2006 -09/13/content_ 5087533. htm。

业+博物馆”、“景区+博物馆”、“生产基地+博物馆”等建设模式，率先在全国出台了鼓励政策，包括：社会力量兴办博物馆的建设用地享受国办公益性文化机构同样的政策，由政府无偿划拨；政府财政出资补贴民营博物馆的运行。

鼓励机关、企业、学校的文化设施向社会开放。制定相应政策，支持单位内部文化服务设施对社会开放，解决开放中存在的问题，也是政府的责任。北京市东城区政府不是简单的号召，而是制定相应的补贴政策鼓励单位内部文化服务设施对社会开放，并设立基数为500万元的东城区“促进社会单位服务社区公益文体活动专项资金”。

（四）政府通过购买社会资源，向公民提供公共文化服务

《国家“十一五”时期文化发展规划纲要》明确提出“采用政府购买、补贴等方式，向基层、低收入和特殊群体提供免费文化服务”。许多地方建立了公益性文化项目政府采购制度，实现公共文化服务的市场化运作模式。浙江省是全国较早提出对公益性文化产品实施政府采购制度的省份。浙江省通过公开招标、邀请招标、竞争性采购等方式向社会购买一批重点项目，低价或免费向群众提供。大力推进文化创新，积极探索“企业经营，市场运作，政府买服务”的公共文化活动市场化运作模式，以“零门槛”方式面向全国公开招标公益文化活动项目。目前，浙江已培育了一批以政府采购公共文化产品为主导，成功打造了“钱江浪花”艺术团文化直通车巡演等服务品牌。浙江省台州市每年编制《政府年度采购公益性文化产品和服务项目目录》，对农村数字电影、文艺下乡等公益性文化项目实行政府采购，直接送到农村。

（五）政府通过中介组织向公民提供公共文化服务

通过中介组织提供公共文化服务是以英国为代表的公共文化服务模式的主要特点。近年来我国一些地区也出现了这种供给模式，如上海由政府出面组建了一批公共文化中介组织，重点打造了“东方系列”公共文化产品的生产和配送系统。在政府组建的中介机构外，还出现了由社会力量举办的专业化公共文化服务组织，如上海华爱社区服务管理中心。该中心由国内知名社会学家和社会管理专业人才出资成立，负责培训和建立社区服务管理专业与志愿人员队伍，受托管理

社区服务设施及其他事务，组织非营利机构学习交流，为社区提供社区设施管理的咨询服务。政府通过中介组织向公民提供公共文化服务，是上海特色的公共文化服务管理运行机制的有益探索，体现了政府提供基本保障、委托中介机构管理运行、吸收社区群众参与监督的公共文化管理模式。

（六）政府鼓励公民参与提供公共文化服务

有些学者在研究中提出，在公共文化服务的研究中，公民一直被视为文化权益的被动享受者，而忽略了其作为公共文化或文化建设主体的自主性价值，忽略了社会大众作为需求主体如何参与公共文化创造的问题。[①] 在公共文化服务多元化供给主体中，社会大众也是其中一员，引导鼓励公民参与公共文化服务，是政府供给主体的实现形式之一。包括组织文化志愿者队伍向公众提供公共文化服务、组织群众业余文艺团队向公众提供公共文化服务、组织文化户向公众提供公共文化服务等。北京市东城区文化志愿者队伍在2002年就已经初具规模。奥运期间，政府出资扶植了一批具有不同特色的文化户，奥运后都成了公共文化服务的参与者。

三　明确政府公共文化服务管理主体地位，建立现代公共文化管理体制

公共文化产品与服务供给的全过程，就是公共文化服务管理的过程，政府作为公共文化服务的责任主体和供给主体，也必然承担起公共文化管理的职责。政府公共文化服务管理的基本原则和目标已经明确，即遵循公益性、基本性、均等性和便民性的要求，努力建设覆盖全社会的公共文化服务体系，实现基本文化服务的均等化，保障人民群众基本文化权益，满足人民群众的基本文化需求。在此基础上，需要进一步明确政府公共文化服务管理的主体地位与作用，合理界定政府公共文化管理职能，推进文化管理体制改革，逐步建立现代公共文化管理体制，为公共文化服务体系的建立与运行，为公民基本文化权益的有效实现，提供必要的制度保障。

---

① 夏国锋、吴理财：《公共文化服务体系研究述评》，《理论与改革》2011年第1期。

（一）现代公共管理的特点和政府公共文化服务管理主体地位定位

现代公共文化管理体制有以下特点。

一是政府是公共文化管理的核心主体而不是公共文化管理的唯一主体。一些研究认为，“公共管理”是指以政府为核心的多元社会行为主体及其组成的网络结构。① 不论是根据建设公共服务型政府的原则，还是建设完备的公共文化服务体系的需要，政府对公共文化的管理不仅要“管办分离”，不再包揽公共文化服务的供给，实现公共文化服务供给主体的多元化；而且要“转变职能”，把一些政府不应当管或可以不管的公共文化事务，交给了中介机构、公共文化服务机构、行业组织、企业，或实行公民自治管理。2010 年“上海东方公共文化评估中心”宣告成立。该中心是全国首家民办非企业性质的公共文化评估机构，主要开展对各类文化服务机构的评估和咨询服务，这实际上是把政府对公共文化服务评估的职能委托给第三方——中介机构。现在，各地已经建立了图书馆学（协）会、群众文化学会、博物馆协会等公共文化服务机构的行业组织，可以把政府部分管理职能交给行业组织管理。文化部把《公共图书馆法》的立法研究委托给中国图书馆学会负责，中国图书馆学会组织专家学者志愿到各省市区为基层图书馆馆长讲课，进行培训，开展县级公共图书馆建设的论坛等，效果显著，则是主动承担了部分政府管理的职能。

社区、村一级的公共文化服务一直是个难点。居委会、村委会是居（村）民的自治组织，与此相适应，社区、村的公共文化服务应实行居（村）民的自治管理，使居民（农民）群众成为社区、村文化建设与管理的主体。云南大村就创造了公共文化服务村民自治管理的好经验。大村成立了“农民演艺协会”，把自发的、分散的农民业余演出队组织起来。“农民演艺协会”有自己的章程，选举产生了理事长、副理事长、理事，以及秘书长、副秘书长，在村委会的领导下实行自我管理，指导成员单位制订发展规划和活动计划，组织开展培训和辅导，组织开展公益性文艺活动，推动群众性文艺活动的健康发展，服务农村。

二是公共文化服务对象参与公共文化管理。现代公共管理强调管理过程中被管理对象的参与，尤其是强调利益相关方的参与，希望在管理系统内形成一个自

---

① 陈威：《公共文化服务体系研究》，深圳报业集团出版社，2006。

组织网络。① 政府办的公共文化服务机构，既承担着公共文化服务供给责任，又是政府公共文化政策法规的执行者，政府应当让他们参与公共文化服务政策法规的制定和公共文化服务的管理。文化部建立“公共文化服务体系建设专家委员会”就是被管理对象参与公共文化管理的一个好形式，专家委员会参与全国公共文化服务体系建设的课题研究、示范区评审、咨询、指导和评估验收工作，发挥了很好作用。公共文化服务的目的是满足人民群众基本文化需求，为了达到这一目的，不论是需求反馈，还是绩效评估，都需要有公共文化服务的受体——群众参与。

三是政府公共文化服务管理重点的转移。现代公共文化服务管理是社会建设和社会管理的一个重要方面，管理的重点应是寻求政府、社会、市场三者之间的合作和互动，调动各种力量和资源来满足公民的基本文化需求。这就要求政府把管理的重点放到全社会，把公共文化服务从文化部门内部的小循环转变为社会的大循环。政府作为公共文化服务管理的核心主体，首先要承担好其在社会公共文化管理中的宏观管理职能，包括：确定公共文化服务的发展战略，提出公共文化服务发展的宗旨、原则和目标；制定和实施公共文化服务发展规划；制定公共文化服务的政策和法规；搭建公共文化服务的制度平台，建立公共文化服务的保障机制和资助机制，对公共文化服务的供给主体进行监管和绩效评估；维护文化安全；等等。而把一些具体事务的管理交给中介机构、服务机构或行业组织。

四是政府公共文化服务管理职能手段和方法的创新。政府管理的重点如果局限于公共文化服务机构或具体事务，其主要的管理手段和方法就必然是行政管理。随着公共文化服务的社会化和市场化发展，公共文化服务主体逐步多元化，事务日趋复杂化，单一行政管理手段已不能适应公共文化管理要求。在公共文化服务管理体制创新的同时，也要进行管理手段和方式的创新。特别是在五级公共文化服务设施基本建立、数字化公共文化服务网络——全国文化信息资源共享工程已经形成，社会化公共文化服务逐步兴起的新形势下，更要采用新的管理方法和技术，提高设施的利用率和服务效率，更好地对公共文化服务进行控制和引导。

---

① 毛少莹：《公共文化政策的理论与实践》，海天出版社，2008。

（二）公共文化服务体系建设与各级政府公共文化管理职能定位

目前，我国公共文化服务设施基本上按“一级政府各建设一级公共文化设施，谁建设谁管理”的模式设置。每个公共文化服务机构都对应着一个独立的建设主体，有一个独立的主管部门，相互之间除了松散的业务合作关系，基本不存在任何组织联系，这种由相互独立的公共文化服务机构构成的服务体系可以称为“各自为政”的体系。从公共服务的角度看，“各自为政”的服务体系成本高、效率低、缺乏可持续发展能力，无法保障普遍均等的公共文化服务。建设完备的公共文化服务体系，实现公共文化服务的全覆盖和均等化，必须界定各级政府公共文化服务事权的划分。应根据各级政府的职能、公共文化服务体系建设的客观规律和发展要求，明确各级政府公共文化服务主体地位的定位。

一是县级政府是基层公共文化服务体系的管理主体和公共文化服务的实施主体。县级公共文化服务体系是国家公共文化服务体系最基本的单元（或称最基础的层级），具有系统性和完整性。它具有以下特点：第一，县级公共文化服务体系基本涵盖了公共文化产品的生产与供给的各个环节，是一个比较完整的服务体系。第二，县级政府实施对县、乡镇（街道）、村（社区）公共文化服务的全面管理，承担着基层公共文化服务体系建设和服务的责任。第三，县级公共文化服务体系具有系统性。我国公共文化服务体系包括了公共图书馆系统、文化馆系统、博物馆（美术馆）系统、广电系统、影剧院系统、数字化服务系统（文化信息资源共享工程）等，这些系统都设到县一级，因此县公共文化服务体系具备系统性。第四，县级政府承担着基层公共文化服务供给的责任，是承上启下、连接城乡的枢纽，是公共文化服务的实施主体。国家和省、市对基层公共文化服务资源的配送，如“三下乡”、“四进社区”、“送欢乐下基层”、“送书到村”等公益性文化活动，要由县统一组织实施。县级政府应当明确自己基层公共文化服务管理主体和实施主体的地位，以县（区）为主导，以乡镇（街道）为依托，以村（社区）为重点，以城乡人民群众为服务对象，建成符合当地实际、比较完整、覆盖城乡、可持续的公共文化服务体系，为实现公共文化服务体系“广覆盖、均等化”打下坚实基础。[①]

---

① 马子雷：《全国县级公共文化服务体系建设现场经验交流会在河北霸州召开》，2010 年 12 月 23 日《中国文化报》。

二是地市级政府是公共文化服务的统筹管理主体和公共文化服务体系的建设主体。地市级政府具有较强的统筹和协调能力，它不直接承担基层公共文化服务体系的具体管理和实施职能，主要承担公共文化服务的统筹管理和协调职能，包括统筹城乡文化发展、统筹公共文化服务体系的全局发展。地市级政府有较强的财力和人才支撑，能够为区域内县、乡，特别是城乡基层公共文化服务给予有力的支持，在一个较大的区域能推进公共文化服务的均等化。“十一五”期间各地创建的公共图书馆总分馆管理模式，如嘉兴模式、苏州模式、佛山模式、东莞模式、深圳模式等，主要是在地市级，这是和地市级公共文化服务体系的特点分不开的。与县级公共文化服务体系比较，地、市具有较强的公共文化产品的生产能力，地市级公共文化服务体系是涵盖公共文化产品的生产和供给全过程的、体系健全、规模适中、比较完备的公共文化服务体系。国家公共文化服务体系示范区（项目）创建工作，确定在地市级区域，更有助于集成、整合、提升公共文化服务体系建设成果，研究和解决公共文化服务体系建设中深层次和根本性问题，更有助于加强理论研究，完善制度设计，整合文化资源，统筹城乡文化发展，为我国公共文化服务体系建设探索经验、提供示范，促进基本公共文化服务均等化，进一步推动公共文化服务向广覆盖、高效能转变。① 地市级政府应当明确自己公共文化统筹管理主体和公共文化服务体系建设主体地位，以基层为重点，发挥地市级政府在统筹规划、以城带乡，整合资源、均衡发展，推进均等化等方面的职能，努力建设具有地域特点的、覆盖全区域的、比较完备的公共文化服务体系。②

三是公共文化服务宏观管理主体和决策主体。国家和省级政府都是公共文化服务宏观管理的主体和决策主体，但其主体定位有所不同。国家是公共文化服务宏观管理的主体和战略决策主体，其职能主要体现为：确定文化发展战略和核心价值理念，提出公共文化服务的宗旨、原则、目标；制定全国公共文化服务的发展规划；制定全国性的公共文化服务政策、法规、标准；确定公共文化服务体系建设的重点；维护文化安全；等等。

---

① 《推动我国公共文化服务体系科学发展上水平》，2011 年 1 月 13 日《中国文化报》。

② 刘婵、常会学、毛公强：《全国地市级公共文化服务体系建设现场经验交流会议在烟台召开》，2011 年 6 月 3 日《中国文化报》。

省级政府是公共文化服务宏观管理的主体和执行决策主体。其主要职责体现为：制定本省公共文化服务政策法规和相关实施标准；制定本省公共文化服务发展规划，促进本省公共文化服务均衡发展；搭建公共文化服务制度平台；对欠发达地区公共文化服务体系建设给予财力支持；实施公共文化服务绩效的检测评价、监管考核和行政问责工作。

我国地域广阔，各地区自然环境、人口数量和密度、文化特点和社会经济发展水平差异极大，国家制定的公共文化政策、法规只能是比较原则的，具有普遍适用性。需要省级政府根据国家的政策、法规、标准和本省的实际，制定本省公共文化服务的具体政策和实施办法。

（三）公共文化服务政策法规建设与政府公共文化服务主体责任法治化

总体上看，我国公共文化服务法规有两大类，一类是分散在各类法规中的有关公共文化服务的条款，如公民的文化权益在宪法、著作权法中作了规定；社会办公益性公共文化服务机构和社会组织的兴办，在国务院有关“民办非企管理”和“社团管理”的行政法规中作了规定等。另一类是专门的公共文化服务政策法规，包括以下几类。

公共文化服务的基本政策和基本法。例如，中办国办关于加强公共文化服务体系建设的若干意见（2007 年 8 月 21 日）。

公共文化服务设施建设法规、规章、标准。例如，《公共文化体育设施条例》（国务院令第 382 号），《公共图书馆建设用地指标》和《公共图书馆建设标准》，《文化馆建设用地指标》和《文化馆建设标准》，《乡镇综合文化站建设标准》，《博物馆建设用地指标》和《博物馆建设标准》等。

公共文化服务机构管理法、法规、规章。例如，《公共图书馆法》，《文化馆管理办法》，《博物馆管理办法》，《乡镇综合文化站管理办法》等。

社会公共文化服务的有关政策和规章。例如，鼓励和扶持社会办公共文化服务机构的政策和管理办法，单位内部设施向社会开放的政策和管理办法，社会大型公共文化活动管理办法，政府采购公共文化服务的有关政策和管理办法，群众业余文娱团队的扶持政策和管理办法等。

公共文化服务人事管理的法规、规章。例如，《公共文化服务机构人员编制管理办法》，《公共文化服务从业人员职业资格证书制度暂行办法》等。

公共文化服务评价标准和办法。例如，公共文化服务绩效评估标准和办法，公共图书馆、文化馆、乡镇综合文化站服务标准，公共图书馆、文化馆、乡镇综合文化站评估标准等。

长期以来在政府公共文化职能的定位和履行中存在着法规缺位的问题。各级政府在公共文化服务中应履行什么样的职责，各级政府对公共文化的投入为多少，都只有原则的要求，比较模糊，没有硬性约束。同时，对地方政府履行公共文化服务的职责也缺乏有效的监督。例如，文化部、国家计委、财政部《关于进一步加强基层文化建设的指导意见》（2002 年 1 月 30 日国务院办公厅转发）要求“对于群艺馆、文化馆、图书馆等公益文化事业单位的日常工作给予必要的经费保障；保证各级公共图书馆有一定数量的购书经费”。但是，至今这一政策在一些地区还是没有落实。原因很多，包括地方财政的支付能力较低，领导的重视程度不足，文化馆、图书馆自身的工作没到位等，但政策表述过于原则，缺乏量化标准和有效监督是其中重要原因之一。

为此，政府公共文化服务主体责任法治化要解决两个问题，一是政府公共文化服务责任的具体化。如经费保障，应把对文化馆、图书馆的日常工作“给予必要的经费保障”中的“必要”具体化，明确规定各级人民政府应当保障文化馆、图书馆基本服务的经费，同时规定其基本服务的内容。把“保证一定数量经费”中的“一定”数量化，如规定人均最低经费数额，增强其可操作性和保障力度。二是规定政府的法律责任、责任监督和违规纠正机制，以保证政府的责任到位。

Dominant Position and Implementation Form of Government Public Cultural Service

Feng Shouren

Abstract: Protecting the citizens' basic cultural rights and meeting their basic cultural needs are one of the government's important duties. In the construction of Chinese public cultural service system, the government is both the responsible body and the main supply body. The ways of government providing services including providing services to citizens directly or through setting public cultural service agencies and intermediaries, purchasing of social resources, encouraging social forces and citizens to participate in to realize. What need to do now is to deepen the reform, rationally define the government public cultural function and gradually establish a modern public culture management system.

Key Words: Government; Public Culture; Main Body

B.3

公共文化服务体系建设与文化体制改革

陈彬斌*

摘　要：公共文化服务体系建设在实践中是对传统文化事业单位的一次改革，是文化体制改革的重要组成部分。文化体制改革是公共文化服务体系的不断完善和发展的重要动力。公益性文化事业单位面临着从传统文化事业单位向现代公共文化服务机构的重大转变，在这个转变过程中，不仅需要机制上的实践，更需要体制上的突破。

关键词：公共文化服务体系　文化体制改革

文化体制改革是我国改革开放的重要组成部分。党的十四大报告提出“积极推进文化体制改革，完善文化事业的有关经济政策”①。十四届六中全会通过的《中共中央关于加强社会主义精神文明建设若干重要问题的决议》提出促进文化体制改革的一系列重要方针，强调改革要“遵循文化发展的内在规律，发挥市场机制的积极作用”②。2000 年 10 月，党的十五届五中全会通过的《关于制定国民经济和社会发展第十个五年计划的建议》要求“完善文化产业政策，加强文化市场建设和管理，推动有关文化产业发展”。2002 年党的十六大第一次将文化分为文化事业和文化产业，强调要适应社会主义市场经济发展的要求推进文化体制改革。十六届三中全会通过的《完善社会主义市场经济体制若干问题的决定》提出了文化事业和文化产业的改革方向和目标。总的来看，直到 2003 年

---

* 陈彬斌，中国文化报社编委，国家公共文化服务体系建设专家委员会副秘书长。

① 江泽民：《加快改革开放和现代化建设步伐　夺取有中国特色社会主义事业的更大胜利——在中国共产党第十四次全国代表大会上的报告》，《求实》1992 年第 11 期。

② 《中共中央关于加强社会主义精神文明建设若干重要问题的决议》，http://www.people.com.cn/GB/shizheng/252/5089/5106/20010430/456601.html。

全国文化体制改革试点工作会议，这个时期文化体制改革的重点和难点主要在区分文化的事业属性和产业属性、大力推进文化产业、培育文化市场体系上进行积极探索和实践。①

公益性文化事业单位的改革一直是文化体制改革的重要内容。随着社会主义市场体系的确立，文化市场体系不断发展和完善，公益性文化事业单位作为党和国家事业的重要组成部分，面临着从传统文化事业单位向现代公共文化服务机构的重大转变。在这个转变过程中，不仅需要机制上的探索，更需要体制上的突破和改革。

2011 年十七届六中全会通过的《中共中央关于深化文化体制改革　推动社会主义文化大发展大繁荣若干重大问题的决定》，以及中共中央、国务院 2011 年 3 月 23 日下发的《关于分类推进事业单位改革的指导意见》（中发〔2011〕5 号），对公益性文化事业单位改革和公共文化服务体系建设，提出了明确的目标和发展途径。作为文化体制改革的重要内容，加强公共文化服务体系建设应该在体制改革、制度建设等方面进行更为深入的探索。

一　公共文化服务体系建设是文化体制改革的重要内容

文化体制改革的开端，是随着经济体制改革和社会主义市场经济体制的建立而必然发生的。“经济体制的改革，不仅会引起人们经济生活的重大变化，而且会引起人们生活方式和精神状态的重大变化。”② 文化体制改革的目的，是通过全面推进体制机制创新，通过提供丰富的文化产品和服务，不断满足人民群众日益增长的精神文化需求，促进人的全面发展。③ 这种需求，除了通过文化市场可以解决的差异性文化服务，还包括基本文化服务。基本文化服务只能通过大力发展公共文化服务体系才能提供。

坚持一手抓公益性文化事业与一手抓经营性文化产业，做到“两手抓、两

---

① 张晓明主编《2005 年中国文化产业发展报告》，社会科学文献出版社，2005。

② 《中共中央关于经济体制改革的决定》，http：//cpc. people. com. cn/GB/64162/64168/64565/65378/4429522. html。

③ 《中共中央国务院发出深化文化体制改革若干意见》，http：//www. nylcyy. com/newsshow. asp? id =1118。

加强”，是十六大以来深化文化体制改革的基本思路。在文化体制改革推进过程中，除了培育市场主体、建立和改善文化市场环境，改革的重点就是推进文化事业单位改革，基本要求是根据现有文化事业单位的性质和功能，区别对待、分类指导，明确不同的改革要求。要加大公益性文化事业投入，调整资源配置，逐步构建公共文化服务体系。

公共文化服务体系建设在很大程度上就是对传统公益性文化事业的一次改革，是文化体制改革的重要内容。因此，在推进文化体制改革试点工作之初，就确定了公益性文化事业单位改革是改革的两大类别之一，要求以“增加投入、转换机制、增强活力、改善服务”为重点着力推进。①根据文化体制改革的实践和目标，为构建公共文化服务体系而进行的改革包括以下几方面内容。

（一）区分属性，分类发展

根据“区别对待、分类指导”原则，区分传统文化事业单位中的公益属性和市场属性，公益的归公益，市场的归市场，这也是我国文化体制改革迈出的第一步。公共文化服务体系建设的提出是2003年以后，在此之前半个世纪，我国的公益性文化事业单位一直承担着公共文化服务的职能和任务。公益性文化事业是社会主义文化建设的一个重要组成部分，为公民提供教育、知识、文化娱乐，其内容着眼于健康向上、反映社会主义核心价值观，是国民教育体系的重要组成部分，对国家和民族的发展具有特殊意义。内容的特殊性决定了公益性文化事业的最大特点是非营利的公益性质，这种性质决定了其发展无法单纯依靠自营而生存，更不能将其完全投向市场，必须依靠政府的公共财政支持。因此，在改革前期，首先应该明确区分文化事业单位的公益属性和市场属性，逐渐剥离，分类发展。长期以来，制约文化发展的体制性障碍就是事业职能和企业功能混淆，把经营性文化产业混同于公益性文化事业，应该由政府主导的公益性文化事业长期投入不足，应该由市场主导的经营性文化产业长期依赖政府。深化文化体制改革，必须区分情况，对不同类型的文化单位提出不同的改革要求。公益性文化事业的

① 《中共中央办公厅、国务院办公厅转发〈中共中央宣传部、文化部、国家广电总局、新闻出版总署关于文化体制改革试点工作的意见〉的通知》，http：//www. jiaodong. net/wenchan/system/2009/02/05/010451331. shtml。

根本任务是为人民群众提供公共文化服务，满足人民群众最基本的文化需求。发展公益性文化事业，应坚持以政府为主导，最大限度地发挥公益性文化事业的社会效益。

（二）内部改革，转换机制

对公益性文化事业单位改革，重点是进行内部机制的改革。要求按照增加投入、转换机制、增强活力、改善服务的要求，深化公益性文化事业单位人事和内部收入分配制度改革，全面实行聘用制度和岗位管理制度，加强财务管理和经济核算，建立健全竞争、激励、约束机制，努力提高公共文化服务能力和水平。①

（三）政府职能转变，从“办文化”到“管文化”

要让公益性文化事业单位向现代公共文化服务机构转变，需要改革原有的管理体制机制，实现政府对公共文化的管理从“办文化”向“管文化”的转变。这个转变也符合现代服务型政府的要求。现代公共管理学认为，“提供服务并不是政府的义务，政府的义务是保证服务提供并得以实现”。也就是说，政府的最重要职能并不在于提供产品，而在于创造一个保障产品的生产和服务能实现的良好环境。从行政管理学的角度来讲，政府为社会直接提供的最重要的产品不是直接投资，而是制度性的公共服务。

二　文化体制改革是公共文化服务体系不断完善、发展的动力和保障

公共文化服务体系建设是一项系统工程，在设施、设备等基本完善之后，进一步加强制度建设，形成良好的运行机制，还面临许多制度性瓶颈和困难，迫切需要在深化文化体制改革中予以解决。

我国现行的文化管理体制及其职能设计，是以计划经济时代服务意识形态的

① 《中共中央办公厅、国务院办公厅关于加强公共文化服务体系建设的若干意见》，http：//www. cpll. cn/law8430. html。

制度为基础的，要向以市场经济时代满足广大人民群众基本文化需求的现代公共文化服务体系转变，面临以下问题：一是由于管理职能交叉，文化资源分散，且绝大多数集中在现有文化事业单位，公共服务效能难以集中显现；二是公共文化服务机构的成分过于单一，在现有承担公共文化服务机构中，国有文化事业单位占绝大多数，社会性的公共文化服务组织发育严重不足；三是公共文化服务领域的社会经济政策不完备，难以吸引社会力量的进入，难以形成现代公共文化服务的多元主体；四是公益性文化事业单位人事、分配制度改革推进缓慢，还没有形成有效的制度，广大公共文化机构人员的积极性还没有完全被调动起来；五是公共文化领域的制度建设还相对落后。与文化体制改革前期文化市场、文化产业领域不断出台相关政策和制度相比，公共文化领域的制度建设还需要进一步加强。这些问题和困难，单纯依靠公共文化服务机构本身的内部改革，是难以解决的，只有通过深化文化体制改革，在更大范围和更高层次的体制机制上进行突破，才能真正建立与文化发展整体协调的公共文化服务体系。

公共文化服务体系是一个开放的、动态的、发展的系统，需要在持续深化文化体制改革中不断完善。公共文化服务体系的开放、动态和发展的特性，主要体现在：第一，公共文化服务体系建设的内容是不断发展的。公共文化服务的重要目的，一是满足广大人民群众不断增长的基本文化需求，二是通过积极、健康的文化服务，引导群众的文化需求，提高公民文明素质，建设社会主义核心价值体系。无论是人民群众的基本文化需求，还是积极、健康的文化服务，都是随着时代的变化而不断发展的。这就要求提供公共文化服务的机构、人员以及支撑公共文化服务的相关环节和体系等，都需要应时而变，与时俱进。第二，公共文化服务体系与文化产业体系是构成文化建设整体的两翼，同时两者互为依靠，彼此支撑。公共文化服务方式和手段的变革和升级，可以从文化市场中直接引用；公共文化服务理念更新和制度建设，能够从文化市场的广泛实践中获得借鉴；公共文化服务人才队伍建设，必然需要和文化市场服务人才形成良性互动。同样，随着公共文化服务体系建设的不断深入，文化市场的发展形态和覆盖面也将发生深刻的变化。这种互动式的发展，才能推动文化建设的整体推进。第三，公共文化服务体系的外在的政治、经济、社会等环境是不断变化的。公共文化服务是一种开放式、互动式的服务类型，不仅需要从外部环境中吸取和输出有用的文化资源，还需要与同时代的政治、经济、社会等领域的发展同步，依靠这些领域的进步，寻找新的制度支持和发展方式。公共文化服务体系的这些特性，决定了其发展离不开文化体制改革的不断支持，只有持续的改革，才有可能不断地发展。

三　在深化改革中实现公共文化服务体系建设的跨越发展

“十一五”时期，我国文化体制改革取得了重大突破性进展，覆盖城乡的公共文化服务体系框架基本建立，文化产业整体规模和实力不断壮大。根据部署，文化体制改革将在文化市场和文化产业领域有新的突破，要求力争 2011 ~ 2012 年基本完成国有经营性文化单位转企改制任务，基本完成一批国有骨干文化企业建设任务，基本完成有线电视网络整合任务，基本完成文化市场综合执法改革任务。这标志着文化体制改革在培育文化市场、扶持文化产业发展取得了阶段性的成果。①

在文化市场体系建设和文化产业发展取得重大成果的时候，公共文化服务体系建设作为文化体制改革的重要内容得到了强化。2011 年十七届六中全会以文化为主题，通过了《中共中央关于深化文化体制改革　推动社会主义文化大发展大繁荣若干重大问题的决定》（以下简称《决定》），对文化改革发展作了重大战略部署，公共文化服务体系建设被列为重要奋斗目标：“（到 2020 年）文化事业全面繁荣，覆盖全社会的公共文化服务体系基本建立，努力实现基本公共文化服务均等化。”

为实现这个目标，《决定》指出，要科学界定文化单位性质和功能，区别对待、分类指导，循序渐进、逐步推开。着眼于突出公益属性、强化服务功能、增强发展活力，全面推进文化事业单位人事、收入分配、社会保障制度改革，明确服务规范，加强绩效评估考核。创新公共文化服务设施运行机制，吸纳有代表性的社会人士、专业人士、基层群众参与管理。在公共文化服务体系建设的保障体系领域，《决定》强调，要深化文化行政管理体制改革，加快政府职能转变，强化政策调节、市场监管、社会管理、公共服务职能，推动政企分开、政事分开，理顺政府和文化企事业单位关系。除了进一步加大政府投入，《决定》提出，要落实和完善文化经济政策，支持社会组织、机构、个人捐赠和兴办公益性文化事业，引导文化非营利机构提供公共文化产品和服务。这些重要论述，为公共文化

① 《全国文化体制改革工作会议举行》，2011 年 5 月 4 日《中国文化报》。

服务体系建设指明了发展方向和途径。

中共中央、国务院2011年3月23日下发了《关于分类推进事业单位改革的指导意见》（中发〔2011〕5号）（以下简称《意见》），对于公益性文化事业单位改革和公共文化服务体系建设，是一个十分重要的指导性文件。《意见》对从事公益服务的事业单位进行了细分，其中，根据职责任务、服务对象和资源配置方式等情况，将公共文化作为基本公益服务，不能或不宜由市场配置资源的，划入公益一类。该文件要求，今后5年，在清理规范基础上完成事业单位分类，从事公益服务事业单位在人事管理、收入分配、社会保险、财税政策和机构编制等方面改革取得明显进展，管办分离、完善治理结构等改革取得较大突破，社会力量兴办公益事业的制度环境进一步优化，为实现改革的总体目标奠定坚实基础。这为公益性文化事业单位改革确定了基本的路线图和时间表。

根据文化事业、文化产业“两手抓、两加强”的发展战略，公共文化服务体系建设作为文化体制改革的重点内容，关系到文化事业和文化产业的协调可持续发展，关系到广大人民群众基本文化权益的保障，关系到“十二五”文化发展目标的实现。

要在深化文化体制改革中推进公共文化服务体系建设，应该在以下方面有所突破。

（一）将公共文化服务纳入公共财政保障

公共文化服务体系建设的唯一责任主体是政府，应该进一步强化公共财政投入的制度建设。目前，可以通过进一步推动公共文化设施免费开放，建立和完善公共文化服务经费保障机制。免费开放是保障广大人民群众基本文化权益的一项惠民工程，对于公共文化机构来说，免费开放的推进，不仅进一步明确了自身的职能和服务定位，也基本解决了长期困扰其发展的业务经费短缺的问题。随着群众文化需求的增强，基本公共文化服务的标准和水平也应该随之提高，相应的经费保障也应该进一步加强。如何根据科学标准，建立持续增长的公共文化服务经费投入机制，是迫切需要研究和解决的问题。

（二）加大整合文化资源力度，实现公共文化服务的集成化供给

当前，公共文化服务在生产和供给上，都存在多个渠道交叉生产和提供的情

况，这不仅大大提高了管理和运行成本，同时也无法发挥集成服务的效能，带来了资源的浪费，不符合公共文化服务体系建设便利性的要求。这种资源和服务的整合牵涉到文化管理体制的改革，单纯依靠公共文化服务体系内部改革，难以实现，需要在更大范围和更深层次的体制改革中给予解决。

（三）改革文化投融资管理体制，引导社会力量参与公共文化事业建设

早在1996年，国务院下发了《关于进一步完善文化经济政策的若干规定》（国发〔1996〕37号），决定进一步完善文化经济政策，在加大各级财政投入的同时，拓宽文化事业资金投入渠道，吸引社会力量。2000年12月，国务院制定下发了《关于支持文化事业发展若干经济政策的通知》（国发〔2000〕41号），在国发〔1996〕37号文件基础上，进一步提出相关政策。这些政策和措施，对缓解当时公共文化经费紧张，发挥了积极的作用。随着我国经济、社会的发展，改革文化投融资管理体制，采取更加积极的文化经济政策，已经成为一种迫切要求。对社会力量兴办的非营利性文化团体和项目，政府应该给予扶持。未来的公共文化服务和产品供给，应该是以政府为主、社会参与、共同管理。

（四）推进公共文化服务机构内部改革，深化人事和内部分配制度改革

以完善工资分配激励约束机制为核心，健全符合事业单位特点、体现岗位绩效和分级分类管理要求的工作人员收入分配制度。建立符合公共文化服务实际工作的绩效考核制度，强化服务意识，促进其从传统的文化事业单位向现代公共文化服务机构转变。

总的来看，公共文化服务体系建设从提出到今天，开始从硬件建设阶段转入制度建设阶段，但要实现在“十二五”期间的跨越发展，必须紧紧依靠文化体制改革，不仅要重视公共文化服务体系本体制度建设，更要通过深层次的体制改革，在经费保障、人才队伍建设、社会参与、科技运用等方面有较大的突破，形成一个与我国社会主义市场体系尤其是文化市场体系相适应的、具有中国特色的公共文化服务体系。

The Construction of Public Cultural Service System and Reformation of the Cultural System

Chen Binbin

Abstract: In practice, the construction of public culture service system is a reform of the traditional cultural institutions, and also an important part of the reformation of cultural system. The reformation of cultural system is an important driving force of continuous improvement and development of public cultural service system. Nonprofit cultural institutions are facing the significant shift from traditional cultural institutions to modern public cultural service organization. It not only needs the practice of the mechanism and also the breakthrough on the system.

Key Words: Public Cultural Service System; Cultural System Reformation

B.4
公共文化资源供给的主体、方式、渠道和机制研究

巫志南*

摘　要： 公共文化资源供给是公共文化服务体系建设运行的关键环节。政府、公益性文化事业单位、国有文化企业、各种社会力量、基层文化队伍都是具有特定功能的供给主体。改进公共文化资源供给的方式、渠道和机制，关键是从人民群众基本文化需求出发按需生产和供给，逐步建立政府主导、需求引领、规划先行、主体群落健康发展、社会力量积极参与、运用先进技术手段的公共文化资源供给新方式和新机制。

关键词： 公共文化　资源　供给

公共文化资源供给体系，是公共文化服务体系的子体系，在整个公共文化服务体系建设中起着十分重要的作用。当前，建立功能齐备、制度健全、运行高效的公共文化资源供给体系，对于落实党的十七届六中全会精神，切实解决公共文化服务体系建设面临的突出矛盾和问题至关重要。

一　公共文化资源供给的主体

（一）政府

公共文化服务，从根本上说是政府的分内事，政府理所应当地属于公共文化资

* 巫志南，上海社会科学院研究员，国家公共文化服务体系建设专家委员会委员。

源供给的重要主体。政府作为公共文化资源重要主体主要体现以下在四个层面。

一是政府直接参与公共文化资源供给。政府可以通过自身机构，直接提供与公共文化资源供给相关的各类行政服务，在特定情况下直接安排公共文化产品生产和服务供给。

二是政府发挥宏观指导功能。政府运用政策、规划、布局等体制性手段对全社会公共文化资源的生产供给履行宏观指导职能。当前，各地比较多地着眼于主体资质认定、政府采购等机制和操作细节，而对于规划布局等更为宏观、也更为重要的体制性手段有所忽视。规划之所以被称为体制性手段，不仅仅因为规划明确阐述了一定时间内工作的指导思想、目标原则、战略重点，更重要的在于规划的科学性和公开性，以及对各类主体产生的客观引导性和制约性，这正是规划优于计划的特点所在。在社会主义市场经济条件下，规划这一体制手段已经在经济、政治、社会发展中得到普遍运用，文化、特别是公共文化服务自然也不例外。从国际经验看，世界各国十分重视在公共文化资源供给环节突出文化主权和保护民族文化，世界各国都把公共文化领域视为形成和巩固核心价值的主阵地。我国公共文化资源供给，是中国特色社会主义事业总体布局的有机组成部分，是公共文化服务体系建设的关键环节，以此为基点，公共文化资源供给规划布局的突出特点，以社会主义核心价值体系为内核，把满足人民群众基本文化需求与引导公共文化健康发展有机统一起来，体现公共文化导向与服务并重，形成对公共文化资源的数量、品种、结构的合理布局。通过宏观指导和规划布局，努力使党的意志、政府的主导作用、人民群众的意愿、公益性文化事业单位的职能、社会力量参与方式和途径，得到充分表达和科学安排。

三是政府发挥统筹协调功能。各级政府必须兼顾部门、系统、区域、城乡、民族等因素，分别在国家、省市、县乡各层面追求公共文化资源生产供给的均衡性，在现阶段恰恰是“统筹”才能更加有效地提高公共文化资源供给效率，才能充分维护和促进基层特色文化的发展，才能更有针对性地实现人民群众的文化需求。在计划经济条件下，政府的职能通过计划分解到各个部门，各个部门通过计划下达到系统内事业或企业单位，系统内事业或企业单位按照计划向社会提供商品或服务。在这一序列中，政府面向全社会的公共职能实质上转化为面向系统内的计划职能，再经过系统内“过滤”机制，政府至社会终端的公共行政效能有可能逐级衰减。公共文化资源本质上是全体人民群众的资源，公共文化资源供给追求全国的基本均衡性，但是事实上，大到东中西部，小到区（县）街道，地区之间发展不平衡现象相当严重，政府对全社会公共文化资源供给的主导体制被分割为零散的“块块”。“块块”犹如小农经济的自留地，极大地制约着以现代科技为支撑的现代服务型公共文化产品大生产、大供给方式的具体实施。要落实政府对全社会公共文化产品生产供给的主导体制，必须牢固确立全社会服务理念，结合职能转变和现代服务型政府建设，逐步在更大范围内加大统筹和协调力度，着力改变地方化或小区域化生产供给格局。

四是政府履行运行管理职能。为了提高公共文化服务资源供给的长期性和稳定性，政府有必要在微观层面采取资质认定、政府采购、订单管理等必要的组织运行机制，推动公共文化资源生产供给各项具体工作有条不紊地开展。

（二）公益性文化事业机构

公共文化资源供给要把握好核心依托、建设好基本队伍。现阶段还要坚持“以公益性文化事业单位为主，以各种社会力量参与为辅”。这一判断基于三点原因：一是现阶段各种可以参与公共文化资源供给的社会力量还处于起步阶段，还没有真正发育成熟，还没有形成稳定的公共文化产品和服务生产供给规模，还没有形成可以依托的基本队伍。二是公共文化资源供给，在任何国家都必然带有一定的主流价值追求，所供给的内容资源都鲜明体现着国家意志或社会主流价值，也就是说，供给主体也必须是社会核心价值体系十分可靠的载体。三是从实际情况看，公共文化资源的主要部分仍然存在于各类公益性文化事业单位，这是事实，不能脱离实际或超越现阶段提出要求和部署工作。

必须看到，坚持在现阶段以公益性事业单位为主的公共文化资源供给安排，并不排斥任何社会力量的积极参与，并不阻碍社会力量逐步成长为合格的公共文化资源供给主体，并不意味着现有公益性文化事业单位长期的垄断状态，并不会形成各种社会力量进入公共文化服务资源供给领域的门槛。从社会公平原则出发，“公共文化资源供给主体”这个新的名称，是与社会主义市场经济体系相适应、相衔接的名称，它不再是陈旧体制下的文化事业单位的“标签”，不能拿它来随意贴在公益性文化事业单位身上。在制度建设和管理操作上，国家行政主管部门会对各类公共文化资源供给主体逐步形成公开、明确要求，会及时引入公开公平的竞争机制来引导和调控，会通过运行监督和绩效评估来“优胜劣汰”。

公益性文化事业机构中，图书馆、文化馆等是定位准确、功能明确的公共文化资源供给骨干主体，公共文化资源供给应当是这些机构的基本职责，是这些机构存在和发展的理由和根据。这些机构要按照公共文化资源供给的总体要求和部署，转变观念、明确责任、积极作为、优化服务。在现阶段公共文化资源供给实践中，图书馆的定位和功能比较明确，通过中心图书馆建设、“总分馆制”、社区乡村阅读终端建设，初步形成以基层为重点的资源供给网络，在满足人民群众读书、阅报、电子阅览等需求方面发挥作用；而文化馆的机构定位则有所模糊，功能发挥有所不足，在全面发挥文艺创作、基层指导、队伍建设、人才培育、活动组织、技艺传承、项目研发、推介传播、力量整合、资源推送、平台建设等方面的作用尚不全面。在贯彻落实中央关于“推动社会主义文化大发展大繁荣”指示精神的过程中，尤其要发挥文化馆在公共文化产品生产和服务提供中的关键作用，要发挥文化馆的区域性组织指导功能、面向基层的综合服务功能、集聚和整合使用各种文化资源的功能等。此外，政府举办的博物馆、美术馆，政府支持举办的工人文化宫、青少年宫、妇女儿童活动中心、科技馆等，也应结合各自特点，确立在公共文化资源供给体系中的基本定位、特定功能、具体职能和服务方式，逐步纳入公共文化资源供给“政府主导”的基本框架。

（三）国有文化企业

国有文化企业是社会主义核心价值观的重要载体，也是公共文化服务体系建设、特别是公共文化资源供给的重要力量。国有文化企业大多由国有经营性文化事业机构转制而来，这些机构长期承载、积聚了大量公共文化资源，没有这些机构的参与和支持，会削弱全社会公共文化资源供给能力。按照中央关于加快推进国有经营性文化事业单位转企改制的指示精神，这些年来大量经营性文化事业机构陆续完成转企改制，但是转企改制并不意味着减低在国家文化建设中的重要地位，并不意味着丧失原有的社会文化服务功能。这批文化机构，思想素质好、业务能力强、资源积淀厚，作风过硬、队伍整齐、运行规范，过去一段时期的弱项在于市场意识和市场运营能力略有欠缺，而对社会文化建设的支撑和服务功能并未减退。用好这批机构所拥有的公共文化服务资源和生产、供给能力，一方面是服务于国家文化体制改革大局的内在要求，可以借助公共文化资源供给形成新的需求、新的带动，支持这些机构在改革中找到新定位、发现新领域、拓展新空间、形成新路径，所谓“扶上马、送一程”就是这个道理；另一方面，这些机构的创新模式、转型发展，也是公共文化服务体系建设的必然要求，可以在转企改制的国有文化企业中，逐步发现、培育和扶持一批以承接政府公共文化服务采购作为自身主要业务的一些市场化的、专业化的、主力型的机构。

（四）社会力量

最近几年，以提供社会文化服务资源为主营业务或专业从事社会文化组织或社区文化服务的社会组织或企业，在一些中心城市迅速成长，比如上海市“华爱社区文化服务中心”，已经形成专业化、规模化、连锁化发展的态势。这类组织一旦成熟，对原有公益性文化事业机构既可以起到重要的补充作用，也形成较大的竞争和挑战，对整个公共文化服务资源供给体系建设也形成有力地正面促进。这类组织可望在不久的将来形成跨区域发展，潜在的规模化发展速度有望超过原有受到属地化行政体制制约的各地公益性文化事业机构。

但是总体上看，由于体制关系，目前我国在公共领域社会力量的能力和影响力最弱，公共文化领域也是如此。所以，当下就要把大量公共文化事务全面交给社会力量时机并不成熟，在现阶段还缺乏较多数量、较大规模、信得过、靠得住、用得上、离不开的社会力量能够马上全面承担公共文化资源供给重任。当前的主要任务是对有意从事公共文化资源供给的社会力量进行大力引导、培育和扶持，不仅是公共文化资源供给具体业务的培育，更重要的是坚持社会主义核心价值观、坚持先进文化前进方向、弘扬中华优秀传统文化，以及注重职业方面的素质和能力的培育。

（五）基层文化队伍

在计划经济体制下，各级政府习惯于“自上而下”的“配给制”供给方式，这种方式已经完全不适应社会主义市场经济体制下以人民群众基本文化需求为导向的公共文化资源供给方式。当前提出的“以政府为主导”、“加强统筹”等理念，采用完全不同于计划经济单一“自上而下”的思路，前者是要将基层人民群众的积极和创造性纳入主流视野、纳入“政府主导”框架，以统筹、协调、共享的方式全面发挥人民群众“自我管理、自我发展”的功能。党的群众路线告诉我们，任何时候、任何情况下千万不能忽视和低估人民群众的创造性和积极性，不能忽视和低估基层民众的自组织能力，尤其不能忽视来自基层、扎根基层的专兼职基层群众文化组织的自我管理和自我服务能力。基层文化队伍与基层群众有天然的联系，是人民群众生活环境的有机构成部分，是基层文化生态不可分割的组成部分，虽然受一定的地域、习俗限制，但丰富生动、鲜活有趣，为当地群众所喜闻乐见；基层文化队伍数量庞大、创造力及其产品总量庞大、其中可以脱颖而出的优秀作品的数量也十分可观；基层文化队伍一般是草根状态、自发自创、自娱自乐，其中不乏潜质良好、有巨大提升空间的幼苗，如果加以适当专业指导，可以不断地孵化出优秀产品。所以，基层群众文化某种意义上是公共文化服务的规模巨大、富有活力、取之不尽、而且成本较为低廉的天然资源库。加强对各类基层文化队伍的鼓励和扶持，培育来自基层、服务群众的供给主体，大力支持人民群众自编自演、自娱自乐、自创自办，既有利于丰富基层群众的文化生活，也有利于减轻公共财政负担、提高公共文化资源供给效率。

随着公共文化服务资源供给体系建设的成熟、规范、稳定，应在政府主导和协调下，围绕实现人民群众基本文化权益和满足人民群众基本文化需求，面向全社会遵循和运用社会主义市场经济原则，更加公开公平公正地配置公共文化资源，逐步对各类主体参与公共文化资源供给一视同仁地采取资质认定、项目委托、招标采购、补贴奖励、监督评估等公平机制，建立健全保障全社会公共文化资源供给的相关制度，推动形成与“较为完善的公共文化服务体系”相适应的现代公共文化资源供给主体群落。

二　公共文化资源供给方式

在计划经济体制下，各种资源的生产供给均采取配额制或配给制，文化资源也不例外，一概按计划安排生产、按计划自上而下地配给到基层。计划体制条件下，文化资源供给有四个突出弱点：一是单一性自上而下供给，取消了基层群众的创造性和积极性；二是单一性产品和服务，不考虑也无法兼顾基层群众的多样性需求；三是单一性行政供给，强化了行政区划的隔离、扩大了地域性局限；四是单一性服务主体，导致文化服务产品、方式、主体的固化僵化。计划体制中也偶尔吸纳一些来自基层的内容资源，但是这些资源都经过了一级级行政化地遴选、改编或重构，之后再行政化地推广到基层。

改革开放以来，公共文化资源供给方式发生根本变化，时至今日，图书馆、文化馆、博物馆、美术馆已经向全社会免费开放，社会力量开始参与公共文化资源配置领域，改革力度较大的地方开始采用市场化机制配置部分公共文化资源。但是由于现阶段相关法律制度还不健全，公共文化服务体系建设基本上还必须依托行政体制推进，公共文化资源供给的地域分割、部门分割等旧体制痕迹仍较为明显，具体表现在：东部中心城市因为拥有较多公共文化资源，人们享受到比中西部更好的文化内容服务；很多大中城市的常住人口与外来人口所享受的公共文化资源供给存在较大差异；同一座城市不同区域，因为拥有资源品质和数量的不同，以及“财政分灶吃饭”等原因，文化资源供给情况存在巨大差异。“行政化”导致可纳入公共文化资源供给体系的大量文化资源处于地域性、部门化沉淀状态，这些资源仅仅服务于很狭小的空间范围或群体。这种传统的文化资源配置方式，成本高、效率低、差异大。诚然，这些发展中出现的新情况新问题并非基层文化行政部门所能解决，而是与现行行政管辖、资源配置、财权事权分配以及户籍管理等制度有着千丝万缕的关系，短时期之内要从根子上突破是十分困难的，明智的选择是在实际操作中寻找新的路径，设法避开这些暂时无法解决的问题，选择比较切实可行的角度突破，重点解决那些普遍的、迫切的问题，比如运用现代信息技术就能够有效改善公共文化资源供给方式。

当今的时代最显著的特征，是始自 20 世纪末的信息时代进展到了数字网络化阶段，为此，这个时代也可以称为数字网络时代。与此相应，这个时代的公共文化服务体系，也应当称为数字网络时代的公共文化服务体系。必须紧密结合这一重要的时代特征，深入思考数字网络时代大背景中的公共文化服务体系的特点和规律，深入思考公共文化资源供给的特点和规律。文化资源不同于物质形态的其他资源，具有边际成本很低、边际效应很高的特点，公共文化资源更是如此，可以说边际成本几乎为零，而边际效应可以无限扩大。因而，公共文化内容资源非常适合通过数字网络进行采集、整理、储存和传输。

“全国文化信息资源共享工程”正是这一原理的现实应用，“上海东方社区信息苑”也通过数字网络为全市基层群众提供公共文化内容资源。数字网络技术的运用和支撑，为公共文化资源供给方式的全面创新提供了可能，能够实现多层次、多渠道、多方式、多品种、跨地区、跨部门、跨领域、网上网下的全面结合和有效互动，不用试图“伤筋动骨”地改变整个体制，就能够立即打通行政壁垒、地域壁垒和公共文化资源生产供给的诸多瓶颈。多年前上海就曾实施“内容配送系统”的创新方式，设计了“专业至基层配送、基层至基层配送、本地至外地配送、外地至本地配送”等，近年来还通过“东方社区文化艺术指导中心”在“社区文化艺术指导员”的基层派送方面进一步深化。杭州市也通过群众文化艺术专门网站，实现全市基层文化艺术创作、辅导和活动资源的共建共享。江苏省吴江市，连续八年运行“区域文化联动”，进而推动大运河沿线城市的群众文化艺术产品的交流互动，目前已建立与青浦、湖州、无锡、徐州、淮安等十几座城市群众文化艺术产品的定期交流机制。通过“区域文化联动”，吴江以及参与区域的老百姓，每年不用外出就能多看到十几台节目，而每个区域文化艺术活动的运行成本并没有同步增长。“吴江经验”已是公共文化资源跨地区、跨部门、跨层次供给新方式的雏形，对于全国公共文化资源供给网络体系建设具有重要启示作用。

运用数字网络技术，是根本改进公共文化资源生产供给方式的关键。在数字网络技术条件下，理论上，我们完全能够把全国专业与基层、基层与基层、纵向与横向、本地与异地、多维交互式让全国任何一个地方的基层群众都能共享优秀公共文化资源，完全能够建立一个全面覆盖、功能强大、高效运行的公共文化资源供给系统。如果有了这个系统，我们就完全能够很好地解决全国公共文化内容生产供给的大问题，就能从公共文化内容供给入手，带动全国各地硬件设施的高效率运行。但是，理论思考必须与实践稳步推进结合起来，这个工作可以首先在乡镇之间、在社区之间进行；继而在县域、地级市域推进；再进一步扩大到以省（市）为单位，实现省（市）之内的均衡共享机制；最后，完全可能在全国实现。

各地在公共文化资源供给的探索实践中，有采用“配送”方式供给，必须逐步完善以基层群众基本文化需求为导向的公共文化资源供给新机制新方式，这就要求公共文化资源的生产供给与人民群众基本文化需求结合得更加紧密，必须加深对基层人民群众文化需求特点、内容和方式的研究，必须逐步减少公共文化内容产品生产供给的主观性和盲目性。事实上，目前全国部分地区的确存在公共文化资源供给的结构性问题。具体表现在：一方面，符合人民群众欣赏习惯、为人民群众所喜闻乐见的内容产品比较缺乏；另一方面，大量没有真正需求、或百姓并不“喜闻乐见”的产品有所积压、形成浪费。这种结构性供给不足的根本原因，可以归结为公共文化资源生产供给存在主观盲目性和客观局限性。主观盲目性要通过提高认识、加强调研、关注需求来克服；客观局限性则必须通过运用数字网络技术手段改进方式、提高能力来解决。

当前人民群众精神文化需求正在发生巨大变化，来自基层的旺盛文化需求表现出对公共文化资源供给的强烈期待和更高要求。广播电视村村通、文化信息资源共享、乡镇综合文化站、农村电影放映、农家书屋等国家重大公共文化服务工程，如果没有足够的、符合基层群众欣赏特点的文化资源支撑，势必事倍功半。另外，对外开放的进一步扩大，促进世界多元文化的交流、融合与竞争，文化产品以及供给渠道的选择性加大，如果我国主流文化资源供给总量偏低、质量不高、适应能力较弱，则既难以满足人民群众日益增长的精神文化需求，又有可能削弱主流文化在国内的主导能力。因而，从现实人民群众基本文化需求出发，研究需求、按需生产、提高有效供给，是公共文化资源供给创新首先要突破的环节。可以把创新公共文化资源供给方式为重要的突破口，探索建立政府主导、需求引领、规划先行、主体群落健康发展、社会力量积极参与、运用先进技术手段的公共文化资源供给新方式。

三　公共文化资源供给渠道

目前，各地公共文化资源供给除了图书馆、文化馆、博物馆、美术馆的常规性服务以外，还通过“送书下乡”、“送戏下乡”、“文化综合流动服务车”等付诸实施。但是总体上看，现行公共文化产品和服务供给渠道的存量部分仍然属于传统流通体制的改进版，增量部分仍然难以避免临时性、补充性、或许还带有单向给予性特征。在个别地方，“送书下乡”成为库存积压或滞销图书期刊的分流渠道，“送戏下乡”一定程度上被作为某些文化单位继续享受国家事业体制供养的理由或依据。

为什么一些面向基层主动提供服务的良好初衷和积极措施会产生不同结果？这一问题的根源仍在于公共文化资源供给渠道建设不到位。在我国面向基层的公共文化服务领域，普遍采用的流通渠道主要是两种，一是自上而下标准配给制，即上级政府按照标准，责成相关文化事业单位，指令性地配送内容产品；二是属地化小范围流通制，即本地（村、镇或社区）特色文化内容产品生产和服务单位，面向本地基层群众提供服务。这两种流通渠道有很大局限性，表现在：自上而下标准配给的内容产品来源相对单一，意识形态色彩比较突出，容易给基层群众形成“灌输”的印象；本地流通的内容产品虽然生动丰富，乡土气息浓厚，为本地群众喜闻乐见，但流通范围狭小，兼容性差，有些还难以避免低俗成分，不适合大众传播。上述两种主要流通渠道的现状是相互分离、独立运行，前一种源自现有体制直接安排，后一种体现出体制以“不安排”方式形成间接安排。从这里我们也可以看出，现行公共文化资源供给渠道一方面内容选择的局限性较大，另一方面陷于具体事务层面，总的看仍然处于较低运行层次。

渠道是需要设计的，渠道设计需要与时俱进，需要借助高新技术，把新技术新手段运用到公共文化资源供给的全过程。当今数字网络技术事实上已经对公共文化资源供给渠道的改革和创新形成倒逼机制。一是基层群众可以接触到的文化传播渠道更丰富，对文化资源的选择性更大，实现文化需求的方式更为多样，客观上要求公共文化供给必须在更高层次上与之相适应。二是科技进步促进文化供给方式和手段的不断更新，也从技术上要求和支持着公共文化供给渠道的创新。在数字网络技术支持下，世界工业生产领域“全球化的供应链”设计正将一个企业分布于世界各地的资源集中组合成紧密的全球生产资源，高技术应用不仅在于节省人力，降低劳动成本，更重要的是提高了产品和服务质量，降低了废品和材料损耗，缩短了对顾客需求的响应时间。与工业领域相比较，文化领域属于非物质性的内容生产和传播，与现代数字网络技术有着更高的融合度，不仅如此，公共文化资源，如果借助现代数字网络技术，可以在内容采集、资源集成、按需订制、菜单服务、需求响应、质量监控等方面达到新的水平，而且可以将资源数字化整合而形成的新的能量沿着公共文化服务链向各环节传导。向前传导到生产环节，带动公共文化生产单位逐步实现按需生产、准时生产和精细生产；向后传导到公共文化设施等服务终端，提高各类设施的利用效率和服务效能。

运用现代数字网络技术提升公共文化流通效能，需要对现行公共文化资源供给渠道做重大改进，关键是实行供给渠道的专业化、规模化、集约化，最终在体制上形成公共文化内容的生产、流通、终端服务全程的科学安排及各环节的科学分工。实行公共文化供给渠道专业化的必要性在于：一是有利于防止和避免无数生产供给单位直接配送可能造成的混乱局面；二是有利于对来自不同生产单位内容产品的质量进行比较鉴别和整合加工，建立“集成—加工—分拨—配送”供给机制；三是有利于采用“菜单”方式满足不同对象的“个性化”需求；四是有利于政府职能转变，使政府从具体的流通事务中解脱出来，更好地履行宏观调控和监督职能，同时为扩大社会参与提供条件；五是有利于集约化管理和监控，提高供给效能和质量，从总体上提高系统的可靠性，降低公共文化服务体系综合运行成本。

公共文化资源供给渠道创新的操作步骤：第一，要体制性地对承担供给渠道职能的专业化机构在观念上认可、在行为上接受、在政策上扶持、在资源上支撑、在运行时纳入。第二，公共文化资源供给渠道不同于一般商品流通，有必要围绕公共文化资源所负载的功能，对渠道运行主体的选择标准或资质作出严格规定。第三，内容健康是公共文化资源供给的首要标准，因而对进入公共文化资源供给渠道的各类产品和服务，有必要建立和完善严格的事前监管制度。第四，政府在加强监管的同时，应建立和发布开放性公共文化产品和服务目录，鼓励和支持各类符合条件的专业化“第三方”组织参与，在此基础上，政府逐步建立、并不断充实面向全社会的内容健康、服务规范、丰富多样的公共文化产品和服务数据库。第五，运用数字网络技术，建立先进、可靠的内容配送渠道系统，把产品和服务及时、准确地送到基层，形成生产系统、集成系统、配送系统和终端服务系统的无缝对接。

四　公共文化资源供给的长效机制

稳定的公共文化资源供给需要可靠的保障，主要涉及组织体制保障、资金投入保障、人才队伍保障。就公共文化资源供给面临的突出矛盾和问题而言，迫切需要解决资金保障问题。当前公共文化资源供给资金保障面临以下五个主要矛盾。

一是全社会公共文化发展与系统资金投入的体制性矛盾。“公共”的基本含义之一是“全社会”，公共文化服务是政府的基本职能之一，公共文化资金保障体制必须建立全社会经济发展的基础之上，必须纳入公共财政预算。目前我国各地虽已初步将公共文化发展纳入各级财政预算，但预算标准主要参照20世纪末以来实行的系统或部门化的“专项资金”政策，部分地区预算资金额度及性质主要是文化领域经营收入所形成的地方财力部分，所谓“列收列支”资金。这一预算的潜在意义不是把公共文化发展与经济社会发展水平相协调，而是仅仅与地方或系统的文化产业发展水平直接挂钩。以这种方式形成的预算，往往没有考虑对公共文化资源供给的投入。因而，现行公共文化投资政策只是在形式上纳入公共财政预算，而尚未真正从经济、政治、文化和社会“四位一体”协调发展的角度，纳入一级政府公共财政的基本预算。

二是公共文化服务均衡发展与政府财政统筹体制乏力的矛盾。“均衡”和“全覆盖”是公共文化的基本要求，要做到这一点，公共财政必须具备足够的投资力度，而前提是政府对公共文化发展资金的统筹。20 世纪末以来，我国实行各级政府“分税制”，该制度在保障中央财力、增强地方经济发展动力等方面发挥了巨大的积极作用。近年来，这项基本制度在建设现代公共服务型政府的新形势下，结合统筹各项公共服务进行了相应调整，公共卫生、社会保障等公共事业方面统筹力度显著加大，相比较公共文化的统筹力度仍然薄弱。面对在更大范围实现公共文化服务“均衡”和“全覆盖”的要求。“税”可以分而用之，但公共文化资源却需要统而用之。“分税制”有必要就加强公共文化服务，特别是加强公共文化资源供给所需财政资金的统筹方面作出新的安排。

三是社会捐赠的积极性与现行捐赠体制不配套的矛盾。发达国家公益性文化投融资渠道，在体制分设为两种：其一为政府投入，其二是社会捐赠。社会捐赠实质上是区别于政府财政的另一种社会再分配。以美国为例，美国联邦税法专门条款规定，允许各类企业、社会组织和个人，将应纳所得税金的一定比例自主捐赠给合法的公益性或非营利性组织。近年来，我国各界捐赠公益性文化呈现增长势头，但是目前捐赠政策不利于激发潜在的社会捐赠文化发展的热情。我国相关文件规定，捐赠资金按一定比例在应纳所得税额中扣除，这一规定给捐赠者在捐赠资金以外增加额外支出负担，实质上不具备可操作性。以一家在华设立的外商投资企业为例，如果这家企业同时捐赠同等数额资金给我国国家博物馆和大英博物馆，则该家企业实际用于我国国家博物馆的支出远大于大英博物馆，现行捐赠政策事实上不适应我国公益性服务领域扩大吸纳社会捐赠的实际需求。从国际惯例看，捐赠者对公共性文化艺术发展具有更明确的热情，扩大这方面的资金来源大大有利于公共文化资源供给。

四是社会力量参与公共文化资源供给与体制安排缺位的矛盾。从本质上说，公共文化面向全社会，无所谓体制内和体制外的分别。从体制上区别内与外，是与计划经济体制相适应的传统文化体制特征，这种体制惯性依然延续有其内在原因，主要是体制内文化事业单位在我国文化发展中长期担负着大部分职能，仍在发挥着主力军作用，仍然是主流文化建设和公共文化服务的重要依托。近年来，随着改革开放逐步深入，社会力量进入公共文化资源供给领域的动力增强，但普遍表现出起点低、规模小、发展缓慢，这些现象有多方面原因，其中最主要的是体制原因。迄今为止，中央已数度发布关于鼓励社会力量进入文化领域发展的政策，但这些政策操作性不强，缺乏专门适用社会力量的配套措施，缺乏相关职能部门的有效配合，新政策在旧体制面前难以生效。政策执行主体的立场大多仍在“体制内”，往往在履行资金、人才、项目、信息等具有实质作用的公共服务时，会有意无意地忽视“体制外”社会力量的存在。体制安排“缺位”还表现在，“体制外”组织和个人申报公益性文化项目、或希望政府支持正在从事的公益性文化项目时，往往不知门径，无形的门槛常常使之望而却步。此外，现行体制还缺乏对公共文化资源性产品价值认定和评估环节，社会力量难以凭资源性产品及其供给从市场融资，这给持续再生产造成困难。

五是公共财政投入与公共文化产品产出及服务绩效未能挂钩的矛盾。在社会主义市场经济条件下，公共服务既要讲公平，也要讲效率，力求实现公平与效率的统一。目前，我国文化事业单位生存和发展主要依托公共文化资金投入，其中部分文化事业单位体制改革相对滞后，内部运行机制比较陈旧，提供的公共文化资源供给服务并不能适应公共文化需求，这些文化事业单位占用大量的公共文化投入，从现象上说这部分公共投入就是低效或无效投入，从本质上说是人民群众基本文化权益保障水平没有达到应有高度。

破解上述五个矛盾，要理顺公共文化资源供给资金投入体制机制：一是要按照经济、政治、文化和社会“四位一体”、协调发展的原则，彻底改革现行部门化、系统化投融资体制，全面落实政府公共文化服务职能，建立和完善政府统筹和协调公共文化资源配置，扩大社会力量参与的宏观资金保障体制。二是遵循社会主义市场经济规律，彻底改变只管投入、不管产出、不顾绩效的投入方式，建立和完善公共文化“规划—预算—投入—产出—评估”的资金保障运行体制。三是创新公共文化投入方式，灵活运用政府招标采购、项目补贴资助、贷款担保贴息等投入方式，吸引社会力量投资、参股、赞助、提供设施和产品等多种方式投入公共文化服务，鼓励金融机构创新金融工具或产品向公共文化领域提供长期和低息贷款。四是及时修订出台鼓励社会对公共文化捐助的政策法规，抓紧落实社会力量公益性捐赠的税收优惠及相关表彰和奖励政策，简化吸纳捐赠的操作程序。五是健全公共文化资金使用和绩效评估环节，包括从体制上规定“第三方评估”的制度和程序、结合不同公共文化项目分类制定评估标准、落实重大公共文化工程的跟踪评估、完善评估后的奖惩制度等。六是合理划分公共文化服务体系各环节资金分配，切实保障公共文化资源供给环节的资金投入。

Research on the Main Body, Ways, Channels and Mechanism of Public Cultural Resource Supplying

Wu Zhinan

Abstract: Public cultural resource supply is a key part in the construction of the public cultural service. The government, nonprofit cultural institutions, state-owned cultural enterprises and various social forces, the grass-root cultural team are all supply body that have the specific functions. To improve the cultural resource supplying ways, channels and mechanism, the key is to gradually establish new ways and mechanism of public culture resource supply which is a government-led, needs-led, plan ahead, main community health develop, social forces actively participate in, using the advanced technical means.

Key Words: Public Culture; Resources; Supplying

B.5
信息化发展与公共文化服务变革

赵红川*

摘　要：本文回顾总结了10年来信息技术在我国公共文化服务中的应用和阶段性特征，分析了信息技术对公共文化服务手段和方式创新的重要影响，提出了公共文化服务信息化变革的主要趋势，规划展望了信息技术在公共文化服务体系建设中的未来发展。

关键词：信息化　公共文化　变革

信息化已成为人类发展的时代特征和经济社会变革的重要力量，已经和正在深刻改变世界政治、经济、社会和文化发展格局，新型人类文明形态正在加快形成。"全球化、知识化、信息化、网络化的新时代逐步到来，有别于以往工业革命的新型人类文明形态正在形成过程中"①。

一　公共文化服务信息化发展特征

在国家战略中规划文化信息化发展，顺应世界发展潮流，适应市场经济发展需要，保障人民群众基本文化权益，为构建覆盖城乡的公共文化服务体系，提供了重要的现实途径和制度保障。

（一）公共文化服务信息化的基本特征

公共文化服务信息化是一个动态发展过程，是一个带有根本性的体制机制变

---

* 赵红川，四川省文化信息中心主任，国家公共文化服务体系专家委员会委员。

① 温家宝：《让科技引领中国可持续发展》，http：//www. gov. cn/ldhd/2009 - 11/23/content_1471208. htm。

革。要建设适应信息化条件下的公共文化服务体系，必须深刻把握公共文化服务信息化的基本特征。

公共文化服务信息化的本质特征，是公共文化服务内容、过程和人的信息化，就是将公共文化服务核心业务、服务过程进行信息化改造。同时，所有参与公共文化服务的各级服务人员在知识和行为中融入信息化进程，成为信息化的主导力量。

公共文化服务信息化的形态特征，是在公共服务的内容生产提供、管理和服务三个层面，广泛开展计算机应用，实现资源数字化、服务网络化、管理自动化，以及公共文化服务体系运行全面现代化。

公共文化服务信息化的过程特征，即信息化从初级、中级到高级的发展过程，是从计算机单机应用、综合应用、网络应用的逐步提升；从基层公共文化服务机构内部计算机组网、外部联网、行业联网、公共文化服务体系联网的不断融合，是连续不断可持续发展的历史进程。

公共文化服务信息化的创新性特征，既包括技术创新，更依赖体制创新。保持技术创新和体制创新相互促进、有机融合，实施公共文化服务模式和流程的再造和重组，从体制上为信息技术的深层应用创造条件。同时，公共文化服务信息化对于促进国民经济和社会信息化创造良好环境，对于社会信息网络的不断进步会产生巨大的促进作用。

公共文化服务信息化的效益特征，主要体现为保障基本文化权益的社会效益。通过应用信息技术对公共文化服务信息资源进行深度开发和广泛利用，从整体上提高公共文化服务产品和服务的生产能力、供给能力和管理水平，产生出保障基本公共文化权益、体现政府公共服务职能的综合效益。同时，公共文化服务信息化建设及其服务，也将通过政府投资和采购，产生“溢出效益”，促进信息产业发展。

（二）国家战略确立公共文化信息化建设地位

2001 年文化部“十五”规划纲要确立了加快文化领域的数字化、网络化，开发文化信息资源，推进文化管理信息化进程等三方面的任务，明确要求提高全国图书馆的文献信息保障能力，建成中国数字图书馆国家资源中心和文化、教育、科技 3 个分中心以及 7 个地区中心，地市级以上图书馆 80% 联网，县级图书馆入网率达到30%以上了。第一次将文化信息化建设成果与公共文化服务融合，确立了以公共图书馆信息化为基础，建立现代信息网络条件下公共文化服务技术的总体思路。①

《2006～2020年国家信息化发展战略》从国家层面，对文化信息化发展做出全面部署，明确提出，要改善公共文化信息服务，加快文化信息资源整合，加强公益性文化信息基础设施建设，完善公共文化信息服务体系，将文化产品送到千家万户，丰富基层群众文化生活。② 这就使公共文化信息化建设作为国家中长期规划的重要内容，作为全社会参与的重点项目，发展地位得到确立，发展条件得到保障。

在《中共中央办公厅、国务院办公厅关于加强公共文化服务体系建设的若干意见》这一纲领性文件中，要求提高公共文化服务技术水平。加快现代科技应用步伐，提高公共文化服务的信息化、网络化水平。以国家数字图书馆建设为龙头，加快国家图书馆、省级图书馆与各地公共图书馆的联网步伐。加强市（地）、县图书馆镜像站建设，增强文化信息资源的传输、存储和供给能力，为基层提供方便快捷的文化服务。同时，以更加恢弘的视野，提出要以积极的态度、创新的精神，大力加强互联网建设，使之成为传播社会主义先进文化的新途径、公共文化服务的新平台、精神文化生活的新空间。③ 为公共文化服务的信息化发展，提出更加高远的目标任务和发展方向。

上述政策历程表明，公共文化信息化建设是一个从部门规划、持续推动，逐步上升到行业战略、社会参与，最后成为国家决策部署的创新工程，体现了中国特色社会主义制度条件下文化建设的基本规律和特点。一是坚持把公共文化服务信息化作为政府的基本职责，作为信息时代满足广大群众基本文化权益的重要手段，作为公共文化服务体系现代化的核心和提高公共文化服务质量的关键，进行统筹规划和合理布局。二是围绕中国特色公共文化服务的客观需求，把握信息化

---

① 《文化部关于印发〈文化事业发展第十个五年计划纲要〉和〈文化产业发展第十个五年计划纲要〉的通知》，http：//www.cpll.cn/law6912.html。

② 《中办、国办印发〈2006～2020年国家信息化发展战略〉》，http：//news.xinhuanet.com/newscenter/2006－05/08/content_ 4522878.htm。

③ 《中共中央办公厅、国务院办公厅关于加强公共文化服务体系建设的若干意见》，http：//www.cpll.cn/law8430.html。

技术为公共文化服务的基本规律，采用实用先进技术，建设文化信息资源，推进公共文化服务机构网络化，提高公共服务水平和质量。三是突出信息化建设的系统化特征，加强顶层设计和制度安排，对公共文化服务信息化建设的重点领域、实现途径进行统筹规划，前瞻性地提出了公共文化服务信息化发展的未来走向。

（三）数字图书馆建设引领公共文化信息化发展

20 世纪 90 年代以来，世界范围内掀起数字图书馆建设高潮，数字图书馆成为国际高科技竞争中新的制高点，成为评价一个国家信息基础设施水平的重要标志。[①] 更是公共文化服务基础设施现代化的重要标志。

经过 21 世纪头十年的建设和发展，国家数字图书馆在软硬件平台建设、数字资源建设、标准规范建设、服务体系建设方面都取得了丰硕成果，数字资源保有量达 480TB，形成了内容丰富、技术先进、覆盖面广、传播快捷的公共文化服务网络，服务范围覆盖电信网、广播电视网、互联网，成为推进文化创新、繁荣和传播社会主义先进文化的基础性文化惠民工程。黑龙江省成为“国家数字图书馆推广工程”启动以来的第一个区域全覆盖的省份。[②] 同时，还分别建设国家科技图书文献中心、国家科学数字图书馆、中国高等教育数字图书馆、中共中央党校数字图书馆、全军院校数字图书馆和中国社会科学院系统数字图书馆 6 个国家级数字图书馆（系统）。[③]

作为文化信息资源收藏和服务的重镇，公共图书馆一直处于公共文化服务技术应用的领先地位。图书馆发挥其知识组织、信息管理的理论和实践优势，积极参与了数字图书馆的理论研究和技术设计，创新性地开发出数字图书馆相关装备、产品和技术，探索出数字图书馆服务的新模式、新方法。依托国家迅速建设的信息基础设施，数字图书馆建设不但从根本上改变我国文化信息资源保存、管理、传播、使用的传统方式和手段，同时还创建了“数字图书馆联盟”的服务

① 李连仲：《数字图书馆建设代表先进文化》，2002 年 3 月 6 日《光明日报》，http：//www.gmw.cn/01gmrb/2002－03/06/06－9EED5450F213A67D48256B7300833301.htm。

② 庄建：《足不出县上“国图”》，2011 年 1 月 16 日《光明日报》。

③ 姚星星、屈鹏、谢静：《国内外数字图书馆研究与发展现状》，《图书情报工作》2009 年第 13 期。

模式，在一定程度上满足了爆炸式增长的文化信息需求，为采用信息技术开展公共文化服务，探索了成功道路和实践范例。

（四）文化信息资源共享工程普惠全民

进入21世纪，互联网在中国得到快速广泛应用的同时，网上信息能力问题成为社会关注焦点。全国文化信息资源共享工程，是中国政府为消除“数字鸿沟”，在全社会提供公益性服务的国家文化信息化基础工程。从2002年由文化部、财政部联合启动以来，就被中央政府作为重点文化工程，在历年的政策法规和规范性文件中反复强调和部署。

文化共享工程建设的总体目标是，充分利用现代高新技术手段，国家骨干通信网络系统，整合中华优秀传统文化以及现有的各类文化信息资源，扩大网上中华文化信息资源的存储、传播和利用，实现全国文化信息资源的共建共享，建成互联网上的中华文化信息中心和网络中心，实现优秀文化信息通过网络为大众服务的目标。

为实现上述目标，在文化部的直接领导下，建设了共享工程国家中心、省级分中心和县、乡、街道和社区基层网点联网的共享网络系统，实现了海量公共文化数字资源的有效整合与服务，构建了以互联网、卫星、移动存储、镜像、光盘、有线电视/数字电视网为依托的服务框架。“十一五”时期，中央财政已下拨文化共享工程专项建设资金24.76亿元，各地累计投入27亿元。[①] 建成1个国家中心、33个省级分中心，县级支中心达到2418个，数字资源总量达到105.28TB，累计服务人次超过8.9亿，基本建成资源丰富、技术先进、服务便捷、覆盖城乡的数字文化服务体系，基本实现县县建有支中心和“村村通”的目标。[②]

文化共享工程是在中国经济社会快速发展，文化建设加快推进，公共文化服务体系成为政府基本公共服务主要内容的背景下，借鉴世界各国信息化经验，结合中国实际，创新性地兴办的一项由政府全额投资、进行公益性服务的重要文化

① 《“十一五”中央财政投入24.76亿元推进文化共享工程建设》，http：//news.xinhuanet.com/politics/2010-02/02/content_12915814.htm。

② 李舫：《创新传播手段建设文化惠民工程——访文化部副部长杨志今》，2010年12月24日《人民日报》。

基础工程，承担着惠及千家万户、缩小“数字鸿沟”、提高公民文化素质、保障基本文化权益等历史使命。从政府部门参与的范围看，在主办单位文化部、财政部的组织协调下，中央文明办、教育部、农业、科技、新闻出版、广电、卫生等部门也提供了具有行业特色的丰富资源。

（五）文献数字内容建设热潮丰富公共文化服务内容

文献信息是公共文化服务的核心资源，是以公共图书馆为代表的公益性文化事业单位独特优势资源。各级公共图书馆丰富的馆藏资源，是开展公共文化服务的物质基础，在公共文化服务中具有不可替代的重要作用，已成为衡量公共文化服务水平的重要标准。在国家数字图书馆工程、全国文化信息资源共享工程等国家工程的带动下，各级公共图书馆纷纷开展了馆藏文献数字化工作。

除此之外，广播电影电视等文化领域的数字化进程不断加快。各级各类教育资源库建设成效显著。“村村通”广播电视工作进一步加强，农村广播电视公共服务体系逐步建立。①

（六）以试点为标志文物事业信息化稳步推进

从20世纪90年代开始，博物馆信息化建设就从“博物馆数字化”、“博物馆上网”起步。进入21世纪，全国文物事业信息化建设进入新阶段，文物信息化建设成为“十五”期间重点工作之一。10年来，中央及地方各级财政共投入专项资金2.37亿元用于文物数据采集和国家、省两级文物数据中心建设，31个省、自治区、直辖市已全部完成文物系统国有文物收藏单位馆藏一级文物数据采集与报送和二、三级馆藏珍贵文物的备案工作，共完成1660275件/套馆藏珍贵文物数据采集。拍摄照片3869025张，录入文本信息3.05亿字，国家文物局数据中心接收数据总量15.16TB。将通过网络服务于社会，实现全社会共享，使文化遗产保护成果惠及广大人民群众。②

---

① 国务院信息化工作办公室：《中国信息化发展报告2006》，http://www.china.com.cn/chinese/PI-c/1254097.htm。

② 《财政部、国家文物局就“文物调查及数据库建设项目”完成情况进行调研》，http://www.sach.gov.cn/tabid/294/InfoID/28162/Default.aspx。

（七）非均衡特征明显，统筹协调和可持续发展存在障碍

信息技术对公共文化服务机构的影响深刻而广泛。但是总体看，公共文化服务信息化建设还没有从根本上解决长期以来公共文化服务在内容、管理、服务等多方面存在的技术和方法缺陷，还没有建立信息技术条件下公共文化服务新的理念和管理模式。

1. 从本质看，公共文化服务没有整体进入信息化建设和服务阶段

公共文化服务行业相当一部分服务机构尚未建立起有效的信息化管理体制和运行机制。如全国文化系统中数量最多的3258个文化馆还没有建立统一的信息化服务系统。① 基层公共文化服务机构信息化建设不平衡，各级公共文化馆的信息化水平普遍较低。文化信息资源的开发利用缺乏政策法规与保障，公共文化服务管理工作的信息化、规范化程度低。信息基础设施建设水平严重偏低，还没有建立满足公共文化服务体系需要的支撑技术、信息存储和交换体系。信息化资金投入严重不足，存在着重硬件、轻软件，重设施、轻数据，重新建、轻整合与维护等问题，资金管理力度不够，使用效率不高。公共文化服务信息化专业技术人才严重匮乏，既懂信息技术、又懂公共文化服务专业知识的复合型人才更为紧缺。制度化、规范化的信息技术培训制度还没有建立，许多在岗人员对信息技术的掌握能力较低。

2. 从形态看，在技术利用范围狭窄，两种服务方式缺乏融合

从技术基础看，公共文化服务领域是一个远离技术的行业，缺乏技术基础。互联网开放、共享的公共服务方式，极大地满足了大众的公共服务需求，推动了公共文化服务的信息化水平。但是，公共文化服务体系的信息化建设，缺乏总体设计，显得支离破碎。事实上产生了公共文化服务机构与互联网公共服务的脱节，形成了公共文化服务两种方式。互联网的优势没有在公共文化服务机构得到充分体现，公共文化服务机构利用互联网提高服务效率的深度和广度还不够。

3. 从阶段看，内部生产方式与外部服务需求缺乏对接

从体制机制看，公共文化服务体系机构长期停留在计划体制阶段。从信息化发展路径看，在很大程度上，是国办公共文化服务单位担心被数字化取而代之、

---

① 根据2010年国民经济和社会发展统计公报，全国文化系统有2515个艺术表演团体、2141个博物馆、2860个公共图书馆、3258个文化馆。

担忧从业者地位被信息服务者替代的危险的背景下，选择的是一条自发追赶型道路。但是，这种立足提高自身信息化水平的建设思路，与公共服务的技术保障目标还有一定差距。它不是一个社会需求导向，没有从公共服务对象的立场设计技术发展线路，而是以馆藏资源为中心的建设思路。在单方面计划指导下的公共图书馆馆藏资源，存在大量的重复购置现象，差异化程度主要体现在所谓“地方文献”方面，恰恰这方面的资源，又不是基本公共文化服务的核心和重点内容，所以图书馆馆藏资源的数字化，在很大程度上并不能够直接满足最基本、最急需的公益性、均等性服务需求。

4. 从创新看，信息技术还没有对接公共文化服务的生产要素

公共文化服务创新，是以信息化技术为基础，以满足群众基本文化需求为导向，应用先进技术和科技成果进行服务内容生产和服务手段创新的过程。必须通过对服务需求的捕捉与选择，确定新的服务内容、服务目标，通过新技术、新成果的引入与开发，创新和生产出新的服务产品，形成一个创新服务链条。目前，公共文化服务创新对信息技术的依存度不高，公共服务人员的信息化本领不强，对信息技术发展和社会信息化水平理解不够，通过信息化手段制定创新决策的实践活动较少，技术环境变化与社会信息化发展对公共文化服务的决定性作用不够明显。充分利用信息网络，广泛宣传推销公共服务信息化产品，实现公共文化服务技术扩散，还没有成为常态。

5. 从效益看，信息技术应用没有产生推动公共文化服务跨越式发展的影响力

从投入方式看，政府履职尽责消除“数字鸿沟”，投入越来越多，但效益却没有成比例增长，单一政府资金难以满足可持续发展需求。从产品供给看，公益单位与市场主体之间没有形成融合的供给链条，国办公共文化服务单位信息建设存在闭门造车的现象，缺乏对外交流和宣传，没有广泛和国内外高校、企业、科研院所建立技术交流与合作机制，没有充分借鉴、吸收国内外相关领域的信息化建设经验。公共文化服务信息化成果的对外宣传力度不够，难以争取到社会各界的关注和支持。与各国政府提供的公共文化服务项目相比，无论是项目的组织模式、资源整合和部门协作，或公众信息技能培养、项目的监督与评估等方面都有值得借鉴之处。① 数字化发展的趋势是“互联互通”，即天网地网贯通，多元服

① 刘璇：《国际视野下的“共享工程”续论》，《图书馆建设》2010 年第 9 期，第 94～99 页。

务融通。需求任由一点发出，八方服务响应。大小不一的信息孤岛，势单力薄，难以产生规模效应。①

二　公共文化服务信息化变革内容

公共文化服务信息化是政府公共服务信息化的重要内容，是公共文化服务机构在服务职能中运用现代信息技术，实现服务组织结构和工作流程的重组优化建立的精简、高效、廉洁、公平的公共文化服务模式，是信息时代政府公共服务变革的重要内容。

（一）信息技术催生了新的文化空间，为文化发展创造了无限可能性，促使公共文化服务内涵发生变革

信息化公共文化服务空间是一种用信息技术营造的网络世界和数字平台，与现实公共文化服务共同构成一个完整的服务体系，它实现了公共文化服务从现实走向虚拟的历史性变革。预示了一种有别于现实生存的虚拟生存这一种新的生存方式的确立，是对现实生存的虚拟性超越。② 信息化公共文化服务空间是一种崭新的公共文化服务组织形式，它超越了传统按某一特定任务要求组建的服务机构的方法，没有固定不变的组织系统，没有看得见的有形的机构，但却是一个文化服务的实体，能够发挥专业服务优势，顺应多变服务需求形势，简化管理降低成本，能够有效地采用新的产品开发方式，大力采用柔性化的模块化设计方式，并吸收大众参加设计。

在新的公共文化服务空间，生产力的基本要素已经发生革命性变化。在生产工具方面，以计算机为主体的现代通信设备，成为新的智能化工具。在生产对象方面，信息资源作为生产要素，其采集、加工和传播等成为信息化生产的主要内容。同时信息化服务空间中劳动者是以知识为基本技能，得到充分解放的信息生产者。③ 信息化公共文化服务空间在功能上，是以信息网络为前提，由服务为中

① 吴信训、吴小坤：《我国数字出版产业链的冲刺关键——构建数字出版公共（交易）平台的构想》，《新闻记者》2010 年第 8 期，第 24～27 页。

② 贾英健：《当代技术革命与人类生存方式的变革——虚拟生存的出场逻辑及其对现实生存的虚拟性超越》，《中共浙江省委党校学报》2010 年第 1 期，第 25～31 页。

③ 甘中达：《信息化与工业化融合的理论与道路选择》，电子工业出版社，2009，第 28 页。

心组成的多学科、多专业的服务网络，可以跨地域、跨行业进行服务和管理，能够有效地缩小城乡差距、消弥数字鸿沟，实现广大人民群众基本文化权益。

（二）信息技术推动政府决策民主化科学化，促使公共文化服务走向大众，由普通服务向保障权益变革

信息化条件下公共文化服务对象的多元性和服务范围的广泛性，更要求政府公共文化服务的目标从单一管理向追求社会公平转变，从而提高公共文化服务质量和服务效率，加强公共文化责任，提高广大群众的满意程度。即使对于那些必须由政府承担的职能和负责提供的公共服务，也强调群众至上，保障权益，加强服务，以服务效率、服务能力、服务质量、公共责任和公众满意程度为评价指标，追求以较低的成本提供最有效的服务。只有这样，才能在提高政府收集、处理信息的能力和办事效率的同时，改善政府的公共服务和加强公共责任机制，实现公共服务的民主化，以适应数字经济和社会运行的根本转变。

（三）信息化发展推动管理变革，促进公共文化服务管理创新，由传统管理向现代管理变革

信息化对经济社会发展提出了管理变革的要求。“管理观念变革、工作方式转变，业务流程变革、再创新的过程”这就是信息化的实质。① 公共图书馆的信息建设和管理为公共文化服务管理变革创造了条件。在实现图书馆文献信息资源数字化和电子化、文献信息加工自动化、服务方式网络化和检索手段智能化的过程中，促进图书馆管理全面创新，整合和再造图书馆业务流程、组织结构、管理模式和服务方式，为加快数字化、信息化发展奠定现代化的管理基础，成为历史的必然。② 以此为契机，扩展到与公共文化服务有关的管理业务与信息环境，在管理思想、管理组织、管理方法等方面，信息化建设都对公共文化服务产生了巨大而深远的影响。

信息化推动公共文化服务管理变革的实质，从宏观上就是利用信息技术改造传统服务方式，将信息工具广泛应用于公共文化服务管理全过程，推动文化管理方式从粗放型向集约型转变。从具体服务机构看，就是采用计算机技术，对管理

---

① 杨元：《管理变革与信息化建设》，中国科技文化音像出版社，2005，第 2 页。

② 赵子凯：《论信息化与图书馆管理创新》，《图书馆学刊》2003 年第 1 期，第 24～25 页。

和服务的全过程进行信息化管理，从而大大提高服务效率。从社会效果看，信息技术将公共文化服务由单一的物质服务变为数字服务，丰富了形式；由传统的手工服务变为现代自动服务，提升了层次；由被动式服务发展到参与式服务，增加了渠道。

（四）信息技术产生了新的知识生产和服务方式，推动公共文化服务业务重组，促进从单一向多元变革

公共文化服务信息化业务重组，是在对业务过程进行技术再思考基础上的再设计，是显著改善成本、质量、速度、服务等关键性绩效指标的过程，是对包括文化服务目标与准则体系结构、系统应用的体系结构、信息体系结构、计算机硬软件体系结构、网络与通信体系结构、系统管理体系结构等方面公共文化服务过程进行的全面再造。其特点在于以简化为手段，强调人的作用，发挥人的潜力，采用实用新型技术，形成多元化的公共文化服务系统，提高公共文化服务的柔性，不断改进和提高服务效率，扩大公共文化服务的品种和数量。

（五）信息化使信息资源的共享成为可能，是形成社会参与、促进公共文化服务方式从简单到丰富的变革

共享网络的跨时空性能把现实环境下由于职能分工和空间分隔造成的分散化信息资源“并联”起来，实现网络信息的信息传输，可以缩短信息运转的周期，降低信息管理的成本，提高政府公共服务传递的工作效率，将推动公共文化服务由简单地满足公众需求向深入调查和真正理解公众需求转变。在共享网络中提供的服务不要以提供者为中心，而要以公众和企业为中心，能够同时兼顾提供个性化服务和增值服务。由单一渠道服务向多渠道一体化服务变革。一方面，公众可以通过多种渠道获取公共文化服务信息；另一方面，对于同一项服务，公众可以根据自身需求和条件选择合适的渠道。从而推动公共文化服务范围社会化、服务对象个性化、服务体系网络化、服务层次立体化、服务内容精品化、服务方式主动化、服务人员多能化。①

---

① 王国锋：《网络环境下图书馆信息服务的变革和发展趋势》，《科技情报开发与经济》2006 年第 24 期，第 1 ~ 2 页。

三　公共文化服务信息化制度创新

我国公共文化服务事业已经进入历史的拐点，一个最终覆盖全社会的、高水平的公共文化服务体系依稀可见。要顺利实现这一光明前景靠的不仅是行政的力量和公共财政的支撑，同样要依靠不断解放思想和深化改革。中国特色社会主义公共文化服务体系的良好构筑，既会促进与我国社会主义市场经济相适应的公共文化和公共领域的形成，也会促使更多以鲜明地方特色表达最普遍人文蕴涵的文化艺术作品迅速“走出去”，使当代中国的文化形象鲜明地展示在世人面前。①

（一）把握信息技术发展趋势，加强顶层制度设计，推动公共文化服务信息化体系再造

与公共文化服务密切相关的信息技术发展，主要体现在以下方面。

泛在化趋势。公共文化服务不再局限于传统的面对面，而是可以通过手持设备、可穿戴设备或其他常规、非常规信息设备，无障碍地享用文化服务能力和文化服务资源。

智能化趋势。建立在传感网基础上公共文化服务，其组织方式将通过云服务达到集中数据处理，实现物理世界与逻辑世界互动，大大提高公共文化服务的智能化水平。

服务化趋势。公共文化服务将形成一个数字化、虚拟的服务网络，将形成以服务为中心构建公共文化信息服务体系，通过重建信息化的应用服务，产生新一代的公共文化服务链条。

高速化趋势。公共文化服务将在高速的计算支持、海量的存储支撑和高速的服务响应中，极大地提高服务效率。

集成化趋势。公共文化服务各种业务活动逐步实现集成化，促进文化服务产品生产、供给与消费一体化。

网络化趋势。公共文化服务将进入网络化时代，同一世界、同一网络、同一

① 李景源、陈威：《中国公共文化服务发展报告（2007）》，社会科学文献出版社，2007，第3～28页。

服务的时代即将到来。①

把握信息化发展趋势，推动公共文化服务顶层设计，确立信息化建设的决策机构、协调机构、管理机构和执行机构，以及审计监察机构和由外部专家组成的咨询机构，形成“四层两翼”的结构和功能（见图1）。

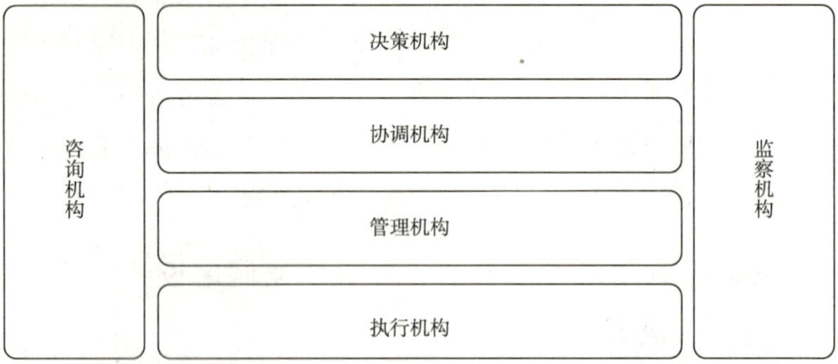

图1　“四层两翼”公共文化服务信息化顶层设计示意

决策机构负责确定国家公共文化服务信息化发展总体思路、制定信息化发展战略规划以及相关政策。由中央政府负责公共文化服务的有关部门主要领导担任负责人，成员是相关部门的重要成员。

协调机构负责协调政府各部门实施国家公共文化服务信息化发展战略和相关政策。由公共文化服务信息化首席信息官（CIO）办公室承担相关职责。②

管理机构行使信息化综合管理职能，制定实施公共文化服务体系信息化战略的相关政策。在文化部领导和相关业务部门指导下，由文化部全国文化信息资源建设管理中心承担日常工作。可以考虑将首席信息官办公室设在国家中心。

执行机构负责相关公共文化服务信息化项目的推进实施，依据项目的规模和范围，由一个部门或多个部门联合完成。

审计机构负责对信息化执行机构进行决策、管理、绩效和技术等方面的审

① 高新民：《信息化仍是社会经济变革的重要力量》，http：//www. shta. org. cn/2010 -7 -5/315. html。

② 国际电信联盟的资料表明，已经有100多个国家确立了首席信息官制度。在重要的政府部门设置首席信息官，不仅有利于国家相关战略规划的贯彻实施，也有利于更好地推动部门信息化建设工作。首席信息官负责信息资源管理、信息技术项目监督和评估、信息技术架构制定和维护等工作，能够就信息化建设战略计划提出意见和建议，也负责部门信息化规划的制定和实施，具有承上启下的重要作用。

计，确保信息化工作合理有效。

咨询机构由来自技术领域和公共文化服务领域的专家组成，就信息化发展战略、规划和实施进行相关问题的研究和咨询，同时还针对信息化协调、管理、技术等层面设立咨询小组。

（二）着眼信息时代公共服务发展，制定“四合”战略，推动公共文化服务信息化流程再造

信息化的公共文化服务体系再造，概括起来是融合、整合、混合、联合。

（1）融合。公共文化服务只有与信息化充分融合，才能够进入服务现代化阶段，信息技术才能充分发挥“倍增器”和“催化剂”的作用。相互融合才能够产生现代的公共文化服务。

（2）整合。通过信息化整合公共文化服务外部资源，促进公共文化服务机构将服务范围向社会各领域扩展，大幅度提升公共文化服务的管理服务水平和创新能力。

（3）混合。就是采用混合云技术架构，促进共有云、私有云和/或者公众云的结合，形成完整的公共文化服务链条。

（4）联合以合作协议、外包、联盟、特许经营或许可等方式，构建以服务为目的的动态的、网络型的公共文化服务模式。

（三）立足公共文化服务实际，发展以文化共享工程为支撑的技术网络，推动公共文化服务信息化模式再造

加大科学技术和现代传播手段应用，强化公共文化服务的技术支撑。大力加强公共文化服务技术标准规范研究制定，加快建立一套合理、统一、通用的公共文化服务信息化标准，使文化信息在公共文化服务体系全领域有序流通、共享利用、发挥文化信息资源的基础作用，最大限度地实现文化资源共享，使公共文化服务系统得到全面发展。

应当进一步提升全国文化信息资源共享工程，使之成为国家公共文化服务资源供给的基础工程和主干工程。① 立足建设“共享云”，推动文化共享工程成为覆

---

① 巫志南：《公共文化资源供给体系基本问题研究》，http：//www. cpcss. org/_ d271342333. htm。

盖城乡的公共文化服务体系的支撑技术。依托已有网络和经验，由点到面推进“共享云”网络的统筹规划合理布局。提高文化共享工程的资源整合能力，加强与国内外标杆企业的合作，形成公共文化服务技术性行业标准和应用示范。加强跨行业的技术合作，积极参与三网融合，不断提高公共文化服务体系信息化水平。

全国文化信息资源“共享云”建设总体思路，以现有的“共享工程”系统应用为重点，以国家中心为试点，探索公共文化服务体系的创新应用，树立行业应用标杆。通过与各类社会资源开展合作，健全和完善“共享云”计算相关基地、联盟、标准和实验室，营造“共享云”发展的良好环境，提高公共文化服务的信息技术保障和支撑能力。

发展重点：一是通过技术合作，支持共享工程中心掌握和共享先进虚拟化技术。二是着力研发具有资源管理、资源调度、统计等功能的“共享云”计算管理平台、软硬件一体化的“共享云”存储平台及其标准。三是通过与电信运营商、第三方数据中心与行业信息中心合作，推动传统信息基础设施向云计算模式转型，提高基础设施资源的使用效率。四是加强“共享云”知识培训和系统推广，选择有条件的地区和单位，在公共文化服务领域建设“共享云”计算示范项目。五是积极参与“共享云”安全关键技术研发，建设可靠的“共享云”计算生态环境，保障公共文化服务的持续发展。

Informatization Development and Revolution of Public Cultural Service

Zhao Hongchuan

Abstract: This paper reviews past 10 years the application status and phase characteristics of Information Technology in our country's public cultural service field, analyses the important impact of IT on the service means and methods innovation. Then the author proposes the major trend of informatization revolution in public cultural service field, planning and outlook the future development of IT in the construction of public cultural service system.

Key Words: Informatization; Public Culture; Revolution

B.6

公共文化服务绩效指标体系若干基本问题思考

毛少莹*

摘　要： 绩效评估的关键是建立科学的评估指标体系。文化事业与文化产业二分，文化绩效的“模糊性”及“滞后性”，文化发展的“地区差异”与“行业差异”，文化统计技术不够成熟等，为建构公共文化服务绩效指标体系带来一定困难，建议试点先行，在实践中检测指标的科学性，再逐步推开。

关键词： 公共文化　绩效　评估

伴随公共文化服务体系建设热潮的兴起和我国服务型政府建设的推进，公共文化服务绩效评估指标体系研究成为一个热点问题。目前，整体来看，相关研究方兴未艾，成熟权威的研究成果尚未出现。本文尝试对公共文化服务绩效评估指标体系涉及的基本问题进行归纳并加以辨析。

一　开展公共文化服务绩效指标体系研究的背景和目的

鉴于政府是公共文化建设的责任主体，公共文化绩效评估主要属于政府绩效评估，① 当然，也涉及其他公共组织的绩效评估。政府绩效评估是现代公共管理的前沿课题。对政府绩效问题的关注最早可追溯到20世纪50年代英美等国的预算和审计制度改革。20世纪70、80年代，英国、美国、新西兰、澳大利亚等西方国家面对财政困境和社会对政府公共服务需求的扩大，先后掀起了所谓“新公共管

---

* 毛少莹，深圳市特区文化研究中心学术总监、研究员，国家公共文化服务体系建设专家委员会委员。

① 陈威：《公共文化服务体系研究》，深圳报业集团出版社，2006，第48页。

理”改革热潮，政府绩效评估正是这场改革普遍采取的重要措施。进入 90 年代，随着“新公共服务”、服务型政府理念的提出，技术更趋成熟的政府绩效评估成为改进政府和公共组织服务绩效的有效工具而得到了广泛应用，西方发达国家的公共部门绩效管理运动进入鼎盛时期。亚洲的日本、韩国等国和我国的香港、台湾等地区，也在这一时期先后对公共部门开展了绩效评估的实践。

在上述背景下，公共文化管理与服务的绩效评估也在公共服务绩效评估的整体框架内得以展开，进而发展成为其中的新兴领域。公共文化服务的绩效评估对象，既包括作为公共文化服务责任主体的政府文化部门，也包括具体提供公共文化服务的公益性文化事业单位（如图书馆、博物馆、美术馆、文化馆、文化研究机构等），以及其他社会办非营利公共文化服务机构。对接受公共财政资助的公共文化服务机构，其绩效考核的结果，可成为公共文化资源分配的重要依据。如美国国家艺术基金会每年定期发布报告书，向公众汇报其一年来所取得的成绩，财政年度内基金使用、内部管理、行政行为等状况。又如英国文化传媒体育部曾发布《政府资助博物馆与美术馆效率与效益》、《全面高效的现代化公共图书馆——标准与评估》等文件，提出公共文化服务的绩效测评要求。目前，就发达国家和地区开展的绩效评估实践来看，公共文化行政部门的绩效评估与管理已经历了“财务导向”、“目标导向”和“战略导向”的不同发展阶段，呈现制度化、法治化、规范化、评估主体多元化、评估过程公民导向等特点。

我国虽历史上一直有对政府部门和官员的绩效考核传统①，但 20 世纪 90 年代才开始引入现代公共部门绩效评估的理论和方法。进入 21 世纪，随着我国服务型政府建设的推进和公共财政体制框架的逐步建立，公共部门绩效评估问题已经成为中央机关、理论界和实务界关注的焦点。国务院等部委以及福建、杭州、上海、深圳等多个省市都先后开展不同形式的政府绩效评估，发展出多个政府绩效评估指标体系并尝试应用。2006 年我国出台的《国家“十一五”时期文化发展规划纲要》提出，今后要建立健全公共文化机构评估系统和绩效考评机制。2007 年中办、国办联合颁布的《关于加强公共文化服务体系建设的若干意见》中再次强调“要根据图书馆、博物馆、文化馆、乡镇综合文化站、电台、电视台和广播电视发射转播台等公共文化服务机构的特点，分类制定建设标准和服务

---

① 宋一、周凯：《中国古代绩效评估思想及启示》，《东疆学刊》2009 年第 1 期，第 79 ~ 82 页。

标准，加强绩效评估”。上述要求，为开展公共文化服务体系的绩效评估提供了重要的政策依据，而人民文化权益呼声的不断提高，也对改善政府公共文化服务绩效提出了迫切的现实需求。一些地方，如浙江、上海、深圳、江西、成都等开始探索开展公共文化服务绩效评估。

构建公共文化服务体系是现阶段和未来相当长时期我国文化建设的重要战略任务之一。从发达国家和地区实施的公共文化服务绩效评估经验看，尽管公共文化服务的绩效评估仍然不很成熟，还存在各种困难，但总的来看，绩效评估加强了公共服务的公共性、公益性和民主性；提升了政府的服务质量和公务员的责任意识；体现了公共机构提供公共物品的终极价值追求，为合理配置、高效使用公共文化资源、提高公共文化服务的综合水平、保障公民文化权利，衡量公共文化服务体系完善程度，提供了必不可少的技术工具和制度保障。

绩效评估的关键，是建立科学的评估指标体系。就公共文化服务领域来看，目前还缺乏一套科学的绩效评估指标体系。现有一些传统考核，如文化部全国文化先进县评比、图书馆评级、文化馆评级等提供了一些指标；文化部门限于政府内部进行的目标责任制考核也提供了部分指标；政府部门和事业单位的财务审计、人事管理中的公务员考核也各有一些指标，但是，总的来看，我国公共文化服务绩效评价指标缺乏理论研究成果，没有完整的、适应公共文化服务体系建设要求的指标体系，更缺乏关于绩效评估的规范性政策法规要求，与发达国家和地区相比，处于比较落后的状态。为此，有必要建立一套吸纳先进经验、符合我国公共文化服务体系建设要求的绩效评估指标体系。

二　研究范围的界定及分类研究的必要性

要研究公共文化服务（体系）绩效评估指标体系，必须先界定清楚什么是“公共文化服务体系”。在我国，对公共文化服务体系的理解存在广义和狭义之分。广义公共文化服务是指由公共组织使用公共权力与公共资源，向公民提供公共文化产品的服务行为及其相关制度与系统的总称，换言之，公共文化服务就是现代服务型政府应有的所有公共文化管理职能（包括对营利性的文化产业的服务）。而狭义的公共文化服务，正如《国家“十一五”时期文化发展规划纲要》中所指出的，“如公共图书馆建设、文化信息资源共享工程建设、提高边远地区文化服务水平，满足农村、基层等弱势群体的文化权益，以及文化设施、文化工程等一些具有基础建设性质的内容”，主要指非营利的文化事业。

当然，这一范围仍然是边界不够清晰。就绩效评估指标的研究来说，这样的界定仍然显得宽泛了——因为这样界定之下的绩效评估，仍然可以进一步区分为政府（包括中央、地方各级政府，各级政府的公共文化职能又有不同的划分）的绩效评估、政府文化管理部门（如文化厅局，其职能更为具体）的绩效评估以及各类公共文化机构（包括公共图书馆、文化馆等，理论上也包括一些非营利的社会团体、组织的绩效评估，一些公共财政支持的重大文化项目的绩效评估等）。

政府及其文化部门的绩效评估与具体的图书馆、博物馆、文化馆、重大文化工程等属于性质很不相同的评估对象，其绩效指标存在很大差异（虽然也可有相同的一些指标）。因此，公共文化服务绩效评估指标体系研究必须分类进行，逐步建立包括“政府公共文化服务绩效指标体系”、“公共图书馆服务绩效评估指标体系”、“文化馆绩效评估指标体系”、“文化遗产保护的绩效评估指标体系”等一系列的指标体系，方能有效开展评估。

三　文化事业与文化产业“截然”二分，给文化绩效指标的建立和实现指标的可比性造成困难

“公共文化服务体系”概念的提出和上述研究范围的界定，具有特殊的中国国情，带有较强的福利性质。狭义的“公共文化服务体系”主要是将文化事业中较具文化福利性质的部分区分了出来，加以强调。这样的区分，包括我国现行的将文化事业与文化产业进行“截然二分”，加以规管的格局，当然有其历史的合理性，[①] 但是，也带来了另外一个问题——为文化指标的建立，尤其是为指标与国际惯用的文化指标的比较，带来了困难。

文化绩效指标也是文化指标的一种，也需要相关统计技术和数据的支撑。就目前的情况看，发达国家和地区，以及联合国教科文组织、欧盟等国际组织对文

① 在国际通行的语境中，文化产业（cultural industries）其实就是指文化行业，中国与文化产业相对的文化事业的概念，则难以找到对应的概念。参见毛少莹《公共文化政策的理论与实践》第四章，海天出版社，2008。

化指标已经有了不少探索，建立了一些比较成熟的指标框架乃至发展了不少指标。例如：

《2009 年联合国教科文组织文化统计框架》［THE 2009 UNESCO FRAMEWORK FOR CULTURAL STATISTICS（FCS）］将文化区分为七大领域①：

- A：文化和自然遗产；
- B：表演和庆祝活动；
- C：视觉艺术和手工艺；
- D：书籍和报刊；
- E：音像和交互媒体；
- F：设计和创意服务

无形文化遗产（横向领域）如表 1 所示。

表 1　UNESCO2009 文化统计框架涵盖的领域

相关领域						文化领域	
A. 文化和自然遗产 ——博物馆(包括虚拟博物馆) ——考古和历史遗迹 ——文化景观 ——自然遗产	B. 表演和庆祝活动 ——表演艺术 ——节日、盛会、庙会	C. 视觉艺术和手工艺 ——美术 ——摄影 ——手工艺	D. 书籍和报刊 ——书籍 ——报纸和杂志 ——其他印刷品 ——图书馆(包括虚拟图书馆) ——图书博览会	E. 音像和交互媒体 ——电影和视频 ——电视和收音机(包括互联网直播) ——互联网在线播放 ——电子游戏(包括网络游戏)	F. 设计和创意服务 ——时装设计 ——平面造型设计 ——室内设计 ——园林设计 ——建筑服务 ——广告服务	G. 旅游业 ——包机或包车旅行和旅游服务 ——食宿招待和住宿	H. 体育和娱乐 ——体育 ——身体锻炼和健身 ——游乐园和主题公园 ——博彩
无形文化遗产(口头传统和表现形式、仪式、语言、社会实践)						无形文化遗产	
教育和培训						教育和培训	
存档和保存						存档和保存	
装备和辅助材料						装备和辅助材料	

① 参见 http：//www. uis. unesco. org。

将其与经合组织（OECD）、欧盟（EU）的文化统计框架加以整理，并列如表2，并抽出其中涉及文化绩效的指标整理成表3。

表2　部分国际组织文化指标框架一览

维度	序号	类　别	功能(文化活动、文化产品、文化服务的功能)							出处
			创造	生产	销售	展览/接待	消费	档案/保存	教育/理解	
核心文化领域	1.1	文化和自然遗产(包括无形文化遗产和非物质文化遗产)								联合国教科文组织文化统计简化框架
	1.2	演出和庆典								
	1.3	视觉艺术								
	1.4	工艺品和设计								
	1.5	图书和出版								
	1.6	声像艺术和数字媒体								
	1.7	传统和地方知识								
相关文化领域	2.1	旅游								
	2.2	运动								
	2.3	休闲								
外围文化产品	3.1	文化设备								
	3.2	文化用品								
	3.3	广告								
	3.4	软件								
	3.5	玩具和游戏								
维度	序号	类　别								出　处
文化的经济和社会指标	1	文化产业增加值								经济合作与发展组织的文化核算框架
	2	文化就业								
	3	文化贸易								
	4	政府文化投资								
	5	私人部门文化投资								
	6	家庭文化消费								
	7	文化参与								
维度	序号	类　别								出　处
	1	文化遗产								欧盟文化统计框架
	2	档案馆								
	3	图书馆								
	4	图书和出版								
	5	视觉艺术								
	6	建筑艺术								
	7	表演艺术								
	8	声像和多媒体								

表 3　国外文化现代化统计指标中涉及文化绩效的部分指标*

类别	序号	指标名称	出处
文化设施	1.1	图书馆读者率(公共图书馆读者人次/100 人)	联合国教科文组织(UNESCO)《世界文化报告》
	1.2	博物馆参观率(博物馆的参观人次/100 人)	
	1.3	广播普及率(%)	
	1.4	图书馆、档案馆的数量、藏书、藏量、借阅人次	UNESCO 及其《统计年鉴》
	1.5	博物馆、美术馆的数量、参观人次	
	1.6	公园、纪念馆等的数量、参观人次	
	1.7	文化活动中心数量、参加活动人次	
	1.8	世界文化遗产数量、参观人次、参观收入	
	1.9	无形文化遗产(非物质文化遗产总数/个)、保护、参观	
	1.10	文化组织数量、参加人次	
	1.11	电视普及率(%)	世界银行(WD)《世界发展指标》)
	1.12	计算机普及率(%)	
	1.13	互联网普及率(%)	
	1.14	宽带网普及率(%)	
	1.15	人均互联网带宽(比特)	
文化产业	2.1	文化产业比例(文化产业增加值/GDP,%)	《联合国贸易和发展大会公报》(UNESCOTAD)
	2.2	文化就业比例(文化产业就业/总就业,%)	
	2.3	文化消费比例(家庭文化消费/GDP,%)	经济合作与发展组织(OECD)报告
	2.4	文化 GDP、人均文化 GDP	UNESCO 及其《统计年鉴》
	2.5	文化就业人数、比例、结构、志愿者	
	2.6	文化消费总量、人均文化消费、文化消费结构、文化消费比例	
	2.7	文化贸易量、人均文化贸易量、文化贸易结构、文化贸易比例	
	2.8	新闻、书报刊、音像和电子出版、版权	
	2.9	广播电视普及率、电视普及率、电视节目	
	2.10	电影和电影院的数量、观看人数、进口、录像带、摄影	
	2.11	演出和庆典表演、音乐、节日、音像用品	
	2.12	计算机、互联网用户和网络文化服务	
	2.13	其他文化用品和设备的生产和销售等	
	2.14	日报发行比例(份/1000 人)	
	2.15	图书印数比例(册/100 人)	UNESCO《世界文化报告》
	2.16	图书出版种类比例(种/10 万人)	
	2.17	电影产量比例(部/100 万人)	
	2.18	人均年看电影次数(次)	
	2.19	人均录音制品销售(美元)	
	2.20	文化服务贸易比例(文化服务贸易/GDP,%)	《联合国贸易和发展会议公报》
	2.21	人均文化服务贸易(美元)	

续表

类别	序号	指标名称	出处
文化政策	3.1	政府文化支出(政府文化支出/政府支出,%)	经济合作与发展组织
	3.2	国际文化公约(17个国际文化公约的批准)	《中国现代化报告》
	3.3	文化现代化指数、转移概率	
	3.4	文化竞争力、转移概率	
	3.5	文化影响力、转移概率	联合国教科文组织及其《统计年鉴》
	3.6	政府文化投资	
	3.7	政府文化支出	
	3.8	文化税收	

* 在中国科学院中国现代化研究中心推出的《中国现代化报告2009——文化现代化研究》(北京大学出版社，2009)中，中国现代化战略研究课题组在世界文化现代化研究中，基于国际组织、政府统计机构和一些学术机构组织开展的社会调查所获得的统计资料，按文化领域与分析层次或文化领域与文化功能两个维度分类，根据数据的可获得性和指标的重要性，确定了98个涉及文化的定量指标作为文化现代化的分析变量（指标）。由于我国与世界其他国家在公共文化服务与文化产业等方面的内容有些是交叉的，因此，本表主要依据我国的公共文化服务界定范围，选取部分指标，列表如上，作为参考。

显然可见，上述指标框架和具体指标并不区分“文化事业”与“文化产业”，更不刻意在文化事业中区分具文化福利性质的公共文化（很难区分）。[①] 正如联合国统计委员会秘书长在对新的《2009文化统计框架》的说明中指出：《框架》界定的文化领域代表了传统上视之为“文化的”共同经济活动（如货物和服务的生产）和社会活动（如参与文化活动）的总和。此外，相关领域由可能认定为“部分文化的”或更经常视之为“文娱或休闲”而不是“纯粹文化的”其他经济和社会活动构成。[②] 可见，国际通行的做法是将所有涉及文化的方方面面的内容作为文化统计的一个完整对象来加以对待、分析。根据教科文组织2009年修订版的文化统计框架中，对文化的定义，采用了联合国教科文组织《世界文化多样性宣言》中的一个相当广义的定义，即“应当把文化看作某一社会或社会群体所具有的一整套独特的精神、物质、智力和情感特征，除了艺术和文学以外，它还包括生活方式、聚居方式、价值体系、传统和信仰”。其所提出

① 也有一些地区在发展专门文化福利指标，但是不够成熟。参见任珺《文化福利指标地区性运用研究》，载彭立勋主编《深圳文化蓝皮书》(2010)，中国社会科学出版社，2010。

② 《联合国教育、科学及文化组织关于新的〈2009教科文组织文化统计框架〉的工作报告》第18条，联合国统计委员会第四十一届会议，2010。

的“文化圈”（The Cultural cycle）概念，更是囊括了文化创造、生产和传播等不同的阶段。据此，教科文组织提出：我们可以认为文化源自一系列相关的流程。这些活动可以是制度化的，也可以是非制度化的；可以是国家管控范围之内的，也可以是这一范围之外的。如果一个部门包含非正式的、业余的以及与市场无关的活动，我们也将其统称为一个“领域”，这样做的目的是为了表明这一概念既涵盖与市场无关的社会活动，又包含与市场相关的经济活动。①

我国现行统计指标的设立和相关数据，倾向于不区分文化产业与文化事业。2004年国家统计局出台的文化及相关产业统计指标体系，就将图书馆等属于“文化事业”的内容统计在内。事实上，尚不存在专门的文化统计指标，完全符合公共文化服务的界定和为其绩效评估提供相关数据的统计支持。② 因此，如果要发展一套“完全”符合现阶段公共文化服务体系界定要求的绩效指标，必然需要创造新的指标，同时，新指标与国际通行的一些指标势必难以“接轨”，难以比较。但是，可比性应当是绩效指标应有的特性，否则，评估的价值很难实现。为调和这一矛盾，在绩效指标体系研究中，必须特别注意这一问题，既区分文化事业与文化产业，又要将其作为一个文化整体，来全面考虑；既要考虑公共文化中福利性质很强的部分（如公共图书馆服务，属于纯公共物品产品），也要适当照顾其中福利性略有模糊的部分（如高雅艺术团体及其服务，属于准公共物品），有时甚至在选取具体指标时需要适当的“妥协”，以保证绩效指标获得统计支持、具有的科学性和可比性。

四　文化绩效的“模糊性”及“滞后性”

从公共管理学的理论看，作为公共物品，公共文化服务具有很强的正外部性（positive externality）。外部性的概念由经济学家马歇尔和庇古在20世纪初提出，是指一个经济主体（生产者或消费者）在自己的活动中对旁观者的福利产生了一种有利影响或不利影响。有利影响即正外部性，不利影响即负外部性。换言之，正外部性是某个经济行为个体的活动使他人或社会受益，而受益者无须花费

---

① 参见联合国教科文组织网站，http：//www. uis. unesco. org。

② 比较支持“文化事业统计”的数据多来自《中国文化文物年鉴》。

代价，负外部性是某个经济行为个体的活动使他人或社会受损，而造成这一损害的人却没有为此承担成本。举例来说，教育提高了受众的科学文化水平，使整个社会因之受益，产生了“溢出”教育行为本身的收益，因此，教育是一种典型的具有正外部性的行为。同理，文化亦然。公共文化服务提供的文化享受、文化参与及消费行为，体现了对人的精神生命的关怀，在满足民众精神需求，纾解心理压力、创造和谐、欢乐、激发人们想象力、文化创造力的同时，更于潜移默化中提高着民众的素质，为促进经济社会的全面可持续发展，提供着巨大的精神动力和智力支持，具有不容忽视的正外部性。

公共文化服务的绩效不仅仅产生于对某时某地某个服务对象的需求的满足，其影响往往超出文化部门、公共文化服务机构的工作范围和直接的服务对象，更体现在间接地增进了社会的总体收益——当然，这种收益可能具有一定的模糊性和滞后性，即收益不是清晰可见的、亦非立竿见影的，这为公共文化服务绩效的评估带来了几乎是难以克服的挑战——显然，公共文化服务带来的外部效益应当是其绩效的重要组成，但是，哪些外部效益是可以测量到、可以加以评估的呢？这是一个世界性的难题。

事实上，公共文化服务绩效的“模糊性”和“滞后性”还来自文化本身的特殊性。作为一种精神产品和服务，文化具有不同于一般物质产品的特殊性，文化既存在于书籍、艺术品、各种文艺节目等看得见的文化产品中，更存在于观念、心态、审美情趣等看不见，但对人影响至深的精神心理层次，尤其存在于对人们价值观的影响上。历史上、现实生活中，一篇富有感染力的文章、一件富有创造力的艺术品，其对一个人的影响，或许在他读了、看了文章和艺术品之后的十年、二十年都在逐步显现，有时，这种影响甚至是终生的。此外，这种影响也不仅仅在他本人，或许也延伸至他的子孙后代；不仅仅影响他当时的行为，也可能通过他影响到周围的人、事……可见，文化绩效其实是“外溢”（模糊）和长久（“滞后”）的、难以清晰捕捉的。

总之，文化绩效不是直接显现的，也往往不是“立马见效”的。换言之，公共文化服务绩效与生俱来的“模糊性”及“滞后性”，显然，是我们在选取绩效评估指标时需要面对和考虑的问题。必要的定性指标和社会调查、公众评估或许是应对这种“模糊性”和“滞后性”的唯一办法。

五 文化发展的“地区差异”与“行业差异”

先说“地区差异”。我国幅员辽阔，各地发展水平不同，地区差异很大，这是众所周知的问题。地区差异体现为经济规模、人口素质（受教育程度）、社会结构、文化传统、居民消费能力等多个方面。就公共文化服务体系建设来看，主要体现为基础公共文化设施发展水平不一、文化需求不一、公共文化事业投入力度、公共文化产品和服务的丰富性不一等诸多问题。从绩效评估的针对性来看，理论上，应当针对各地不同的实际，发展出与之相适应的指标体系，确立与之相应的指标评量值，才能对其绩效进行有效评估。鉴于文化传统、人口差异等因素，即便经济规模相近，完全具有可比性、等同性的地方几乎不存在。所以，严格讲，并不存在一个适用于任何地区的绩效评估指标体系。但是，考虑到公共文化服务体系的共性。考虑到对不同地区间进行公共文化服务绩效的比较，仍然是推动我们实际工作的需要，一个具有“通用性质”的指标体系研究仍然具有必要性。只是，在研究通用指标体系的时候，时刻应当注意尊重地区差异这一客观事实，既考虑其通用性，又考虑地区差异，以为绩效评估的客观、公正、科学提供应有的保证。

公共文化服务绩效评估指标体系研究中还需要面对的，是公共文化服务涉及的不同行业之间的行业差异。公共文化服务体系涉及图书馆、文化馆（个中又包括表演艺术、视觉艺术、艺术培训等）、视觉艺术、表演艺术、民间艺术、艺术培训与辅导、文化遗产保护等诸多行业，这些行业的发展程度不一、行业差异很大，发展动力、方式及发展水平的衡量标准等都不一样，公众对其的期待、需求也是不一样的。因此，要对这些行业进行公共服务的绩效评估，需要不同的专业背景、知识储备，也依赖完全不同的指标体系——可见，若要发展一套囊括上述各行业的绩效评估指标体系，需要进行文化指标跨行业的整合。那么，整合是否一定是必要的呢？还是可以单独针对不同的行业，制定不同的绩效指标体系——如公共图书馆服务的绩效评估指标体系。此外，整合是否可行呢？存在哪些问题？总之，正视行业差异，也是研究公共文化服务绩效评估指标体系必须注意的问题。本文认为科学的做法应当是，进行分类研究，设计不同行业的绩效评估指标体系，并进行分类研究。

六　文化统计技术不够成熟、文化指标值缺乏权威科学的标准，具有“相对性”和“不可测性”[①]

文化统计一直是社会统计中的难题。文化统计与文化指标相关但不同，文化统计是对文化现象等数据资料的搜集、整理、分析和研究；文化指标则是对反映总体文化现象数量（或性质）特征的概念、具体数值在一段时间内的变化的考察。统计数据与指标（指标值）也是两个容易混淆的概念，统计数据说明的是一种现象，更多的体现描述功能；而指标（指标值）具有质的规定性、具体的数量和综合反映性的特点，代表隐含在现象背后的意义。一般来说，文化统计的改善及数据研究的推进，特别是文化统计数据的标准化，是形成文化指标的基础。换言之，文化指标的形成，尤其是指标值的确立，需要大量统计数据、统计研究的支撑。在具体使用方面，文化统计数据多是一些总量、平均值等的简单描述，但是，根据不同的测评要求设计的文化指标，其所呈现出来的数据，不只是政策规划时必要的参考依据，也是政策检讨时重要的评价标准。这正是指标与一般统计数据的区别。换言之，文化统计（及其数据）不过是工具，同样的统计数据，可以服务于不同的文化指标，而文化指标，则可以根据测评的不同目的，进行不同设计。

全球范围内的“文化统计项目”研究自20世纪60年代初逐步兴起。早在1963年，法国就建立了统计与预期研究局，其任务在于搜集、处理、分类以及传播关于法国文化的社会经济数据。作为公共政策的基石，它的责任主要是传播各种信息并促成各种必要的研究。[②] 20世纪70年代早期，加拿大统计局已着手收集有关电影、图书馆和博物馆的数据。这些数据及其分析对制定新政策，评估已建项目极为关键，文化艺术组织及其下属机构通过这些统计数据改善自身的运作并吸引更多的私人企业、政府及社会公众的支持。[③] 此外，联合国教科文组织

① 陈威：《完备的公共文化服务体系研究》，深圳报业集团出版社，2010，第70页。

② 联合国教科文组织：《世界文化报告2000：文化的多样性、冲突与多元共存》，北京大学出版社，2002，第263页。

③ 联合国教科文组织：《世界文化报告2000：文化的多样性、冲突与多元共存》，北京大学出版社，2002，第247～248页。

（UNESCO）也进行了文化统计项目研究，自 1987 年公布文化统计架构后，逐年把反映文化发展状况的统计数据纳入联合国有关报告中。2009 年修订发布了新的文化统计框架。从联合国教科文组织的文化统计列表中可以看到范围极广、反映不同国家文化发展状况的复杂指标及其相关数据。①

欧盟的欧洲文化统计领导小组把文化领域限定为横跨文化艺术领域的 8 个文化部门：艺术和古迹遗产、档案、图书馆、图书及出版、视觉艺术、建筑艺术、表演艺术、视听及多媒体艺术。但是在数据采集理念及方法上是一致的，欧洲文化统计组织采用了文化生产链模型（或文化圈/周期模型，即 cultural cycle），从文化功能角度——创作、生产、传播、贸易、保存和培训——选取统计指标。并借鉴了欧洲已有统一标准的、较为成熟的国家调查系统，如欧盟内部经济活动统计分类（NACE）、职业统计分类（ISCO）、工业消耗用途统计分类（COICOP）、国际教育标准分类（ISCED）、欧洲内外部贸易比较统计数据库（ComExt）以及欧洲时间利用调查（Hetus Coding List）、劳动力调查、家庭预算调查等，从中选取了 60 多项文化指标，涉及文化领域的内容有文化就业、文化经费/支出、文化参与情况。②

经济合作与发展组织（OECD）曾于 2006 年推出了《文化的经济和社会重要性的国际测量》（International Measurement of the Economic and Social Importance of Culture），该项目主要从宏观经济和参与指标及社会指标两个类别来探讨的，前者包括：产出和附加值、就业人口、出口与进口、政府支出、私人部门资金、家庭支出、参与和消费。后者仅对重要性作了说明，具体涉及指标没有详述。③此外，加拿大、澳大利亚、比利时、英国、法国、美国、哥伦比亚、新西兰、西班牙、墨西哥、欧盟以及中国香港地区、台湾地区等，也纷纷开展文化统计问题研究，建构自己的指标体系。

综观上述各类统计项目和文化指标，由于文化自身的特殊性、文化价值观的多元性、文化传统及各国各地发展情况的差异性，迄今为止，并没有一套全球公认的权威的文化指标体系可供测量文化发展、文化服务，或对其各项指标应达到

① 参见联合国教科文组织网站，http：//www. uis. unesco. org，参见本文表 1、表 2、表 3。

② 参见欧盟 2007 年出版的《文化统计》。

③ International Measurement of the Economic and Social Importance of Culture. http：//www. oecd. org/dataoecd/26/51/37257281. pdf.

的指标值，提出权威“标准值”要求。总之，从全球的情况看，文化统计尚在发展之中，相关统计分析的技术不够成熟，文化指标也在发展之中，达到怎样的标准，文化才算发达，才算好，才算有绩效，其实尚没有权威结论。或许，就文化这一特殊的领域来说，永远也不会有一个获得所有国家、人群认可的所谓“标准答案”。

七　公共文化的“存量”与“增量”

由于现有文化统计的局限性，目前对公共文化发展现状的描述本身就缺乏一套科学权威的指标，在常见的发展状况总结或情况介绍中，可以看到关于公共文化投入、基础设施状况等的一些描述，但是，规范的、统一口径的总结却是少见的（这也为跨地区的比较带来困难），对不同历史时期的积累情况更是难以区分把握（比如对大家都十分关注的“文化投入”问题，有的地方投入已经足够了，没有增量，但不等于该项测评内容不能得分。再如，文化基础设施的建设，有的地区是在“十一五”期间投入力度大，建设得已经比较完善了，到了“十二五”期间，基本不再需要投入，那么，“十二五”期间就没有绩效吗？显然也不应当这样认为）。因此，也可以说公共文化建设现状是不够清晰的。换言之，现有公共文化服务建设成就的“存量”是不清楚的。“绩效”是在现有情况之下取得的“增量”，从逻辑上讲，既然其“存量”不清晰，那么，“增量”自然也就很难衡量了。那么，在这种“增量”难以真正把握的情况下，如何测定其“绩效”，比较其绩效大小呢？况且，有些指标并非一直增加就好（如文化投入，并不能无限增加），但是，增加到多少为好，却也没有权威标准。这也为评估结果的得出提出了挑战。

就计算综合评估结果、设置评量标准及进行比较而言，进行得分排名，体现相对状况，或许是一个好办法，浙江对此提供了值得赞许的实践例证。2009 年，浙江省文化厅在全国率先推出农村公共文化服务评估指标体系，对全省 76 个农村人口占 60% 以上的县（区），就 2008 年度公共文化服务各项指标数据进行了全面的采集、分析与计算。他们将基层公共文化服务评估指标总分设为 90 分，分别对政府投入、公共文化设施规模、公共文化事业队伍规模、政府组织其他公式文化服务、社会参与等 5 大项和 20 个子项目进行评估打分。为解决比较及评量标准的问题，浙江省文化厅的做法是，将全省 90 个县（市、区）的基层公共文化服务评估各项指标进行了排名——不仅将各县（区）总的得分进行排名，而且单项指标得分也排名，这样，较好地显示了各县（区）各项公共文化建设指标所标示建设状况在全省所处的“相对位置”，综合有效地反映了全省基层公共文化服务体系建设的进展状况。[①]

浙江的做法是一种比较切合实际情况的简化处理办法。在考虑开展公共文化服务绩效评估指标体系的评估方式时，或可借鉴浙江经验，尝试将全国不同地区分类（如分东、中、西部，以考虑地区差异），然后发布各类地区内各省各项指标得分的“排名”及综合得分的排名（如广东省，在东部地区单项指标排名如何，综合得分排名如何等），将排名——“排行榜”作为绩效评估结果加以公布，相信这样的做法，已经足以有效地表彰先进、鞭策后进，调动地方政府的公共文化服务体系建设的积极性，推动绩效评估工作逐渐在实践与理论的互动中深化。当然，以此类推，这样的排名也可以在全国范围以“省（自治区、直辖市）”为单位进行；或以“计划单列市”为单位进行；在全省范围以“地级市”或“县”为单位进行。

八　公众参与评估的必要性

绩效评估可分为内部评估与外部评估。所谓内部，可以是政府内部、公共组织、机构的内部（如政府财务审计、如公共文化机构的员工考核等），也可以是行业内部（如图书馆行业内部的等级评估等）；外部，则是与之相对的“内部之外”，如公众评估、第三方独立评估机构的评估、行业外的社会评估、政府对行业的评估等。这里我们所说的公共文化服务绩效的外部评估，主要指不论何种内容的公共文化服务绩效评估，均应引入公众参与评估。因为公共文化服务体系建设提供公共物品和服务，具有很强的公共性，这决定了引入公众（社会参与）的外部评估的必要性。

所谓“公共产品”（public goods）是一个与“私人产品”（private goods）相

① 《文化强省全民共享　湖南提升公共文化服务均等化》，http：//zjwh. gov. cn/dtxx/2011 – 01 – 18/96410. htm。

对应的经济学概念，指具有非竞争性、非排他性、不能依靠市场力量实现有效配置的产品和服务。[①] 对“公共产品”概念，经济学家有不同的定义，如萨缪尔森认为所谓公共产品就是所有成员集体享用的集体消费品，社会全体成员可以同时享用该产品；而每个人对该产品的消费都不会减少其他社会成员对该产品的消费，如国防。布坎南认为“任何集团或社团因为任何原因通过集体组织提供的商品或服务，都将被定义为公共产品”[②]，如一个社区经社区业主同意挖掘的一个公共池塘。无论如何定义，关于公共产品的特征大家是一致认可的，即所有公共产品都具有消费的“非排他性”和“非竞争性”。[③] 根据公共产品的界定，所有的产品均可以按照收益人划分为公共产品、混合型公共产品和私人产品三大类。其中，混合型公共产品指那些性质上介乎私人产品和公共产品之间的产品。

由公共产品理论出发，公共经济学提出了“市场失灵”和“政府失灵”的概念，由此指出了政府和市场各自的职责范围以及界限所在。首先，公共产品所具有的非竞争性特征表明了社会对于该类物品或服务是普遍需要的；而公共产品的非排斥性特征则表明了收费是困难的，仅靠市场机制远远无法提供最优配置标准所要求的规模，即“市场失灵”，在这样的情况下，作为承担公共职责的公共部门，政府机制的介入是解决问题的唯一途径。此外，公共产品还具有一定的外部性，即产品的使用会产生一定正外部效应或负外部效应。这也为政府干预公共产品的生产提供了动机和理由。公共文化产品与服务正是与国防、教育、公共医疗卫生等相类似的，具有公益性、非竞争性、非排他性、外部性的公共物品。

此外，公共产品还具有很强的公共性——现代意义上的“公共”（或曰“公共性”）概念，比较复杂一些。简单讲，“公共性”是一个建立在社会公/私二元对立基础之上的独特概念，其基础是清晰的产权制度和市场经济体制。公共性涉及“公共需求”、“公共领域”、“公共舆论”、“公共精神”等诸多问题。[④] 从理

---

① 这个概念最早由经济学家兰度尔（E. R. Lindahl）提出，经萨缪尔森于 1953 年和 1954 年以两篇精湛的论文加以发挥而形成雏形，后再经由众多经济学家研究形成公共经济学的基础概念。

② 引自黄恒学《公共经济学》，北京大学出版社，2009，第 45 页。

③ 非排他性，指产品一旦被提供出来，就不可能排除任何人对它的不付代价的消费，如国防；非竞争性是指，一旦公共产品被生产出来，增加一个人的消费不会减少任何其他消费者的消费，也不会增加社会成本，其新增消费者使用该产品的边际成本为零，如路灯。

④ 张旭：《现代公共政策理论与古典公共性观念》，http://www.5757.net/lunwenfanwen/gonggongguanli/52200.shtml。

论上讲，政府代表公民处理公共文化事务，其应满足的是公共需求，保障的是公民权利。“公共文化服务体系”与过去我国传统意义上的“群众文化”、“社会文化”有一个根本的不同，即对“公共性”的强调。这种强调，就我国文化事业发展来看，具有“历史性转折”的意义。换言之，今日之公共文化服务体系建设，与过去的群众文化建设、社会文化建设虽有历史联系，却具有本质上的区别。①

总之，政府作为公部门，其配置文化资源、制定文化政策、处理文化事务的公权力来源于公民个人权力的合理让渡，因此，公民（纳税人）有权监督政府行为，这构成了公共文化服务绩效评估应当引入外部评估的最基本的法理依据。据此，对公共文化服务体系的绩效评估，应当而且必须引入公众（社会）评估，至少应当是内部评估与外部评估（独立第三方评估、公众评估）的结合，而不应当局限在内部评估（政府内部、行业内部）。因此，绩效指标的设计亦应考虑发展适量的外部评估指标，并建立有效的外部评估机制。

九　传统评估与绩效评估

涉及公共文化服务领域的传统评估主要有：①文化部组织的公共图书馆、文化馆等级评估、达标率评估等；②地方政府绩效办（在我国行政管理体制改革的推动下，目前我国多数省市都建立了“政府绩效办”）开展的，包括文化行政管理部门在内的政府绩效评估；③地方政府审计、人事等部门开展的例行评估。具体见表4。由于具有较长的历史和行政管理经验的积累，上述评估正逐渐规范化、制度化。此外，与传统评估类似的，还有一些“评优”的活动，如“全国文明城市”、“国家环保城市”等。评优活动是中央政府乃至各级政府一种传统的、也是实践证明行之有效的工作指导和管理方式，大大推动了相关工作的开展，因此，类似的做法目前也还在发展之中，如文化部开展的“国家公共文化服务体系建设示范区（项目）”评选，即可视为一种“评优”。

① 李景源、陈威：《中国公共文化服务发展报告（2007）》，社会科学文献出版社，2007，第3页。

表4　国内现有涉及公共文化服务绩效主要评估一览

序号	名称	主要涉及内容	评估主体	性质
1	政府绩效评估(多个地方政府已经开展)	政府整体绩效,涉及文化行政部门绩效	政府绩效办(各地名称不一)	绩效评估
2	财务审计	财政文化投入绩效	地方政府审计部门	传统财务审计
3	公务员考核(官员晋升考核)	公共文化管理部门公务员绩效	地方人事部门	传统人事考核
4	《全国文明城市测评体系》	涉及图书馆、文化馆等领域绩效	中央文明办	行业评优
5	《全国文化先进单位评选标准》	涉及文化投入、文化活动等领域绩效	文化部	行业评优
6	《国家公共文化服务体系示范区创建标准》	涉及公共文化网络设施建设,公共文化服务供给,公共文化服务组织支撑,资金、人才和技术保障措施落实和公共文化服务评估等领域绩效	文化部	行业评优
7	《公共图书馆评估定级标准》	涉及图书馆服务绩效	文化部	行业评估
8	《文化馆等级必备条件和评估标准》	涉及文化馆服务绩效	文化部	行业评估
9	《博物馆评估暂行标准》和《博物馆评估标准评分细则》	涉及博物馆服务绩效	文化部	行业评估

那么，如何处理公共文化服务绩效评估与上述传统评估的关系呢？需要处理的问题不少，其中至少包括：①如何避免各类评估重复进行，以致造成大量无效劳动，徒然增加行政成本的问题；②各类评估之间的“层级”“衔接”与“权威性”确认问题；③评估指标在现有指标中筛选（便于现有统计提供支持）或创新发展（可能缺乏统计支持）的问题；④同类评估，其评估标准的逻辑一致性问题；⑤新的绩效评估制度与机制（具体在操作层面，谁来评、评谁、怎样评）与传统评估制度与机制（审计、干部考核、评级等——已经有确定的评估主体、对象、方法）等的问题。总之，如何处理计划开展的公共文化服务绩效评估与传统的文化评估、“评优”等的关系，它们是否可以有机衔接乃至相辅相成、结

合进行？甚至考虑中国国情，暂以“评优”为主、“评估”为辅等，均是研究公共文化服务绩效指标体系过程中，必须思考的问题。

十　指标体系的应用

现代政府绩效管理理论源自西方，西方发达国家是在发达的市场经济和相对成熟的现代民主政治的背景下，率先进行了各领域绩效评估的理论研究和实践探索，并积累了一定经验。我国尚处在社会主义初级阶段，政府转型还在进行当中，政府职能的界定、市场经济制度的进一步完善，都还有很长的路要走。事实上，我国现阶段不少地区政府绩效评估流于形式、捏造数据等已经引起了很多问题，值得我们深刻反思。

其实，就西方的情况来看，由于政治制度、社会形态存在不小差异，发达国家和地区也并非铁板一块，以同一模式在进行绩效管理与评估，它们也在各自摸索适合自己国情的政府绩效评估做法。

更进一步，由于文化问题的特殊性，关于公共文化领域的绩效评估，即便在发达国家，也还处于起步阶段。我国正处在大的社会转型期，如何将西方经验与中国国情相结合，发展出适合中国国情的公共文化服务绩效评估指标体系，开展有效的绩效评估，显然是一个需要长期探索，而难以一蹴而就的课题。

我国部分地区的文化绩效评估实践已经证明，如果缺乏与评估挂钩的奖惩机制、资源分配机制等涉及利益分配的配套政策措施，就无法获得被评估对象的积极配合，评估往往流于形式，评估效果会大大削弱。所以，在开展绩效指标研究的同时，也应尽快开展相关配套措施的研究，早日制定相应的奖惩机制与资源分配机制。如将评估结果与中央对地方公共文化财政资源的转移支付、地方政府官员的晋升、公共文化服务示范区的评选等方面挂钩。总之，为评估指标体系的有效使用提供必要的制度、机制保障。

最后，鉴于公共文化服务体系绩效评估的创新性和独有的难度，建议选择试点地区先试行评估，以检测指标的科学性，评估的有效性。之后，根据试点经验，结合各地经济社会发展水平，适当调整指标体系，稳妥全面地开展评估。

Thought on Some Essential Problems about Performance Indicator System of Public Cultural Service

Mao Shaoying

Abstract: The key of performance evaluation is to establish a scientific performance indicator system. Cultural undertakings and cultural industries relatively independent, the fuzziness and hysteresis quality of cultural performance, the regional and sectoral difference in culture development, statistical techniques are immature, etc. , all these problems bring certain difficulties to the construction. Propose that the pilot site goes first, tests the scientificity of the indicator system, then popularize it stepwise.

Key Words: Public Culture; Performance; Evaluation

B.7

公共（文化）需求的概念、认知及满意度评估

章建刚*

摘　要：公共需求的满足是政府通过财政支出生产或采购获得公共物品后提供给居民实现的。越是现代社会，社会的组织形式越复杂，社会制度设计和构建越精细，公民个人的公共需求也越多；而只有在社会秩序构建越合理的地方，公民个人的创造性、生活目标以及种种私人需求才越容易实现。公共（文化）服务不仅可以促进社会公正与和谐，而且也会推动社会持续、健康发展；正确提供的公共（文化）服务本身就是公民（文化）权利落实以及社会民主化进程的组成部分。

关键词：公共　政府　公民

一　对公共（文化）需求进行理论研究的必要性

在国家不断加速推进公共文化服务及其体系建设的进程中，我们曾简要回应政府有关部门的征询，说明国家在公共文化服务范畴中应向公民提供的公共文化产品与服务共有三类：重要的公共文化服务基础设施、对弱势群体进行的文化救助，以及对文化原创予以支持、资助。① 这三种公共品的提供最终应是对公民三种公共需求的最大满足。但是这种讨论还只是初步的、粗放的，对于当前刚刚开

* 章建刚，中国社会科学院哲学研究所美学研究室研究员、副主任，博士生导师，国家公共文化服务体系专家委员会委员。

① 李景源、陈威：《中国公共文化服务发展报告（2007）》，社会科学文献出版社，2007，第9～10页。

始提供的公共文化服务也许是大致正确和可用的，但对不断推进的公共文化服务体系建设以及将不断增长的公共文化服务需求和呼声来说就过于简单了。与对这些服务进行三个层面的分类说明相比，我们对政府在公共文化服务名义下，向公民提供相应产品和服务的历史意义看得更重。

2005年10月11日，《中共中央关于制定国民经济和社会发展第十一个五年规划的建议》在十六届五中全会上获得通过。《建议》中出现了“加大政府对文化事业的投入，逐步形成覆盖全社会的比较完备的公共文化服务体系”的战略构想。2007年我们在作中国第一本《公共文化服务蓝皮书》的“总报告”时，曾这样评价这一战略构想：“经过近30年市场取向的体制改革，意义变得较为含混的‘文化事业’一词，开始彰显出‘公共文化服务’的新内涵。中国公共文化服务发展开始了历史性的转折。”① 这里“历史性转折”并非溢美之词，而是一个有着明确内涵的科学判断。我们的意思是说，只有当一个现代市场制度出现以后，公共服务体系打造才具有了必要性。这里的意思是说，市场是一个具有效率和比较优势的资源配置方式或经济制度，但它不是自足的。由于市场失灵的存在，“看不见的手”（价值规律）必须变成“看得见的手”（政府干预和规制）。政府也是一种资源配置方式，但它的运行与市场遵循不同的规则。市场是需求制约的；而政府的公共服务是预算（公共财政）制约的。

然而，政府也有“失灵”问题。政府失灵的最基本表现就是低效。② 公共服务的低效广义地说也可以包括腐败的后果。而政府失灵的最大恶果将是导致国家在激烈的国际竞争中失利。我国进行市场化取向的初步经济改革已经带来了明显的成就：综合国力大幅提升，已经成为世界第二大经济体，人民生活也有了显著改善；现在则开始推进公共服务体系建设。但我们强调已经进行的改革仅仅是初步的，意思是说即使在经济体制方面，改革还远远没有完成；而在政治、社会、

---

① 李景源、陈威：《中国公共文化服务发展报告（2007）》，社会科学文献出版社，2007，第3页。

② “计划经济”体制如果用“低效”来形容真可谓“轻描淡写”了。一本权威性教科书说：“在计划经济体制下，政府主要是运用集中统一的指令性计划配置资源，计划配置包揽一切，替代甚至排斥了市场的配置功能，当时的财政不过是按计划配置，执行出纳和结算手续”（陈共：《财政学（第六版）》，中国人民大学出版社，2010，第28页）。在普通人的感受和记忆里，那个极不成熟甚至名不副实的计划经济实践中的“计划”功能实际上只是颇为精密地用于对十分匮乏的社会产品进行个人分配：除了少得可怜的工资，还有多如牛毛的票证；而当年上海居民配发的粮票曾精确到“半市两”的水平。

文化等方面，与市场体制相适应的、实质性的改革几乎还没有起步。这之间的差异已经造成了发展的严重失衡甚至难以持续。我们毕竟是个人口大国，人均GDP只排在世界第124位，国内仍然有几千万的贫困人口；畸形的工业化、城市化道路使数以亿计的、在一年的绝大多数时间在城市中打工糊口的人还被称作农民工，他们在城市中没有家和家人，还要在过年的时候拿着微薄的积蓄，踏上艰难的返乡路途。发展的任务显然还十分艰巨，而资源与环境的压力日益增加。

与此同时，由于中国经济的高速增长，我们面对的国际竞争越来越激烈。国际竞争在很大程度上更多的是各国政府间公共服务、公共财政效率的比较。我国财政近年来增长得比GDP更快，国家抗御自然灾害和市场风险的能力显著增加，国防与教育现代化得到强力推进，公共文化服务及其体系建设也是在这样的背景下被提上日程的。但是我们必须看到，我们国家的分配结构尚有很大的缺陷，公共财政的增长是以公民收入过低为代价的。目前的公共服务仅仅是初步的，还有许多项目未能提上日程。一些以公共服务（二次分配）方式提供给公民的收入本来是可以通过一次分配更高效地实现的。而现在，动辄以补贴、救济、保障的形式进行提供，实际上会造成巨大的浪费，最终可能使财政入不敷出。欧洲国家推行高社会福利政策的经验教训值得我们汲取，美国政府在当前经济危机中大幅削减公共开支的做法更值得我们从制度设计的层面予以关注。这些国家比我们的实力强大，进入现代化并开展公共服务的历史比我们悠久。在当前方方面面的国际竞争中，这些国家也往往能占得先机，而让我们处境尴尬、进退维谷。因此，我们的各种公共服务必须从现在开始就讲求高效率。更进一步则需要尽快开展渐进的体制改革。简单地说，激烈的国际竞争要求我们的公共服务讲求效率，而效率最终来自程序民主，即通过制度设计激发出绝大多数公民长久的发展积极性。因此我们不能满足于对公共服务包括公共文化服务粗放的理解和粗放的提供，首先需要从公共需求概念开始，从原理上把公共服务问题想透说透。

二　公共（文化）需求本质上仍是一种个人需求

尽管我们说，公共服务与市场不同，是预算而非需求制约的，但我们还是要说，公共服务归根到底也是由需求或需要制约的，从需求开始的；而对公共服务的绩效评估（效率）归根到底是看公共服务对公共需求的满足程度。这里看似自相矛盾的表述是由“需求”概念的含混造成的。首先要强调，如果公共服务包括公共文化服务不是对居民个人需求的回应，就失去了其制度合法性的基础。援引一本权威教科书的话说：“提出公共需要的概念是为了明确提供公共物品的目的，并有利于从货币价值形态上分析提供公共物品所体现的社会关系。”① 其次我们要区分，市场的需求是指有效需求，即居民个人或家庭有货币可随时支付的需求。而公共需求或公共需要则可能不是这样的需求。② 公共需求的满足不是通过消费者个人在市场上付费交换完成的，而是政府通过非人均的税收和财政支出生产或采购获得公共物品后同样未必平均地提供给居民实现的。这是两种不同的供需模式。显然公共需求及其满足的制度模式更复杂，需要更深入的理论说明和制度设计。而我们首先需要说明到底什么是私人（文化）需求；什么又是公共（文化）需求。

一般地说，人们的生活是从成年个体、家庭乃至于其所属共同体的需求开始的。需求是一个复杂或说多元的结构，取决于人对生活环境依存度的理性判断。许多理论家一直在努力寻求对复杂需求结构进行哲学性的综合或概括，尤其是希望对需求（或需要）给出客观的解释。但不仅人类需求的内容丰富而多变，尤其是人的需求更需要一种内在的评价（目的性、主体性），而非客观性所进行的那种从外部对人的生命活动进行的观察与归纳。例如人人都不能不吃饭，但仅仅有饭吃并不一定就活得像一个人。因此所谓个人的基本需求只是一个极其有限的标准。同时进行了高度理论概括以后，需求（需要）的含义总是会变得过于空洞。莱恩·多亚尔和伊恩·高夫最终是以健康和自主性定义人类个体最基本和最普遍的需要。这当然是一个较容易获得多数人认同的定义。与之相

---

① 陈共：《财政学》（第六版），中国人民大学出版社，2010，第21页。

② 英文文献中，与需求类似的词语有 demand、need 和 want 等。经济学讲的需求通常用 demand（如牛津大学出版社1997年版的《牛津经济学辞典》中只有 demand 词条，没有 need 和 want 词条）；人文学者在哲学层面经常使用 need；want 有时被认为是指一些感性的或非理性的欲求，与 desire 近似（参见莱恩·多亚尔和伊恩·高夫《人的需要理论》，麦克米伦出版社1991年版，商务印书馆2008年中译本）；而我国有学者将“公共需要”也译为“public wants”（见陈共编著《财政学》，第21页）。本文在中文中暂不作更细的区分，作为概念或关键词的需求和需要是同义的。而眼下本人更倾向于使用“公共需求”（public demand）这一表述。

类似，发展经济学家、印度学者阿玛蒂亚·森以自由定义发展，力图取代狭隘的以经济增长解说发展的模式，他不仅把自由作为目的，也将其作为发展的手段。这时他强调的是每个个体的可行能力的拓展。基本的可行能力就是人类个体为满足自己需求进行行动的能力与权利。在人类社会，有时客观性无非就是主体间性，或是获得了社会学的归纳优势。这里的意思是说人的需要或需求就是他的生活目标。这些目标及其不同目标所构成的相互关系与结构是复杂多变的，往往表现为种种没有最终评价尺度的价值偏好。这时需求的理论很像是伦理学关于终极的善的理论，可以得到一些有关其基本内容的共同约定，却往往要保持对其上限或最高标准（即种种超越性）的开放状态（需要显得更容易通往高端目标，而需求带有基本生命条件的意思。这样我们可以向下一个问题过渡：人怎样展开行动使其需求得到满足；人是社会性的，人也会依赖合作，但这并不等于说人必须按统一的安排行动并进而获得其劳动产品的分配。人的社会关系、制度安排可以使它更大限度地通过个人努力获得收益，达成目标。然而毕竟有一些需求要求集体生产和提供，或者是个人生产而集体消费）。

人的需求或需要也是可以进行分类的。例如现在我们要进行的是公共需求和私人需求的二元分类（我们现在可以用需求指代那些较高端和抽象的目标；而用需求指代其对于具体物品或服务的要求。这样就导向私人品即商品和公共品的分别，相应地就有两类需求）。一般地说，在各种经过最初发育的人类社会中都有交换行为的普遍存在。这就是说，人们的需求有时是通过市场交换得到满足的。这些能够通过市场交换得到满足的需求就是经济学所说的私人需求；他们从市场交换中得到的商品就是私人品。私人品可以满足人们多种纯粹各人的基本需求甚至自然需求，如食物、服装、代步工具等。现代社会里充分而规范的市场可以灵活地满足人类个体的大多数需求。经济学家（例如边沁等）用边际收益最大化（即人们活动的边际成本等于边际收益）来解释其普遍的市场行为与动机，也说明了市场经济追求效率的基本原理。①

有些产品由于本身的特性不适合做市场式的交换；而另一些需求也是消费者个人难以通过市场提供的产品和服务得到满足的。这就遇到了经济学说的公共品的问题。所谓公共品（或公共产品）是指那些无法或不适合做排他性或竞争性

① 萨缪尔森等：《萨缪尔森辞典》，京华出版社，2001，第188～196页。

消费的产品。非排他性是指产品本身被一个人消费了以后，并不排除被第二人甚至更多人进行消费的特性。例如一条道路往往不是为某一车辆专门修的，车辆 A 的通行并不排除车辆 B 或 C 也使用这条道路（除非你投入新的成本将道路封闭起来，派人值守收费）。非竞争性是指产品不能仅仅向有支付能力的人分别提供的特性。例如国防是对特定领土整个生活秩序的维护，并不因为某人交税多就向他提供特殊保护，而因为另外一些人纳税少甚至不纳税就不对其进行财产和生命的保护。古代人兴修水利、今天人治理河流污染的工程都属于这一类公共产品项目。人们可以想到，这样的产品虽然是普遍提供却并不是向所有个人同等使用的，或者说个人使用的可能是按概率计算的；反之，既然可以普遍提供，不少人会倾向“免费搭车”。由于这些产品有这样的特性，生产者在市场中往往不能回收其边际成本或取得其边际收益，因此商家对提供这类商品往往没有积极性。因此对于这类产品即公共品的需求需要以市场之外的公共服务体制予以满足（有人曾说人的公共需求总是很大的，即不要钱的东西谁不想要。但这个问题需要这样提问：你是否愿意将一切劳动所得都拿出来打平伙？即使你愿意，作为一种社会制度在当前和今后很长一个时期是否现实，可否持续？因此公共需求是对公共品的需求）。

对公共品的需求就是公共需求。但归根结底，公共需求仍然是个体的需求、消费者的个人需求。一些教科书在这个概念上含糊其辞，把公共需求界定为“社会的需求”。这是因为他们觉得，既然公共需求是相对于私人需求而存在的，当然公共需求就是集体或社会的需求。我个人理解，这两种需求都是个人的实际需求，离开了所有的个体，社会本身和集体就无所谓需求。需求是一种被个人所认识到的目标，没有个体的社会自身是没有认识机能的。公共需求与私人需求是对不同类型产品的个人需求。例如，我们希望进行公平合理的市场交换或市场消费，那么就必须有一套制度、规则来构建和规范市场，对市场提供保护。这就是一种公共产品。经济学通常把这项费用叫做交易成本。这样我们可以清晰地看到，进入市场的人同时有两种需求：一种是希望从市场换回个人需要的产品；同时人们也希望在一个规范、安全的市场完成他们的交易，既不要被骗，也不要被抢。因此我们作为消费者应该付两笔费用：一笔是货款；另一笔是市场管理费用（也可以说就是“保护费”）。当然后者商家也是要分担的。我们纳税就是作的第二项支出。或许可以这样说，公共需求体现的是公民个人对社会（制度）的依赖性。所谓社会的需求应该理解为个人对社会制度安排的需要，是人的社会性的体现。社会并没有凌驾于所有个人需求之上的特殊需求。这样，越是现代社会，社会的组织形式越复杂，社会制度设计和构建越精细，公民个人的公共需求也就会越多；而只有在社会秩序构建越合理的地方，公民个人的创造性、生活目标以及种种私人需求才越容易实现。因此西方国家尽管有最小化政府的持续呼声，其社会的公共部门却越来越大；公共财政的绝对数量和占 GDP 的比重也越来越大。从这个角度看，私人需求无非是指在市场上由个人可以自主选择、决策予以满足的需求。而公共需求由于有上述特性，它的满足是一个复杂得多的过程。

三　公共需求认知的复杂性

公共品的提供及对它的认知是历史性的、不断变化的；既取决于人的觉醒，也取决于特定社会的发展水平，尤其经济能力；既要表现社会的公平公正，也要能激励社会所有成员的勤奋和创造性。是人类社会组织程度不断提高（国家建设及其现代化转型）的表现。同时也说明，对公共需求的认知是个人的理性程度（所谓觉悟包括道德感）提高的结果。

相对于市场，（现代）政府大致有这样几种经济职能：一是规范、调控市场，以防恶性竞争和过度竞争；二是使用恰当的政策手段对产业方向进行引导；三是对在市场中失利者予以救助，使之能重新进场；四是在必要情况下，直接组织公共品的生产。[①] 这些职能说到底都是对应于公民对政府公共服务的公共需求或要求的。我们前面所说的几类公共文化服务就是从对政府经济职能的认识中推演出来的。但是对政府提供的公共服务或公共产品是否必要、恰当，是否恰如其分，认知起来还是较为困难的。近年来我国的公共服务及公共文化服务事业推进较快，在人们日常生活的诸多方面都可以感知到公共服务的存在，感知到政府责任的履行。但同时，人们也常常感觉到政府的公共服务还有不少“越位”、“缺位”和“错位”；频频感到政府的某些公共服务“不解渴”或“雷声大雨点小”、“口惠而实不至”；也会察觉到不少公共产品质量差、不实用等。政府也会

① 政府的这些经济职能近年来在西方国家有不断向第三社会部门转移的倾向。我们在此先不考虑这种情况。

感到公共财政已经有不少投入，为什么公民享受了公共服务还怨声载道。造成这种不对称局面的原因很多，但根本的原因是公共产品的分配未经过市场环节，未经过消费者和商家一对一的讨价还价。缺了这个环节，供需之间的关系还真难以说清楚。公共产品的消费者不知道自己付出了多少钱，也不知道自己可以希望得到什么。有作者引用文学作品中的对话，模仿纳税人的口吻提问："我的钱能换来什么？如果我去梅西百货买了东西，东西就在那儿——我看得见它。政府给了我什么？"①

公共服务的提供和消费存在出资人和消费人不对称的格局（因此有人想"白搭车"，有人则想尽可能"避税"，还有人面对到手的公共产品不会使用）。人们有时笼统地说，公共服务是政府买单。其实政府并没有这个能力。所有的钱都来自市场，来自税收。哪些税种开征合理？税额多少合适？这样的问题通常被认为是难以论证的，它只是政府权力的体现。在西方国家，公民对征税多少的态度最终表现为大选；在有竞争性提供选择的情况下，它也表现为"用脚投票"。在市场条件相同的前提下，如果邻近的地方政府税收较低，经营者和消费者可能迁徙到那个地区，进入另一个市场。当然，无论在哪里，公共服务总是政府更多从富人那里收费，而更多用于穷人身上。并且政府靠税收得来的公共财政用于公共服务时，不同消费者的受益状况也有不同。例如同样是公共图书馆，住宅或办公地点距离它较近的人受益较多，而距离远且公共交通状况差的消费者可能受益较低；受教育水平较高者受益更多，教育程度低者受益要少。又如保障性支出只对某些低收入者发放，经济状况较好者不参与分配；而产业引导性投入往往显得像是福利，只对某些有特殊才能者发放，尽管这有时还会加大不同个体在知识占有方面的差距。这也就是说，公共产品交易的出资人与消费人不是相同的人，因此在对所提供产品的边际成本与边际效益的评判上，缺少同一尺度。这个问题又可以表现为两种情况。

第一种情况是公共产品或服务的受益者不认识所得产品的价值。一个简单的例子是在某些贫困地区，农户不愿送子女入学。尽管学费完全免除了，但他们会感到原来子女可以为家里放羊，是一个劳动力，会给家庭带来一定的收益。但他们没有想到，子女现在读书会在未来给家庭及子女个人带来更大的收益。目前农

① 玛格利特·利瓦伊：《统治与岁入》，格致出版社、上海人民出版社，2010。

村地区一些村级图书馆的情况在某种程度上与之相类似，那些已经送进村的图书中有一部分对农村青年的未来有益，但被借阅的还是少数。这是公民个人对于政府提供的公共产品不认识、不自觉，也就不会对数量、质量等形成判断和评价。（与之相对的就是“白搭车”，既然你不识货不愿用或不会用不如我来用，甚至我可愿意出一点钱购买，只要低于市价就行）

第二种情况相反，是纳税人对税款、公共财政的使用缺少认同，或者对这些资源的使用效率无法监督。这是就会出现较为普遍的避税倾向。我们强调公共需求归根到底是个人需求，就是说纳税人即使不直接享用公共产品，也要从中间接获益才行。马克思曾尖锐批判资本原始积累阶段的社会不公，这对资本主义社会进行社会分配调整起到了积极作用。当年的工人之所以能接受资本家低工资的盘剥，是由于他们受饥饿的威胁。而这种状况不改变，社会只能依革命的形式予以纠正。但后来的资本主义社会大多建立了社会保障制度，资本家群体同意按约定的份额支付一定的税金，给贫困家庭以最低生活保障。这不是因为资本家仁慈，而是他们会计算，知道革命所付出的成本比纳税要高得多。社会保障制度和福利制度的建立提高了弱势群体的要价能力，社会也相对更稳定。这种情况下，资本家阶级是间接获益，他们纳税购买了社会稳定。在英国，出于类似的原因，社会主导阶级也愿意以公共资源支持将工人阶级整合进国家的“共同文化”中来的项目，愿意让工人阶级也了解莎士比亚或狄更斯。①

上述讨论表明，公共需求的复杂性在于，一方面它要是社会成员的个人需求；同时还要有一定的社会重合度。这后一方面的特点，就要求相应的协商机制的存在。公民的公共需求具有较复杂的结构和多变性。同样一件好事，对于不同人也许有着不同的益处。而人们对于当前什么是自己最主要、最大的公共需求往往很难取得一致意见。没有一个能集中社会多数成员意见的机制，人们甚至不知道什么是他们最急迫的公共需求。因此西方学术界也认为，公共需求的表达以及这些表达的集中是有难度的。公共需求是在这个过程中才最后被认知的。通过这套程序，人们才能明确形势，分清轻重缓急，达成共识，量力而行；通过这套程序，所有公民才了解了自己的边际成本和边际收益。而要使税收工作更容易进行，也必须使公共服务程序更加民主、透明。目前国内已经有一些地方（如无

① 〔加〕威尔·金利卡：《当代政治哲学》（下），上海三联书店，2005，第586～589页。

锡），在社区就有限的公共财政资金优先建设哪项公共文化设施开展讨论甚至投票表决，发出了公共文化服务体系建设和公共服务体制改革的某种先声。

四　现代社会中公共（文化）需求往往表现为权利

追溯公共需求的复杂性就会知道，公共需求的具体内容是历史地变化着的，而且主要是在现代化过程中逐步呈现出来。公共需求的产生及其满足过程是人的觉醒和社会自觉的结果。理论家们看到，即使是在前现代社会甚至古代社会，人类社会也会有某种公共需求和公共服务存在，但它们不仅是低水平的，而且往往是混合在统治者的利益和意志之中的，人民群众往往是被强制参与的。例如不少教科书就举中国古代的水利工程或者万里长城为公共品的例子。长城的修建在不少场合阻挡了北方民族的入侵和劫掠，但广为流传的民间文学却是孟姜女哭倒长城。这种公共性的表现方式被哈贝马斯称为“代表型的公共性”。许多个体在这些公共工程中的边际成本与边际收益严重不对称、不平衡，甚至成为“被牺牲者”。现代国家的公共服务显然更为文明，更为明确界定普通公民的付出与收益。我们多次引用的那本《财政学》教科书就提到：“资本主义的历史功绩之一，在于将统治者个人及家族的需要同社会公共需要区分开来，还为公共需要提供了显示或决定的途径。”①

所谓公共需求“显示或决定的途径”，就是指现代国家公共财政预算的形成和批准程序。在现代化过程中，社会的所有部门或迟或早都要经历转型，这里既包括传统的各类国家（政府），也包括私人部门即企业，还有作为第三社会部门的公共媒体和公民社会。这其间有一个公民个人不断地争取承认的进程、一个公共领域及公民社会不断产生和重构的进程。于是种种公共需求，首先是那些基本需求就更多地以公民权利的方式得到法律上的确认。而权利从名义上的到实际上的落实过程是社会发育并不断成熟的过程。换句话说，现代化过程也在不断地克服“政府失灵”，服务型政府的打造与公民权利的落实相辅相成，公共服务的提供刚好是其间的中介。在全球化进程不断扩张的今天，各后发现代化国家都会被卷入这个进程。我国的公共文化服务事业的发展也会不断地以协商、以法规的形

① 陈共：《财政学》（第六版），中国人民大学出版社，2010，第23页。

式表现出来。例如，我们的图书馆、博物馆、文化馆等都会慢慢依法向公民提供相应的公共服务。越是明确清晰的公共（文化）服务就越需要经过制度设计，制度设计要照顾的就是公民个人对公共投入的边际成本与边际效益。

公共需求是随着人的觉醒历史地扩展着的，新的公共需求不断产生。几百年前没有人能设想我们碰到了自然灾害、粮食歉收或是在城里找不到生计就该有人来救济。社会的现代化解决了这个问题。现代的公共服务强调社会公正，强调普惠和均等，并且把它们都确定为公民权利。这里的均等不是说在公共服务体系中人人都得到同样大的一份蛋糕，而是指社会对市场竞争形成一次分配的结果进行二次调节。让市场上的弱者和强者不产生过大的分配差别，让他们有重新入场的可能。但是后工业社会（或后现代社会）的来临也带来了新的觉醒和新的公共需求。例如我们前面谈到了英国的精英阶级同意动用公共资源让劳动阶级分享共同文化遗产，但现在他们也遇到新的挑战。英国在近二三十年中一直强调多元文化政策，所谓多元文化就包括了非英国传统的其他文化。这时拥有不同文化的社会成员会要求公共资源能用于强化自身的身份认同。政治学家也从理论上对其加以解释。当代西方马克思主义代表人物南希·弗雷泽就发现，对应于各种类型的经济不平等产生的是“再分配的政治”；而对应于其他种族、宗教、性别和文化上的不平等产生了争取“承认的政治”①。公共服务对弱势群体的救助是前一种政治的结果。这是伸张的是一视同仁的公民权利或基本人权。而第二种政治的结果将会产生以宽容为原则的差异化的公共服务。例如一些国家为少数民族的特殊节日指定法定假日，有的还有各种形式的生活补贴。对于我们国家而言，现在也有考虑如何针对少数民族文化发展制定新的公共服务政策。对于“他文化”的宽容不仅要求敬而远之，而且要求有亲身体验；要求人的身份或文化认同本身多元化。近来英国国内也有一些观点对多元文化政策提出批评，认为需要改变政策。我认为，未来英国的文化身份政策不会是在多元主义和一元主义之间作选择，只是需要调整对多元主义的认识。一个人可以同时是一个基督徒，并且也是一个穆斯林或佛教徒吗？可以同时既是汉族又是傣族或彝族吗?！我以为这不是不可想象的。在这个问题上，人们可以听听阿玛蒂亚·森的意见。

① 威尔·金利卡：《当代政治哲学》（下），上海译文出版社，2011，第589～600页。

五　通过公共（文化）服务的满意度评估深入了解公共（文化）需求

公共需求是全体公民个人对于社会之为社会的社会性或社会组织程度、社会保障制度的需求；包括公共文化需求在内的公共需求的生成、公共需求结构的不断复杂化是个人觉醒、社会进步和现代化的结果。同时人的基本公共需求越来越多地以权利的方式得到确认，这反映出公共需求的一个重要特征，即它很可能是在反馈当中才生成的，只能是在充分表达和社会协商中才能被确定的。当然这并不违反经济学的基本规律：需求促进消费，同时消费也推动了需求的扩大。我们还说公共需求—满足过程涉及两部分人有差异的利益关系，而且在早期它更多是透过传统国家的运作模式完成的，所以它的效率是很低的。但这就是认同。公民身份认同或者公民的国家认同往往就与公共服务提供的水平直接相关。埃德蒙·柏克曾说："国家岁入即国家。"① 这是从国家的经济运作角度给出的界定。我们不妨说："公民公共需求的满足即国家认同的形成。"（以前所谓"事业单位"恰好不能让人理解公共服务制度设计的合理性和操作要点，更不知道人要行使权利。现在对于公民权利的诉求越来越强烈，制度设计的意识越来越浓厚）

人们可以看到，中国社会正运行在人均3000美元以上的发展区间，在这个区间社会矛盾可能较为集中地爆发，而且我们的分配收入差距大于同等发展程度的国家。公共服务体系正是缓解乃至克服这些社会矛盾的一剂解药良方，因此我们一定要注意这个体系运作的民主机制构建问题。民主化当然不是一天内就可以形成的。我们的现代化过程还没有完成，尤其是与经济体制改革相比，政治体制、社会体制改革严重滞后，社会沟通严重不足，公共（文化）服务、公共（文化）产品与服务的提供有许多不尽如人意之处也是难以避免的。此外我们还处于高速全球化的国际背景中，尽管我们常常因为某些国内问题的处理感受到国际压力，但国际上那些"正义的"声音显然还极有可能伴随其他的意图。对于我们来说确实有两个方面的国家决策是不可或缺的：一是必须掌握好改革、发

① 柏克：《法国革命论》；玛格利特·利瓦伊：《统治与岁入》，格致出版社、上海人民出版社，2010。

展、稳定三者间的平衡；二是一定要抓住那些转瞬即逝的机遇推进改革。从这两方面的考虑出发，当前的公共（文化）服务体系的建设一定要关注效率的问题。公共服务效率的检测只可能拿公共品及其提供的方式与公共需求相比照才可作出，而公共需求的确认正好就是在需求及其满足、消费和新的需求产生的循环中实现的。（要改革，但改革是从旧制度向新制度渐变，因此它是从对现有体制的效能评估开始的，从对其效率的考察开始的，从对监督制度的建立开始的，是从对其服务成效的直接观察和大面积统计开始的。）

对效率的追求可以推进公共服务体系的民主化，因为追求效率的过程就是纳税人、公共服务的消费者和公共服务提供者三方间不断对话与磨合的过程。

效率是定量的，是公共部门提供的公共品和消费者的满意度之间的比。但我们说，公共服务的出资方（纳税人）和受益方（消费者）在需求和公共服务提供的目的上有差异，或者说他们在边际成本和边际收益上的考虑并不重合；政府作为受委托人或执行人也可能植入自己的意图，那么，效率怎样可以计量呢？

首先，在现有体制下，透明或公开性是通往效率计量的第一个前提。政府应公开自己的公共（文化）预算，提供尽可能清晰的明细和项目分解。例如，我们首先应该能够计算，当政府投入公共（文化）服务的100元货币到最终消费者手里还有多少币值的产品或服务。这样我们可以计算行政运作成本。同时我们也可以看清公共财政的流向和分布、配比等。

其次，我们应收集并公开公共品最终消费者的使用体验和评价。例如我们农家书屋配送的2000册图书有多少册在特定周期中被阅读或多人次阅读过；有大约百分之几的图书是供销不对路而无人问津的？又如我们的信息共享工程终端配备的计算机是否够用，如果不够缺口有多大？然后我们还可以了解这些消费的主观感受，看看有多少公共品能给人“超值”享受；并了解他们进一步的（口味提高了的）消费需求。这样我们可以计算公共产品或服务的使用效益，并且知道供应和需求之间的差异以及需求的变化方向。

最后，我们应该使用独立的专家系统，对整个公共产品提供和消费结果进行评价，对其种不同类型的公共品的配比和分布、对下一步的公共提供等提出修正或建议。专家系统也应听取纳税人的意见。这样的评估还应针对预算及其形成机制。评估的结果应该是可公布的，并注意搜集媒体和舆论的反馈。

所谓“独立的专家系统”当然是指与政府保持一定距离的，它更多要考虑公共服务的合理性和现实要求。这是避免“政府失灵”的必要制度安排。但从根本上说它是同向更大范围社会协商机制的。

对于公共需求而言，它的构成及认定就较为复杂，不可能有绝对充分的公共财政支持，需要经过取舍和排序，最后才是忌讳政府作为受托执行人夹杂其他意图扭曲或漠视真正的公共需求。然而进行这样的制度设计的目的不是削弱政府，或干扰政府的执政过程；反之，我们的目标是政府更顺利地完成现代化转型。我们注意到在全球化的背景下，有专家提出过“强国家”的理论，而且这种理论不仅强调了民族国家在工业化进程中的诸种合理的经济职能，而且特别关注了20世纪70年代东亚国家的崛起。在肯定强国家可以成就强经济的同时，该理论也强调了“内涵不断改变的国家力量”。国家力量内涵的改变反映在建制性权力（infrastructural power）的发展上。建制性权力又可分别为“渗透”力量、汲取力量和协商维度。建制性权力说到底是指政府在驾驭市场的过程中，更充分地将各种社会力量整合在一起，使自身完成现代化转型。对于这种理论我们认为值得借鉴。

结　语

与私人需求相比较，公民个人的公共需求是一个把握起来有一定难度的概念。根据我们的考察，在现有经济制度下，公民的基本文化需求及基本文化权益靠两个制度安排予以满足：文化市场与公共文化服务。市场满足私人需求；而公共服务满足公共需求。大部分甚至很基本的文化需求也主要是通过市场得到满足的。公共文化服务是对文化方面“市场失灵”的必要补充。换句话说，群众基本文化权益、基本文化需求中并非全部、而是只有一部分属于公共文化需求；政府只是要高效、公正、合程序地努力去满足这一部分基本文化需求。如果说我们当前很大部分的文化需求还是通过“公共服务”获得的，那么很可能只是因为我们的文化市场开放程度太低，反过来说是政府的行政垄断程度太高。这都是需要在公共文化服务体系建设过程中逐步改变的。公共（文化）服务不仅可以促进社会公正与和谐，而且也会推动社会持续、健康的科学发展；正确提供的公共（文化）服务本身就是公民（文化）权利落实以及社会民主化进程的组成部分。对于公共服务或公共文化服务体系的打造，人们抱有很高的期望。

The Concept, Cognition and Satisfaction Assess on Public (Cultural) Needs

Zhang Jiangang

Abstract: The satisfactions of public needs rely on government produce or buy public goods through its financial expenditure and then provide them to the civil. Modern society has complicated organizational form and subtle society system structure, then the civil public needs grow in number. Only when the structure of social order more reasonable, the public needs are more easily bought. Public (cultural) service not only can promote the justice and harmony of society, but also can motivate the continuous and healthy development of society. Appropriate provided public (cultural) service itself is one part of civic rights realization and social democratization process.

Key Words: Public; the Government; Citizen

B.8
基层公共文化单位财政保障标准研究

湖北省基层公益性文化单位财政保障标准研究课题组*

摘　要： 湖北省率先实行“以钱养事”机制改革，使基层公共文化服务供给过程实现了“市场化、社会化、契约化”，使农村公共文化服务得到恢复和提高。目前需要进一步完善机制，增加投入，重点解决软件建设，进一步完善第三方绩效评价机制。

关键词： 湖北　公共文化　保障

一　湖北省基层文化单位现状评估

（一）基层公益性文化单位现状

1. 基础设施状况

（1）乡镇综合文化站的硬件设施建设取得明显成效

调查表明，近几年国家较大规模投入的支持下，2009 年湖北省乡镇文化站阅览室、文体活动室、多功能室以及办公室的平均面积分别达到 76、141、213、79 平方米，与《湖北省“十一五”期间乡镇综合文化站文化设施维修专项资金管理暂行办法》所规定的 100、100、250、50 平方米的最低标准相差不远，而乡镇综合文化站平均总面积达到 768 平方米，大大超过了该办法所规定的 500 平方米最低标准。乡镇综合文化站的基本设施基本齐备，总体上已经具备了履行各项基本公共服务功能的基础条件。但乡镇综合文化站设施建设存在分布不均的现

---

* 课题组组长：傅才武、曹兴国；课题组成员：陈金祥、李波、沈军林、方学富、兰兆宏、周耀林、陈世香、陈波、纪东东、江凌、张晓云、陈庚、翁春萌等。

象，最大的文化站总体面积达到7580平方米，最小的仅20平方米，差距很大。

（2）基层大部分公共文化设施老、小、差、旧

除乡镇综合文化站外，湖北省基层大多数公共文化设施设备老旧。所调查剧场中，20世纪50～60年代建成的13座，占被调查剧场数的33.3%；70～80年代的15座，占被调查的38.5%。所调查的县级图书馆中，多数建成于20世纪80年代，建筑面积在2000平方米以下的占61%。所调查的县级文化馆中，20世纪90年代以后建成的仅占30%，总面积在800平方米以下的文化馆17个，占28.3%；总面积在800～1500平方米的13个，占21.7%；总面积在1500～4000平方米的29个，占48.3%；总面积在4000平方米以上的只有1个，占1.7%。

所调查的县级博物馆（纪念馆）中，面积在1000平方米到2999平方米之间的有19个，占总数的34.15%，面积1000平方米以下的有22个，占总数的40.0%。建筑面积最小的公安县博物馆，仅100平方米。

2. 文化基层人才队伍状况

（1）机构类型较多，从业人员相对较多

尽管相比于教育、卫生等行业，文化行业机构类型较多，但行业规模不大，通过与其他省市的横向比较发现，湖北基层文化机构从业人员数相对较多，财政“养人”的负担并不轻松。2009年，所调查的县级文化馆馆均21.26人；所调查的县级剧团团均达到57.45人。所调查的50个县级广播电视台共有工作人员7867人，台均157.34人；所调查的483个乡镇综合文化站有工作人员1138人，平均每个文化站有2.36个人，再加上临时聘用人员2135人，每个乡镇文化站达到4.42人，财政负担较重。

（2）基层人才队伍结构相对固化，学历职称层次有待提升

调查表明，基层文化单位从业人员学历和专业化程度低。如县级文化馆，中专以及中专以下文化程度的人员占84.34%，大专以上学历的人员仅为15%。人员文化程度不高、专业化程度不足。所调查县级剧团中，具有本科学历者占2.11%，大专学历者13.55%，中专学历者39.89%，中专以下文化程度者44.45%；全省80%以上的乡镇综合文化站从业人员老化，不少乡镇已青黄不接。由于待遇低，基层文化单位“差的出不去，好的进不来”，陷入两难窘境。

2009年，全省乡镇综合文化站共有初级职称工作人员473人，占总数的42%，中级及以上职称工作人员320人，占28%，无职称工作人员337人，占

30%；从所调查的县级剧团看，具有初级职称者占54%，中级职称占37%，副高职称占8%，正高职称占1%；所调查的县级公共图书馆中具有高级职称的人数总计为32人，占3.12%，中级职称332人，占32.4%。总体上看，县级文化机构工作人员的学历以专科和高中及以下学历为主，学历整体层次不高；人员职称则以中初级为主。

3. 基层文化单位经费保障状况

（1）文化文物部门的经费增幅达到23.63%。2009年湖北省文化文物单位总收入实现19.83亿元，接近20亿元大关，较2008年的16.04亿元，净增3.79亿元，增幅达23.63%。其中：财政补助收入12.57亿元，比2008年的9.27亿元增加3.3亿元，增幅高达35.60%。2009年财政补助收入占总收入的63.39%，2009年文化文物部门总收入增长的主要来源于财政补助的增长。

（2）基层公共文化经费保障不均衡。调查表明，2010年，湖北省乡镇综合文化站人均财政总投入整体上基本达到1.5元的政策规定标准，但差距极大，县乡两级政府人均财政拨款不足0.5元的占36%，0.5~1元之间的占23%，1元及以上的占41%。而各级政府综合人均财政拨款不足1.5元的占50%，1.5~2.5元的占26%，2.5元及以上的占24%。

从县级剧团的收入来看，2009年56个剧团年财政拨款总额为5249.55万元，其中，仅有28个剧团获得了农村演出补贴。最低的每场补助100元，最高的每场补助5000元，平均每场867.73元；年补贴总额最少的为2万元，最多的为30万元，平均每团补贴7.62万元。25个剧团有其他收入来源，最低的收入1万元，最高的收入201万元，团均收入19.9万元。

被调查的61个县级公共图书馆中，2009年总支出合计为3698.8万元，支出最高的图书馆为194万元，最低的只有3.5万元，馆均支出60.64万元。

所调查的县级广播电视机构中，主要财务收入来源于创收收入（包括广告收入、代维费、有线网络上缴收入等），在52家接受调查的县级广播电视机构中，多数没有填报其他收入来源。由于各地的经济发展水平不一、经营业绩有差别，各地广播电视机构所获得的收入差别较大。

统计显示，2009年，湖北省80个县级博物馆（纪念馆）共有财政收入4325.1万元，馆均53.06万元，但馆与馆之间差距很大。如洪湖市湘鄂西革命根据地旧址纪念馆，2009年财政补助收入为333.0万元；长阳土家族自治县博物馆，财政补助收入为160.0万元；但是，赤壁市博物馆、房县博物馆、竹山县博物馆、湖北省红安县博物馆和荆州市周梁玉桥遗址博物馆财政补助收入仅为16.3万、14.2万、5.4万、5.0万和1.0万元。①

（二）基层公益性文化单位服务能力评价

1. 基层公益性文化机构公共服务能力评价

（1）基层公共文化服务总体水平不断提升，但“上重下轻”的格局和“自上而下”的配送方式没有大的变化。2007年第八届中国艺术节后，湖北省公共文化设施建设继续推进。2009年省图书馆新馆工程建设启动，累计合同金额超过3.5亿元。湖北艺术职业学院新校区建设工程启动。国内一流、投资7.2亿元的武汉琴台音乐厅已建成投入使用。宜昌市图书馆、随州市博物馆、黄石市博物馆等一批地方重点文化工程竣工交付使用，黄冈市博物馆、咸宁市博物馆、黄石市图书馆、鄂州市博物馆及图书馆等工程先后开工建设。2009年，全省下达乡镇综合文化站建设项目311个，建设资金5150万元，下达项目个数和资金额度创历年之最。

基层公共文化服务重点项目整体推进。全省投入文化信息资源共享工程建设资金4014万元，建成县级支中心29个、乡镇基层服务点135个、村级服务点10091个，完成资源建设120GB；新配送流动舞台车21台，基本实现了全省专业院团上山下乡巡回演出，全年演出21816场，观众2320万人次。②

（2）基层公共文化单位公共服务能力总体较低、区域差异较大。乡镇综合文化站硬件较强而软件较弱，公共服务存在能力因结构缺陷而不配套。据调查统计，2005年湖北实行“以钱养事”以来，2007～2009年间，全省乡镇综合文化站上岗人员年均报酬（即工资支出＋福利支出＋保险费支出）达到19333元，月均超过1500元。但不同地区间的差距依然很大。统计表明，2007～2009年，乡镇综合文化站工作人员年均工资收入在1.2万元以下的（即月均工资不足1000元）占28.7%，1.5万元及以下的占到47.9%。在“十一五”期间文化站财政支出结构中，人员性支出占总支出的50%以上，而公共性支出所占比重不

① 资料来源：湖北省文化文物产业统计资料（2009年度），湖北省文化厅计划财务处编印。

② 资料来源：湖北省文化文物产业统计资料（2009年度），湖北省文化厅计划财务处编印。

到30%。

剧团的财政状况普遍呈现“养人”的特征，人才老化严重，创新能力不足。被调查剧团2009年总支出额7825.36万元，团均为137.29万元，支出最大的为694.1万元，最小的为24.91万元。其中，在职人员经费占40.3%，离退休人员经费占14.78%，人员经费超过55%，业务经费仅占12.13%。在生产创作上，2007～2009年，45个县级剧团共投入853.54万元，生产创作了187个剧节目，平均每个剧节目投入4.56万元。团均每年生产1.3个新剧目。

基层剧场两极分化，人员待遇较低，经营普遍乏力。全省剧场年经费支出额在3.8万～433.8万元之间，平均年支出76.59万元。办公经费和税金支出平均3万元，显示经营不足。在职人员月平均工资最低的只有140元，最高的3167元，平均1189.96元。调查发现，各基层剧场的财务收支状况不容乐观，26家剧场收支基本平衡，10家剧场收不抵支。只有武穴市影剧院经营状况良好，2009年有近10万元的盈余。

县级公共图书馆保障水平参差不齐，公共服务水平有限。被调查的61个县级图书馆中，2009年馆均人员经费支出为23.59万元，占总支出的38.9%；馆均购书经费5.76万元，仅分别占9.5%；馆均活动经费5.49万元，馆均延展服务经费2.56万元。调查表明，部分县图书馆因公用经费严重不足，影响了日常运行效率。图书馆工作人员福利待遇不高，导致部分人员存在“做一天和尚撞一天钟”的想法。

县级文化馆同样差异很大，处于维持局面状态。2009年，被调查文化馆的年支出额为4652.99万元，平均每个文化馆支出77.55万元，支出最多的为271.14万元，最少的仅为2万元。调查表明，财政拨款存在较大缺口，2007～2009年财政拨款能够保障文化馆基本支出的，仅分别占20%、20%、26.7%。这意味着绝大多数县级文化馆需要自行寻找“财路”，以弥补经费缺口，存在着较大的生存压力。

县级博物馆（纪念馆）资源分布不均。此次调研涉及的各个博物馆（纪念馆）共有藏品368948件。藏品分布不均，浠水县博物馆拥有藏品51020件，藏品最多；神农架自然博物馆仅有208件藏品。

本次调查涉及的55个县级博物馆（纪念馆）2009年支出5505万元，收入总额为5579万元，收支差额72万元。业务支出项目总计2525万元。55个博物馆（纪念馆）的业务支出中，最大的为391万元，最小的为0，均值45.91万元。

与其他文化机构不同的是，县级广播电视机构项目收入增长较快，公共服务能力持续提升。2009年，所调查59个县级广播电视机构（53个有效样本）中，有线电视收视费总额为9992万元，平均每县（市、区）为188.53万元。在50个有效样本中，“村村通”维护费用总额14234.48万元，县均273.74万元。在44个有效样本中，2009年项目支出费用总计13130.78万元，比2008年增长了34.74%，增幅显著，表明基层广播电视行业发展较快，服务能力持续提升。

2. 基层文化机构服务效率评价

（1）乡镇综合文化站公共服务效率有待提高。当前乡镇综合文化站的硬件设施具备较强的公众服务能力，其阅览室、文体室、多功能室、文化信息资源共享工程、健身器材等设施完全能够满足年均2000~5000人次的需求。

但图书室新书缺乏、人才老化、管理滞后等原因，2009年日均服务3人次以上的阅览室、文体活动室、多功能室与共享工程基层点分别只有39%、38%、42%和38%，日均服务人次在1人以下的分别达到29%、33%、34%和36%。而本应该是最受欢迎的基层健身场所，日均服务人次在1人以下的仍然有21%，日均服务人次在10人以上的仅有36%。

（2）县级剧团演出产品主要由政府购买。2007~2009年，被调查剧团3年演出场次最多的为784场，最少的28场，年均演出场次248场。2009年，55个剧团总演出场次13239场，团均241场。其中，被调查剧团经营性演出场次6095场，团均117场。公益性演出7134场，团均127场，其中农村演出5641场，团均101场，城镇演出1781场，团均34场。公益性演出略多于经营性演出，农村演出多于城镇演出，这是得益于政府实行农村演出场次补贴的结果。

（3）基层剧场经营状况差异很大。2007~2009年，剧场年均演出场次为79场，平均每场观众人数为686人。2009年，全省剧场公益演出场次最少的为2场，最多的209场，平均每个剧场年均公益演出28.9场。经营性演出年均为61场。从调研情况看，15个剧场2009年开展的公益性活动不到10场次，占被调查剧场的38.5%，其中7个剧场开展的公益性活动在3次以下；“场团合一”的剧场开展公益性演出活动的场次相对较多，一般都在30场以上。

（4）县级公共图书馆基本得到利用。2009年，各县（市）公共图书馆的总藏量为502万册，新购图书18.5万册，发送有效借阅证26.2万个，流通人次383万人次，借阅册次为414万次；其中流动图书馆借阅次数为18.3万次，参加人数36万人次；讲座次数362次，16万人次参加；电子阅览室电脑2122台。2009年，馆均藏书量8.37万册，流通册次6.89万次，县级公共图书馆有限的资源存量基本得到利用。

（5）县级文化馆基本发挥了组织群众活动和保护“非遗”的作用。2007～2009年，被调查县级文化馆中，组织群众文化活动最多的馆29次/年，最少的22次/年，平均26次/年。2007～2009年，平均每次文化活动参与人数为818.36人，944.9人、1043.27人，人均受众经费支出三年分别为2.79元、3.15元和3.26元。组织一次群众文化活动平均开支为0.41万元。

在“非遗”保护方面，被调查的文化馆呈现整理数量、投入工作时间和投入人次逐年加大的态势。2007年共整理“非遗”项目5430个（项），投入总额978万元。在62个有效样本中，馆均整理“非遗”项目87.6个（项），馆均花费15.77万，平均整理一个项目花费1800.79元。2008年共整理“非遗”项目6265个，投入总额2066.05万元；在59个有效样本中，馆均整理“非遗”项目106.2个（项），馆均花费35.02万元，平均整理一个项目花费3297.77元。2009年共整理“非遗”项目12867个，投入总额999万元，在61个有效样本中，馆均整理“非遗”项目210.9个，馆均花费15.38万元，平均整理一个“非遗”项目花费776.33元。

（6）县级博物馆的保存与展示功能不断完备。全省县级博物馆（纪念馆）保存保护了一批文物，使地方文化遗产得到了较好的传承和发展。在有效样本中，47家县（市）级博物馆（纪念馆）年观众总量421万人次，馆均8.96万人次；10家县级博物馆（纪念馆）建立了网站，16家建立了博物馆商店；县级博物馆（纪念馆）开展了下乡巡展、免费培训、免费讲座、第二课堂活动、中国文化遗产日活动、国际博物馆日活动，每年为3～8次。

（7）县级广播电视机构公共服务水平快速提升。在所调查的59个县级广播电视机构中，有48个县级广播电视机构开展了多项业务活动。2009年，农村电视节目播出时间为307375.25小时，县均6403.7小时；在其中的43个有效样本中，农村广播节目播出时间238079.5小时，县均播出5536.7小时。在51个有效样本中，农村有线广播电视通行政村数873个，平均17.12个；在52个有效样本中，农村有线电视总用户数 1822611 户，平均 35050.2 户；在 29 个有效样本中，农村数字电视用户总户数 196485 户，平均 6775.3 户；在 34 个有效样本中，农村直播卫星接收站 433960 个，平均 12763.5 个。2007～2009 年，全省农村广播电视业公共服务取得积极进展。

二 基层文化单位分类性事权及公共保障标准确定

基层事业单位工作人员的工资福利具有政策刚性，须按当地政府有关规定执行，因此不列入本报告讨论范围。本部分讨论的是基层公益性文化单位的项目经费和运营经费的公共资助标准。

（一）县级博物馆（纪念馆）的事权及其保障标准

按照博物馆（纪念馆）所具有的藏品收藏、保护、研究、展示四大基本功能，县级博物馆（纪念馆）的基本功能主要体现为文物保存保护、博物馆（纪念馆）免费开放后的展示展览、社会教育三大类。体现文物保护功能的主要载体是文物库房建设和维护，其经费保障需要配合国家文物局“十二五”时期中西部地区区域中心库房的建设规划，必须单独核算。展示展览、社会教育功能的实现应因馆而异，其经费的预测须按照各馆基础条件的差异，拟分三类博物馆（纪念馆）实行级差投入方式。在中央财政免费开放补助经费的基础上，省级财政和县（市）财政对于不同类别的博物馆（纪念馆）按比例给予不同数量的公共经费支持。

（二）县级文化馆的事权及其核算标准

县级文化馆的职能主要体现为组织指导群众性社会文化活动，继承、搜集、整理、挖掘和保护民族民间非物质文化遗产两大功能。县级文化馆的项目支出包括：①组织群众文艺活动的支出；②日常公用开支；③开展系统内部人员辅导与培训的支出；④非遗保护经费包括设备（多媒体现代化设备、新型影音器材等）和人工费用；⑤专项房屋维修费；⑥备维护费和材料消耗费。

（三）县级公共图书馆的事权及其核算标准

公共图书馆主要体现为保存人类文化知识遗产及开发智力资源，传递科学情报信息，开展社会教育并提供公共文化空间五大职能。课题组以被调查对象的人均期望值作为依据，制定湖北省县级公共图书馆财政保障的相关标准。以2009年被调查的61个县馆期望人均财政拨款为1.00元，以人均期望值80%作为高标准，65%作为中标准，50%作为低标准，然后分“三类地区”，测算湖北省县级图书馆财政保障标准。统计显示，2009年，“一类地区”人口占全省人口的39.28%，“二类地区”人口占全省人口的31.60%，“三类地区”人口占全省人口的29.12%。可以高、中、低三种经费标准乘以“三类地区”人口比例，测算出不同地区的财政拨款基数。

（四）乡镇综合文化站的事权及其核算标准

根据《乡镇综合文化站管理办法》（文化部第48号令），乡镇综合文化站的主要职能是提供书报刊借阅、时政法制科普教育、文艺演出活动、数字文化信息服务、公共文化资源配送和流动服务、体育健身和青少年校外活动等8种基本公共文化服务。财政资助项目包括：直接承担公益性服务项目工作人员的劳务报酬和养老保险费；开展公益性服务项目所必需的基础性设施与设备建设与维护经费；组织开展文化活动的管理费。湖北省县乡两级财政的预期人均投入经费为1.67元，而省、县、乡三级财政的预期总投入为人均2.42元。三级财政的常规化人均财政投入量最低标准确定为人均2.5元是可行的。根据这一标准，可将县乡财政支出标准定为不低于1.0元，主要用于公益性服务岗位人员支出；而将省级财政支出标准定为不低于1.5元，主要用于乡镇综合文化站基础设施与设备的日常维护及文艺活动管理经费。

（五）基层剧团的事权及其核算标准

基层艺术表演团体主要承担艺术产品的生产与传播的基本职能。目前，除人员工资福利外，对县级剧团的财政保障主要以农村演出场次补贴形式实现，目的在于通过培育演出市场，激发艺术院团的创作和生产活力。课题组认为，演出补贴是一条较好的财政激励路径。测算农村演出场次的补贴标准主要考虑演出场次和演出成本两项指标。根据调查，剧团农村演出的基本保障经费可以依据演出场次等级和补贴等级进行测算：农村年演出180场以上，采取较高补贴标准（50%）；年演出60～179场，采取中等补贴标准（35%）；年演出60场以下，采取较低补贴标准（20%）。

（六）基层剧场的事权及其核算标准

基层剧场主要承担提供公共文化活动场所的职能。“十二五”期间，省、市、县三级财政部门可以按照地方意愿和基层剧场基础条件，分年度分批进行维修维护。

（七）县级广播电视机构的事权及其核算标准

县（市）广播电台、电视台主要承担国家信息渠道、地方政府信息的收集整理与传播，农村文化科技节目的制作生产与传播等职能。公共财政宜重点补助内容生产经费和渠道运营经费。结合湖北省县级广播电视机构2007、2008、2009年财政收支状况、财力水平和创收盈利能力，建议省级财政部门每年适度增加对县级广播电视机构的财政拨款总额。

三　进一步完善公共经费管理体制

（一）进一步健全完善乡镇综合文化站“以钱养事”制度

2005年，湖北省率先在全国实行“以钱养事”机制改革，使基层公共文化服务供给过程实现了“市场化、社会化、契约化”，代表了中西部地区基层文化体制改革的方向，促使地方各级政府提高了对基层公共文化服务的认识，加大了对基层公共文化的投入，使得一度停滞甚至倒退的农村公共文化服务得到全面恢复，服务效率和服务质量也有了明显提高。由于“以钱养事”是一种新的制度创新试验，在探索过程中也显露了一些体制上的局限。一是不同地区之间的经费保障水平差异很大，公共投入基数小且一些地方没有落实，一些乡镇综合文化站“无钱养事”，难有作为；二是近年来国家投入主要集中在硬件建设上，软件配套不足，公共设施利用率低，公共投入资源的作用没有充分发挥；三是乡镇文化站的聘用人员全部进入社会，没有了体制内身份，没有了荣誉感、归属感，缺乏道德激励机制，“一年一聘制”给基层文化工作者带来严重的后顾之忧，出现了普遍性消极心理和短期行为。

“十二五”期间，需要进一步完善健全“以钱养事”机制：一是要逐步提高乡镇文化站“以钱养事”的公共投入标准，重点解决文化站的内容配置和软件建设问题；二是逐步提高乡镇文化站从业人员的薪酬标准，以经济激励为主，同时对优异者予以长期聘用合同的道德激励；三是建立第三方绩效评价机制，形成公平公正的竞争环境。

（二）建立健全“四权分离”的内在约束机制

在目前的宏观文化管理框架下，由于存在管理链条长、环节多，信息收集成本高、评价困难等原因，上级政府对基层公共文化的管理仍然只能停留在“粗放型管理”阶段，无法形成长效的约束机制。“十二五”期间，深化基层文化体制改革，需要通过制度创新，强化内在约束机制，以克服外在评价的技术性难题。建议在全省基层文化财政管理领域引入“四权分离”的内在约束机制，即由县（市）财政部门负责资金的统筹并拥有最终的审核权，乡镇政府负责文化活动的组织并拥有项目经费的确认权，县级文化行政部门负责业务指导并拥有项目经费的使用权，基层文化单位负责文化活动的实施并拥有项目经费的受益权；这样，各个方面既相互制衡，又相互协调，从而形成内在的约束机制。江西省从2005年开始，借助于“四权分离”机制对江西省农村文化建设专项资金进行管理，几年的运作经验证明，这一管理机制具有良好的效果。

同时，省级财政和文化主管部门要加强预算经费管理，建立健全相关奖惩制度。对于核定的基层文化机构的财政补助经费，要严格按规定用途使用，切实提高经费使用效益。公益性文化单位取得的经营收入和其他创收，要全部纳入预算管理，实行统一核算。

（三）建立健全第三方评价机制

调查表明，尽管中央及省级政府对农村基层公共文化建设高度重视，不断加大投入，但是，由于缺乏必要的约束机制和问责机制，或者基层公益性文化单位的公共经费得不到保障，或者一些基层文化单位只管“花钱”，不问效果，致使公共资源的效率得不到应有的保障。为此，应当建立健全责任评价约束机制，建立起第三方评价机制，充分发挥第三方所特有的独立、专业、公信、客观的特征，克服原有各种评价方式的局限，在体制外形成第三方评价约束力量。

“十二五”期间，建议在基层公共文化服务领域探索建立第三方评价机制。

在政府主导下，谨慎选择高校、科研机构或其他非营利性组织、社会团体组建评价机构，作为客观、中立的第三方对基层文化机构的财政经费收支、使用及其公共服务水平进行科学评价，同时建立一套适用于县（市）级政府、以定量评估为主、可操作性强的评估指标体系，以促进政府财政拨款的科学化、合理化、规范化，促进基层文化单位公共服务水平迈上一个新的台阶。

Research on Financial Security Standards of Grassroots Public Cultural Organization

Hubei Province Grassroots Non-profit Cultural Unit Financial Security Standard Research Group

Abstract: Hubei Province takes the lead in carrying out "maintain cultural affairs using money" regime reformation, makes the supply process of grassroots public cultural service achieve marketization, socialization and contract. This measure makes rural public cultural service got recovered and improved. Now the reformation needs perfect its system, increase its input, focus on solving its software construction problem and then further improve the regime of third party performance evaluation.

Key Words: Hubei Province; Public Culture; Security

B.9

当前我国农民工文化工作机制研究

李 宏 李国新 杨永恒*

摘 要： 把为农民工提供基本文化服务纳入城市公共文化服务体系已经成为迫切需要解决的问题，体制不顺、重视不够、责任不清、保障不力、针对性不强、宣传不到位等方面原因导致农民工基本文化需求得不到满足。要改革体制、创新机制，建立健全以常住地政府为责任主体，以公益性文化事业单位为骨干力量，以城市社区和用工企业为主要阵地，为农民工提供基本公共文化服务的工作机制。

关键词： 农民工 公共文化 机制

农民工是我国改革开放和工业化、城镇化进程中涌现的一支新型劳动大军，是我国产业工人队伍的重要组成部分，为我国深化改革，扩大开放，推动科学发展，作出了特殊的历史性贡献。关心农民工精神文化需求、维护和保障农民工权益、促进农民工城市融入是贯彻落实科学发展观、构建社会主义和谐社会的重要内容，关系到工业化、城镇化的健康发展，关系到社会公正与和谐，关系到全面建设小康社会和现代化事业的全局。

长期以来，党中央、国务院对农民工工作高度重视，出台了一系列关心和保障农民工权益的政策措施。特别是随着覆盖城乡的公共文化服务体系建设的有序推进，各级政府制定和实施了一系列保障农民工文化权益的政策措施，取得了明显成效。但必须看到，在着力维护农民工经济权益和社会权益、政治权益的同

---

* 李宏，文化部社文司副司长；李国新，北京大学信息管理系教授，国家公共文化服务体系建设专家委员会副主任；杨永恒，清华大学副教授，公共管理学院院长助理，国家公共文化服务体系建设专家委员会秘书长，本文主要执笔人。

时，农民工文化权益还没有得到应有的重视，农民工文化工作还存在重视不够、体制不顺、责任不清、保障不力、针对性不强、服务水平不高等问题，尚未形成可持续发展的长效机制，农民工文化权益仍然缺乏制度性保障。特别是随着新生代农民工日益成为农民工群体的主体，对文化服务提出了更高的需求和期待，加强对农民工文化权益的保障显得更加迫切。本文拟从分析我国农民工文化工作的现状入手，通过对目前农民工文化工作面临的困境及存在的问题进行总结和反思，以期探寻建立我国农民工文化工作良性有效机制的路径。

一　当前我国农民工文化工作的现状及特点

“十七大”以来，随着我国公共文化服务体系建设的有序推进，各地文化行政部门把农民工文化工作作为公共文化服务体系的重点工作之一，采取多种措施切实加强对农民工文化权益的保障，使农民工文化工作呈现出不断完善、整体推进的良好态势。

中央及地方各级政府日益重视农民工文化工作。党的十七大报告明确指出：“要把坚持发展公益性文化事业作为保障人民基本文化权益的主要途径，重视城乡、区域文化协调发展，着力丰富农村、偏远地区、进城务工人员的精神文化生活。”国务院《关于解决农民工问题的若干意见》（国发〔2006〕5 号）专门强调要“完善社区公共服务和文化设施，城市公共文化设施要向农民工开放，有条件的企业要设立农民工活动场所，开展多种形式的业余文化活动，丰富农民工的精神生活”。文化部印发《文化部办公厅关于贯彻落实〈国务院关于解决农民工问题的若干意见〉的通知》（办社图函〔2006〕388 号），强调要充分认识做好农民工文化工作的重要性，把活跃和繁荣农民工的文化生活纳入小康文化建设的总体目标，纳入政府文化行政部门服务和管理的基本范畴，纳入文化工作者责任和义务的基本范畴。地方各级政府也紧紧围绕保障农民工文化权益做了大量有益探索。

发挥公益性文化机构作用，不断推动公共文化设施免费开放，增强对农民工公共文化服务的覆盖程度。近年来，各地认真贯彻中央精神，采取多种措施，加大了面向农民工的公共文化服务。覆盖城乡的公共文化服务网络正在逐步形成，特别是城镇街道、社区图书馆（室）和文化馆（站）等基层文化设施的不断完善，为农民工就近、便捷地享受公共文化服务提供了有力保障。各级图书馆、文化馆、博物馆等公益性文化机构都把面向农民工的服务列为工作重点，不断加大了免费开放力度，为农民工提供图书阅览、文化娱乐和职业培训等服务。

创新服务方式，丰富服务内容，为农民工提供有针对性的文化服务。近年来，各地文化行政部门运用流动文化阵地和数字文化阵地，广泛开展送图书、送电影、送演出、送讲座到企业、进工地等多种形式的文化服务，为广大农民工提供了更加便利、更加贴心的文化服务。深圳市在农民工集中的社区或工业区建农民工图书馆，根据工业区行业性质配备相应图书，并根据农民工工作时间特点安排图书馆开馆时间。依托全国文化信息资源共享工程的资源优势和技术优势，为农民工提供网上阅读、影视播放、知识讲座、信息查询、技能培训等文化服务，帮助农民工提升文化素质，增强就业本领。上海市结合世博契机，启动了“迎世博上海农民工基本素质教育培训工程”，依托东方社区信息苑文化服务平台成立公益性网络学校，为农民工提供免费培训和服务，一年内共培训农民工200余万人次。

关怀农民工子女，开展面向农民工子女的文化服务。根据国家统计局的数据，2010年举家外出农民工3071万人，约占外出农民工总数的20%。农民工举家进城，一个重要原因就是为了让子女接受更好的文化教育，以便将来更好地融入城市。但是受户籍制度制约，随流子女难以享受与城市儿童同等的文化教育。为了帮助农民工子女接受更好的文化教育，许多地方文化机构开展了面向农民工子女的免费文化艺术服务，使农民工子女也能够享受和利用当地丰富的文化资源。如广州、中山等市文化馆举办的“少儿爱心艺术培训班”，贫困农民工家庭、单亲农民工家庭子女可获优先录取；佛山市举办“寻梦佛山”外来务工子女艺术和阅读夏令营，专门针对外来务工子女开展文化活动。

加大对农民工文化团体的扶持力度，培育农民工的文化主体意识。近年来，各地文化行政部门鼓励组建民营文艺表演团队，吸纳有专长的农民工加入，使之成为农民工开展文艺活动的新载体。昆山经济技术开发区职工艺术团就是一支由“新昆山人”组成的民营文艺团队，搭建了“青春大舞台”，送戏进企业、进工厂，与企业员工一起登台表演，一直以来活跃在昆山的企业、街道、社区大大小小的舞台，深受昆山广大外企和外来务工人员的喜爱。完善扶持奖励机制，加大对农民工文艺创作的扶持力度。东莞市自2004年起，设立了共计500万元的文学艺术创作和文学艺术奖励专项资金，制定了《东莞市文学艺术创作和文学艺术奖励专项资金使用管理办法》，让以农民工为主的所有“新莞人”与本地作者享有同等的受扶持、奖励的权利。

鼓励社会参与，努力创造全社会共同关心农民工文化生活的良好氛围。近年来，各地积极鼓励用工企业、社会组织参与农民工文化工作，采用政企共建、购买服务、委托承办等方式为农民工提供文化服务。北京的“工友之家”、杭州的“草根之家”、昆山经济技术开发区职工艺术团等社会组织，以外来打工者为服务对象，多次组织公益性大型文化活动，在农民工中产生了广泛影响力，深受农民工欢迎。深圳市还积极探索与用工企业共建图书室、电脑活动室等文化设施，为农民工就近使用文化设施、参与文化活动提供了便利。

二　农民工文化工作存在的主要问题

（一）体制不顺，农民工的基本文化权益缺乏制度化保障

我国长期实行的以户籍制度为基础的城乡二元制度体系是导致农民工文化生活贫乏、文化权益得不到保障的制度性根源。城市户籍作为享受城市公共服务的重要凭证，使农民工在文化、教育等基本公共服务领域无法享受与城市居民完全平等的待遇。农民工就业稳定性差、流动性大、可替代性强，在劳动关系中处于弱势地位，只能被动接受低廉的劳动报酬、超常的工作强度、缺失的劳动保护等，使农民工文化权益缺乏时间、精力和经济上的保障。

（二）重视不够，农民工文化工作尚未形成常态化机制

各级政府、文化行政部门，以及企业、社区等对农民工的文化工作尚未给予足够重视，没有真正把农民工文化工作作为一项需要常抓不懈的系统工作进行整体规划，一些工作往往带有应景、随机色彩。农民工用工单位大多对农民工文化生活重视不足，没有把农民工精神文化需求纳入企业文化建设的范畴统筹考虑，不能满足农民工的文化需求。作为城市最基层的组织，社区对辖区内农民工文化生活关注程度不够，农民工参加社区文化活动积极性不高。

（三）责任不清，农民工文化工作缺乏有效统筹

随着农民工问题的日益凸显，各级政府、文化行政部门、妇联、共青团、工会及社区、企事业单位、民间组织等各种社会力量均参与和组织了一些农民工文化工作，但是，各部门在农民工文化工作方面的角色定位及职责任务不明晰，农民工文化工作缺乏统筹协作，尚未形成分工负责、齐抓共管、行之有效的工作机制，难以形成合力。

（四）保障不力，人、财、物投入亟待加强

“十一五”以来，各地公共文化服务投入虽然持续增加，但没有将辖区内农民工文化工作经费纳入预算统筹考虑，所开展的农民工文化活动大多是按照“一事一议”的方式专门拨款，农民工文化工作缺乏持续、稳定的经费保障。现有公共文化设施基本按行政区划和户籍人口来配置，造成部分外来人口密集的街道或社区设施负荷过大。此外，基层文化队伍建设仍然十分薄弱，各类人才严重匮乏，不能满足农民工和广大群众的文化需求。

（五）针对性不强，现有文化服务尚不能满足农民工特有的文化需求

由于对农民工文化需求的了解不够深入和全面，农民工文化工作带有一定的主观倾向，一方面，针对农民工群体开展的文化活动总量不够；另一方面，很多活动内容和形式单一，不能满足农民工群体特别是新生代农民工特有的文化需求。部分面向农民工的文化服务仍以单向的“送文化”模式为主，农民工的文化参与明显不足。

（六）宣传不到位，农民工对公共文化服务的普惠特性认知不足

尽管目前各地已经规定城市公共文化设施如图书馆、文化馆、博物馆等要向包括农民工在内的所有公众开放，但由于宣传力度不够，农民工对于已经开展的面向自身的文化服务了解不够，依然存在“心理门槛”，很少主动享受这些公共文化服务。此外，社区文化在农民工群体中的知晓率也不高，大部分农民工对社区内推出的免费公益性电影、文化演出、培训讲座等信息不太了解，对社区公益性文化活动的普惠特性认知不足。

三　建立农民工文化工作长效机制

（一）进一步加强政府在农民工文化工作中的主导作用

明确常住地政府的主体责任。常住地政府是保障农民工文化权益、满足农民工文化需求的责任主体。要切实将农民工文化工作纳入常住地公共文化服务体系建设，将农民工作为公共文化服务体系的重要服务对象。发挥公益性文化单位的骨干作用。公益性文化单位要根据农民工文化需求的特点，为农民工提供素质教育、信息服务、文艺鉴赏等内容健康、形式多样的文化服务。继续加大图书馆、文化馆（站）、博物馆、美术馆以及工人文化宫（俱乐部）等公益性文化单位的免费开放力度，充分发挥其在满足农民工文化需求方面的主体骨干作用。要进一步规范和提高农民工文化服务的质量和水平，将农民工文化服务纳入公共图书馆、文化馆评估考核体系。推进重大农民工文化惠民工程建设。以实施重大农民工文化惠民工程为抓手，提高对农民工群体的覆盖程度和服务能力。大力推进“两看一上”（看报纸、看电视、有条件的能上网）工程，解决农民工基本文化需求；加强“职工书屋”建设，完善管理制度，加大对农民工的服务力度；利用全国文化信息资源共享工程现有基层服务点在社区、工矿、企业、建筑工地等开展农民工服务。引导社会力量参与农民工文化工作。制定相关政策，鼓励、引导和调动各种社会力量参与农民工文化工作，使之成为政府公共文化服务的有益补充。

（二）以城市社区为主要平台和载体，促进农民工城市融入

进一步提高城市社区面向农民工的公共文化服务能力。城市社区要以常住人口为主要依据，充分考虑辖区内农民工的规模、特点和文化需求，规划建设和优化配置社区文化设施和服务，构建以社区文化设施为依托的农民工文化服务平台。完善社区文化设施管理制度，积极引导农民工充分利用社区文化设施，保证农民工与社区居民具有同等分享社区文化设施的机会与权利。提高农民工文化活动参与能力，促进农民工融入城市。城市社区要有针对性地举办各种文化活动，激发农民工的兴趣和参与热情；鼓励和吸引农民工利用城市广场、公园开展歌舞、

健身等文体活动；促进农民工与社区居民的交往，消除农民工与社区居民之间的心理隔阂，改变农民工文化交往的封闭性，促进农民工逐步融入城市社区生活。

（三）鼓励和引导用工企业加强农民工文化工作

督促用工企业加强农民工文化权益保障。地方各级政府应加强对企业农民工文化工作的指导，抓紧研究与企业共建农民工文化服务体系的长效机制，充分调动企业参与农民工文化工作的积极性。引导企业将农民工文化生活纳入企业文化建设范畴，提升企业开展农民工文化工作的自觉性。督促企业严格执行各项法规制度，使农民工有时间、有精力参与文化活动，切实保障农民工的文化参与权。鼓励用工企业加强农民工文化建设。研究制定政策措施，鼓励用工企业积极开展农民工文化工作。大型制造企业、工业园区、工矿区等农民工生产生活密集区应参照本地公共文化设施建设标准，配套建设固定文化设施，建筑工地等农民工临时性聚居区配置临时性文化设施或提供流动服务。用工企业要配备文化管理人员，提高文化设施管理水平，保障文化服务质量，确保农民工文化生活的常态化。加强企业对农民工文化活动的组织。用工企业要依靠本单位工会、共青团等群众组织，积极扶持本单位农民工自建农民工文艺团队，提高农民工文化活动的组织能力。

经验表明，只有以常住地政府为农民工文化服务的责任主体，以公益性文化事业单位为农民工文化服务的骨干力量，以城市社区和用工企业为农民工文化服务的主要阵地，以社会力量为农民工文化服务的有益补充，打破条块分割，加强跨部门协同，有效整合和优化配置各方面的农民工文化服务资源，才能逐步建立起“政府主导、企业共建、社会参与”的农民工文化工作机制，推动农民工文化工作良性有序开展。

Research on the Mechanism of the Rural Migrant Workers' Cultural Work

Li Hong, *Li Guoxin and Yang Yongheng*

Abstract: Bringing the basic cultural service provided for rural migrant workers into the urban public cultural service system has become a problem that needs urgent solution. Unreasonable system, no more attention, unclear responsibilities, inadequate protection, invalid propaganda are all the reason that leading to the rural migrant worker' basic cultural needs can't be met. We need to reform the system, innovate the mechanisms, establish and improve the working mechanism that the local government as the responsible body, nonprofit cultural institutions as the backbones, urban communities and enterprises as the main position to provide the basic public cultural services to the rural migrant workers.

Key Words: Rural Migrant Workers; Public Culture; Mechanism

地方实践

Local Practice

B.10

嘉兴市图书馆总分馆建设的实践与思考

柴永强*

摘　要：嘉兴市近年来努力构建"普遍均等、惠及全民"的城乡一体化公共图书馆服务体系，已形成"政府主导、统筹规划，多级投入、集中管理，资源共享、服务创新"的图书馆总分馆建设模式，产生了良好的社会效益。

关键词：嘉兴　公共图书馆　总分馆

嘉兴市近年来按照科学发展观的要求和统筹城乡发展的思路，围绕打造城乡一体化先行之地的战略目标，以强化市、县级图书总馆为着力点，以乡镇分馆建设为切入口，努力探索以"政府主导、统筹规划，多级投入、集中管理，资源共享、服务创新"为主要特点的图书馆总分馆建设模式，初步实现了为广大城

* 柴永强，嘉兴市人民政府副市长。

乡人民提供优质、免费、普遍均等的公共图书馆服务理念，显著提升了城乡人民基本文化权益保障水平和基本文化需求的满足程度。这一探索已引起社会各界高度关注，被誉为打破“篱笆墙”的公共图书馆①和中国公共图书馆总分馆建设的“嘉兴模式”。

一 嘉兴市图书馆总分馆建设历程与背景

十七届六中全会指出，满足人民基本文化需求是社会主义文化建设的基本任务，必须坚持政府主导，按照公益性、基本性、均等性、便利性的要求，加强文化设施建设。全会同时指出，构建公共文化服务体系，加强公共文化服务是实现人民基本文化权益的主要途径。

嘉兴市以总分馆的建设思路构建公共图书馆服务体系的探索历程可追溯到21世纪初。

2000年以来，随着嘉兴社会经济文化的高速发展，嘉兴市图书馆事业有了长足进步，市、县两级公共图书馆达到国家一级标准，也具有了辐射城乡、提供公共图书馆服务的能力，但城乡之间的公共图书馆服务水平存在明显反差。据2006年调研，当城区3所公共图书馆到馆读者突破100万人次时，74个乡镇中已建乡镇图书馆的年平均接待读者只有2518.2人次，② 每天不足10人次。因此，加快推动城乡一体化公共图书馆事业全面协调可持续发展，并以此为突破口推动嘉兴公共文化服务体系建设被市委、市政府提到议事日程。

嘉兴市总分馆体系建设的实践历程，经历了城区分馆探索、乡镇分馆试点和以城带乡全面推广三个发展阶段。

这一探索是在嘉兴经济快速发展、文化建设兴起新高潮、文化大发展大繁荣成为时代主旋律的大背景下实施的，是社会全面进步、基本公共服务日益均等化、广大人民渴望平等享有基本文化权益的内在要求，也是嘉兴市城乡一体化和新农村建设加速推进，农村社会文化事业快速发展的必然趋势。

---

① 吕雪莉、张乐：《浙江嘉兴：打破“篱笆墙”的公共图书馆》，http://news.qq.com/a/20081030/000684.htm。

② 浙江省文化厅：《浙江省农村公共文化资源普查资料汇编（乡镇［街道］文化站卷）》，2006，第25页。

二　嘉兴市总分馆建设的基本情况与分析

（一）嘉兴市总分馆建设发展现状

截止到2010年底，嘉兴市54个乡镇已建有高标准的乡镇分馆，实现乡镇图书馆全覆盖。累计建筑面积3.1万平方米，平均每个乡镇分馆达到537平方米，总藏书121万册，报纸杂志13500册，书架4175个，电脑967台，工作人员169人，初步形成了较为完善的城乡一体化公共图书馆服务体系。具体见表1、表2。投入稳定，设施完备，队伍健全，活动丰富，服务效果显著。试点以来平均每个乡镇分馆年到馆人次超出十万，社会效益达到或超出全国县级公共图书馆平均水平。目前，乡镇图书馆已成为城乡居民、儿童和外来务工人员的乐园，初步实现了为广大城乡居民提供优质、免费、普遍均等的公共图书馆服务理念。

表1　嘉兴市本级乡镇分馆基本情况汇总

项　目	余新	王江泾	大桥	洪合	新塍	七星	王店	油车港	凤桥	新丰
馆舍面积(平方米)	500	450	800	700	600	600	600	600	1000	500
馆舍来源及装修	当地乡镇政府									
设备来源及运行	市、区、镇三级政府									
购书经费来源	市									
藏书(万册)	3.0	3.0	3.2	3.3	3.0	3.0	3.1	3.1	3.3	3.1
阅览坐席(个)	72	84	156	122	44	80	90	74	60	52
读者用电脑(台)	18	17	21	25	23	20	21	17	18	22
工作人员	4	4	4	5	4	4	4	4	5	4
开放时间(小时/周)	66	66	66	66	48	48	48	48	66	48
数字资源	共享工程、嘉兴数字图书馆									
管理系统	力博管理系统									
通借通还程度	完全									

表2　嘉兴各市、县（市）图书馆基本情况统计

图书馆名称	建筑面积(平方米)	在建建筑面积(平方米)	开放时间(小时/周)	纸质馆藏(册)	坐席(座)	工作人员含合同工	2011年购书经费(万元)
嘉兴市图书馆	15000	7500	87.5	1450000	1236	100	535
海宁市图书馆	3532	19900	87.5	740901	218	55	205
平湖市图书馆	7780	0	81	507835	540	48	140

续表

图书馆名称	建筑面积（平方米）	在建建筑面积（平方米）	开放时间（小时/周）	纸质馆藏（册）	坐席（座）	工作人员含合同工	2011年购书经费(万元)
桐乡市图书馆	7200	0	84	570193	378	48	205
嘉善图书馆	4302	0	72	300000	308	23	80
海盐张元济图书馆	2500	8200	63	358000	355	48	100

（二）嘉兴市总分馆建设主要做法

1. 坚持政府主导，加强统筹规划

坚持政府主导。各级政府是构建公共图书馆服务体系的责任主体，在领导机制、推进机制、保障机制、管理机制方面实现全方位主导。嘉兴市图书馆乡镇分馆由市、区及镇三级政府或县（市）、镇两级政府共同设立，作为市、县（市）公共图书馆服务公众的公益性基层分支机构。一是强化行政推动。2007年，嘉兴市在市本级启动乡镇分馆建设试点工作并取得成功。在此基础上，市政府出台《嘉兴市构建城乡一体化公共图书馆服务体系的实施意见》，明确乡镇分馆建设的总体规划、目标任务、保障措施。各县（市）政府根据市政府的统一部署，结合本地实际出台具体的政策措施，为全面推进图书馆总分馆建设创造了良好的政策环境。市政府通过召开现场会、开展工作督查等形式，进一步推动乡镇分馆建设在全市范围内全面推进。为发挥好市本级的示范引领作用，市政府牵头建立了嘉兴市本级公共图书馆服务体系建设联席会议制度，统一协调解决公共图书馆服务体系建设中的重大问题，保障乡镇分馆建设工作健康、有序、可持续发展。二是实行合作共建。为加强乡镇分馆的规范化管理，嘉兴市制定了嘉兴市图书馆乡镇分馆管理暂行办法，明确乡镇分馆的管理职责、资金管理、人员管理、设备管理、乡镇分馆服务与读者权益、绩效考评等，并制定了乡镇分馆考核细则。市政府还与市本级的区、镇两级政府签订合作共建协议和业务管理委托书，约定和明确市本级图书馆总分馆建设主体和管理责任，建立了市、区、镇三级政府合作共建机制和长效管理机制。三是加强理论指导。为促进公共图书馆服务体系健康发展，嘉兴市专门聘请了北京大学等高校的知名专家作高端咨询，为构建总分馆体系提供系统、科学的咨询服务。

强化统筹规划。一是提出总体目标。嘉兴市公共图书馆服务体系建设的总体目标是构建以市、县级图书馆为中心，以乡镇分馆为纽带，以村（社区）图书流通站和图书流动车为基础，以企业、学校、部队等行业系统图书馆联合加盟为补充的公共图书馆服务体系，到2010年实现嘉兴市乡镇分馆全覆盖，建立村（社区）图书流通站，推进具有嘉兴特色的城乡一体化公共图书馆服务体系走在全国前列。二是设定建设标准。市政府制定了全市统一的乡镇分馆、村（社区）图书流通站等建设标准。三是明确工作重点。①强化县级图书馆总馆建设。县级公共图书馆总馆是当地公共图书馆服务体系的文献书目信息中心、图书资源配置中心和网络管理服务中心，做大做强总馆是构建城乡一体化公共图书馆服务体系的前提条件。各县（市、区）高度重视，加大投入力度，提升县级总馆在资源配置、技术装备、专业管理和延伸服务上的实力和水平。②突出乡镇分馆建设。实现覆盖全市的图书馆总分馆体系，重点和难点在农村。近两年来，嘉兴市主要以乡镇分馆建设为切入口，使图书馆总分馆体系建设取得了突破性进展。

2. 坚持多级投入，实行集中管理

所谓“多级投入”，是指嘉兴市总分馆体系中的乡镇分馆建设和运营保障由市、区及镇三级政府或县（市）、镇两级政府共同投入。目前，嘉兴市、县（市、区）、镇三级政府共投入乡镇分馆建设资金5000多万元，每年投入日常运行经费600余万元。

所谓“集中管理”，是指各级财政投入乡镇分馆的日常经费由作为总馆的市、县（市）图书馆集中支配使用，并集中管理乡镇分馆的人员、设备、资源建设和相关业务活动。

市本级的具体做法如下。

（1）市、区、镇三级投入。每新建一个乡镇分馆，开办费预算30万元左右，由市、区、镇三级财政各负担10万元，不足部分原则上由镇财政负责解决；同时由市财政给予市图书馆30万元的资源购置费补助，专项用于新建乡镇分馆的一次性图书等资源购置。乡镇分馆建成后，每年由市、区两级财政分别按照每个分馆10万元的标准给予经费补助，专项用于分馆图书、期刊等资源的添置以及分馆设备的供给与维修及消耗件的补充等，镇财政负责分馆馆舍日常维护、维修费、水电、通信费及由当地配备具有一定资质的辅助管理人员的工资等费用。

（2）市图书馆集中管理。一是资金管理。市图书馆总馆对三级政府财政投入的经费实行集中管理。如乡镇分馆的资源采购由总馆统一进行，乡镇分馆必需的业务活动经费和维修及消耗件的补充由市总馆决定开支等。二是人员管理。每新建一个乡镇分馆，市政府为作为总馆的市图书馆增加编制 1 人，专门用于派至乡镇分馆担任馆长；乡镇负责配备一定数量具有相应资质的管理人员。乡镇配备的管理人员由市总馆统一培训，统一考核，统一管理。三是业务活动由总馆集中管理。

3. 坚持资源共享，推进服务创新

实现资源共享。实现文献资源在总分馆体系内的流动和共享是总分馆体系建设的重要目标，也是总分馆体系形成的重要标志。为真正实现资源共享，采取了如下措施：一是在总分馆体系内，文献资源由总馆统一采购、统一编目、统一配送，实现全市总分馆体系内文献资源的统一流通、统一检索、通借通还。为此，市图书馆组建了采编中心，建立了物流传递系统，确保全市总分馆体系中的文献资源得到有效流转。二是建设统一的计算机网络平台，实现书目检索、数字资源的共享共用。

强化服务创新。公共图书馆的价值和作用只有通过面向广大读者的图书馆服务才能得到体现。嘉兴市通过增加服务内容、优化服务手段、改善服务环境、延长服务时间、实行免费服务等措施，不断拓展服务领域，适应公众多样化的需求，提高了服务质量，增强了图书馆的吸引力，产生了良好的社会效益。

（三）嘉兴市总分馆建设的基本特点

按照以上模式建立起来的城乡图书馆之间实现计算机网络管理，具备以下基本特点。

1. 城乡图书馆高度融合

城乡公共图书馆之间“篱笆墙”的打破，让乡镇民众享受到了便捷、免费、均等和优质的公共图书馆服务。嘉兴市总分馆服务体系充分利用现代网络技术、现代物流系统等，实现区域内资源和活动的优化整合和高度共享。读者在总馆及五县（市）二区和乡镇任意一个图书馆或图书流通站中办理联合借阅证——“一卡通”，就等于拥有了所有图书馆的服务承诺。城乡图书馆之间一卡通行，图书通借通还，书目统一检索，传统文献服务与数字信息服务相结合。

2. 文献资源高度共享

城乡一体化公共图书馆服务体系的建立，使得乡镇的读者可以通过预约、物流、一卡通等方式阅读到嘉兴地区所有的文献资源，通过共享工程访问全国、省及嘉兴的数字资源，通过馆际互借得到上海、浙江等兄弟馆的文献服务。同时，由于图书产权属于市图书馆，由总馆统一采编与配置，在城乡图书馆之间的流动没有任何障碍，图书还到那里，系统自动把馆藏地点更改，就在当地上架继续流通。通过物流，嘉兴市馆和五县（市）二区公共图书馆近300万册图书资源得到了高度流通与共享。

3. 以城带乡服务创新

城乡一体化公共图书馆服务体系的建立，把现代公共图书馆管理模式和服务理念引入农村乡镇，初步实现了以城带乡城乡图书馆共同发展的理念。乡镇分馆为农村读者提供了与城市读者几乎均等的优质的公共图书馆服务，包括报告、展览、活动等。城乡图书馆秉承全面开放办馆和服务创新理念，实现了免费办证、免费借阅、免费咨询、免费网上阅读和免费参加活动，公共图书馆已成为嘉兴城乡居民的大书房。

4. 高水平广覆盖

乡镇分馆建设的高标准、高水平和全覆盖以及村（社区）图书流通站的试点启动，使得覆盖全市、城乡一体、功能完善、资源共享、管理规范的嘉兴公共图书馆服务体系基本形成。在乡镇分馆，农民甚至可以不花一分钱，不办一张证，自由进出，把免费、优质的文化资源送到了城乡居民身边，乡镇图书馆已成为深受乡镇民众喜爱的文化场所。

（四）嘉兴市总分馆建设的成效分析

1. 城乡图书馆普遍均等服务基本实现，农民基本文化权益得到保障

1973年国际图联在其制定的《公共图书馆标准》中提出：一个“拥有独立的管理机构”的公共图书馆，5万人是“最低限度的人口基数”。截至2007年，发达国家一所图书馆平均覆盖的人口数量，美国为1万人，日本为4.1万人，新加坡为7.1万人，我国为47.2万人。①

目前嘉兴市总分馆已达到每7万左右服务人口设置一个图书馆和服务半径为

① 李国新、冯守仁、鹿勤：《公共图书馆规划与建设标准解析》，国家图书馆出版社，2009，第42~52页。

15分钟左右的目标（见表3）。综合国内外数据，可以认为嘉兴市本级普遍均等的公共图书馆服务体系已基本实现。

表3　嘉兴市本级乡镇图书馆平均覆盖服务人口*

乡镇数量	乡镇服务人口(万)			乡镇图书馆数量	平均每馆覆盖服务人口(万)
	户籍人口	其中农业人口	暂住人口		
10	48.6566万	40.5239万	约25万	全覆盖	7万左右

* 人口数据来源于嘉兴市统计局2009年最新统计，其中暂住人口推算而来。

2. 农民读书难问题基本解决，基本文化需求得到满足

嘉兴总分馆建设模式，突破了“一级政府建设和管理一个图书馆”的固有模式，实现多级政府共建，既分担了乡镇政府的财政压力，又彻底改变了原来乡镇图书馆经费缺乏、资源匮乏、专业技术力量不足的局面，建立起以市馆为总馆、乡镇图书馆为分馆的服务网络，这对提高乡镇图书馆的专业服务能力和水平，推动其可持续发展起了关键作用。

自乡镇分馆建设以来，嘉兴市本级平均每个乡镇分馆年到馆人次超出十万，社会效益达到甚至超出全国县级公共图书馆平均水平。至2010年底全市54个乡镇分馆办理新证55430张，外借图书280万册次，到馆563万人次；2011年1月至11月底，54个乡镇新办证2.2万张，外借图书139万册，到馆读者333万人次。在乡镇分馆建设过程中，农村蕴藏的巨大的图书阅读需求得到了释放和满足。

表4　嘉兴市部分乡镇分馆2007年建设前后主要数据对比*

项目＼地区	余新		王江泾		大桥		洪合**	
	2006年	2008年	2006年	2008年	2006年	2008年	2006年	2008年
面积(平方米)	0	约500	200	450	120	800	100	700
藏书(万册)	0	3.0	1.2	3.0	1.53	3.2	1.11	3.3
办证数(张)	0	804	205	963	135	1515	113	1307
读者流通量(人次)	0	127237	3000	120089	3000	156491	965	97724
外借量(册次)	0	50310	5000	67041	200	61488	985	34754

* 浙江省文化厅：《浙江省农村公共文化资源普查资料汇编（乡镇［街道］文化站卷）》，2006，第98～100页。

** 洪合分馆2008年统计数据不到一年。

3. 嘉兴市总分馆建设的社会影响

构建以总分馆制为主要特征、城乡一体化的公共图书馆服务体系，是嘉兴市公共文化服务领域一项具有重大意义的文化创新工程，受到群众和社会各界的广泛好评。中国图书馆业界普遍认为，嘉兴与苏州、佛山市禅城区模式代表了目前我国东部经济发达地区公共图书馆服务体系建设较为成功的探索，成为我国公共图书馆总分馆建设的发展方向。人民日报、中央电视台等多家权威媒体对此项工作先后作了报道。浙江省委、省政府领导要求省内各地借鉴嘉兴总分馆体系建设的经验。文化部于2009年4月在嘉兴召开了现场经验交流会。2009年6月8日，李长春考察了嘉兴市大桥分馆，称赞嘉兴模式值得在全国推广。浙江省已把“嘉兴城乡一体化图书馆服务体系研究”列入省重点创新课题。2011年，“嘉兴市城乡一体化图书馆服务体系建设”列入首批国家公共文化服务体系建设示范项目。嘉兴市图书馆还是国内唯一一家申请到“比尔和梅琳达·盖茨基金会”全球图书馆项目的图书馆。

三　嘉兴市总分馆建设的发展与启示

（一）嘉兴市总分馆建设的发展与走势

嘉兴构建城乡一体化新型公共图书馆服务体系是分为三个阶段进行探索的：第一阶段是推进总分馆建设。以市馆带动乡镇图书馆的可持续发展，实现城乡文化的均等化。本阶段以乡镇图书馆作为体系建设的关键环节，因为只有建立起能有效地开展各项公共图书馆服务的乡镇分馆群体，城乡一体化的公共图书馆服务体系才能算基本形成。第二阶段是启动村（社区）分馆（流通点）试点工作，使乡镇图书馆的服务进一步延伸和拓展。目前，村（社区）分馆试点工作已启动。同时积极探索以基层分馆为阵地，使公共图书馆服务进企业、进学校等，并整合社会各种资源，让基层公共图书馆建设带动共享工程、公共电子阅览室、职工书屋、农村书屋、科普培训等工程的可持续发展，推动公共文化服务体系建设。第三阶段是实现联盟馆合作。以嘉兴数字图书馆建设为契机，在资源、技术、人才等方面实现图书馆间的共建共享，以最少的公共投入获取最大的社会效益，最终建成以县（市）公共图书馆、企业、学校、部队等图书馆联合加盟为补充，覆盖全市、城乡一体、功能完善、资源共享、管理规范的图书馆服务体系。

截至目前，嘉兴市、县两级图书馆均达到部颁一级以上标准；全市 54 个乡镇建有高标准的乡镇分馆，已实现乡镇图书馆的全覆盖；同时，以统一采访、统一编目、统一配置为特点的村（社区）分馆建设的试点工作已启动，已建成的 24 个村（社区）分馆都实现了一卡通行、通借通还；2010 年底嘉兴数字图书馆的开通，使数字资源的免费服务走进了千家万户，目前的访问量已达到 500 万次，这标志着以公共图书馆、科技、学校等行业系统图书馆或单位联合加盟的文献信息资源共建共享的图书馆联盟建设已取得阶段性成果。

（二）嘉兴市总分馆建设的体会与启示

1. 坚持以人为本和基本公共服务均等化是公共图书馆服务体系建设的价值取向

公共图书馆服务体系建设是一项关系百姓切身利益的民生工程，应该树立正确的价值目标，从人民实际需要出发。在实践中，嘉兴市切实地关注群众具体的、普遍的、现实的文化需求，按照城乡一体化的思路，努力提供优质、高效、均等的图书馆服务，满足了人民的基本文化需求，维护了人民的基本文化权益，因而受到人民群众的普遍欢迎，赢得了社会各界的广泛认可。

2. 坚持政府主导、善于创新是公共图书馆服务体系建设可持续发展的坚实基础

公共图书馆服务体系是为社会大众服务的公共产品，应该由政府来提供而不能任其自由发展，政府强有力的主导是保障公共图书馆公益性的前提。同时解决农民读书难是一个现实问题，同时也是一个政治问题，需要用创新的思维去推动解决这一重大民生实事工程，而打破城乡二元结构的关键是政府主导。嘉兴市三级投入、集中管理的建设和运行体制的创新从政策和制度上明确了各级政府对公共图书馆服务体系建设的责任，建立了稳定的经费投入保障机制，适应了“分级行政”、“分灶吃饭”的现行行政与财政体制，体现了各级政府都应提供公共服务的责任，调动了各方面的积极性。同时又采取对乡镇分馆人财物集中管理、管理层级适当上移的办法，最大限度地消除分级投入可能给管理运行带来的负面影响，为乡镇分馆的建设提供了体制保证，[①] 从而构建起一个能打破城乡二元结

① 李国新：《公共图书馆的“嘉兴模式”》，2008 年 9 月 21 日《中国文化报》。

构的公共图书馆服务体系。

3. 坚持因地制宜、遵循规律是公共图书馆服务体系建设充满活力的根本原因

嘉兴市公共图书馆服务体系之所以能够得到蓬勃发展，一个重要的原因就是嘉兴市在遵循图书馆事业发展规律的同时，寻求当地最佳的发展模式。始终立足全市经济社会快速均衡协调发展的实际，按照城乡一体化发展的总体要求和新农村建设的工作部署，紧密结合扩权强县、统筹城乡综合配套改革、创新创业等改革措施，积极探索总分馆制模式，着力推动服务理念、工作方法、运行机制的创新，寓管理于服务之中，使乡镇分馆建设适应形势的发展变化，有创新、有突破、有成效，因而获得了强大的生命力。

结　语

事实证明，嘉兴城乡一体化公共图书馆服务体系的探索适合嘉兴社会经济文化现状。嘉兴模式对打破城乡二元结构、对中国总分馆体系建设最大的启迪之处，就在于在现行体制下把这些理念变成了操作路径清晰、方法可以复制的现实。有一点需要指出的是，各地总分馆体系建设的探索都将与当地的社会经济文化相适应，都将走具有自己特色的总分馆建设之路。

Practice and Thinking on General-Branch Development of Jiaxing Municipal Library

Chai Yongqiang

Abstract: Recently, Jiaxing city devotes to construct "Universal equality, benefit for all" and urban-rural integration style public library service system, forming the general-branch library development pattern of "government dominated and overall planning, invested by different levels but administrated integratedly, sharing resources and innovating services" which has produced positive social effect and profit.

Key Words: Jiaxing; Public library; General-Branch Library

B.11

福建省村级文化协管员队伍建设报告

陈秋平*

摘　要： 根据农村基层文化建设的需要，从2006年起，福建省由省级财政安排专项经费给予工作津贴，以“县聘、乡管、村用”的方式，建立了15000多人的“村级文化协管员”队伍。这支队伍在农村基层文化建设中发挥了重要作用。

关键词： 福建　村级文化协管员　人才队伍建设

2006年4月，为加强农村基层文化建设，中共福建省委、省政府决定，在原农村“五大员”的基础上，增设“村级文化协管员”，由省级财政安排专项经费给予工作津贴。随后，全省14630个行政村均以聘用方式，建立了15000多人的“村级文化协管员”队伍。2009年初，福建省委、省政府批转《福建省农村“六大员”管理办法》，确定了村级文化协管员“县聘、乡管、村用”的管理体制，要求各业务主管部门加大对农村“六大员”的业务培训和指导，提高农村“六大员”的综合素质。按照福建省委、省政府的统一部署，从2007年开始，全省各级文化部门采取省、市、县分级分批培训方式，有计划地对全省15000多名“村级文化协管员”和基层文艺骨干进行培训，并在“村级文化协管员”的遴选聘用、职能规范、使用管理等方面做了大量工作，取得了显著成效。

一　建立村级文化协管员队伍的动因

加强农村基层公共文化服务体系建设是全面建设小康社会的内在要求，是

* 陈秋平，福建省文化厅党组书记、厅长。

树立和落实科学发展观、构建社会主义和谐社会的重要内容，是推动社会主义文化大发展大繁荣的重要举措。农民占我国人口的大多数，随着社会经济的发展和城市化进程的加快，他们的精神文化需求越来越旺盛，丰富精神文化生活越来越成为他们的热切愿望，如何加强农村基层文化建设成为文化工作的重中之重。

近年来，党和政府高度重视农村文化建设，通过开展文化科技卫生“三下乡”、组织开展形式多样的“送文化”活动，取得了一定成效，农民群众精神文化生活得到改善，农村文化建设呈现出较好的发展局面。同时，由于城乡公共文化服务水平差距较大，农村文化建设基础薄弱，特别是村级文化建设缺乏制度性保障，还存在组织不健全、设施不完善、内容不丰富、投入不足、服务水平不高、社会参与渠道缺乏等问题，尚未形成良性、可持续发展的长效机制，与农村正在发生的深刻变革还不相适应，与农民群众共享改革发展成果的期待还不相适应，与推进城乡经济社会发展一体化的新要求不相适应，与社会主义新农村建设的进程还不相适应。要从根本上改善这一现状，就必须重心下移，从行政村这个最基础的环节抓起，切实加强村级文化建设，培育和建设村级文化人才队伍，实现从“送文化”到“种文化”、“育文化”的转变。

正是在这样的现实背景下，从2006年开始，福建省委、省政府根据福建省文化厅调查研究后所提出的建议，决定在全省近1.5万个行政村设立村级文化协管员，并与之前已经设立的其他服务管理人员一起命名为农村“六大员”，下发了《关于加强农村“六大员”队伍建设意见的补充通知》（闽委办〔2006〕24号），确定由省级财政安排专项经费，对村级文化协管员给予每人每年600元（2008年提高到1200元）的服务性津贴（各地还根据当地的实际，配套出台不同额度的津贴标准）。为此，省级财政每年安排2000万元专项经费。此后，又于2009年批转了省委农村工作领导小组各成员单位联合制定的《农村“六大员”管理办法》，确定并规范了农村“六大员”以相应的职能管理部门为主，采用县聘、乡管、村用的管理体制。村级文化协管员由县级文化行政部门选聘，任期三年，经考核合格者可以续聘。目前已完成第二轮选聘工作，全省共聘用村级文化协管员14771名，村级文化协管员队伍成为农村文化建设的重要力量。

二 建设村级文化协管员队伍的具体做法

设立村级文化协管员，是福建省在全国率先推出的一项旨在扎实推进海峡西岸新农村文化建设的开创性举措。各地宣传文化部门在推进村级文化协管员队伍建设过程中，积极探索建立和完善村级文化协管员的管理体制和运行机制，努力形成政府统一领导、部门密切配合的工作协调机制，同时鼓励村级文化协管员因地制宜开展工作，不断探索适合本土实际、符合本地村民文化需求的服务模式，为海峡西岸新农村文化建设奠定基础。

一是面向基层，从当地农民群众中选聘文化建设人才。设立村级文化协管员，主要目的就是要建立一支扎根农村的文化人才队伍。因此，村级文化协管员主要是从农村当地热心文化、有文化专长的农民中，从有志于农村文化事业的大学生“村官”中，从退休老干部、老教师中选聘。特别是2009年开始的第二轮选聘工作，各级文化部门和县（市、区）文化馆在总结第一轮选聘使用经验的基础上，加大了业务指导力度，突出了对聘用人员敬业爱岗精神和业务素质的考察，在尊重农民群众的文化需求和文化选择、建立群众文化需求的表达和反馈机制等方面提出了要求，聘用人员的综合素质、服务意识和服务能力有了大幅度提高。目前，全省在聘的14771名村级文化协管员中，45岁以下人员占68.3%，高中以上学历占63%，具备一定专业技能者占39.2%，党团员占总数60.66%。三明市建宁县等部分县（市、区）还安排专项经费，依托职业学校，采取脱产学习和函授学习相结合的方式，对村级文化协管员进行中专学历教育。

二是面向实际，明确村级文化协管员的职责。《关于加强农村“六大员”队伍建设意见的补充通知》（闽委办〔2006〕24号）（以下简称《通知》）对村级文化协管员的主要职责作了明确规定。文化协管员应主动运用本村的文化设施及文化资源，宣传党的路线、方针、政策，向农民群众普及科学文化知识，传递经济科技信息，为农民群众致富，促进当地经济建设服务。文化协管员应根据本村实际，提出村级文化建设规划及意见并组织实施；组织开展丰富多彩、群众喜闻乐见的文艺、体育、民俗节庆以及电影、录像放映等活动；管理好图书阅览室、文化信息共享室、宣传栏等文化阵地，开展读书、学习、培训等文化教育活动；注意发现当地的文化遗产资源，组织好当地的文化遗产保护和文化市场管理工作。《通知》还要求文化协管员在提供文化服务，不断满足广大农民群众文化需求的同时，积极创新农村公共文化服务方式，引导广大农民群众从文化的需求者，逐步转变成为农村社会主义先进文化的参与者、建设者和创造者。

三是面向需求，加强对村级文化协管员队伍的培训。为了提高村级文化协管员的素质，使他们在农村文化建设中真正发挥作用，福建省各级文化部门切实做好对村级文化协管员的培训工作。福建省文化厅根据农村文化建设实际，组织力量编写了《福建省村级文化协管员工作手册》，将其作为村级文化协管员培训的基本教材。《福建省村级文化协管员工作手册》由政策与法规、农村文化工作基本常识六十问两大部分组成，内容上涵盖了农村文化建设的方针政策和实用的法律法规，同时还包括了农村文化工作所涉及的群众性文化活动、文化信息资源共享、文物保护、非物质文化遗产保护、文化市场管理、电影放映等各个方面的知识，有着很强的政策性、知识性、实用性，使得广大村级文化协管员能够看得进，学得会，用得上。同时，由福建省文化厅牵头组织，福建省艺术馆具体实施，认真做好对村级文化协管员的示范性培训。2006 年以来，已分别在全省九个地市举办了 51 期具有导向性、示范性的村级文化协管员培训班。培训班开设了《农村文化共享工程》、《农村群众文化活动的组织和开展》、《农村非物质文化遗产的保护》、《农村文化市场的协管》等课程，采用形式多样、生动活泼的授课方式。每次培训班，均安排省文化厅领导与村级文化协管员座谈交流，沟通情况，听取意见建议，解决工作难题。各市、县文化部门也普遍结合当地农村实际情况，采取独办或联办等多种形式，举办规模不一、层次不同的文化协管员培训班，通过实物鉴别、案例分析、图片展示、研讨座谈、实地考察、问卷调查、技能辅导、测试考核等多种教学方式，对村级文化协管员进行多种专业技能培训。至 2009 年底（首批文化协管员聘用期间），共组织省级示范性培训班 31 期，直接参训 4860 人；组织县级以上各种类型的培训班 618 期，受训文化协管员 42064 人次。目前，第二轮轮训工作正在全面展开，至 2011 年底已组织省级示范性培训班 20 期，直接受训人员 2700 多人次。通过培训、辅导，这支人数庞大、贴近基层、贴近村民的福建省村级文化协管员队伍整体素质和业务能力得到大幅度提升，对工作成效的提升起到了重要作用。

四是着眼运行，不断完善村级文化协管员的管理机制。经过多年的探索实践，福建省村级文化协管员队伍建设的机制逐步健全。在管理机制、使用机制、激励保障机制三个方面形成了相对稳定、能够有序运行的制度。管理方面，采取“县级文化馆业务指导、乡镇文化站考核、服务广大村民和村中心工作”的方式，由省级财政每年拨出专款，通过县级文化馆或乡镇文化站发放工作津贴，有条件的地区配套对村级文化协管员发放补贴，由县级文化馆或乡镇综合文化站进行调控；由乡镇综合文化站建立绩效评估制度，在综合考核村级文化协管员完成上级任务、落实“一村一品”（文化活动品牌）、推进农村特色文化活动情况的基础上，提出表彰奖励对象。在充分发挥村级文化协管员作用的同时，积极构建激励平台，提高村级文化协管员的荣誉感、责任感和使命感。由省、市、县三级文化部门建立农村文化活动专项资金，采用补贴、奖励、项目拨款等方式，对村级文化建设给予经费支持，并通过对表现优秀的村级文化协管员进行表彰，形成激励作用。2009 年，福建省委宣传部、省文化厅联合召开全省村级文化协管员经验交流暨农村文化建设座谈会，表彰奖励 148 名优秀村级文化协管员。2012 年还将对第二批优秀村级文化协管员进行表彰奖励。永安市等部分县级文化馆还建立了“村级文化协管员之家”，及时为村级文化协管员释疑解惑，指导村级文化协管员开展工作，提高村级文化协管员的业务能力，并积极争取市委、市政府建立表彰激励机制，让文化协管员有作为有地位，从而进一步推进村级文化协管员队伍建设，使这支队伍在活跃农村文化生活方面发挥重要作用，成为推动新农村文化大发展、大繁荣的主力军。

五是搭建平台，在活动开展中推进村级文化协管员队伍建设。许多村级文化协管员是怀有传承千百年的绝技、特技、秘技的能人。为了加强文化协管员之间的交流，促进传统技艺的传承，提升文化协管员的文化技能，从 2009 年开始，福建省搭建了村级文化协管员文化技能比赛平台。在 2009 年举办的全省首届村级文化协管员文化技能大赛纳入了第四届福建艺术节展演项目，通过四个多月的层层培训和比赛选拔，全省有 800 多位村级文化协管员参与了复赛、决赛，电视媒体进行了实况转播，展示了村级文化协管员的文化技能，推动了村级文化协管员的业务能力建设。村级文化协管员文化技能大赛目前已举办了两届，2012 年将举办第三届。2011 年 6 月全国第六个“文化遗产日”期间，福建省文化厅举办了“文化村官的非遗视角”——全省村级文化协管员非物质文化遗产摄影技能大赛，全省数千名村级文化协管员参加了学习培训和采风活动，1000 多位文化协管员提供了 4000 多幅以非物质文化遗产保护为素材的摄影作品，评选产生获奖作品共100幅，优秀作品900多幅。活动既展示了全省各地非物质文化遗产保护的成果，也提高了文化协管员的素质和能力。

三　充分发挥村级文化协管员队伍的作用

村级文化协管员是直接面向广大农民群众，在最基层提供文化服务的文化工作者。从实际工作的情况看，村级文化协管员在宣传党的方针政策，搭建农村文化活动平台，活跃农村文化生活等方面，发挥了积极作用，也得到了广大农民群众的接受和认可。在2009年底农村基层换届选举中，第一轮聘用的1.5万名文化协管员中有3637名当选村两委委员，约占协管员总数的24%。这从一个侧面反映出村级文化协管员在服务农民群众的过程中产生的影响，折射了村级文化协管员农村文化建设中的作用。从实践的角度来看，村级文化协管员在农村文化建设中的作用，主要体现在以下几个方面。

一是在整合农村文化资源，推进当地文化建设，丰富农村基层文化生活中发挥了不可替代的作用。村级文化协管员熟悉当地情况，熟悉当地的文化资源，熟悉农民群众的文化需求，因此在整合当地文化资源、提高资源利用率等方面具有天然的优势。近年来，福建省农村基层文化工作者创造了许多适合当地农村特点的文化活动，这些活动充分利用当地的文化资源，适应当地农民群众的文化需求，吸引了广大农民群众踊跃参与，丰富了农民群众的文化生活。莆田市荔城区西天尾镇龙山村村民黄国英，两年前被选聘为村级文化协管员。这位擅长书画、熟悉音乐的民间艺人上岗后，开展了许多活动，极大地丰富了村民们的文化生活。黄国英所在的西天尾镇不仅成立了南少林书画院，建立了民间绘画基地、裕昆堂教育基金会、妈祖书堂等，还成立了十音八乐队等民间乐队。南平市延平区樟湖镇村级文化协管员加强了村级文化设施的管理，做到正常开放。

二是在文化遗产保护中，发挥了带头人作用。福建是非物质文化遗产资源大省，有着丰富多彩的传统民俗文化和非物质文化遗产。村级文化协管员长期生活在农村基层，熟悉当地的文化资源，了解村里的人文历史，在文化遗产保护中，发挥了重要的带头人作用。以福建省非物质文化遗产资源普查为例，村级文化协管员共收集了近20万条线索，对17个门类90303个项目进行了实地调查，形成了5742万字调查记录、700多幅照片、700小时录音和854小时录像等原始普查成果资料，完成了海量的资源收集整合。福安市廉村是国家级“历史文化名村”，该村的文化协管员陈柳峰为了保护村里的历史文化资源和古朴村庄风貌，不辞辛劳，制定了村规民约，禁止在古村落内违规建房，禁止机动车辆进村破坏古村道。为了有效做好保护工作，他多次到福建省建设厅要求支持编制保护规划，并在编制《廉村古村落建设规划》、保护古村落和开发古村落旅游资源中发挥了重要作用。

三是在宣传党的方针政策，传播科技文化，提高农民群众科学文化素质中发挥了重要作用。在工作中，文化协管员通过对接广播电视村村通工程、文化信息资源共享工程、农家书屋建设和农村电影放映工程等，利用现代传播手段将农民急需的时令性技术、文化信息资源，通过出板报、印发资料、制作宣传小册子等方式分发到农民手中，将分类的技术资料和相关市场信息刻录成光盘，依托相关部门开展农业技术培训、农民工培训、再就业培训，提高农村信息化水平和基层群众的科学文化素质。

四是在弘扬传统文化中发挥了重要作用。各地在选聘村级文化协管员的过程中，特别重视选聘民间艺人，这些民间艺人进入村级文化协管员队伍后，为继承和弘扬乡村优秀历史文化做了大量工作。泰宁县新桥乡大源村文化协管员努力挖掘本村的历史文化资源，积极走访老人，组建傩舞队，恢复了失传已久的傩舞，并将大源傩舞申报为福建省第一批非物质文化遗产名录。寿宁县南阳镇南阳村文化协管员牵头成立了“南阳诗社”，借诗社中绝大多数的老文人、老艺人对地方传统文化进行抢救、挖掘，有效弘扬、传承了地方优秀民俗文化。

随着公共文化服务体系建设的深入推进，福建村级文化协管员队伍必将在繁荣发展农村文化中发挥更大的作用。

Report on the Village-Level Culture Comanager Team Construction in Fujian Province

Chen Qiuping

Abstract: Based on the need of basic level culture development in rural areas, with the support of the provincial finance to provide special funds for work allowance and in form of "Recruited by county, administrated by town and serve the village", Fujian Province built up a "Village Level Culture Comanager" team with more than 15, 000 members since 2006. This team played an important role in basic-level cultural development.

Key Words: Fujian Province; Village Level Culture Comanager; Talent-team Construction

B.12

河北霸州挖掘特色资源坚持“文化兴市”

杨　杰*

摘　要： 河北霸州以高度的文化自觉，十几年来持之以恒抓文化建设，在制度设计、设施网络、资源供给、服务能力、人才队伍、活动开展、经费保障等方面全面推进，使公共文化服务体系建设步入良性可持续发展轨道。

关键词： 霸州　文化自觉　公共文化服务体系　可持续发展

霸州市位于京、津、保三大城市中心，为河北省辖县级市。全市面积800平方公里，总人口60万。“十一五”期间，全市GDP年均增速14.4%，期末达到240亿元；财政总收入年均递增25.6%，期末达到23.5亿元。霸州市坚持以科学发展观为指导，十几年来持之以恒坚持“文化兴市”理念，依托本地丰富的文化资源和深厚的文化底蕴，以政府为主导，广大群众和社会力量积极参与，全社会形成高度的文化自觉，有针对性地解决公共文化服务体系建设中面临的难点和问题，在制度设计、设施网络、资源供给、服务能力、人才队伍、活动开展、经费保障等方面全面推进，使公共文化服务体系建设步入良性可持续发展的轨道，连续15年保持了“全国文化先进县（市）”称号，“看大戏、赏书画、咏诗词、泡温泉、游古镇”已成为寻常百姓的时尚休闲活动，霸州也因此成为京津冀都市圈文化旅游目的地和文化产业聚集地。全市政治、经济、文化、社会协调发展，呈现出经济持续向好、文化日益繁荣、社会和谐安定、民生福祉不断提升的喜人局面。

---

* 杨杰，中共霸州市委书记。

一　霸州市公共文化服务体系建设的特点

1. 文化自觉社会化

基于对民族传统文化的钟情、对地域历史文化的热爱、对区域发展竞争的审视和对自身可持续发展战略的思考，霸州在公共文化服务体系建设中逐步形成了政府和群众共同的文化自觉：一方面是党委政府的文化自觉。霸州历届领导班子立足市情，珍爱历史悠久的民族文化，充分把握区域竞争的核心要素，把发展先进文化，传承民族文化作为一项神圣使命，切实抓紧抓好。他们强烈地感觉到文化要素在京津冀都市圈县域竞争中的重要支撑和核心作用，坚持把文化建设放在重要位置。另一方面是群众的文化自觉。从毁佛铸币、促进流通的后周置县，到百年熄战、首开榷场的宋辽交融；从进京下卫、名耀直隶的胜芳八家，到领拔燕赵、勇拓市场的民营大军，霸州的商业文化、民俗文化、创新文化在历史发展的各个时期都得到了淋漓尽致的凸显。改革开放以来，广大人民群众的文化热情空前高涨，在政府的引导和扶植下，全市涌现了267个文艺团体，并不断发展壮大。从“农民文艺大会”到“百场文艺演出进乡村”，从“假日文化工程”到“彩色周末”，从“月月唱大戏”到“周末小剧场”，广大群众主动参与文化活动、支持文化建设。“两个文化自觉”碰撞出一个广泛共识：“文化建设如同家庭过日子，绝不能等到成为百万富翁之后再送孩子去上学!”可以说，这个共识成为建设和完善霸州公共文化服务体系的巨大动力。

2. 规划制定科学化

多年来，霸州历届市委、市政府都把文化建设作为“一把手”工程，从“九五”到“十一五”，文化建设均被明确写入五年规划。特别是2006年制定“十一五”规划时，专门将文化名城建设作为一个独立的目标体系，制定了《霸州市文化事业发展“十一五”规划》，并专项规划了“农村、城市、历史、精品、社区、校园、体育、企业、网络、旅游”等十大文化体系和博物馆、文化馆、图书馆、益津书院、胜芳古镇、广电中心、体育中心、生态公园、历史文化公园、中华戏曲大观园等“十大精品文化工程”。坚守“十年造一城”的信念，按照每年一推动、两年一节点、五年大提升的实施步骤，扎实推进以公共文化服务体系为主要支撑的文化主题城市建设。

3. 设施建设精品化

霸州作为经济欠发达地区，15 年来始终把文化阵地建设和重大文化活动的举办作为“硬指标”纳入财政预算。在总投资 23 亿元的文化阵地建设中，政府财政投入达到 20.7 亿元，占总投入的 90% 以上。按照“小题大做、无中生有”的创新理念，建设了十大精品文化工程，李少春纪念馆、中国自行车博物馆、华夏民间收藏馆、中华戏曲大观园等一批精品文化设施相继建成，实现了“创国家级品牌、造国际性影响”的文化名城建设主旨。面向基层的文化设施建设更是突飞猛进，已建成 15 个乡镇综合文化站、266 个文化信息资源共享工程网点、350 个农家书屋，农村文化大院村村有，广播电视户户通，形成了覆盖城乡的文化设施网络体系。

4. 活动开展品牌化

依托全市丰富的文化资源和深厚的文化底蕴，霸州把构建社会主义核心价值体系贯穿文化建设始终，大力弘扬优秀传统文化，推出了一系列享誉全国的文化品牌。一是以“文化艺术节”为载体，打造开放兼容的霸州文化。2006 年以来，围绕“戏曲之乡、翰墨之乡、辞赋之乡、温泉之乡和胜芳古镇”四乡一镇文化品牌建设，每两年举办一届主题鲜明的文化艺术节，充分展示霸州的文化魅力。二是以“月月唱大戏”、“周末小剧场”、“天天办展览”等品牌活动为载体，叫响异彩纷呈的霸州文化。2006 年 3 月正式启动“月月唱大戏”活动，每月 28 日，李少春大剧院都会有国家级的名团、名家、名剧精彩上演，吸引本地和周边地区戏迷定期来霸州雅赏皮黄。开办“周末小剧场”，全国各地票友 7000 余人次来此登台献艺。依托益津书院，提升书画艺术展示平台。国家画院艺术交流中心和河北画院分别在此设立创作展览基地，同时建立起老年书画爱好者活动中心、青少年爱好者双休日艺校、国学教育推广中心，使益津书院成为高规格、多功能的市民学堂。三是以非物质文化遗产保护为突破，挖掘传承悠久的霸州文化。广泛开展非物质文化遗产普查和保护工作，共搜集了 280 个非遗项目。成功申报国家级非遗项目 4 项、省级非遗项目 10 项，保证了霸州优秀文化遗产的传承。

5. 队伍发展规范化

公共文化服务体系建设离不开一支高素质、有活力的基层宣传文化人才队伍。霸州十分注重宣传文化人才队伍建设。一是广泛吸纳文化人才。霸州市委、市政府有个不成文的规定，凡是宣传文化工作需要的人才，随时可调入宣传文化系统工作，先后有35名同志从不同的工作岗位充实到宣传文化系统。二是加强文化人才培养。着力实施“万千百十”人才战略工程。在全市建立起万人文化大军、千名文化骨干、百位文化明星、十个文化门类的浩荡队伍。目前，在市文联十大协会的引领带动下，民间涌现出78道花会、267个文艺社团，参加人员16000余人。三是推动文化人才发掘。注重发挥老干部的独特作用，聘用退居二线、责任心强、有文化特长的老领导、老同志管理文化场馆。原市人大常委会主任、市政协主席被任命为中华戏曲大观园、大悲禅寺等项目建设总指挥；原市人大常委会副主任、政协副主席被任命为文联主席、书院院长、博物馆馆长等职。先后引进戏曲专家魏子晨、古建专家王希富等10余名国宝级文化精英做政府文化顾问，并组建了一支4500人的面向农村、扎根基层、市场化运作的“文艺轻骑兵”。四是激励文化人才成长。将德艺双馨的霸州籍书画家和在国家级大赛中获奖者聘为市政府文化顾问，并给予适量津贴或补助。对成绩突出的拔尖人才特事特办、大开“绿灯”，先后为戏曲专业人才冯雷、杨林、李小鹏等15名同志安排了正式工作。市财政安排专项资金，重奖文艺精品和创作精英，营造了崇文重才的良好环境。

6. 机制保障长效化

一是建立分包联动机制。按照文化名城建设总体要求，建立“三级分包、三级联动”机制，形成了市、乡（镇）、村（街）全面推动公共文化服务体系建设的合力。二是落实政策引导机制。制定出台了投资优惠、奖励扶持等办法，对投资亿元以上的文化产业项目，采取“一事一议”政策。对民间文化培训机构实行免收费、给补贴。三是探索多元投入机制。积极吸引域内外企业投资文化设施建设，中华戏曲大观园、国际温泉公园等项目开发全部依靠民间资本投入。四是施行绩效考核机制。把公共文化服务体系建设纳入乡局级领导班子考核体系，实行定期督导、全程跟踪、年终要账，提升了工作执行力。

二　霸州市公共文化服务体系建设的成效

霸州市十几年来矢志不移推进公共文化服务体系建设，全市上下形成了人心思进、人心思齐、人心思稳的良好氛围，促进了经济、政治、文化、社会的协调发展。

1. 凸显了文化名城效应

公共文化服务体系建设，极大地促进了文化主题城市的建设，霸州的知名度、美誉度、诚信度明显提高。在连续15年保持全国文化先进县荣誉的同时，还荣获了全国体育先进县、国家级科普示范县、中国最具投资潜力百强城市、中国金融生态城市等荣誉称号，成为霸州跻身市场竞争、实现科学发展的金字招牌。

2. 提升了对外开放水平

公共文化服务体系建设为霸州打造了崭新的环境平台和发展平台，为扩大对外开放、促进招商引资增添了独特的文化吸引力。近年来，无论是来自世界各地的国际商旅，还是来自港澳台的华人商团，无不为霸州浓郁的文化氛围所吸引，并产生在霸州投资、生活的强烈愿望。2006年以来，共吸引文化产业战略投资项目达到35个，总投资额超过500亿元，霸州对外开放呈现因文而兴的喜人局面。

3. 加速了产业结构调整

一方面，文化产业聚集发展，产生了服务业后发崛起的独特效应。在霸州，公共文化服务体系建设已经成为经济结构战略转型的强力支撑。公共文化设施与旅游要素嫁接，建成了5个国家A级旅游景区，推出了6条文化旅游线路，纳入京津冀名胜风景休闲年票，年接待游客突破50万人次。开发新区规划建设了总投资300亿元、占地面积46平方公里的霸州市文化产业园区，可容纳百家温泉度假酒店和百万平方米的会展中心。投入运营的5家温泉酒店、在建和即将开工建设的15家主题酒店，以及国际会展中心、吉利赛（试）车场、老年生活品质城、胜芳国际物流中心、海润乒超俱乐部、西洋乐器生产基地等一大批服务业项目汇聚霸州，将成为“十二五”期间重要的经济增长极。另一方面，企业文化的建设促进了传统产业升级。公共文化服务体系建设极大地带动了企业文化的发展，众多企业把文化内涵积极融入发展战略，近80%的企业建立了自主研发中心和实验室，获全国驰名商标2件、省级著名商标29件，整体提升了全市企业经营管理水平及产品的科技含量。同时，节能减排取得实质性突破，全市氮氧化物 、二氧化硫等主要减排指标累计分别完成“十一五”规划指标的243%和170.3%，万元GDP能耗比“十一五”初下降20%以上。

4. 促进了社会和谐稳定

霸州15年来持之以恒推进公共文化服务体系建设，使得全市上下形成了关注文化、投入文化、参与文化的浓厚氛围，满足了广大市民对精神文化的需求，“崇文尚德、开放兼容、诚信和谐、超胜于人”的霸州精神得到了很好的普及和弘扬。民心思稳、民心向善，平安霸州建设有序推进，大调解、大防控机制逐步健全，社会矛盾日益减少，重要节日和重大活动期间矛盾纠纷调解率达到100%，非正常集体上访量始终保持为零，全市上下形成和谐安定的良好局面。

5. 夯实了基层党建基础

霸州把推进公共文化服务体系建设和深入开展学习实践科学发展观、创先争优活动有效结合，把文化惠民理念和主要指标考核贯穿到基层组织建设中，使基层组织抓文化的劲头足了，引导社会、教育人民、推动发展的路子对了，党组织战斗力和凝聚力不断增强。目前全市“五个好”乡镇党委达到100%，“一好双强”型村党组织书记占91.4%。

三　霸州市公共文化服务体系建设的经验

1. 高度的文化自觉是公共文化服务建设的前提和基础

文化自觉是一个民族、一个政党在文化上的觉悟、觉醒和主动的担当。霸州的文化自觉表现在两个层面：一是党委政府、领导干部的文化自觉。二是基层群众的文化自觉。两种“文化自觉”都蕴涵着对民族文化的真挚热爱、对精神生活的热烈追求。二者相互碰撞融合，相互促进，成为霸州文化建设绵延不断的动力之源。

2. 科学的文化政绩观是公共文化服务体系建设的重要保障

15年来，霸州市历届党委、政府树立正确的文化政绩观，始终坚持以群众的利益、百姓的实惠作为抓文化、搞文化的着眼点和根本目的，摒弃浮躁，不慕虚名，不盲目追求大奖和“工程”，不盲目追求规模和效益，求真务实，从一点一滴做起、一时一事抓起，踏踏实实，稳步推进，让老百姓“实实在在享受到文化给予的滋养，真真切切体会到文化带来的实惠”。

3. 高素质的人才队伍是推进公共文化服务体系建设的根本

人才资源是第一资源，人才队伍建设是文化建设的关键。多年来，霸州采取多种手段，为文化人才队伍成长和发展提供良好环境：坚持不求所有、但求所用、用人之长的人才观，实施“万千百十”人才战略工程，引进和留住域外精英级人才，有针对性地落实鼓励政策，调动人才积极性，不断壮大文化人才队伍。这些灵活、务实的举措，增强了当地的文化创造活力，使文化建设不断向前发展。

Bazhou, Hebei Province: Mining Characteristic Resource and Holding on City by Culture

Yang Jie

Abstract: Bazhou in Hebei province grasps the construction of cultural service with a high degree of cultural consciousness and have made a great progress in the field of system design, facility network, resources supply , service ability, talent team, activities carried out and expenditure guarantee, which have made the public cultural service system construction enter into the benign sustainable development.

Key Words: Bazhou; Cultural Consciousness; Public Culture Service System; Sustainable Development

B.13
河北邯郸“欢乐乡村”群众文化活动报告

贾永清*

摘　要： 河北邯郸以开展“欢乐乡村”体系化群众文化活动为载体，激活了设施、人才、队伍、产品等各种文化资源，形成了“以十带百、以百带千、以千带百万”的链式效应，带动和促进了市级公共文化服务体系建设，探索出了“政府主导、市场运作、社会支持、群众参与”的开展体系化群众文化活动的新路子。

关键词： 邯郸　欢乐乡村　群众文化

河北邯郸市有5000多个行政村，县乡人口近800万。2010年以来，邯郸市针对本地公共文化服务体系建设存在的突出矛盾和问题，顺应人民群众的文化诉求和文化生活新期待，面向基层、重心下移，以开展“欢乐乡村”体系化群众文化活动为载体，以“大选秀、大比试”为手段，通过村、乡、县、市层层发动，层层举办活动，激活了设施、人才、队伍、产品等各种文化资源，形成了“以十带百、以百带千、以千带百万”的链式效应，彰显了人民群众在文化建设中的主体地位，激发了广大人民群众的文化创造活力，丰富和活跃了农村文化生活，带动和促进了市级公共文化服务体系建设，在实践中探索出了“政府主导、市场运作、社会支持、群众参与”的开展体系化群众文化活动的新路子，创造出了可贵的经验。

一　邯郸开展“欢乐乡村”群众文化活动的主要做法

近年来，邯郸市公共文化服务体系建设取得了长足进展，但是，由于种种原

* 贾永清，中共邯郸市委常委，宣传部部长。

因，城乡文化发展不平衡现象依然严重存在，农村基层文化设施利用率不高，文化活动经费不足，文化活动少，形式单调，远不能满足农民群众的需求。为了改变这一现状，在广泛调研和论证的基础上，邯郸市组织实施了"欢乐乡村"十百千万农村文化工程，即充分利用现有文化资源，把工作重心向基层下移，以十项活动为平台，每项活动在全市推出百名优秀人才，打造千支文化队伍，使百万群众参与活动，形成"人人都关注、村村传歌声、周周有比赛、月月有活动"的生动局面。其具体做法如下。

（一）以满足人民群众的精神文化需求为出发点和落脚点，精心设计"欢乐乡村"体系化群众文化活动

开展群众文化活动是公共文化服务体系建设的重要内容。为了使活动贴近群众需求，邯郸在全市开展了大型调研，发放调查问卷15000余份，涉及所有行政村。在充分听取群众意见，了解群众文化需求的基础上，十七次易其稿，形成了开展"欢乐乡村"农村文化工程的方案。"欢乐乡村"农村文化工程的核心内容就是开展"欢乐乡村"体系化群众文化活动。根据农村实际和农民需要，科学分类，精心策划了十项活动，即"布谷之声"农民歌手大赛、"说唱脸谱"农民戏曲票友大赛、"田野之歌"农民合唱比赛、"乡音乡情"农民器乐大赛、"欢快的舞步"农民秧歌舞大赛、"品味幸福"农民民俗绝活儿（手工艺品）展示、"情趣乡村"农民小品曲艺比赛、"魅力新家园"农民摄影作品展、"多彩的生活"农民书画剪纸比赛、"魅力家乡"农民舞龙舞狮大赛。这十项活动基本上囊括了农民群众的各种文艺表演形式和才艺展示形式。为了使"欢乐乡村"体系化群众文化活动进一步得到群众的认同，在全市广泛征集"欢乐乡村"体系化群众文化活动的宣传标语，最后选出"欢乐乡村大舞台，有你有我更精彩"；"登上欢乐舞台，做幸福生活主角"；"多彩的农民文化，精彩的乡村生活"；"欢乐在乡村，快乐在身边"、"快乐我营造，幸福我创造"；"欢乐汇海洋，激情聚合力"；"新农民，新生活，新形象"；"统筹城乡发展，繁荣基层文化"等十条标语作为"欢乐乡村"主题宣传标语，并通过媒体以及海报等形式广为宣传。这使得"欢乐乡村"体系化群众文化活动从一开始就具备了坚实的群众基础。

（二）从村开始，层层发动，层层组织，形成村、乡、县、市四级联动

群众文化活动的主体是群众。邯郸市在开展“欢乐乡村”体系化群众文化活动的过程中，充分尊重人民群众的主体地位，活动的组织和开展首先从村一级开始，每个村至少举办一场比赛活动。然后，由村到乡，由乡到县，由县到市，形成四级联动。这样一种自下而上、层层比赛的方式，不仅使农村文艺人才和基层群众最大限度地参与到活动中来，也使得活动真正实现了体系化、规模化，形成了应有的声势和影响。在活动中，农民群众从台下走到台上，由观众变成演员。到目前为止，“欢乐乡村”体系化群众文化活动已在全市举办了1000多场，参与活动的群众过百万人。

（三）坚持“政府主导、市场运作、社会支持、群众参与”，建立起多元举办“欢乐乡村”群众文化活动的格局

“欢乐乡村”体系化群众文化活动由邯郸市委宣传部、邯郸市文明办、邯郸市文广新局主办，邯郸日报社、邯郸广播电视台、邯郸市文联参与联办。在政府主导的前提下，邯郸市采用市场运作的方式，积极吸引社会资金支持和社会力量参与。河北美食林集团以冠名方式赞助100万元协办该项活动。各县、区采用市场运作方式共吸纳社会资金近千万元。广大农民也以“凑份子”形式组建各种文艺团队，参与“欢乐乡村”活动。全市形成了政府主导、社会参与，多元举办“欢乐乡村”体系化群众文化活动的格局。

（四）加强价值引导，使“欢乐乡村”群众文化活动成为引导社会、教育人民、推动发展的有效载体

在开展“欢乐乡村”体系化群众文化活动的过程中，邯郸市牢牢把握先进文化前进方向，坚持价值引导，通过活动，弘扬社会主义核心价值观，建设农民精神家园，使活动成为引导社会、教育人民、推动发展的有效载体。他们组织农民结合身边人、身边事，自编自创自演具有乡土特色的优秀文艺节目，赞美新生活，讴歌真善美，展示新形象，使农民群众在活动中自演自赏、自娱自乐、自我创造、自我教育、自我实现、自我发展。在活动中，农民创作了大量的小品、快

板、韵白、表演唱、歌曲等文艺作品，这些作品贴近农村实际，反映了党的富民政策给农村带来了巨大的变化，展现了新时代农民的精神风貌和幸福生活，起到了振奋精神、鼓舞人心的作用。在活动中推出的20多首优秀村歌，在广大乡村传唱不衰。

二　邯郸开展“欢乐乡村”群众文化活动的主要成效

（一）打造了新的群众文化活动品牌

过去，邯郸农村基层群众文化活动和组织存在着小、散、乱等弱点，层次不高，影响有限。通过开展“欢乐乡村”体系化群众文化活动，全市零星、分散的群众文化活动和组织得到了有效整合。所有的活动均以“欢乐乡村”为名，全市上下同打一张牌，每项活动都由市、县新闻媒体全程跟踪报道，电视台实况转播，大大提高了活动的影响力和感召力，“欢乐乡村”已成为邯郸新的群众文化活动品牌。

（二）促进了基层公共文化设施的建设和利用

过去，农村基层公共文化设施的利用率普遍较低。一些文化站、文化广场、文化书屋、村民活动中心等农村文化阵地常年闲置，有的甚至被挪作他用。“欢乐乡村”体系化群众文化活动的开展，使得农村现有文化设施利用率明显提高，还有力地促进了市、县、乡、村四级公共文化设施网络的建设和完善。

（三）发展和壮大了农村文化人才队伍

文化人才匮乏一直是农村文化建设的一大难题。“欢乐乡村”体系化群众文化活动的举办，使得农村的各种文艺人才脱颖而出。全市推出了“百佳乡村歌手”、“百佳乡村戏曲演唱者”、“百佳农民乐器手”、“百佳乡村秧歌队”、“百佳乡村表演队”、“百佳乡村艺术家”、“百佳农民合唱团”、“百佳乡村书画家”、“百佳农民摄影师”、“百佳农民绝活儿大师”，还命名了200个文化示范村、100个特色文化户。目前，全市有民间文学创作、戏曲、舞蹈、锣鼓、武术、太极拳、歌咏、陶艺、漫画、剪纸等文化队伍1900多个，进入市、县、乡三级农村宣传文化人才档案库的各类文艺爱好者、民间文化继承人、传统绝技拥有者有2万余人。这些农村文化人才和“乡土艺术家”积极传承地方民间文化，组织开展健康有益的文化活动，正成为带动邯郸农村文化发展的“领头雁”。

（四）激发了社会力量参与公共文化服务的热情

河北美食林集团赞助100万元换取了“欢乐乡村”活动的广告权和冠名权。借助“欢乐乡村”活动的广泛开展，美食林在邯郸赚足了人气，企业的知名度、美誉度大大提高，坚定了美食林集团继续支持和赞助“欢乐乡村”活动的信心和决心。美食林集团参与“欢乐乡村”活动所获得的回报激发了更多企业参与公共文化服务的热情。现在，有一批企业主动找上门来，要求以文企联办等形式举办群众文化活动。一些有经济基础和社会责任感的企业家积极出资为农民群众送文化，邯郸县民营企业家佘国华已为当地农民送戏上百场，武安市民营企业家郭乃群出资创办洪生艺术团免费为农民群众演戏。农民自办文化的热情也越来越高，广场文化、街头文化、庭院文化日益繁荣，文化户越来越多。肥乡县旧店乡辛店村民间艺人蔡振山自筹资金20余万元，建起了可容纳400余人的农民剧场，在这里，农民群众既可以观看专业剧团的演出，也可以自己登台过一把明星瘾。

（五）实现了区域内各种文化资源向农村基层的倾斜

“欢乐乡村”体系化群众文化活动有效整合了全市宣传部门、文化部门、文联、广播、电视、报社等各个系统的资源，并实现了资源向农村基层的倾斜。群艺馆、文化馆、图书馆、乡镇综合文化站等各级公益性文化事业机构充分发挥自己的人才优势，为活动的开展提供策划、辅导等服务，并对农村文艺骨干和文艺队伍进行指导和培训。市文联成立了“邯郸市名人名家艺术团”，开展“文艺进乡村、欢乐手牵手”下基层公益文艺演出活动，将优秀文艺节目送到农村。全市各级文化专业队伍深入乡村文化站、文化中心开展辅导360多场次，培训文艺骨干3000余人。

（六）提高了人民群众的幸福指数

“欢乐乡村”活动的开展，提高了人们的幸福指数。农民群众在活动中享受了艺术，展示了自己，得到了快乐；宣传文化工作者和文艺家在为农村基层群众的服务中实现了自身的价值，得到了快乐；企业家承担了社会责任，在参与公共文化服务中获得了良好的社会效益，也得到了快乐。可以说，凡是参与到“欢乐乡村”活动中的人都得到了快乐，增加了幸福感。在全市农村，明显出现了三多三少现象：互敬互爱的多了，扯皮拉筋的少了；吹拉弹唱的多了，抹牌赌博的少了；移风易俗的多了，封建迷信的少了。“欢乐乡村”活动的开展，有力地促进了社会和谐与社会主义新农村建设。

三　几点体会

邯郸开展“欢乐乡村”群众文化活动，收到了良好的效果。主要有以下几点体会。

（一）党委政府对文化建设的高度重视是开展好体系化群众文化活动的前提

邯郸市委、市政府高度重视文化建设，明确提出要在全省率先建成文化强市、率先建成文明城市，并把实现“两个率先”作为“一把手”工程来抓，纳入经济社会发展规划，纳入科学发展考评体系，要求结合城镇面貌“三年大变样”，实现文化设施大变样、文化服务大提升。他们大力完善市、县、乡、村四级公共文化服务网络。在市一级，建设总面积近 12 万平方米、总投资 12 亿元建设的融博物馆、图书馆、大剧院为一体的邯郸市文化艺术中心，建设总投资 5.5 亿元的市传媒中心。在县一级，实现了县县有图书馆、文化馆。在乡一级，改建和扩建文化站 138 个，目前已有 69 个文化站主体竣工。在村一级，建设了 1434 个村民中心，在城市社区还建成了 290 个社区居民中心。2009 年以来，邯郸市还先后建设了邺城博物馆、北朝历史博物馆、磁山文化博物馆、曲周县博物馆。邯郸还将建设兰陵王纪念馆、冀南民俗博物馆、大名历史博物馆等九大博物馆。结合国家重大文化工程，邯郸市大力实施文化信息资源共享工程、农村公益数字电影放映工程、非物质文化遗产保护工程、广播电视村村通工程。“十二五”期间，邯郸市财政将投入2000万元引导资金支持农村文化建设，带动19个县区投入1亿元用于乡村文化设施建设和开展文化活动。邯郸市委、市政府对公共文化服务体系建设的高度重视为开展好体系化群众文化活动提供了必要的条件。

（二）尊重群众主体地位是开展好体系化群众文化活动的重要基础

人民群众是文化的创造主体、享有主体和表现主体。邯郸市在开展“欢乐乡村”活动过程中，充分尊重和体现人民群众的主体地位，活动的策划从人民群众的需求出发，始终以群众为主体，让群众唱主角。节目由群众自己编、自己演，团队由群众自己组织，新闻媒体宣传时，镜头和焦点对准的总是群众，印在“欢乐乡村”挂历上的，也是农民群众演出的精美画面和活动推出的农村文艺人才名单。为了展示农民艺术家的风采，实现城乡文化的交流与互动，邯郸市还在滏东美食林广场举办了“欢乐乡村”优秀节目展演。

（三）吸引社会参与是开展好体系化群众文化活动的重要支撑

公共文化服务离不开社会参与。邯郸市开展“欢乐乡村”体系化群众文化活动，一方面坚持政府主导，加大政府对活动的投入；另一方面以文企联办、民办公助、冠名赞助等方式，积极引导企业和社会参与。以河北美食林集团为代表的众多企业捐资参与，使活动的成功举办得到了重要的支撑。

（四）创新机制是开展好体系化群众文化活动的重要保证

要开展好大规模、体系化群众文化活动，必须建立和形成一整套有效的组织和运作机制。在实践中，邯郸市探索和形成了由市委宣传部牵头，文化部门具体组织、实施，县、乡政府全力推动，企业社会和广大群众积极参与的机制，并在一些项目的实施上采取了市场化运作方式。这既解决了群众文化活动组织不力问题，也解决了群众文化活动经费不足问题。在活动中，实现了城市资源与农村需求对接、企业与文化市场对接、文艺专家与乡村人才对接。

Report on Mass Cultural Activities called “Joy Rural” in Handan, Hebei Province

Jia Yongqing

Abstract: The public cultural activities named “Joy Rural” in Handan, Hebei Province have activated the cultural resources of facility, talents, team, product, which have formed the chain effect of driving and improving the municipal public cultural service system construction, exploring the road of government leading, market run, society prove and the public participating.

Key Words: Handan; Joy Rural; Mass Culture

B.14
江苏省吴江市“区域文化联动”报告

周志芳*

摘　要： 江苏吴江从2003年起，开展“区域文化联动”，运用市场化运作手段，整合区域优质文化资源，以农村广场文艺交流演出为主要形式，打造农村公共文化服务平台，建立起区域文化共建、共创、交流、互动、互惠的机制和格局，促进了区域文化、特别是农村文化的繁荣发展。

关键词： 吴江　区域文化联动　资源共享

吴江东邻上海，西濒太湖，南连浙江，北依苏州，地处以上海为龙头的长三角的腹地，面积1176平方公里，常住人口150万。2011年，全市实现地区生产总值1185亿元，实现一般预算收入超112亿元，工业总产值超3600亿元，进出口贸易总额220亿美元，城镇居民人均可支配收入超过35000元，农民人均纯收入近17000元。

作为经济发达地区，吴江市经济、社会发展迅速，城乡一体化速度不断加快。为了适应这种形势，2003年以来，吴江市通过开展区域文化联动，积极调动区域内城乡群众参与文化建设的积极性，有效促进了区域文化资源的有效整合，有力推动了农村公共文化服务体系建设，在公共文化产品供给、公共文化服务机制等方面，进行了富有成效的探索。“区域文化联动”项目2008年被江苏省文化厅评为江苏省“五星工程奖服务奖”；被江苏省文化厅列入“2009年度江苏省文化科技创新项目”；2010年被命名为“吴江市十大优秀服务品牌”；2009年，被文化部评为第三届文化部“创新奖”，同时被文化部列入“2009年首批国家文化创新工程项目”，2011年顺利通过文化部验收。

* 周志芳，中共吴江市委常委，宣传部长。

一　基本做法

“区域文化联动”的理念是：以整合区域文化资源为手段，以广场文艺交流演出为主要形式，以提升区域公共文化服务能力为目的，建立区域文化共建、共创、交流、互动、互惠的机制和格局，促进区域文化、特别是农村文化的繁荣发展。主要做法是集聚全社会力量，运用市场化运作手段，整合区域优质文化资源，以农村广场文化活动为载体，打造农村公共文化服务平台。

2003 年夏天，由吴江市文化馆牵头，组织盛泽、平望、震泽三个镇的文化站开始了“区域文化联动”的先期探索。文化馆在组织、业务、技术上提供服务和保障，负责策划、辅导、统筹、舞台、灯光、音响、舞美等工作，三个镇分别排练一台两个小时的综艺节目，文化馆再从中抽调部分优秀节目组成一台联合节目，在每个镇巡回演出，3 个镇共演了 6 天。演出深受老百姓的欢迎，在全市农村引起了强烈的反响。2004 年，“三镇联动”发展成覆盖全市的“十镇联动”。全市十个镇分别组织一台节目，外送 2 ~ 3 个优秀节目再组织成一台联合节目，在十个镇的广场或开阔地各上演两场，并命名为“吴江市十镇联动大型文艺巡回演出”。演出由吴江市委宣传部、市文广局和各镇党委、政府等主办，吴江市文化馆、各镇文化站承办，政府机关、企事业单位积极参与活动。此后，“吴江市十镇联动大型文艺巡回演出”逐渐成为一个制度化开展的公益性文化活动，每年从 4 月起开始策划、实施，到 7 月结束，每周一个镇演出 2 场，共演出 20 场，每年创作各类节目 50 多个，全市编排上演节目 300 余个，参演演员 3000 多人次，观众高达 20 万多人次，从而全面带动了吴江市农村基层文化活动的开展。

从 2009 年起，吴江市又把目光投向了周边相邻的江浙沪地区，活动也更名为“吴江市区域文化联动暨长三角文化交流活动”，2010 年活动范围又扩展到江浙运河走廊沿线，实现了吴江与周边地区文化服务产品的交流交换，进一步扩大了吴江市农村公共文化产品的供给，使公共文化服务起到了倍增效果。

区域文化联动的成功实施，主要得益于以下方面。

一是全市各级各部门领导在思想上重视、工作上支持。吴江市宣传、文广等部门把区域文化联动列入重要的工作议事日程，不仅对工作有具体的安排和布置，而且不断提升活动的层面和内涵。各镇在活动前都成立领导班子，进行协调、动员、宣传，制订方案，在经费上给予支持，工作责任到人。大多数镇都要开两次以上协调会，并以镇党委或政府的名义下达文件，具体布置安排工作。

二是吴江市文化馆在活动中充分发挥了龙头作用。每个活动从宣传、节目组织、计划安排等方面，均由吴江市文化馆制订详细的活动策划书。吴江市文化馆还积极探索市场化运作机制，八届活动共筹措社会资金300余万元，为活动的开展提供了有力的经费保障。为了保证演出质量，吴江市文化馆添置了300多万元的音响、灯光设备及舞美器材，并对各个镇的节目创作和编排给予指导和帮助。

三是乡镇文化站充分发挥了重要作用。在各镇文化站的积极组织下，群众的文化创造力得到充分发挥，每年参加区域文化联动演出的群众演员人数均在1500人以上，群众参与文化的积极性空前高涨。

四是形成了多部门合作和社会参与机制。区域文化联动每年除了宣传、文化部门共同主办外，还通过为之创作节目和进行宣传，吸引司法、计生、卫生、劳动社会保障、创建健康城市办公室、创建放心城市办公室等政府部门参加，同时，通过设立企业形象展示的平台，吸引中国联通、中国移动、农村商业银行、亨通房产等企业参加。

五是不断拓展区域文化联动的范围。区域文化联动不断拓展资源整合的范围，由最初的三镇联动扩展到十镇联动，再扩展到江浙沪地区和京杭大运河江苏浙江段城市，内容和形式也不断丰富，由起初单一的广场文艺演出扩展到“非遗”展示、书画联展等，使区域文化联动做到年年有不同、年年有新意，始终保持强大的吸引力、感召力和旺盛的内在活力。

二　社会效益和基本特点

（一）区域文化联动的社会效益

推动了基层公共文化服务体系建设和城乡文化大发展大繁荣。“区域文化联动”实施以来，吴江市在公共文化设施建设、公共文化人才队伍建设、业余文艺团队建设、文艺作品创作、非物质文化遗产保护、文化活动开展等多个方面都有了很大进展。八年来，在“区域文化联动”项目的促进下，全市共创作排练及演出各类文艺节目2000多个，一批优秀的文艺节目在国家、省级赛事中获奖。

“区域文化联动”项目的实施，开阔了农村基层文化从业人员的视野，提升了他们的工作水平和工作能力，锻造出了一支特别能吃苦、特别能奉献、特别能战斗，会创作，会组织，会协调，上台能演出，下台能辅导，拉得出、拖不垮、多技艺、多才能的基层文化工作队伍。“区域文化联动”有效地促进了吴江市城乡文化的发展繁荣。

提升了城市文化形象。“区域文化联动”大大提高了吴江的文化知名度，增强了城市文化软实力。人民日报、中央电视台等各大媒体多次报道了吴江市开展“区域文化联动”所取得的成效。在“区域文化联动”带动下，吴江市平望镇新世纪文化广场、同里镇退思广场和桃源严慕文化广场被命名为全国特色文化广场，同里镇“周周演”活动项目被评为全国特色广场文化活动。2009 年 12 月，在全国文化馆长会议上，文化部社文司推广了吴江的经验。江苏省文化厅在全省社文工作会议上要求全省学习和推广吴江开展区域文化联动经验。

提高了公共文化服务综合效益。区域文化联动实现了优质文化资源的合理配置，有效节约了公共文化服务成本，使公共文化服务综合效益成倍放大。

（二）区域文化联动的基本特点

观念和理念有所创新。主要是突破了以行政区划为界限配置公共文化服务资源的体制限制，实现了区域内外公共文化资源的整合、共享、利用。

内容和形式有所创新。区域文化联动演出的节目内容新颖、健康、向上。区域文化联动除了举行大型文艺巡回演出外，还有电影放映、文化理论研究交流、文艺创作研讨、书法美术摄影交流展、业余文艺团队大展、乡土刊物评比、非物质文化遗产展览展示等多种形式。

方法和手段有所创新。 是借助党委、政府的力量加大项目的实施力度，二是集聚各方面力量共同推动项目的顺利实施，三是以多元化运作的方式保证项目的顺利实施，大大降低和节约了群众文化活动的运作成本，提高了政府公共服务的效能。

三　区域文化联动的意义

区域文化联动是区域经济发展的推动力。文化具有巨大的精神力量。没有文化的积极引领，没有人民精神世界的极大丰富，没有社会主义文化繁荣发展，就没有社会主义现代化。吴江正开启率先基本实现现代化新征程，并努力争当率先基本实现现代化的领跑者。区域文化联动有效激发了人民群众的文化自觉、文化自信和文化创造热情，这种精神力量直接转化为推动吴江经济发展的强大动力。

区域文化联动是社会文明的催化剂。文化具有引领风尚、凝聚人心、和谐人心的功能。随着现代化进程的不断加快，人民群众需要文化丰富精神世界，陶冶情操，提升素质。吴江市“区域文化联动”的演出活动走遍了全市所有的镇区和一些大型社区，不仅带来了文化的大交流、大融合，使人民群众享受到了文化的盛宴，感受到了文化的魅力和欢乐，同时，也扩大了人与人之间的交流，和谐了人心，使人们的情感得到了舒张和释放，使外来务工人员顺利融入当地社群，从而促进了社会和谐与稳定。

区域文化联动是推进农村公共文化服务体系建设的有力抓手。公共文化服务体系建设的重点和难点在农村基层。区域文化联动既促进了基层公共文化设施的建设和利用，培养了基层文艺人才和文艺团队，促进了基层文化人才队伍能力、素质的提高，又有效增加了农村公共文化服务的供给，对推进农村公共文化服务体系建设具有重要作用。

四 区域文化联动的未来发展

未来吴江市区域文化联动的主要目标是：一是进一步加大对区域内外公共文化资源整合、利用力度，最大限度地提升群众文化的创造力、文艺节目的表现力；二是打破现有体制限制，通过优势互补，进一步降低公共文化服务成本，增加公共文化服务效益；三是创新载体，创设活动，创优作品，进一步提升全市公共文化服务水平和质量，加快完善公共文化服务体系。为此，吴江市将采取以下措施。

一是加强机制建设。为了保证区域文化联动长久开展，2010 年，吴江市联合大运河（江苏段）沿线城市的相关宣传、文化管理部门等共同组成了“运河区域文化联动战略合作体”。吴江市拟在此基础上，不断推进机制建设，使其在区域间各类文化活动的联动交流、公共文化服务的交互供给等方面发挥更大作用。

二是不断丰富活动内容和形式。区域文化联动除了举办大型广场文艺演出外，每年拟按照声乐、器乐、戏曲、戏剧、小品、曲艺、舞蹈、朗诵、文学、美术、书法、摄影、“非遗”保护、理论研讨等门类确定不同形式的主体活动为联动的主要内容。主体活动形式可以在前一年预设，也可以根据当年的实际需要灵活调整。

三是逐步扩大联动范围。在巩固并加强以吴江、上海市青浦区、浙江省嘉善县和湖州市、嘉兴市南湖区为“区域文化联动核心圈”的基础上，拟将联动范围扩展到长江以南、钱塘江以北，构建“区域文化联动铁三角”，直至将联动区域覆盖到整个运河沿线，形成“运河文化联动一体化”。同时，积极探索推进从同质文化的联动到异质文化的交流，力争在“十二五”期间能吸收世界各地的运河文化，铸造具有国际影响力的文化品牌。

四是强化人才队伍建设。增加全市公共文化人才队伍总量，加强培训和实际工作锻炼，使人才队伍总体素质更加适应区域文化联动和公共文化服务体系建设的需要。

五是加强活动的资金保障。区域文化联动实行的是政府主导、企业赞助、社会参与的多元化资金投入路径，即政府投入一部分资金，企业以冠名形式给予一定赞助，其他社会力量给予一定的资助。根据活动的需要，政府将进一步加大投入力度，保证区域文化联动深入开展。

Report on the “Regional Culture Coalition” in Wujiang, Jiangsu Province

Zhou Zhifang

Abstracts: Since 2003, Wujiang in Jiangsu undertook “Regional Culture Coalition”, integrated regional high quality culture resources with marketing measures, built up a platform of rural public culture service mainly in ways of culture and art communication and performing, established a mechanism and arrangement in which regional culture could be constructed and created together, communicated, interacted and mutually beneficial, all of which promoted the development and flourishing of rural culture.

Key Words: Wujiang; Regional Culture Coalition; Resources Sharing

B.15

烟台市公共文化服务体系建设研究报告

张江汀*

摘　要： 山东烟台坚持政府主导、社会参与，持续加大投入，加快建设功能完善、布局合理的公共文化服务设施网络，努力提供惠民便民、群众满意的公共文化服务平台和产品，着力构建充满活力、开放高效的公共文化服务体制机制，切实保障和改善文化民生，提高人民群众的幸福感和满意度。

关键词： 烟台　公共文化服务

党的十七届六中全会提出要完善覆盖城乡，结构合理，功能健全，实用高效的公共文化服务体系。公共文化服务体系的建设必须坚持以人为本，坚持人民群众的主体地位。发展文化事业，构建公共文化服务体系需要牢牢把握这一根本出发点和落脚点，坚持以人为本，推进普惠共享，切实提升公共文化服务的能力和水平。近年来，烟台市在这方面通过实践，探索出适合城市发展、满足群众需求、具有一定特色的公共文化服务体系建设之路，取得了比较好的效果，群众的幸福感和满意度明显提高。

烟台地处山东半岛东部，是中国首批十四个沿海开放城市之一，是亚洲唯一的国际葡萄·葡萄酒城。全市陆域面积1.37万平方公里，海域面积2.6万平方公里，总人口651万，辖4区、1县、7个县级市，设有经济技术开发区、高新技术产业开发区、保税港区三个国家级园区。2010年，全市实现生产总值4358.5亿元，地方财政收入237.8亿元，经济总量列全国大中城市前20强。烟台市还连续三次荣获全国文明城市、社会治安综合治理优秀城市、文化模范市等称号。近年来，烟台市坚持以科学发展观为指导，认真贯彻中央的决策部署，牢

* 张江汀，中共烟台市市委书记。

固树立抓文化就是抓发展、抓民生、抓和谐的理念，始终把文化建设摆在突出的战略位置，加快文化大市、文化强市建设，塑造“文化烟台”形象，展现“烟台文化”风采。为加强公共文化服务体系建设，烟台市立足实际，积极探索，走出了一条“靠设施建设夯实基础、靠真诚服务树立形象、靠改革创新增添活力、靠政府主导强化保障”的发展之路，努力使公共服务实现全覆盖、常态化。目前，全市共有6个“全国文化先进县”、8个“省级社会文化先进县”。2011年6月2日，中宣部、文化部在烟台召开全国地市级公共文化服务体系建设现场经验交流会，向全国推广烟台文化发展经验。6月17日，中共中央政治局常委李长春同志来烟台视察文化工作，给予了充分肯定和高度评价。

一　建设功能完善、布局合理的公共文化服务设施网络

持续不断地加大设施投入，是公共文化服务事业赖以生存和发展的基石。“十一五”期间，全市文化建设总投入达60多亿元，是烟台文化投入最大、发展最快、成效最为显著的时期。具体工作中，烟台市坚持既要投向高端、高质，以提升公共文化服务的层次和水平；更要投向基层、基础，以优先满足城乡居民的基本文化需求。

着眼高端、高质，倾力打造“文化烟台”新地标。烟台市于2007年开工建设了总投资10.7亿元、总建筑面积12.6万平方米，集博物馆、群众艺术馆、大剧院、京剧院、青少年宫和图书城于一体的市文化中心，目前已成为市民美育的园地、高雅艺术的殿堂、文化产业的平台和文明城市的窗口。烟台市还投资8.6亿元建成了滨海文化广场，投资5.8亿元建设了烟台广播电视大厦，投资2亿多元对烟台山近代建筑群等全国重点文物保护单位和朝阳街等历史文化街区进行了修缮保护。

烟台市强化基层、基础，全面落实文化惠民工程。坚持工作重心下沉、服务水准上升，采取市县乡村配套投入、部门结对共建等方式，千方百计筹集资金，扎实推进乡镇综合文化站建设、农家书屋建设、农村电影放映、广播电视“村村通”和文化信息资源共享“五大文化工程”。以县市区“三馆一院一场”建设为重点，健全机构网络，完善载体功能，实现了县县有“馆”、镇镇有“站”、村村有“院”。

二　努力提供惠民便民、群众满意的公共文化服务平台和产品

一是政府“埋单”，体现公共文化服务的公益性。“十一五”期间，全市各级财政用于公共文化服务的投入达5.7亿元，其中用于为基层送演出、送电影、送图书、送培训、送器材等的补贴达1.6亿元。为了让更多市民能够走进大剧院，欣赏到中外艺术家和团体的精彩演出，市财政每年补贴大剧院1500万元，推出“经济适用票”，实行低票价运营，平均降幅达42%，大剧院年均演出达到110场，平均每周两场。

二是突出本位，实现公共文化服务的基本性。突出政府的本位角色，高标准提供公共文化服务，满足人民群众的基本需求。在全市范围内实行图书馆、博物馆、纪念馆、美术馆、文化馆等公共文化设施免费开放，并在公共文化场所建设无障碍设施，在图书馆设立盲人阅读区，在聋哑学校建立图书流动服务站。烟台市还开展了向农民工送文化活动，加强了“工地书屋”、“流动书屋”建设。目前，全市已建成“职工书屋”306个，其中国家级示范点16个。

三是统筹城乡，强化公共文化服务的均等性。健全农村和基层文化设施，推动公共文化资源向农村和基层倾斜、公共文化服务网络向农村和基层延伸。深入开展“三下乡”活动，实施农村电影放映工程和流动文化服务工程。全市专业剧团每年下乡演出2400多场次，农村电影放映每年7万多场次。组织开展了“城乡儿童手拉手”活动，通过赠图书、结对子、田间实践和互换生活空间等活动，帮助他们形成积极、乐观、向上的人生态度。

四是便民利民，突出公共文化服务的便利性。坚持让文化走近群众，缩小服务半径，优化服务方式，实现“全覆盖、全天候”的公共文化服务。烟台市舍弃10亿多元的政府收益，在市中心区黄金地段选址建设市文化中心，就是本着这样的初衷。同时，健全完善文化信息资源共享工程，各基层服务点都具备了公共电子阅览室、视频剧场、网上图书馆的功能。依托烟台图书馆开通了拥有50多个大类、100多万册数字图书的网络图书馆，供市民免费在线阅读，平均每月访问量达50多万人次。

三　构建充满活力、开放高效的公共文化服务体制机制

一是开展公益文化项目推介活动。为解决财政投入不足问题，按照“政府协调、社会参与、市场运作、群众受益”的模式，烟台市把文化资源整合成项目向社会推介。2003 年以来，连续举办了九届公益文化项目推介会，成功推介了舞台表演、广场活动、艺术创作等文化项目 1300 个，利用企业和社会资金 3.36 亿元，充分体现了“公益文化社会办、繁荣文化为社会”的理念。为解决公共文化服务与供给“不丰富”、“跟不上”的问题，连续举办了九届“专业艺术院团演出季”活动，每年推出的“传统剧目演出月”、“歌舞综艺演出月”、“高雅艺术演出月”等公益演出活动达 180 多场，做到了“天天有展览、周周有演出、月月有主题、欢乐伴全年”。

二是深化文化体制机制改革。推进文艺院团改革和电影公司、电影院转企改制，全市 14 个电影公司（影剧院）全部实现事改企。对市文物店的改革，将 3.7 万余件珍贵文物划拨到市博物馆，使其成为公共文化服务的一部分。在图书馆、博物馆、文化馆等公益事业单位内部进行全员聘用制和岗位管理制改革，使责任更明确、管理更规范、服务更优良。

三是建设专群结合的文化队伍。在全市范围内评选和表彰了“烟台市十大文化名人”、“烟台市十大优秀文化人才”等一批文化领军人物，广泛营造崇文重才的浓厚氛围。从 2008 年开始，实施民间文艺团队“孵化计划”，以市群众艺术馆为孵化中心，以县市区文化馆、文化站、文化大院为基地，为民间文艺团队提供艺术培训、活动场地、灯光音响等服务，助力民间文艺团队创新发展。目前，全市能够独立组台演出或排演整台大戏的民间文艺团队已达 1000 余支。

四　发展文化事业，最大限度满足群众文化需求

（一）提高公共文化服务体系建设水平，争创全国公共文化服务体系示范区

烟台市坚持“硬件”与“软件”并重，加快构建覆盖城乡、惠及全民的公

共文化服务体系，整体推进文化信息资源共享、农村电影放映、乡镇综合文化站、农家书屋建设和广播电视“村村通”“五大文化工程”建设，争创覆盖城乡、结构合理、功能健全、发展均衡、实用高效、在全国具有示范意义的公共文化服务体系示范区。同时，完善农村、社区公共文化设施建设与服务，在全市范围内形成较为完善的“15分钟”城乡公共文化服务圈。

（二）强化文化产品供给，丰富城乡居民精神文化生活

一是突出抓好反映烟台重大题材、具有浓郁地方特色的大型文艺作品的规划创作，力争在第十届中国艺术节上实现突破，争取入选国家舞台艺术精品工程前30名。全市的文艺创作和美术创作要力争在中央和省“精品工程”、以及“文华奖”、“梅花奖”、“群星奖”、“全国性美展”、“山东省重大历史题材美术创作”评奖中有大的突破。二是广泛开展体现时代精神、群众喜闻乐见的文化艺术演展活动。以市文化中心为主阵地，积极开展各类文化演展活动，满足城乡人民的精神文化需求。深入打造“烟台市专业艺术院团演出季”，使其成为文化惠民的亮点工程。美术博物馆、画院、群众艺术馆发挥主阵地作用，每年推出各类展览200场以上。三是积极打造文化品牌，提升烟台文化的影响力。发挥烟台市文化底蕴深厚的优势，集中培育葡萄酒文化、开埠文化、红色文化、道家文化等一批特色城市文化品牌。着力打造“专业艺术院团演出季”、“激情广场——好歌大家唱”、“社区文化乐万家”、“市民大讲堂”等一批文化活动品牌。

（三）创新文化体制机制，保障人民群众文化权益

进一步繁荣公益性文化事业，提高公共文化服务体系建设水平，更好地保障人民群众基本文化权益。一是创新投入保障机制。坚持以政府为主导，以公共财政为支撑，加大投入力度，确保政府对公益性文化事业的投入逐年增长。二是创新管理运行机制。深化文化、广电、新闻出版“三局合一”机构改革，以及国有文艺院团改革和非时政类报刊出版单位改革，打造科学高效、充满活力的文化行政管理体制和工作运行机制，不断解放和发展文化生产力。深化文化事业单位内部劳动人事、收入分配和社会保障制度改革，引入竞争激励机制，提高管理水平和服务效率。三是创新公共文化服务方式。打破按区域和行政级次分配文化资源的传统体制，推动公共文化资源向基层延伸，逐步实现各类文化服务设施互联

互通、资源共享。实现更多的公共图书馆、群众艺术馆、文化馆、博物馆免费开放，最大限度地发挥公共文化设施的服务效能。

Report on Public Cultural Services System Construction in Yantai

Zhang Jiangting

Abstract: Yantai, Shandong insists on the principle of government leading and society participation, continuous increasing the investment, speeding up the construction of perfect function, reasonable public cultural service network, attempting to supply the great public cultural service platform and product, trying to build the energetic and open public cultural service system, in order to improve people's happiness and satisfaction.

Key Words: Yantai; Public Cultural Services

B.16

深圳市“图书馆之城”建设报告

余胜英*

摘　要：深圳市自2003年正式提出建设“图书馆之城”。历经9年，“图书馆之城”的建设规模、体系结构、服务效益都有了较大发展，创造了可资借鉴的经验。

关键词：深圳　公共文化　图书馆之城

2003年，深圳市文化局提出建设“图书馆之城”的新思路。“图书馆之城”是一个形象的概念，《深圳市建设图书馆之城的理念与实践》一书对“图书馆之城”给出了一个明确的概述，“图书馆之城”就是把深圳建设成为一个没有边界的大图书馆网，以全市已有、在建和将建的图书馆网点和数字网络为基础，联合各图书情报系统，建立覆盖全城、服务全民的文献信息资源共享网络，实现图书馆网点星罗棋布、互通互联、资源共享，为市民提供功能完善、方便快捷的图书馆服务，达到提供丰富资讯、支持终身学习、丰富文化生活的目的。

自2003年正式提出建设“图书馆之城”，深圳市先后制定并实施了《深圳市建设“图书馆之城”（2003～2005）三年实施方案》和《深圳市建设“图书馆之城”（2006～2010）五年实施方案》，这些规划的制定和实施对深圳市建设“图书馆之城”起到了十分重要的推动作用。历经9年，“图书馆之城”建设规模、体系结构、服务效益都有了较大发展，经历了提出概念、实践探索和创新发展的发展过程。

---

* 余胜英，深圳图书馆事业发展部主任，副研究馆员。

一　深圳市“图书馆之城”建设基本成效

截至2010年底，深圳市拥有各级公共图书馆638个，其中市级图书馆3个，区级图书馆6个，街道级及以下基层图书馆629个（达标社区图书室544个，定级街道图书馆51个），目前遍布全市的“城市街区24小时自助图书馆”已达160台，初步形成以市图书馆为龙头，区图书馆为骨干，街道图书馆、社区图书室、24小时自助图书馆为网点的图书馆服务网络，基本实现了图书馆之城“十一五”规划中每1.5万人口拥有一个基层图书馆服务点的目标。

（一）政府投资加大，办馆条件改善，服务质量不断提升

2005年各级政府对深圳市公共图书馆的总经费投入为16454.98万元，2010年猛增至25109.24万元，“十一五”期间增幅为52.59%，说明深圳市各级政府对公共图书馆建设的重视和大力支持，政府投入的加大为深圳市公共图书馆的稳定发展奠定了基础。

政府投入的加大首先体现在深圳市公共图书馆的馆舍面积、阅览坐席等基础设施有了较大增长，馆舍条件相应改善。仅2007～2010年，馆舍总面积由2007年的228012平方米增加至2010年的293435.7平方米，增幅为28.69%；阅览座位由2007年的22674个增加至2010年的33234个，增幅为46.57%，在深圳市政府大力倡导为特殊人群服务的背景下，深圳市各市区馆都设立了视障阅览室，2010年深圳市公共图书馆残疾人阅览坐席达到457个；截至2010年底共建立劳务工图书馆近百家，大大方便了广大外来劳务工利用公共图书馆等文化休闲设施；得益于深圳市共享工程的建设和深圳市各级政府在网络自动化设施购置方面的大力投入，深圳市公共图书馆的自动化水平得到较快提高，电子阅览环境大为改观，2007年深圳市公共图书馆计算机总台数为3183台，2010年增加至4268台，增长幅度为34.09%。

在资源建设方面，2005年全市的馆藏总量仅为992.59万册/件，2010年则达到了2295.71万册，“十一五”期间增幅为131.28%；电子资源建设突飞猛进，2005年全市公共图书馆馆藏电子图书仅有47.75万册，2010年已增至343.76万册，是2005年的7.2倍。

读者服务方面，深圳市所有市区公共图书馆坚持每周开放6天以上，各馆每周总开放时间都在72小时以上，基层图书馆每周总开放时间则达到36小时以上，并采取方便读者利用的开放时间。进馆人次、外借量、办证量等三大基础业务指标统计数据表明：2010年进馆人次是2005年的2.38倍；2010年外借册次几乎是2005年的4.33倍；2010年底累计有效办证数量突破百万，读者活动参加人次大幅提高。

（二）办馆模式百花齐放

深圳市基层图书馆的建设主要由各区图书馆牵头，或主建、或共建、或帮建，深圳市基层图书馆的办馆模式百花齐放，呈现多元化、蓬勃发展的好势头。福田区以区图书馆作为总馆，各街道图书馆和社区图书馆作为分馆，实现总分馆统一拨款、统一采购、统一编目、统一配置、统一管理。南山图书馆一直关注总分馆模式的研究，并结合本区实际，探索适合自身发展的一体化管理的办馆模式。宝安区将社区图书馆网络建设纳入政府公共服务体系建设中，由区政府负责投入，区图书馆实施，采取与社会共同办馆的模式，建立直属分馆。龙岗区认为总分馆建设要结合自身实际情况，在充分调查研究的基础上，确定建设目标，先试点，再完善，然后推广。罗湖区根据该区实际情况对街道和社区图书馆实行了紧密型和半紧密型两种模式的总分馆管理体制。

城市街区24小时自助图书馆是由深圳图书馆自主研发、遍布街区、为读者提供就近服务的便利设施，作为“图书馆之城”创新的办馆模式，为充分发挥自助图书馆位置便利和物流快捷的优势，满足读者的个性化需求，深圳图书馆利用丰富的馆藏，依托统一的服务平台，推出365天响应的送书到自助图书馆的预借服务，作为图书馆阵地流通服务的有益补充。随着统一服务的不断扩张，区级图书馆也开始参与全市预借服务的试点，将在各区馆设立预借书库，配备区内物流与自助图书馆物流对接，加入全市自助图书馆的预借服务。

（三）资源和服务逐步共享

深圳市公共图书馆从2004年开始开展市区图书馆通借通还服务，至2007年扩展至27家市、区、街道图书馆，通借通还服务延伸至基层图书馆，各区图书馆与本区基层图书馆特别是分馆之间已全面实现通借通还。

2009年，由深圳图书馆、深圳市科技图书馆、深圳大学图书馆三个深圳市公共图书馆、专业图书馆、高校图书馆的代表联合创建的"深圳文献港"正式开通，它以"开放合作、提升服务、保障共享、共同发展"为宗旨，成为一个文献资源整合、开放合作、资源保障和共享以及服务的平台。

2010年3月，深圳图书馆和龙岗图书馆及其16家分馆读者库、书目库等全面合库，在图书馆之城统一服务规则下提供一致服务，"图书馆之城"统一服务逐步在全市推进，目前已实现包括一个市级图书馆、五个区级图书馆及其分馆共147家公共图书馆及160家自助图书馆的统一服务，消除了各成员馆之间的服务障碍和对读者的"不同待遇"，借助专业的物流，统一服务实现了实体馆藏的互通和共享。统一服务的实施使得成员馆的合作得到实质性突破并更加紧密。

共享工程建设是实现图书馆馆藏资源最大化和整合各种信息资源的有效切入点，深圳市共享工程建设有力推动了深圳市公共图书馆的电子阅览室建设，共享工程网络通过公共图书馆遍布全市，通过互联网服务模式、卫星接收服务模式、光盘资源制作分发模式和数字电视播放模式、党员远程教育网络为广大市民提供共享工程信息服务，实现了数字资源的共建共享，缩小了与先进地区的数字鸿沟。

（四）全社会的图书馆意识得到普及和提高

"十一五"期间，深圳市建立了不同级别图书馆的建设标准、达标评估与表彰奖励体系、目标责任制等机制，积极争取各级政府和文化主管部门重视和支持，规范了公共图书馆的业务管理，图书馆事业发展进入了各级领导的决策视野和政绩考评。在"图书馆之城"建设过程中，无论是各级政府还是新闻媒体都极为关注公共图书馆服务体系的建设，为深圳市公共图书馆事业的发展进行宣传推广，营造了浓厚的全民阅读氛围，全社会的图书馆意识得到普及和提高。

全市各级图书馆也通过多种方式宣传图书馆，如图书馆之城建设成就展、公共图书馆国际高峰论坛，不仅让全社会对图书馆的认识得到加深，更让市民和业界知晓"图书馆之城"建设。

（五）图书馆体系建设研究取得丰硕成果

“图书馆之城”不仅仅是一个概念，它的建设过程更是探索、实践和创新的过程，深圳市图书馆不停留在理念炒作上，而是脚踏实地地进行探索实践，深入学术研究，通过《深圳市建设图书馆之城的理念与实践》、《图书馆之城建设五年成果调研》、《图书馆之城建设指标体系研究》等多项前瞻和总结研究，不断总结经验，指导实践。

二 深圳市“图书馆之城”建设的成功因素与存在问题

（一）深圳市“图书馆之城”建设的成功因素

1. 政府行政管理与协调

“图书馆之城”建设取得成效的关键是政府主导和行政协调管理，一方面主体利益不同导致公共图书馆之间的协调难度较大，必须由政府主导，统一规划，制定政策法规；另一方面，政府部门还必须对各公共图书馆行使评估和监督职权，推进公共图书馆体系的良性运转，逐步实现“图书馆之城”目标。深圳市“图书馆之城”就是在市政府和文化局的主导和长期政策支持下成功运行9年，公共图书馆合作的广度和深度逐步加大，成员馆的紧密度不断提升。

2. 专门机构和专职人员

政府主管部门工作千头万绪，不可能事必躬亲，同时对图书馆业务未必精通，而“图书馆之城”成员馆大多是平等协作关系，主体独立，因此除了政府的行政协调外，还需要由图书馆行业的专门机构和人员负责成员馆的业务联系和协调、人员培训以及合作项目的组织和实施等。比如数字资源的合作采购，从数字资源的查找、现场演示、安排试用、资源评估到合同审读、采购谈判及利用监控等等都需要专职机构和人员全面统筹和不断协商、沟通和跟进，又如“图书馆之城”统一服务的实施也需要由专门机构和人员来协调推进。

3. 严密的运作方式

由于“图书馆之城”成员馆隶属不同的主体机构，合作要想持续，必须有一套严密的运作方式。深圳市“图书馆之城”一方面通过每年的市区文化局年度会议对“图书馆之城”建设的任务和要求进行部署；另一方面，“图书馆之城”推进办每年组织召开多次公共图书馆馆长联席会议，对“图书馆之城”建设实施共同商议；同时在市文化局的统筹下，组织业内专家就图书馆之城的中长期目标、发展规划、建设指标体系、评估标准等进行系统研究并予以制定发布，形成了“图书馆之城”一套常规严密的运作模式，保障了“图书馆之城”的稳定可持续发展。无论是“图书馆之城”的通借通还业务还是统一服务，“图书馆之城”成员馆都协商并签订相关合作协议或在市文化局主导组织下，对合作项目达成共识，形成政策和文件，对各自的权利和义务进行规范，敦促成员馆严格遵守协议的要求，完成各自的任务。

4. 成员馆的权利义务对等

一方面，成员馆必须求大同，存小异，为追求合作共享效益最大化做出贡献和自我牺牲，如“图书馆之城”服务规则的统一就要求各成员馆放弃本馆固有的一些规则，对自身业务流程作出调整，读者证和馆藏条码的统一要求各成员馆为读者置换读者证，对旧馆藏进行条码置换并加贴统一标识，新增馆藏按照新的技术标准进行加工；另一方面，必须保持成员馆间的平等，保护各自核心竞争力和特色优势，增强成员馆参与的积极性，如“图书馆之城”由深圳图书馆负责组织本馆技术人员研发“图书馆之城”中心管理系统并负责技术设备和软件更新维护，在系统架构组建和功能实现时充分考虑各成员的意见和需求，平等对待所有成员馆，充分调动所有成员馆参与的积极性。

5. 业界高度共识和强烈合作意愿

深圳市自2003年实施建设“图书馆之城”以来，图书馆行业同仁的自我觉醒和奋进、各级领导的高瞻远瞩，使年轻的深圳市公共图书馆事业跨进全国公共图书馆行业前列，深圳市公共图书馆行业同仁都有一个共同目标即降低门槛和各种障碍，为全市读者提供方便快捷服务，迫于资源增长迅猛、馆舍空间有限和采购资金上涨压力，急需寻求资源共建共享，以达到降低采购成本、提高资源利用率、方便读者的目的。通过资源共享解决单个成员馆难以保证的馆藏发展问题，技术力量、采编和服务人员得到节省和素质提升。如“图书馆之城”统一技术和服务平台建立后，各成员馆可以依赖中心馆强大的技术力量对系统进行维护，减轻本馆技术人员的压力，统一采编系统建成后可节省成员馆采编人力，提高资源编目质量，同时借助“图书馆之城”提供的大量培训，提高成员馆人员业务素质，数字资源的合作采购可以借助有经验的成员馆专门人才，完成数字资源的试用评估、合同审读和采购谈判等，因此，成员馆不仅可以实现资源和服务的共享，更可以实现技术和专业人才的共享。

值得欣慰的是，“图书馆之城”没有凌驾于成员馆之上的专职机构，但所有的合作和磋商在政府的行政协调下，完全依靠成员馆的共同努力得以顺利实现。

6. 统一的网络技术平台

综观我国现有图书馆联盟发展的现状，大凡成功者必须具有一个先决条件即联盟成员馆均运行在同一个技术平台上。“图书馆之城”自2003年成立以来一直受制于缺乏一个统一的技术平台，各项合作难以达到实质性突破。2010年“图书馆之城”通过“图书馆之城”中心管理系统为”图书馆之城”提供了强有力的技术支持和依托基础，对全市公共图书馆的基础服务、联盟馆藏编目与管理、电子阅览室管理等逐步进行有效整合，使得全市公共图书馆的业务量大幅提高，服务质量和水平得到一致提升，图书馆之城的发展取得实质性突破。

（二）“图书馆之城”建设存在的问题

受市区财政分割体制的局限，现行分级管理制度造成条块分割、各自为政，行政主管实质性的掌控无法实现，市馆在“图书馆之城”的行业龙头作用无法有效发挥，影响全市公共图书馆网络服务形成有效合力，已成为“图书馆之城”持续发展的障碍和瓶颈；图书馆布局不尽合理，原特区内外发展不均衡，差别较大；文献资源总体供给不足，文献结构不尽合理，品种相对单一；投入不足，尤其是基层图书馆运行经费得不到保障，服务质量不够高，后续发展乏力，与深圳市经济发展水平、人口状况和市民的阅读需求不相适应；专业人才匮乏，人员结构不合理，基层馆从业人员水平较低，流动性大；全市公共图书馆尚未全面实现统一服务，统一采编和参考咨询平台整合有待实施；“图书馆之城”至今没有统一的LOGO，品牌意识和宣传有待加强。

三 “图书馆之城”推进情况及“十二五”展望

在“十一五”规划实施的基础上，“十二五”开局之年的“图书馆之城”建设已呈现如下新进展。

（一）统一的网络技术平台完成搭建并运作

“图书馆之城”建设最突出的障碍是全市尚未建立统一服务平台。由于缺乏统一技术平台，服务规则各异、书目数据库和读者数据库各自为政，导致读者享受不到一致和无差异的图书馆服务，尽快建立全市统一服务平台成为深圳市“图书馆之城”建设的重要突破口。2009 年 6 月，在深圳市文化局牵头下，由深圳图书馆起草的《深圳市“图书馆之城”统一技术平台建设方案》经市区馆长联席会商议后正式由市文化局公布，于同年开始实施。

从2010 年 3 月起，市区图书馆共同努力，逐步在全市推进“图书馆之城”统一服务，通过逐步整合全市公共图书馆的服务系统和文献资源，在全市范围内为市民提供图书馆统一服务，包括统一读者证、统一服务规则、共享文献资源等。在统一服务平台上，读者只需拥有一张“图书馆之城”读者证，就可以按照统一服务规则在加入统一服务的任何一个图书馆和全城所有自助图书馆享受办证、退证、补证、借还文献、查阅数字资源等图书馆服务，还可自主选择短信、语音电话、网络等方式享受图书馆服务。“图书馆之城”统一服务把无层级、无差异、无障碍的图书馆统一服务推送到市民身边，充分体现出政府公共文化服务产品的公益性、均等性、亲和性、自主性和便利性。

（二）资源共享和统一编目即将实施

通过统一服务的实施，全市的纸质文献资源正逐步实现共享，市、区图书馆根据全市资源采购委员会的采购策略合作发展馆藏，由于市、区两级财政，市、区图书馆将分别采购，通过“图书馆之城”中心管理系统统一采编平台，成员馆可在该平台上上传或下载采编数据，使全市公共图书馆的文献资源按照统一的编目标准加工，有效控制和提高编目质量，提高工作效率，节省采编人力资源，有利形成统一的联合目录，为资源共建共享打下坚实基础。

基于统一服务平台的建设和实施，统一服务范围不断扩大，统一服务的效果明显，同时数字资源日益昂贵，“图书馆之城”统一服务成员馆进行数字资源共建共享的愿望越发强烈，“图书馆之城”正酝酿数字资源的协同采购和共享、特色资源数字化的共建共享，逐步建立数字资源协同采购合作机制，采取自愿、平等、互惠的原则，通过集体谈判、资源采购分工、经费合理分摊等形式实现数字资源的共建共享。

（三）参考咨询协作服务提上日程

"图书馆之城"推进了9年，由于缺乏统一的服务平台，网上参考咨询一直各自为政，随着统一服务的实施和推进，"图书馆之城"建设将把网上参考咨询协作作为未来发展的重要合作项目，以深圳图书馆作为龙头，采用协作方式，各成员馆指派专门人员参与"图书馆之城"网上参考咨询平台工作，咨询馆员轮班协作，共同完成全市公共图书馆的网上参考咨询工作。

（四）"图书馆之城"业务大一统正逐步实施

所谓"图书馆之城"业务大一统是指在统一技术和服务平台下，利用统一的物流配送系统，实现"图书馆之城"技术资源、文献资源、财经资源、人才资源的统筹协调和读者服务的一体化运作，通过"图书馆之城"门户网站，统一导航、统一检索，统一使用和全面共享，实现全市公共图书馆一证通行，提高资源和服务共享的层次，形成更紧密的协作关系，实现"图书馆之城"的跨越式发展，目前业务大一统的雏形正逐步显现。

（五）深圳市文献保障中心建设列入规划

迫于资源增长迅猛而馆舍空间有限以及"图书馆之城"共建共享的长远目标，深圳市正计划建立深圳市文献保障中心，将全市各公共图书馆的三线资源统一收藏并提供统一的调配和读者服务。

展望"图书馆之城"建设"十二五"规划前景，相信深圳市"图书馆之城"建设通过探索基层图书馆新的建设模式和进一步完善和确立以区图书馆为总馆的总分馆管理体制，能实现全市公共图书馆的一体化布局和均衡发展，不断提高专业化服务水平和效益；通过丰富资源，优化结构，实现全市公共图书馆人均文献藏量不低于2.3册（纸质文献）的目标，满足深圳市经济发展和市民文化休闲、终身教育需要；通过加大科技创新，强化"科技+服务"的特色，提高图书馆数字化、网络化和自助服务的水平；最终实现构建布局均衡、资源丰富、管理创新、技术先进、服务便捷、持续发展的无边界图书馆网络和普惠型图书馆服务体系总体目标。

Report on the Construction of "the Library City" in Shenzhen

Yu Shengying

Abstract: In 2003, Shenzhen city formally puts forward the construction of "the Library City". The construction' scale, system structure and service profit of "the Library City" have reached a bright new degree during the past 9 years and created valuable experience.

Key Words: Shenzhen; Public Culture; the Library City

B.17

云南积极探索“文化乐民、文化育民、文化富民”新途径

黄 峻*

摘 要： 近年来，云南树立“三创”理念，构建“大文化”工作格局，在服务“三农”中积极探索农村文化建设新途径，做到内容创新、组织创新、活动创新，实现了“文化乐民、文化育民、文化富民”。

关键词： 云南 农村文化 公共文化

党的十七届六中全会强调“增加农村文化服务总量，缩小城乡文化发展差距，对推进社会主义新农村建设、形成城乡经济社会发展一体化新格局具有重大意义”。近年来，云南省积极探索和实践农村文化建设的新方法和新途径，取得了一些新成效，积累了一些新经验，得到中央领导和中宣部、文化部的充分肯定，中央主要新闻媒体集中进行了宣传报道。2010 年 11 月，文化部在昆明首次召开全国村级文化建设工作座谈会，推广“云南经验”。

一 通过做到文化工作“三创三转变”，实现观念创新，更好地解决新的文化自觉问题

农村是人民群众精神文化需求最迫切、最旺盛的地方，是当前和今后一个时期文化建设的重点和难点。加强农村文化建设是关系民生的一件大事，是推动文化大发展大繁荣的重要基础，也是全面建设小康社会的必然要求。通过探索和实践，我

---

* 黄峻，云南省文化厅党组书记、厅长。

们深切地认识到，推动文化大繁荣大发展，必须从中国特色社会主义“四位一体”总体战略布局出发，树立新的文化发展观和文化价值观，做到“三创三转变”。

（一）切实树立“三创”理念，构建“大文化”工作格局

文化作为国家软实力，体现在政治建设中，一是通过“以文化人”，构建社会主义核心价值体系，形成凝聚力，打牢全国人民团结奋斗的共同思想基础。坚持用社会主义先进文化占领农村阵地，提高农民思想道德素质和科学文化素质，构建社会主义核心价值体系，始终是贯穿农村文化建设的一条主线。二是文化在经济建设中创造财富。当今时代，文化与经济日益交融，文化不仅创造精神财富，而且创造物质财富；不仅关系“民生”问题，而且关系“民富”问题；不仅能够提供精神动力、思想保证，而且已经成为加快经济发展方式转变的重要途径和重要方面。云南广大农村有着十分丰富的文化资源，只有大力发展乡村特色文化产业，才能把文化资源优势转化为创造物质财富的优势，培育农村新的经济增长点，开辟农民增收致富的新途径。三是文化在社会建设中创建和谐。和谐文化建设是和谐社会建设的先导性、基础性工程，文化和谐能够带来社会的和谐。云南是边疆民族地区，尤其需要发挥文化在人际关系上的“润滑剂”、邻里关系上的“调适器”、民族关系上的“黏合剂”作用，这对于巩固民族团结、边疆稳定、社会发展具有极为重要的意义。“三创”理念的确立，有效地更新了人们的文化发展观，极大地推动了云南“大文化”格局的构建。从2008年起，先后有十几个省直部门参与了“云南省文化建设三年促进计划”的实施，是云南省职能部门直接参与文化项目建设最多、范围最广、持续时间最长的一次。

（二）加快实现“三转变”，在文化发展方式上寻求新突破

一是在公共文化服务方式上，由“公益”向“公共”转变。要用“公共”搭建“公益”的效益平台，在坚持政府为主导的前提下，逐步形成投资主体多元化、实现形式多样化、产品提供社会化的格局。云南省文化厅先后与中国电信云南公司签订了战略合作协议，利用电信强大的数字化网络平台，共建云南农村数字网络文化；与省教育厅签订了文化教育合作协议，将共同聘请一批乡村教师兼任农村文化辅导员。二是在文化产业增长方式上，由“资源”向“资本”转变。就云南农村而言，就是要把浓郁的民族文化资源转化为特色旅游经济资本，

把生态的自然文化资源转化为特色区域经济资本，把深厚的历史文化资源转化为特色遗产经济资本，把“特点”转变为“亮点”，再把“亮点”转化为“卖点”，最终形成新的农村经济增长点。成立“农村文化产业合作社”，以经济实体和整村推进的方式发展乡村特色文化产业，是云南在这方面的一个大胆尝试。三是在文化建设方式上，由“基础”向“基本”转变。经过这些年的建设，云南省农村文化基础设施有了明显改善，为构建公共文化服务体系提供了较好的物质基础。在这种情况下，云南省逐步将工作着力点转移到解决文化权益基本保障、文化服务基本供给、文化活动基本需求的“三个基本”上来，着力改善文化民生，着力缩小城乡文化发展剪刀差，着力提高公共文化服务“均等化”水平，努力推动城乡文化一体化发展。

二　通过文化建设与服务“三农”相结合，实现内容创新，更好地解决推动农村经济社会协调发展问题

（一）创建“农民演艺协会”，通过“文化乐民”服务农村，促进和谐乡村建设

在云南省广大农村，农民群众自发组建了一大批业余文艺演出队伍，文化活动十分活跃，在增进民族团结、维护边疆稳定、建设和谐乡村方面起到了不可替代的作用。但是，也还存在着各自为政、资源分散、节目陈旧、缺乏创作能力、演出水平偏低等问题，影响了农民业余文艺演出的可持续发展。为保护好群众参与文艺活动的积极性，提高农民业余文艺创作演出水平，更好地推动农村先进文艺活动蓬勃开展，一批行政村率先成立了“农民演艺协会”，对自发的、分散的农民业余演出队进行有组织的引导和帮助。这些“农民演艺协会”有自己的章程，设有名誉理事长，选举产生了理事长、副理事长、理事和秘书长、副秘书长，有由自然村农民业余文艺演出队担任的理事成员单位。在“农民演艺协会”的组织下，许多农民业余文艺演出队走村串寨交流学习、共同提高，使农村文化生活更加丰富多彩。在“农民演艺协会”的推动下，一些村寨还开展“星级演员”评选活动，以此向社会推介自己的“村星”，扩大知名度。在“农民演艺协会”的统筹下，有组织地对农民业余文艺演出队进行定期或不定期的培训，促

进了创作能力和演出水平的提高。

在“农民演艺协会”的带动下，广大农民群众不再满足于看看电视、打打牌、串门聊天等生活方式，而是自编、自导、自演节目，用自己喜闻乐见的方式讲述身边发生的故事，不仅增强了感染力，而且在自娱自乐的同时，达到了教育启迪、陶冶情操、传授知识、鼓舞人心的积极作用。同时，通过开展各种文体活动，引导群众开展健身活动。昆明市西山区的西华村自成立“农民演艺协会”以来，积极争取社会各界的资助，建立了“爱心企业资助金”，第一批筹集到捐助金 3 万多元。同时，通过“冠名”的方式，为 2 支花灯队分别争取到了 2 家公司每年 5000 元的“冠名”费。目前，西华村正在着力打造“艺术巷”和乡村网络影院，引进了绘画、摄影、书法 3 家艺术机构及一批艺术家。

（二）创办“农民文化素质教育网络培训学校”，通过“文化育民”服务农民，提高综合素质

2009 年 5 月以来，云南省依托全国文化信息资源共享工程和乡镇综合文化站，整合农村文化基础设施资源，利用数字化的网络平台，在全国首创并建成“文化信息资源共享工程农民文化素质教育网络培训学校”（以下简称“农文网培学校”）800 多所，并在村一级设立分校。在农文网培学校里，聘任了校长、副校长，聘请了教员、辅导员和文化志愿者；制定了包括教学管理、教学计划、工作职责等规章制度；建立了学员入学登记、学习成绩登记、学习情况综合评价登记等学籍档案；采取集中授课与个人上网自学相结合的办法开展培训，并实行学分制，对达到规定学分的学员颁发“培训合格证书”。农文网培学校具有四个特点：第一，是一所直接服务于“三农”的农民文化学校，在提高农民素质、传播文化知识、推广实用技术等方面发挥了积极的作用，深受农民群众的欢迎。第二，是一所全覆盖、开放式、社会化的“无围墙”学校，共享工程建设到哪里，学校就开办到哪里；农民需要什么，学校就提供什么；农民什么时候需要，学校就什么时候开放。第三，是一所为农民免费提供终身文化服务的学校，采取科技化的学习手段、个性化的学习形式、信息化的学习内容、多样化的学习方式，有效地推动了数字文化资源“进村入户”。第四，是一种破解当前基层图书馆和文化站“不活”难题的有效方式，通过创新共享工程运行方式，拓展了图书馆传播知识的渠道，提高了文化站服务群众的能力，解决了馆（站）服务单

一、功能萎缩面临的困境。与此同时，云南省充分挖掘和利用乡土文化，在行政村或自然村建立了一批文化陈列室，把村发展史教育与传统文化教育结合起来，成为村一级开展爱村、爱乡、爱国的文化教育的阵地；把电子阅览与“绿色网吧”建设结合起来，开设了一批“公共电子阅览室”，既为农民群众提供便捷文化、科技信息查询服务，又满足农村青少年对现代信息网络文化的渴求，引导他们正确使用网络，保护他们的身心健康。

农文网培学校及文化陈列室、公共电子阅览室的建立，对提高农民素质起到了不可替代的作用，已成为农民群众获取科技知识的殿堂和接受文化教育的课堂。目前，云南省已建成农文网培学校855所和农文网培分校1800所，覆盖全省62%的乡镇和10%的行政村，累计开展各类培训活动1万多班次，培训农民90多万人次，服务群众220多万人次。在农文网培学校里，农民群众通过现代的、便捷的学习途径，学习到科技文化知识、致富创业本领等，充分享受到了文化发展的成果，提高了素质、更新了观念、开阔了视野。闲暇之余打麻将、打牌的人少了，大家都忙着读书、上网、参加培训，学习自己需要的知识，并将学习成果用以指导自己的生产生活，形成了学知识、用知识、以有知识为荣的良好氛围。

（三）创立“农村文化产业合作社”，通过“文化富民”服务农业，转变农村经济发展方式

在云南省各级文化部门具体指导下，一批文化惠民示范村在整合当地文化资源的基础上，在全国率先成立了在工商部门登记注册的“农村文化产业合作社”，成为促进乡村文化产业发展的新兴经济实体，统一规划、整体开发和协调推进乡村特色文化产业，以此实现“文化富民”的目标。这些农村文化产业合作社选举产生了理事会、监事会，制定了自己的章程和内部管理规定，明确了发展方向和经营范围，形成了“公司+合作社+农户”的生产经营格局，“产、供、销”一体化的市场模式和“技能培训+骨干培养+品牌培育”的效能机制。农村文化产业合作社的成立，成为破解当前乡村文化产业发展“小、弱、散、难、软”等问题的有效举措。一是有利于整合文化资源，推动农村文化产业的规模化、集约化发展，促进农业结构调整和农村经济发展方式的转变，解决农村文化产业“小”的问题；二是有利于集聚生产要素，增强乡村特色文化产品的竞争力，有效抵御市场风险，解决农村文化产业“弱”的问题；三是有利于提

高组织化程度，实现统一组织、统一管理、统一营销，形成农村文化产品的特色和品牌，解决农村文化产业“散”的问题；四是有利于争取金融部门的支持，作为独立的市场主体招商引资，解决农村文化产业资金“难”的问题；五是有利于促进文化与经济协调发展、文化与旅游互动发展、文化事业与文化产业持续发展，解决农村文化建设“软”的问题。

农村文化产业合作社的创立，推动了乡村特色文化产业的形成，带动了当地经济的发展，促进了农民增收致富，提高了村民的可支配收入，在改善村民生活方面效果明显。如，腾冲县中和乡的“大村文化产业合作社”成立以来，实行“统一组织、统一管理、统一营销”，极大地带动了石材工艺产业的快速发展，石材工艺从业农户达350户，年收入达1500多万元。耿马县“芒团村文化产业合作社”带领农民群众大力发展手工造纸传统技艺，全村常年从事白棉纸生产的农户有62户，年收入达80多万元。石林县阿着底村大力开发民族刺绣产品，有从业人员2000多人，刺绣产品不仅销往广东、深圳及港澳台等地，还远销到泰国、越南、日本、韩国、法国、俄罗斯、加拿大、美国等国家。剑川县梅园村有石雕工艺从业者有190多户，占全村总户数的83%，全年收入达100多万元。香格里拉县尼西乡汤堆村每年生产黑陶器皿达16万件，产品远销国内外，年销售金额达260多万元。昆明市西山区的西华村在全国首创“文化超市”，着力打造乡村特色文化产品的的推介中心、物流基地和文化集市。

三　通过建立基层文化人才管理机制，实现组织创新，更好地解决农村文化阵地的建设问题

一是从省级机关优秀年轻干部中选拔一批“文化副县长”。2010年以来，云南省共分两批从省级机关优秀年轻干部中选派16名文化副县长，加强了对基层文化工作的组织领导。

二是从农村有知识且表现突出的优秀青年农民中聘用一批“文化干事”。文化干事由村委会聘用，主要职责是组织开展“文化乐民”的群众文化活动；负责抓好“文化育民”的“农文网培学校”的日常管理工作；指导推进“文化富民”的乡村文化产品的开发推介。

三是从大学生村官中聘请一批“文化辅导员”。“文化辅导员”由农文网培学

校聘请，主要负责农文网培学校的培训工作，通过网络教学、多媒体教学、现场教学及流动培训等，为农民学员开设一个形式多样、内容丰富、手段现代的课堂。

四是从热心文化事业的村民中招募一批“文化志愿者”。“文化志愿者”由“农文网培学校”招募，主要是在闲暇之余协助“文化干事”做好文化活动中心或文化活动室的日常事务。

四　通过整合资源搭建平台，实现活动创新，更好地解决农村文化活动的服务问题

一是举办“中国（福保）乡村文化艺术节”，整合各界社会资源，搭建乡村文化展示的交流平台。“中国·福保乡村文化艺术节”由文化部与云南省政府每两年举办一届，目前共举办了两届，被誉为“农村文化的盛会、中国农民的节日”，已成为全国乡村文化艺术活动的知名品牌。

二是开展“文化大篷车”千乡万里送戏行活动，整合各类艺术资源，搭建省级国有院团“文化下乡”的服务平台。自 2009 年 7 月启动以来，省级 6 个演出分团共赴 325 乡（镇）演出 481 场，观众达 200 多万人次，足迹遍布壮乡苗岭、边陲小镇、地震灾区、部队军营等，受到各族群众的热烈欢迎。

三是开展“大家乐”群众文化广场推广活动，整合民族文化资源，搭建素质文化的普及平台。开展“大家乐”文化广场活动，举办两届群众文化广场舞蹈大赛，共创演节目 5000 多个，演出 2834 场（次），参加演出的群众演员达 53.9 万人次，参与活动的群众达 1400 多万人次，目前全省每年参与文化广场活动的群众达到 3000 余万人次，成为城乡群众“没有围墙的剧场、人人享有的舞台”。

四是举办全省新农村文艺汇演，整合政府行政资源，搭建农村群众优秀文艺作品的展示平台。全省 119 个县市区、16 个州市和省级逐级进行了汇演，共创作演出 2 万多个节目，演出近 5000 场，6 万多名农民和基层文化工作者参加创作和演出，观众达 1000 多万人次。

五　通过设立文化惠农专项资金，实现保障创新，更好地解决农村文化活动的瓶颈问题

一是设立“文化惠农”活动补助专项资金。从 2009 年起，云南省省级财政

按照农民年人均0.50元的标准每年安排1800万元的文化惠民活动补助经费，用于解决国家给予农民享有基本文化权益的活动补助，2010年提高到3000万元。从2012年起省级将进一步提高文化惠民活动补助资金标准。同时，全省各地结合实际，设立文化惠农专项资金，把文化惠农活动补助经费纳入财政预算予以安排，推动了农村文化活动的蓬勃开展。

二是设立云南边疆解“五难”专项资金。省级财政一次性投入1000多万元，为25个边境县和3个藏区县每县配置了1辆“文化大篷车”有效解决了长期以来边境和藏区县级文工团“送戏难”、农民群众“看戏难”的问题，丰富了农民群众的文化生活，拓宽了农村公共文化服务的实现途径。

三是设立“农民业余文艺演出”专项扶持资金。近年来省级财政投入2000万元，采取“以奖代补”形式，扶持1510优秀农民文艺业余演出队，配置了演出所必需的设备，充分发挥他们在农村文艺演出中的示范带动作用。

四是设立“农村民族民间文化保护”专项资金。2008年以来，省级财政专列非物质文化遗产传承人传承奖励金和农村民族民间文化保护资金800万元。

Exploring Positively New Ways to “Culture that Entertains, Educates and Enriches the Mass People” in Yunnan Province

Huang Jun

Abstracts: In recent years, Yunnan has set the concept of “San Chuang”, established “Large Culture” arrangement and explored positively new ways to develop rural culture in the serving of the “San Nong” to innovate contents, organizations and activities, thus “a culture entertaining, educating and enriching people” came into being.

Key Words: Yunnan Province; Rural Culture; Public Culture

B.18
湖南长沙城乡统筹、多措并举推进公共文化服务体系建设实践

夏建平*

摘　要： 湖南省长沙市坚持以科学发展观为统领，以统筹城乡、全民共享为思路，以设施网络化、服务多元化、活动品牌化为抓手，努力构建覆盖城乡、结构合理、功能健全、实用高效的公共文化服务体系，有效满足了人民群众日益增长的精神文化需求。

关键词： 城乡统筹　公共文化服务体系

湖南省会长沙是国务院首批公布的 24 座历史文化名城之一。现辖五区三县一市，总面积 1.18 万平方公里，总人口 704 万。近年来，长沙市坚持以科学发展观为统领，按照城乡统筹、全民共享的思路，以设施网络化、服务多元化、活动品牌化为抓手，努力构建覆盖城乡、结构合理、功能健全、实用高效的公共文化服务体系，有效满足了人民群众日益增长的精神文化需求。

一　主要做法

1. 设施网络化

近年来，长沙市按照“建成投放一批、建设上马一批、规划布局一批”的思路，不断完善四级公共文化设施网络体系。一是抓市级标志工程，提升城市文化品位。先后投入 40 多亿元，建成了田汉大剧院、简牍博物馆、橘子洲生态文

* 夏建平，湖南省长沙市人民政府副市长。

化公园、“一馆三中心”等一批重要文化设施。滨江文化园“两馆一厅”（新图书馆、新博物馆、音乐厅）完成主体建设；铜官窑和炭河里考古遗址公园、西湖文化园等文化工程有序推进；规划中的长沙文化艺术中心、梅溪湖国际文化艺术中心、汉长沙王考古遗址公园等项目正在启动，较好地发挥了重大文化建设项目的龙头带动作用。二是抓区、县（市）骨干工程，引领城乡一体化发展。各区、县（市）投入20多亿元，建设文化艺术中心（大剧院）6个。全市各区、县（市）都建有文化馆、图书馆，其中二级馆以上达12个，充分发挥了骨干文化设施的辐射引领作用。三是抓街道（乡、镇）示范工程，夯实群众文化基础。全市181个街道（乡、镇）均建有综合文化站，其中设施设备先进、服务功能强的示范性乡镇综合文化站58个。提质改造背街小巷513条，打造太平街等历史街巷和特色文化景观街15条。四是抓社区（村）普及工程，惠及城乡居民。全市所有社区（村）都建有文化活动室（中心），其中示范性文化活动室（中心）190个。建成大型市民休闲文化广场20个、社区未成年人绿色上网场所322家、农家书屋684家、社区公园27个，全面完成广播电视村村通工程，实现了城乡基层文化设施全覆盖。

2. 服务多元化

近年来，长沙市坚持多样性、便利性的原则，创新文化产品生产和服务供给方式，得到中宣部、文化部的肯定和新华社、中央电视台等主流媒体的推介。一是坚持公益惠民生。坚持公共文化资源向农村和农民延伸，向弱势群体和普通市民倾斜。2003年开始，长沙市坚持“政府买单、群众看戏”，年均送戏下乡进社区演出800多场，累计送戏6000多场。全面实现农村电影放映工程“2131”目标，年均放映20000多场。全市文博单位、爱教基地、图书馆、文化馆全部向社会免费开放，通过政府购买服务，逐步推进公园、游泳馆、学校文化体育场馆免费向社会开放。二是鼓励群众办文化。出台了业余文艺团队扶助管理办法，采取以奖代拨等措施鼓励群众自办文化。全市自办文化团体（场馆）达500多个，民营博物馆达20多家。望城县农民工李芳自办师友图书馆得到温家宝总理亲笔签名赠书。

3. 活动品牌化

近年来，长沙市实施“文化品牌”战略，整合资源，打造特色，不断丰富和提高公共文化服务内容和质量。一是提升“百团汇演”群文品牌。以全市

1087 支业余文艺团队为中坚力量，组织开展群众文艺“百团汇演”活动，推动文化进社区、进村镇、进企业、进校园，三年来共举办各类演出 2 万余场次，辐射全市 181 个街道（乡镇）、400 多个社区，惠及 600 多万人民群众。“百团汇演”先后荣获全国十大群文品牌、第九届中国艺术节“群星奖”。二是积极培育地方特色品牌。全市依托湘江剧院开展“好戏天天演”活动，每周演出湘剧、花鼓戏等地方戏曲 6 场以上，产生了很好的社会影响；依托橘子洲，每周举办音乐焰火晚会，举行橘子洲沙雕艺术节、音乐节、国际摄影文化节等活动，打造了“文化橘洲”品牌。各区、县（市）按照“因地制宜、一地一品”原则，积极打造“湘江韵律”、“五彩星沙”等活动品牌，形成了市区联动、城乡互动的格局，被广大人民群众称为“永不落幕的舞台”。三是创新“阳光娱乐　创业兴文”活动品牌。2008 年以来，长沙市积极探索文化企业参与公共文化服务的新路径，以“阳光”为导向、以“娱乐”为基础、以“创业”为主线、以“兴文”为目的，精心组织开展系列活动，举办各类演出 300 余场，参与企业近 3000 家次，累计发放文化娱乐消费券 16 万多张，惠及数百万人民群众，受到群众好评、企业拥护和社会关注。

二　主要经验

1. 始终坚持政府主导作用

做到“三个”坚持。一是坚持政策推动。长沙市委、市政府先后制定了《关于进一步加强文化建设的意见》、《长沙建设国际文化名城战略纲要》等系列政策文件和长沙市文化发展“十一五”、“十二五”规划。通过示范树典型、考核排名次等措施调动基层党委政府对文化建设的积极性和主动性，有效地推动了文化事业发展。二是坚持投资带动。“十一五”期间，在重大文化设施建设上，市和区、县（市）两级财政累计投入 60 亿元，建成了一大批重大公共文化设施。在重点文化惠民工程上，市和区、县（市）两级财政都设立了专项资金，累计投入达 15 亿多元，有效带动了社会资本的介入，为文化建设提供了有力的支撑。三是坚持区域联动。抢抓长株潭“两型社会”建设机遇，整合地区文化资源，三市共同打造湘江文化带，推出了长株潭文化溯源之旅等文化旅游线路。开展对口援建活动，推进了韶山一号工程和湘西里耶秦简博物馆建设。依托党员远教、农村综合信息服务、社区建设资源，全面推进基层文化阵地建设。通过公共图书馆总分馆建设、城区图书馆“一卡通”服务和“农村文化集市”建设等措施，逐步缩小城乡文化差距和数字鸿沟。

2. 始终突出群众的主体地位

长沙市坚持把群众性、广泛性、互动性贯穿文化工作始终。一是在服务对象上。始终关注社会各个阶层、各个群体，坚持公共文化向农村留守儿童、空巢老人，向城市低保户、农民工、拆迁户等弱势群体倾斜，积极引导普通市民和广大未成年人参与文化活动，接受文化熏陶。二是在服务内容上。始终坚持紧贴时代主题、紧扣群众需求，注重以群众喜闻乐见的形式，开发就地取材的文艺作品、多姿多彩的民间文化。三是在服务方式上。不违农时，不择场地，不拘形式，让群众走上舞台唱主角、走下舞台当评委，做到方便群众、联动基层。2010 年开展的长沙市“百佳群众文艺团队”评选等活动，网络投票达 20 万人次，网站专题总点击量超过 100 万次，活动参与人数之多，范围之广前所未有。

3. 始终发挥人才的主力作用

牢固树立人才是第一资源意识，大力推进“人才兴文”战略。一是专业与业余并重，壮大人才队伍。目前，全市专业艺术团体和公共文化机构专兼职文化人才达 2400 余人；各类文艺协会（团体）14 个，会员 4000 多人；各类群众文艺团队 1087 支，业余文艺骨干 10 万余人，成为全市文化建设的主力军。二是引进与培育并举，提高队伍素质。近年来，全市引进和招聘各类专业文化人才近百人，与北京大学、上海音乐学院、湖南大学等高校合作培训文化专业人才 200 余人次。开展农村定点对口辅导和社区包片辅导活动，累计培训 3 万多人次，提高了基层文化队伍素质。三是考核与激励并用，激发人才活力。强化目标管理和绩效考核，推行文化事业单位“单位目标管理、个人岗位管理、学术课题管理、后勤物业管理”制度；探索实施政府雇员管理模式，芙蓉区面向全国公开招聘了 15 名街（乡）文化站长，文化站站长雇员制的经验受到国务院办公厅的好评；大力开展“群众文艺百佳团队”和群众文化“三优”评选表彰活动，充分调动了文化工作者的积极性，形成了扎根基层、服务群众的良好氛围。

三　进一步加强公共文化服务体系建设的具体举措

长沙市将深入学习贯彻党的十七届六中全会精神，以创建国家公共文化服务体系示范区为契机和抓手，高标准规划，广渠道投入，大协作推进，全面加强和改进基层文化民生，不断提升公共文化服务体系的覆盖面、均等化和满意度，着力构建“设施网络化、供给多元化、机制长效化、城乡一体化、服务普惠化”的公共文化服务新格局。

1. 实施六大文化惠民工程

一是公共文化“进村入户”工程。开展送戏、送电影、送图书、送展览、送讲座、送文艺节目、送文化辅导下乡进社区等活动，推进文化信息资源共享、农村电影放映等工作。二是群众文艺“千团百佳”工程。整合资源，落实包片包团、定点帮扶辅导制度，开展“百佳、百品、百星”评选活动，到2012年基本实现每个行政村、社区均建有1支以上业余文艺团队。三是文艺精品培育工程。加强对文化产品创作生产的引导，提升《古画雄魂》质量，冲刺国家舞台精品工程；提升现代花鼓戏新剧目《太阳出来唱山歌》，打造红色题材剧目《人间知己》，推出系列反映长沙特色、彰显湖湘文化的精品节目。做大做强区域文化品牌，提质湘江剧院“好戏天天演”活动；依托橘子洲，打造“文化橘洲”品牌；深化“阳光娱乐·创业兴文”活动，探索文化市场反哺公共文化服务的新路径。四是书香星城“211”工程。建设以长沙市图书馆为总馆，基层图书馆（室）、农家书屋为分馆，覆盖城乡的公共图书馆总分馆体系，实行资源共享、协同采编、统一检索、通借通还；开展“书香家庭”、“读书达人”评选活动，举办“星城科学讲堂”、“市民文化讲坛”等活动。五是外来务工人员“文化共享”工程。开展面向外来务工人员及其子女的艺术辅导培训、图书阅读、艺术鉴赏等服务；引导外来务工人员走进博物馆、图书馆、文化馆（站）；通过政府购买，定期推出零门槛、低消费的外来务工人员文化套餐。六是公共文化“数字服务”工程。建设长沙数字资讯中心和数字图书馆、博物馆等地方特色数字资源库，方便群众享受数字资源服务。

2. 推进文化设施网络建设

一是推进市级标志工程建设。加快“滨江文化园”两馆一厅建设，确保2012底建成投入使用，完成湖南近现代史博物馆、市青少年宫的提质改造，推进梅溪湖国际文化艺术中心、西湖文化园、汉长沙王（国家）考古遗址公园、铜官窑遗址公园、炭河里遗址公园建设。二是加快区县（市）骨干设施建设。加大各区县（市）文化设施达标和规划建设力度，提质完善芙蓉区、岳麓区、望城区、宁乡县文化馆、图书馆等文化设施，确保各区县（市）文化馆、图书馆全面达标；加快天心区非物质文化遗产展示中心、雨花区多功能文化活动中心、望城区思贤书院、长沙县星沙文化艺术中心和宁乡县文化艺术中心建设，确保如期投入使用。三是完善乡镇（街道）综合文化站建设。在乡镇（街道）综合文化站建设达到国家示范区创建标准的基础上，望城区、长沙县、浏阳市、宁乡县各建成10个以上设施设备先进、服务功能完善的示范性乡镇（街道）综合文化站。四是完善村（社区）基层阵地建设。两年内提质改造城区村（社区）示范性文化活动室（中心）200个，实现80%的乡镇、社区建有标准配置的公共电子阅览室；推进农家书屋建设，实现全覆盖；实施广播电视户户通工程，逐步消除广播电视覆盖盲区。

3. 开展两项制度设计研究

精心组织开展“长沙市群众文化活动常态机制研究”和“长沙区域图书馆资源共享模式探索研究与实践”等重点课题研究，探索文化服务体系建设的新方法、新路径，建立群众性文化活动常态化机制和公共文化资源共享模式。

The Public Culture Service System Construction Practice by Balance the Urban and Rural Development and Using Multiple Means in Changsha, Hunan Province

Xia Jianping

Abstract: To construct the public cultural system which is covering both the urban and rural areas, rational structure, sound function, to meet the masses' growing spiritual and cultural needs. Changsha, Hunan province using the principle of scientific development as their leading idea, urban and rural areas as a whole and the sharing as the working way, facilities network, Diversified service and Activities brand as the working content.

Key Words: Balance the Urban and Rural Development; Public Cultural Services System

B.19

重庆市渝中区改善文化民生的实践和探索

朱 军*

摘 要： 重庆渝中区作为重庆的母城和中心城区，以建设“十分钟文化服务圈”、创建国家首批公共文化服务体系示范区、打造“中国西部文化名区”为目标，切实保障和改善文化民生，努力促进文化共同富裕。

关键词： 渝中区 文化民生 公共文化服务体系

文化民生是民生的重要组成部分。党的十七届六中全会对社会主义先进文化建设作出了全面部署，并要求“大力发展公益性文化事业，保障人民基本文化权益”。渝中区作为重庆的母城和中心城区，发挥优势，整合资源，加强建设，强化管理，大胆创新，完善服务，以建设“十分钟文化服务圈”、创建国家首批公共文化服务体系示范区、打造“中国西部文化名区”为目标，大力改善文化民生，切实保障市民文化权益，在公共文化服务体系建设方面进行了生动实践和大胆探索。

一 渝中区发展文化民生的现实基础

渝中区是重庆的母城和中心城区，经过长久的积淀，大力发展文化民生已经具备了坚实的文化基础、内在的需求基础、统一的思想基础和坚强的物质基础。

---

* 朱军，重庆红岩联线文化发展管理中心党委书记。

（一）富集雄厚的文化资源

重庆的历史在渝中、重庆的文化看渝中。渝中历史文化资源丰富，是巴渝文化、移民文化、抗战文化、红岩文化的发源地，共有文物205处，总量高居全市第一。文化机构团体云集，区域内有文化事业单位40多家，市级艺术院团有近50%在渝中区。文化场馆设施完备，有大小场馆23处，文化广场30多处，剧院、电影院18个，全市十大标志性文化设施有7个在渝中。文化龙头企业众多，聚集了重庆日报报业集团、新华书店集团等文化龙头企业，带动发展文化企业2760家。这些富集的文化资源为渝中区发展文化民生提供了坚实基础。

（二）日益增长的文化需求

渝中区经济社会发展水平始终处于全市前列，人均GDP已达13000美元，人民群众生活水平不断提高，步入较为宽裕的小康阶段，主要需求由生存型为主向发展型为主转变，人们越来越期望丰富精神文化生活，获得精神上的满足和心灵上的充实。在这种情况下，文化生活不再是某部分群体独有的生活方式，文化消费也不再是单一群体的专属，而成为大众的、普遍的需求。这种日益增长的文化需求为渝中区发展文化民生提供了内在的需求基础。

（三）民生导向的发展理念

长期以来，坚持树立“以文塑人、以文兴业、以文立城”的思想，坚持“文化与经济共发展、文化与城市共繁荣、事业与产业共腾飞、历史与现代共辉映”的原则，坚持走民生导向的文化科学发展之路，大力推动文化大发展、大繁荣，切实保障和改善文化民生。现在，民生导向的发展理念已经深入干部群众的头脑，成为全区上下推进文化建设的共识，为渝中区大力发展文化民生提供了统一的思想基础。

（四）日益增长的经济实力

改革开放特别是重庆直辖以来，渝中区经济实力显著提升，“十一五”期间，经济社会发展呈现“蓄势迸发”的良好态势，八项经济指标实现翻番，如地区生产总值翻一番，达到553亿元；区级财政收入接近翻两番，达到39.2亿元。2011年，地区生产总值665亿元，人均地区生产总值16233美元，区级财政收入51亿元。除每年设立1000万元的宣传文化专项资金外，财政经常性收入的1%投入了文化事业经费。展望未来五年，伴随大拆迁转为大建设、迎来大发展，渝中建设长江上游地区现代服务业核心区和总部经济基地的目标将加快实现，GDP将步入千亿元级规模，区级财政收入将迈上百亿元级台阶。蓬勃发展的经济为渝中区大力发展文化民生提供了坚实的物质基础。

二　渝中区发展文化民生的实践

“十一五”时期，渝中区以建设“十分钟文化服务圈”、打造“中国西部文化名区”为目标，以政府主导、社会参与、群众支持的方式，开始了发展文化民生的生动实践。

（一）思想引领，倡导精神文明

把精神文明、思想健康作为发展文化民生的首要前提，强化思想引领，大力推进社会主义核心价值体系建设，取得了良好成果。五年来，举行了“解放思想、更新观念，实现渝中新突破”大讨论，“解放思想、扩大开放”大讨论，学习实践科学发展观，争创学习型组织等活动，策划了“直辖十年看渝中”、“改革开放30周年巡礼”、“庆祝新中国成立60周年”等大型主题宣传教育活动，开展了“唱读讲传”、“我们的节日”系列红色经典、传统文化普及活动，开辟了宣传文化新阵地《渝中报》、“渝中网”、“渝中精神文明网”，大力传承弘扬巴渝文化、抗战文化、红岩精神，涌现出了杨朝虹、冯桥行等12名全国、全市先进典型。2011年11月，渝中区入围全国文明城区行业。

（二）文化惠民，完善公共文化设施

高起点、高标准建成开放一大批公共文化设施，实现了区域标志性、区级示范性、地区综合性、街道公共性、社区保障性的“五级文化圈层”全覆盖，为满足市民的文化需求提供较好的物质载体。在区域标志性方面，充分利用湖广会馆、三峡博物馆等重大文化设施，并投入资金4.5亿元修复建设李子坝公园。在

区级示范性方面，投资1.2亿元建成西部一流的文图大厦。在地区综合性方面，按照2个街道一个地区文化中心的思路，已建成大坪、望龙门两个地区文化中心。在街道公共性和社区保障性方面，全面完成12个街道文化站、76个社区图书室、88个文化信息资源共享工程服务点建设，覆盖率达到100%，在全市率先实现区域内基础设施网络建设全覆盖。

（三）精品带动，丰富群众文化活动

按照"天天有活动、月月有演出、节日有庆典、人人都参与"的总体思路，组织干部群众开展丰富多彩的群众文化活动，并大力推进精品化、品牌化建设，吸引群众参与。"十一五"期间，全区培育356支骨干群文队伍，共组织举办各类群众文化活动16000余场，参与人次300余万。嘉陵之春、滨江之秋、珊瑚之夜等街道社区性文化活动丰富多彩，深入千家万户；百家艺术讲坛、三峡大讲坛·渝中讲台、湖广会馆经典诵读会、老城墙故事会等大型文化活动精彩纷呈，尽显文化魅力；重庆半岛文化艺术节、半岛万人歌会、央视《激情广场》"爱国歌曲大家唱·重庆渝中篇"、全国城区家庭文化艺术节等文化盛宴浓墨重彩，影响巴渝内外；解放碑CBD广场周末音乐会已成功举办300场，人民广场全民健身活动长年不断，深受群众喜爱，分别荣获文化部"群星奖"和"全国特色文化广场"称号。

（四）内容创新，繁荣文化消费市场

充分发挥宣传文化专项资金作用，积极做好指导、引导、扶持、服务工作，渝中文化生产力得到进一步解放和发展，渝中市民拥有更多更好的文化选择。文艺精品大量涌现，文艺名家荟萃渝中，文艺新苗茁壮成长，创作了100多个文艺原创精品节目，涌现出了《我有一双翅膀》、《丹青绘出川剧魂》等一大批国家级精品力作，特别是人和街小学学生张敬知获世界小提琴比赛总冠军，是我国获此殊荣第一人，极大地提升了渝中区文化品质。文化产业实现了从小到大、从弱到强的转变，2010年，渝中文化产业资产总计达到169.2亿元，文化产业实现收入259.7亿元，增加值28亿元，增加值增速高于全区GDP增速0.3个百分点，占GDP的比重达5.1%。

三　渝中区发展文化民生的探索

发展文化民生不仅是一项持之以恒、久久为功的事业，而且也会随着社会的进步发展而提出更高的要求。2011 年，渝中区入围国家首批公共文化服务体系示范区，渝中区文化馆成为国家一级馆，站在新的起点，渝中区将以此为契机，以更新的理念、更高的标准、更大的力度，加强公共文化服务体系建设，让人民群众共享文化发展成果。

（一）完善设施：建设与整合并重，实现全覆盖

进一步加强五级文化圈层建设，“区域标志性”方面，建成国泰艺术中心、解放碑时尚文化城等一批重大设施。“区级示范性”方面，建成区情博物馆、湖广会馆协调区、南宋衙署遗址公园等项目。“地区综合性”方面，全面建成大溪沟、化龙桥、朝天门、菜园坝等四个地区文化中心。“街道公共性和社区保障性”方面，建成近百个社区公共电子阅览室，建设和完善 76 面社区文化墙、80 个市民文化广场、88 个文化信息资源共享工程服务点、150 处公众阅报栏以及 6 处城市文化阳台。同时，加强协调整合，形成辖区内的市级重点文化设施和重点企业文化设施的资源共享机制。

（二）充实内容：高雅与通俗兼顾，实现全服务

进一步加大公共文化服务供给，充实服务内容，更好地满足人民群众多样化、多层次的文化需求。一是充实常态服务内容。充分发挥各种文化机构、文化设施的作用，为市民提供免费或低价欣赏、学习、展示舞蹈、绘画、书法、手工、弹唱等各类艺术的平台。二是加强优秀文艺节目引进。让国内外、市内外的文艺名家荟萃渝中，表演、展示优秀作品，让渝中市民更加方便地领略各类优秀文化的魅力。

（三）丰富活动：精品与普及同步，实现全参与

围绕“唱读讲传”，立足重大活动精品化、群众活动普及化。一是做靓解放碑 CBD 周末音乐会、全国城区家庭文化艺术节、湖广会馆经典诵读会等精品活

动。二是广泛组织开展基层群众文化活动，“唱读讲传”实现区属机关单位、街道社区参与率达到100%，驻区社会单位和辖区家庭参与率达到80%。三是深入推进“双百”进社区工程和“五送五进”活动。

（四）统筹城乡：内帮与外扶结合，实现全受益

一是加强对辖区农民工群体服务，有针对性地开展读书培训、电影观赏、文艺演出等文化活动，促进农民工更快更好地融入城市。二是加强与兄弟区县文化交流，建立渝中区与兄弟区县文化结对合作制度，主动发挥中心城区的文化集聚与辐射功能，加快推进城乡文化统筹发展。三是加大对口区县文化帮扶力度，让渝中文化建设成果惠及更多群众。

（五）加强管理：实践与研究互动，力争全利用

大胆探索，推动创新，打造出促进文化共同富裕的渝中模式。一是探索垂直管理体制。加强对社区图书室、文化信息资源共享工程服务点等分散资源的统一调配管理。把地区文化中心作为区文化馆、图书馆的分馆，实行区级垂直管理，每个中心配6名专职文化员，由文化馆统一管理，有效避免了基层文化阵地“小、散、乱”，获得文化部领导肯定和辖区群众普遍赞誉。二是规范内部管理。制定了《场地使用管理办法》等多项管理制度，确保文化设施规范使用、有效利用。三是完善免费开放项目。区文化馆、图书馆分别向社会推出17个和4个免费服务项目，全年服务群众达30万人次，服务能力和服务水平不断提高。下一步将增加免费开放数量、完善免费开放信息公示，推动免费开放服务形成品牌。四是编制公共文化地图，建设渝中公共文化地图在线服务平台，实现“服务社区居民、服务社会单位”。

（六）完善机制：激励与约束结合，实现全发力

一是完善投入机制。近年来，渝中文化投入不断加大，较早实现了文化事业经费投入占财政收入1%的目标，2009年起设立了1000万元宣传文化专项资金，正在向更高目标和文化投入多元化方向迈进。二是完善运行机制。积极实践“党委政府领导、宣传部门牵头、文化部门组织、专家指导、公众参与、多方兴办”的工作方式。探索公共文化服务项目申报制，改进街道、社区公共

文化服务补贴机制，完善文化单位内部人事制度、分配制度，充分调动基层积极性、创造性，文化活力进一步释放。三是完善考评机制。将公众评价纳入考评重要内容，建立文化建设量化考评指标体系，将文化工作成效纳入对部门和基层单位、各级领导干部的考核，设立政府文化艺术贡献奖等荣誉制度，定期对文化工作突出的单位和个人给予表彰和奖励。

The Exploration and Practice of Improving the Culture and the Livelihood of the People in Yuzhong District, Chongqing City

Zhu Jun

Abstract: Yuzhong District, as the mother of Chongqing and the city center, has taken the building of ten minutes cultural circle, system of public cultural services demonstration area and the famous culture district in the Western of China as their working destination in order to guarantee and improve the people's livelihood culture, to promote the culture common prosperity.

Key Words: Yuzhong District; Culture and the Livelihood of the People; Public Cultural Services System

重点扫描

Key Scan

B.20

国家公共文化服务体系示范区（项目）创建工作概述

白雪华*

摘　要： 2011 年，文化部、财政部启动国家公共文化服务体系示范区（项目）创建工作。“十二五”期间，将按照公益性、基本性、均等性、便利性要求，在全国东、中、西部创建一批结构合理、发展平衡、网络健全、运行有效、惠及全民的公共文化服务体系示范区，培育一批具有创新性、带动性、导向性、科学性的公共文化服务示范项目，为我国公共文化服务体系建设探索路径、积累经验、提供示范。

关键词： 公共文化服务体系　示范区　示范项目

2011 年 1 月 2 日，文化部、财政部印发了《关于开展国家公共文化服务体系示范区（项目）创建工作的通知》（文社文发〔2010〕49 号），标志着“国家

* 白雪华，文化部公共文化司。

公共文化服务体系示范区（项目）创建工作”［以下简称“示范区（项目）创建工作”］正式展开。示范区（项目）创建工作得到中央高度重视，十七届六中全会通过的《中共中央关于深化文化体制改革推动社会主义文化大发展大繁荣若干重大问题的决定》明确提出要推进国家公共文化服务体系示范区创建。

一 实施背景

“十一五”期间，公共文化服务体系设施建设取得了很大成就，覆盖城乡的公共文化服务网络初步形成。但也要清醒看到，与经济社会发展的进程和水平相比，与城乡群众日益增长的精神文化需求相比，公共文化服务体系建设整体还比较滞后，存在诸多制约公共文化服务体系科学发展的突出矛盾和问题。一些地方党委、政府对文化建设重视不够，没有按照科学发展观的要求将文化建设真正纳入“四位一体”总体布局，特别是政府主导的自觉意识不强；一些地方存在着“等、靠、要”问题，对公共文化设施没有落实“建好、管好、用好”的责任，公共文化服务能力建设亟待加强；经费投入总量不足，结构不合理，资源缺乏有效整合，没有发挥整体效益；等等。这些问题如果不尽快解决，势必影响公共文化服务体系建设的全面进程和整体成效。

面向“十二五”新的发展阶段，公共文化服务体系建设的主要任务是科学发展上水平。围绕这一任务，同时为积极落实文化部“逐步实现由办文化为主向管文化为主转变，由管微观向管宏观转变”的要求，公共文化服务体系建设在工作重点、方式方法上也立足于实现“三个转变”，即由实践推动向理论建设与实践推动并重转变，由硬件建设向软硬件并重转变，由“点、线”推动向“点、线、面”并重转变（“点”、“线”主要指通过中央自上而下、“一竿子插到底”的项目推动的方式)。“十二五”期间，特别要重视通过抓“面”带动“点”和“线”，进一步整合和集成“十一五”建设成果，实现公共文化服务体系建设科学发展上水平。开展国家公共文化服务体系示范区（项目）创建工作，就是力图通过抓“面”，尝试解决只抓“点”和“线”可能带来的三个问题：一是地方政府容易形成“等、靠、要”思想，管理责任缺位；二是基层文化资源缺乏统筹整合，难以形成合力，发挥整体效益；三是“一竿子插到底”的项目难以兼顾地方特色，使基层政府缺乏创新空间。

开展国家公共文化服务体系示范区创建工作，根本目的是研究和解决公共文化服务体系建设中的突出矛盾和问题，探索建立公共文化服务体系可持续发展的长效保障机制，为同类地区的公共文化服务体系建设提供借鉴和示范，为国家制定相关政策提供科学依据和实践经验。开展示范区创建工作，有利于整合、集成“十一五”时期建设成果，提升公共文化服务能力；有利于发挥地方政府在公共文化服务体系建设中的主导作用，充分履行政府职责；有利于更好地解决经费投入、队伍建设、机制创新、资源共享等方面的矛盾和问题；有利于进一步发挥典型的示范、影响和带动作用，推进公共文化服务体系建设。

二　基本情况

2011 年，文化部与财政部实施了国家公共文化服务体系示范区（项目）创建工作。在“十二五”期间，将按照公益性、基本性、均等性、便利性的要求，在全国东、中、西部创建一批结构合理、发展平衡、网络健全、运行有效、惠及全民的公共文化服务体系示范区，培育一批具有创新性、带动性、导向性、科学性的公共文化服务示范项目，为我国公共文化服务体系建设探索路径、积累经验、提供示范。创建工作以地级市为单位，用6 年时间分3 个创建周期，创建90 个左右的示范区，覆盖、带动全国 1/3 以上的市县，以此为抓手，整体推动全国公共文化服务体系建设。这项工作得到了党中央、国务院的肯定，党的十七届六中全会决议中明确提出，要“推进国家公共文化服务体系示范区创建”，表明这项工作已经由文化系统的部门行为上升为全党全国的战略决策。

（一）示范类型

分为两种类型。一类是综合性的“国家公共文化服务体系示范区”，另一类是单项的“国家公共文化服务体系示范项目”。之所以把示范区和项目分设，主要是考虑公共文化服务体系建设尚在探索和实践中，有的地方在服务体系整体建设取得突出成绩，制度设计取得明显成效，在全国产生较大影响，具有较强的整体示范带动作用，这些地区可作为示范区。有的地方只在某一方面积极探索取得显著成效，但具有较强的典型性、示范性，形成较为成功的典型经验和做法，对推动全国工作产生广泛影响，可作为示范项目。示范区与示范项目互相补充，有利于发挥点面结合的带动作用，形成一批各具特色的示范典型。

（二）申报主体

国家公共文化服务体系示范区的申报主体为具备条件、达到创建标准的地级市（区）（含省直辖的县）级人民政府。考虑到省级行政区域规模太大，经济社会发展和文化建设基础差异明显，典型性和示范性不易突出；市辖县、乡镇和街道跨度小，作为一级政府权责有限，统筹能力有限，因此，国家公共文化服务体系示范区申报主体定为以地级市（区）人民政府（含省直辖的县级人民政府）为主，同时有一定弹性，即可以包括一部分副省级城市。示范项目的申报主体则是地级市（含省辖县）文化行政部门，主要是因为项目是文化部门或文化机构在某一方面开展的成功实践，便于掌控和指导。

（三）创建内容和标准

根据党的十七届六中全会、胡锦涛总书记2010年7月23日在中央政治局第二十二次集体学习时的重要讲话精神和全国文化体制改革工作会议精神，《中共中央办公厅、国务院办公厅关于进一步加强农村文化建设的意见》（中办发〔2005〕27号）、《中共中央办公厅、国务院办公厅关于加强公共文化服务体系建设的若干意见》（中办发〔2007〕21号）、《公共文化体育设施条例》和公共图书馆、文化馆（站）等公共文化机构建设标准、用地指标、评估定级标准等，考虑东、中、西部具体实际，围绕设施网络、经费投入、队伍建设、资源内容、群众文化活动、服务创新和理论研究等方面，规定了示范区（项目）创建工作的重点任务、建设内容和创建标准。在设置创建内容和标准时，主要考虑以下几点：一是以促进基本公共文化服务均等化为重点，不求面面俱到；二是突出公共文化服务能力建设；三是突出地方政府责任；四是强调实践推动与制度设计研究相结合；五是能够量化的内容尽力量化；六是涉及广电、新闻、体育等部门的工作内容，根据各部门要求达到相应标准。示范区创建标准中，东部地区6个方面31条，其中涉及设施网络建设的有6条，约占1/5；涉及公共文化服务的有3个方面17条，约占3/5；其他强调地方政府责任的有8条，约占1/4。

（四）创建周期和申报评审制度

创建周期为2年。从2011年开始，每两年进行一次示范区（项目）申报、创建、验收工作，第一年年初创建申报，第二年年底验收、命名、颁牌。

实行申报制度。示范区创建采取地方人民政府主动申报的办法，经省级文化、财政主管部门审核，报请省级人民政府同意后上报文化部、财政部。示范项目创建采取地方文化行政部门主动申报，经省级文化、财政主管部门审核同意后上报文化部、财政部。文化部组织专家委员会对各地申报的示范区（项目）进行论证和初审，专家委员会提出创建名单并报文化部、财政部批准同意。

确定与授牌。两年创建周期结束后，文化部组织专家委员会根据创建标准进行审查验收。对通过验收的示范区（项目），经文化部、财政部批准后，确定为“国家公共文化服务体系示范区”和“国家公共文化服务体系示范项目”并授牌。

建立动态管理机制。文化部、财政部将定期对已通过验收的示范区（项目）按照与时俱进修订的创建标准进行检查，对工作后续保障不力、有明显退步、经整改达不到标准和要求的示范区（项目），撤销其示范区（项目）资格。

（五）创建规模

“十二五”期间，按两年一个创建周期，分三批共创建国家公共文化服务体系建设示范区 96 个，示范项目 180 个，覆盖全国近 1/3 的市（区）县，形成整体示范效应，推动我国公共文化服务体系建设再上新台阶。

（六）示范区（项目）创建工作与制度设计研究

强调制度设计是创建示范区不同于其他部门创建工作的最为突出的特点。国家公共文化服务体系制度设计研究是示范区（项目）创建工作的重要内容，也是示范区（项目）验收的前置条件。为科学规划、统筹兼顾、有序推进公共文化服务体系建设，研究、探索我国东、中、西部和城乡不同区域公共文化服务体系建设的模式、路径、方式、方法和措施，推动“十二五”期间公共文化服务体系建设科学发展，文化部于 2010 年 6 月部署开展了国家公共文化服务体系制度设计研究工作，布置了 10 个一级课题和 32 个二级课题，确定了专家对课题、课题对省份、省份对专家的工作机制，并明确把“决策参考、指导实践、推动立法”作为制度设计研究的宗旨和目标。这项工作部署之后，全国共有 10 余家科研机构、21 个省（区、市）和文化部直属单位参与课题研究。制度设计研究为示范区（项目）创建提供理论指导和政策支持，提升这些市、县的整体公共文化服务体系建设水平。示范区（项目）承担课题研究任务，作为课题研究的实践基地，推动课题研究深入开展，使之具有实践性和可操作性，指导全国公共文化服务体系建设。

（七）奖励机制

为鼓励地方开展示范区（项目）创建工作，中央财政对示范区（项目）予以补助和奖励。东、中、西部每个示范区分别补助和奖励400万、800万、1200万元，每个示范项目补助和奖励50万、100万、150万元。对2011年公布的第一批31个创建示范区、47个创建示范项目采取补助与奖励相结合的办法，分两次对创建单位予以资金支持，即一半资金在列入资格名单时按补助资金拨付；另一半资金在通过审核验收后按奖励经费拨付。未通过审核验收的不能获得奖励经费。

三　主要做法

创建示范区（项目）工作采取“三权分立”工作机制。文化部负责制定创建标准、评审、督查、验收规则、过程管理办法等制度体系，各省（区、市）文化厅（局）负责推荐，国家公共文化服务体系建设专家委员会负责评审、督查和验收，各司其职，确保创建工作公开、公正、公平。

（一）评审阶段

1. 组织申报

原则上每省（区、市）1个创建示范区名额（候选名额不超过2个），2个创建示范项目名额（候选名额不超过4个）。经专家委员会审核达不到申报要求的省份名额空缺。需报送的申报材料有：本省（区、市）人民政府关于申报创建国家公共文化服务体系示范区（项目）的推荐函、创建国家公共文化服务体系示范区（项目）申报书、创建国家公共文化服务体系示范区（项目）建设规划、公共文化服务体系制度设计研究方案，以及介绍申报创建示范区（项目）情况的光盘（限15分钟以内）、各申报单位负责人介绍申报创建示范区（项目）情况的报告（包括配合使用的PPT）。

2. 组建评审委员会

为保证评审工作的公正、公开、公平，文化部、财政部引入国际通行的第三方工作机制，专门成立了国家公共文化服务体系建设专家委员会（以下简称“专家委员会”），由专家委员会承担评审工作。专家委员会按照“三三制”的原则建立，高校科研机构知名学者、文化行政人员、公共文化机构负责人各占1/3，形成理论研究者、政府决策者与实践工作者优势互补、共同协作的工作机制。

3. 制定《创建国家公共文化服务体系示范区（项目）评审规则》

专家委员会按照创建工作方案和创建标准以及相关文件规定的名额，每个申报单位的材料确定由一名专家主审、两名专家副审。主、副审专家负责对申报单位进行初步审查，对各省推荐的候选名单进行评审，向创建工作领导小组提出创建国家公共文化服务体系示范区（项目）建议名单。评审采用会议评审和实地考察相结合的方式。

示范区的评审程序依次为：申报单位负责人介绍创建示范区情况；主、副审专家陈述初步审查意见；专家委员会集中评议；专家委员会通过无记名投票确定各省入围名单。原则上每省有1个申报单位进入入围名单；专家委员会对入围名单按东、中、西部分别进行无记名投票表决。同意票数达到或超过参评委员2/3的，进入建议名单。

示范项目的评审程序为：主、副审专家陈述初步审查意见；专家委员会集中评议；专家委员会通过无记名投票确定各省入围名单。原则上每省有2个申报单位进入入围名单；专家委员会对入围名单按东、中、西部分别进行无记名投票表决。同意票数达到或超过参评委员2/3的，进入建议名单。

（二）创建阶段

1. 签订目标责任书

为加强示范区（项目）创建工作过程管理，创建领导小组与第一批创建示范区人民政府、省（市、区）文化厅（局）签订目标责任书，明确各方分工。国家公共文化服务体系示范区创建工作领导小组办公室承担指导各创建示范区开展工作，研究、总结、宣传推广示范区创建工作经验，组织专家委员会开展示范区验收工作，以及对示范区创建情况进行检查、监督等职责。各地市人民政府是创建示范区的责任主体，要围绕创建国家公共文化服务体系示范区的目标、任务，按照目标责任书规定的职责分工，落实相关工作机制和保障措施，加快推动示范区创建工作。各省级文化部门负责统筹本省（区、市）示范区创建工作，对本省（区、市）示范区创建工作的督促指导；同时负责指导创建示范区制度设计研究工作，协助完成课题研究任务；审核本省（区、市）创建示范区验收报告，并向国家公共文化服务体系创建工作领导小组办公室提出验收申请。各省、区、市文化部门以创建示范区作为工作抓手，充分调动各方积极性，推动在本省区域内形成公共文化服务体系建设比、学、赶、帮、超的良好态势。

2. 加强过程管理

2011 年 11 月 10 日，文化部办公厅印发《创建国家公共文化服务体系示范区（项目）过程管理几项规定》（暂行）（以下简称《规定》），就加强创建示范区和示范项目过程管理做出明确规定。一是建立领导机构。各创建示范区建立由党委、政府主要领导牵头，发改、财政、人事、编制、文化等相关部门参加的领导小组，各创建示范项目建立由当地文化行政部门主要领导牵头，相关部门和单位参加的领导小组，明确职责，落实分工。创建示范区领导小组办公室设在当地文化行政部门，在领导小组的领导下具体承担日常工作。实行领导小组定期例会制度和重大事项会商制度。专题研究创建示范区和示范项目各项工作，落实任务和具体措施，并形成会议纪要备查。二是建立联络员制度。创建示范区和示范项目确定一位联络员，原则上由文化局分管副局长担任，主要职责是负责与省（市、区）文化厅（局）、国家公共文化服务体系示范区（项目）创建工作领导小组办公室的工作衔接与信息沟通，协调落实有关创建示范区和示范项目具体工作事宜。国家公共文化服务体系示范区（项目）创建工作领导小组办公室（以下简称“国家创建领导小组办公室”）每季度召开一次创建示范区联络员工作会议，每半年召开一次创建示范项目联络员工作会议，由各创建示范区和创建示范项目所在地区轮流举办。三是建立经费管理制度。中央财政拨付的创建示范区和示范项目补助经费主要用于引导和激励地方政府和财政部门加大基层文化投入，进一步支持地方公共文化服务体系建设，可用于地方开展基层群众文化活动、保护优秀传统民间文化、发展农村特色文化、培训基层文化队伍、整合公共文化资源以及创建示范区和示范项目的组织管理、新闻宣传、制度设计等方面的支出。奖励补助资金分配应遵循“规范公平、鼓励先进、引导投入”的原则，不得充抵当地的创建资金。各创建示范区和示范项目要制定中央补助资金和地方创建资金管理使用办法及经费使用方案，包括使用范围、详细的项目预算和用途、预期效果等，使用方案应经省（区、市）财政厅（局）、文化厅（局）审核后报国家创建领导小组办公室备案，创建资金需专款专用，不得挪作他用。建立经费使用报告制度。各创建示范区领导小组办公室要制定期向创建示范区领导小组汇报经费使用情况；各创建示范区和示范项目领导小组每半年向国家创建领导小组办公室报告一次经费使用情况，并报送相关材料，同时抄报省级文化、财政部门。四是建立信息报送制度。各创建示范区和示范项目领导小组由联络员负责，定期向国家创建领导小组办公室报送创建进展情况。各创建示范区每月（示范项目每季度）报送一次工作动态，每季度（示范项目每半年）报送一次深度工作进展情况、制度设计研究进展情况和阶段性创建成果。在创建周期内信息宣传得分情况将作为对创建示范区和示范项目进行验收的重要内容，占验收测评总分值的一定比重。《规定》明确要求，过程管理有关规定执行情况将作为创建示范区验收的重要依据，纳入创建示范区和示范项目验收考核指标体系。对没有达到基本要求的创建示范区和示范项目，验收时实行一票否决。

3. 建立督导检查制度

国家创建工作领导小组办公室每年组织督查组赴各创建示范区和示范项目所在地开展1~2次督导工作，并制定了《督查办法》和《督查标准》。督查组采取三三制构成，由国家公共文化服务体系建设专家委员会专家担任组长，各级文化行政负责人、部分省级图书馆、文化馆馆长参加，研究者、管理者、实践者三者有机结合，确保督查工作的公开、公正和公平。同时，督查工作引入第三方，邀请社会调查机构——零点公司全程参与，开展群众满意度的抽样调查。督查方式主要采取听、查、看、访，听是集中听取省级文化部门、创建示范区人民政府专题汇报；查是对照创建标准，核对各种材料；看是实地考察市级文化机构并随机抽取所辖1县、2乡镇、2社区进行现场检查；访是入户访问开展抽样调查，主要由第三方社会调查机构——零点公司进行。各地督查结果将形成文字材料现场反馈创建示范区人民政府，作为第一批创建示范区（项目）验收时的重要参照。督查总报告报送中央领导和创建示范区领导小组。

四 进展情况

（一）评审产生第一批创建国家公共文化服务体系示范区（项目）

示范区（项目）创建工作引起了地方各级党委、政府的普遍关注。第一批示范区（项目）评审阶段收到省级人民政府推荐的全国56个地级市（区）创建示范区申报材料和100个地级市（区）创建示范项目申报材料。参加第一批示范区评审的56个地级市（区）中，北京市朝阳区、浙江省嘉兴市等6个地级市（区）由地方党委书记或市长亲自带队进行陈述答辩，其他地级市（区）的陈述人均为市委常委、宣传部长或副市长。专家委员会通过会议评审，采取先分组后集中的办法，以无记名投票的方式，按同意票数达到或超过2/3的原则，产生创建示范区（项目）名单。经过评审，共有31个申报地级市（区）获得创建示范区资格，47个申报项目获得创建示范项目资格。2011年5月，第一批创建示范区（项目）通过《中国文化报》和文化部门户网站向社会公示后公布名单。

（二）文化部、财政部积极推进创建工作

自示范区创建工作开展以来，文化部、财政部将其作为重点工作积极推进。文化部在部署2011年和2012年工作中，明确要求大力推进创建工作，并对创建示范区的申报评审、过程管理、新闻宣传和督查验收作出具体安排。2011年文化部办公厅下发了《关于加强创建国家公共文化服务体系示范区（项目）过程管理的有关规定》，从建立领导机制、加强经费管理和新闻宣传等方面作了具体规定。2011年，文化部分别在北京、青岛、贵阳、上海召开了5次全国性工作会议，举办了两期专题培训班，具体指导示范区创建工作。按照计划，2012年3月到4月，文化部、财政部还将组织16个督查组，结合免费开放督查，对各创建示范区工作进行督导，重点检查各地创建规划落实和重点任务完成情况，指导各地解决创建过程中遇到的突出矛盾和问题。

（三）各地创建工作稳步推进

自2011年第一批创建示范区启动以来，已取得初步成效。截至目前，31个创建示范区中，已有30个以当地政府文件形式下发了《创建规划》，制订了《制度设计研究工作方案》和《宣传工作方案》。30个城市成立了以市长为组长的领导小组，还有10多个城市设立了公共文化服务建设专项资金，推动示范区创建。北京市朝阳区召开全区创建示范区工作会议，全区1500多名干部参会，区长主持，区委书记讲话部署。河北秦皇岛市召开全市创建示范区工作会议，市长主持，市委书记作工作部署，并落实到党委、政府文件，制定了三十条具体翔实的标准及公共文化服务体系示范区创建支持政策。此外，山西长治召开了全市动员大会，并出台了工作方案，形成了党政统一领导、文化财政部门组织协调、社会广泛参与的良好创建格局。投入方面，据不完全统计，第一批创建示范区启动以来，调动了地方接近100亿元的创建资金。许多创建城市制定了详细的时间表和路线图，提出了具体的规划目标。如浙江宁波鄞州区提出力争到2012年底，“基本建成设施网络广覆盖、服务供给高效能、组织支撑可持续、保障措施管长远的基本公共文化服务体系，使鄞州区公共文化发展主要指标和综合实力保持全省第一，跨入全国前列，为东部地区构建公共文化服务体系作出示范”。江苏省苏州市提出到2012年底“公共文化服务体系建设工作总体水平处于全国领先位置”。湖北黄石提出到2012年底“公共文化服务内容日益丰富，公共文化服务品牌在省内外有影响，公共文化服务保障措施到位，公共文化服务制度体系健全，主要指标达到国家示范区中部创建标准，力争成为湖北的代表、中部的前列、全国的先进”。江西赣州市提出“公共文化服务体系建设工作总体水平处于全国领先位置”。重庆渝中区提出到2012年建成“10分钟公共文化服务圈”，四川省成都市提出的目标则是“着力打造文化广场之城、非物质文化遗产之城、博物馆之城、图书馆之城和文化创意之城”，逐步形成“15分钟公共文化服务圈”。

（四）开展督查

为贯彻落实十七届六中全会精神，全面了解各地示范区创建工作情况，及时总结经验，发现问题，2012年3～4月，文化部、财政部组织16支督导组，赴各地督导示范区创建工作。督导组成员由文化部和财政部有关同志、部分省（区、市）和地（市）文化厅（局）主管副厅（局）长、国家公共文化服务体系建设专家委员会部分专家、第一批31个创建示范区文化局负责同志和新闻媒体记者组成，专家担任督导组组长，地方文化厅（局）负责同志担任副组长，确保督导工作理论与实际相结合。督导工作以示范区（项目）创建标准为依据，重点检查第一批创建示范区（项目）所在地党委、政府推进创建工作情况，包括创建规划实施和制度设计研究开展等情况。

五　下一步工作

（1）进一步明确党委、政府在创建工作中的职责，把创建任务落到实处。示范区创建工作必须以党委、政府为主导。示范区党委、政府是创建工作的责任主体，负有全盘指挥和统筹指导创建工作的重要责任。

（2）率先建成覆盖全社会的比较完善的公共文化服务体系，充分发挥在区域乃至全国的样板、示范作用。要解放思想、先行先试，不断加大创新力度，着力解决制约公共文化服务体系建设的突出矛盾和问题，着力提高公共文化服务体系建设能力和管理水平，着力找寻实现公共文化服务普惠、均等的路径、方式、方法，积极探索不同类型地区的公共文化服务体系建设模式，以及文化与经济、社会协调可持续发展的机制和模式。

（3）加强制度设计研究，努力推出具有创新性、示范性的制度设计成果。各创建示范区要高度重视制度设计研究工作，结合本地实践，总结经验，研究规律，提出解决问题的思路、模式，在个性中提炼共性，从地方上升到全局，形成对全国具有指导意义的制度性政策、文件和工作机制，为国家层面的制度设计提供经验，为同类地区的发展提供借鉴，为实践提供科学指导。

（4）加强宣传，扩大影响，努力营造全社会关注、支持和参与创建工作的良好氛围。各创建示范区要进一步强化宣传意识，把新闻宣传与创建工作同步策划、同步实施、同步总结。一方面，积极利用中央新闻媒体和文化部搭建的信息交流平台，把在创建工作中摸索出来的好的经验和做法宣传出去，在本区域乃至全国发挥示范和带动作用；另一方面，充分利用本省市新闻媒体加强宣传，扩大创建示范区工作的影响，让广大人民群众了解、参与示范区创建工作，争取全社会关注、支持示范区（项目）创建工作。

Summary of the Construction of National Public Cultural Services System Demonstration Areas (Projects)

Bai Xuehua

Abstracts: In 2011, Ministry of Culture, Ministry of Finance launch the construction of national public cultural services system demonstration areas (projects). During the period of Twelfth Five-Year, accordance with the requirement of public welfare, fundamental, equity, convenience, a batch of public cultural services system demonstration areas for reasonable structure, development balance, sound network, effective run, benefit for all people will be built, a group of innovative, orientation, scientific public cultural services demonstration projects will be cultivated, which will explore the path, accumulate experience and provide demonstration for China's public cultural services system construction.

Key Words: Public Cultural Services System; Demonstration Areas; Demonstration Projects

B.21

美术馆、公共图书馆、文化馆（站）免费开放工作概述

钟 华*

摘 要：2011 年，文化部、财政部启动美术馆、公共图书馆、文化馆（站）免费开放工作，这是继 2008 年博物馆、纪念馆实现全面免费开放后推进公共文化服务体系建设的又一重要举措。这项工作，不仅有助于解决三馆一站业务经费短缺，而且有利于推动公益性文化单位进一步深化内部机制改革问题，逐步完善监督考核机制，增强活力，改善服务，提升服务能力和管理水平。

关键词：公共文化机构　免费开放

美术馆、公共图书馆、文化馆（站）是政府举办的公益性文化事业单位，是开展公共文化服务的重要场所，是保障人民群众基本文化权益的重要阵地。2011 年 1 月 27 日，文化部、财政部共同发布《关于推进全国美术馆、公共图书馆、文化馆（站）免费开放工作的意见》（以下简称《意见》），就全国美术馆、公共图书馆、文化馆（站）免费开放进行总体部署，明确指导思想、工作原则、主要目标、基本内容、实施步骤和具体举措。这是继 2008 年博物馆、纪念馆实现全面免费开放后的保障广大人民群众基本文化权益、提高公民鉴赏能力、推进公共文化服务体系建设的又一重要举措。

一 实施背景

（一）党中央、国务院高度重视

党中央、国务院高度重视公益性文化设施免费开放工作。按照中央领导指示

* 钟华，文化部公共文化司。

精神，2008 年，财政部与中宣部、文化部、国家文物局共同启动实施了博物馆、纪念馆免费开放工作，至 2009 年底，全国已有 1743 家博物馆、纪念馆向社会免费开放，受到了广大人民群众的普遍欢迎。各级财政足额安排资金，有力地保证了博物馆、纪念馆免费开放后的正常运转；同时，以免费开放为契机，推进博物馆、纪念馆管理体制改革和机制创新，支持改善陈列布展，进一步提升了博物馆、纪念馆的公共文化服务能力和水平。实践证明，公益性文化设施免费开放顺民心、合民意，对于建设社会主义核心价值体系、提高社会公众的道德文化素养、增强国家文化软实力具有十分重要的促进作用。温家宝总理在 2010 年《政府工作报告》中提出“推进美术馆、图书馆、文化馆、博物馆免费开放，丰富人民群众的精神文化生活”，李长春同志在《文化部关于“大地情深”——全国城乡基层群众小戏小品展演活动情况的报告》上批示：“要充分发挥群众艺术馆、文化馆的指导作用，推动其免费开放”。

（二）各地积累了一定经验

在博物馆、纪念馆免费开放取得经验的基础上，各地美术馆、公共图书馆、文化馆（站）完善设施、创新服务，在免费开放的内容、方式、途径、办法等方面进行积极探索，取得了一定成效。在中央财政的支持下，国家图书馆于 2008 年春节率先免费向社会开放，中国美术馆实行了部分展览免费开放。一些经济较发达地区的公共图书馆和美术馆，如首都图书馆、上海图书馆、杭州图书馆、湖北美术馆、浙江美术馆等也实现了免费开放。江苏省从 2008 年初起实行南京博物院、南京图书馆、江苏省美术馆“三大馆”免费开放，无锡市等地还推行公共文化设施“全年无休”免费开放服务。浙江省宁波市群艺馆本着“面向基层、面向群众、文化惠民”的宗旨，针对社会不同阶层、不同年龄层次群众的文化需求，倾力打造“群星课堂”公益培训，免费开放展厅和排练场所，定期举办各类知识讲座，大幅增加群众性的辅导、培训。青岛市 4000 余个文化站（室）实行了免费开放。各地实践为推动三馆一站全面免费开放奠定了坚实基础。

（三）解决“三馆一站”业务经费短缺

目前，我国美术馆、公共图书馆、文化馆（站）经费保障水平普遍偏低，特别是中西部地区，财政拨款大部分用于保证人员支出，用于开展业务活动的经费十分有限。以县级公共图书馆为例，2009 年，全国 2491 个县级公共图书馆平均每馆财政拨款收入 89 万元，其中：东部地区 198 万元，中西部地区 49 万元；有 1030 个图书馆的人员支出超过财政拨款的 80%，675 个县级图书馆全年无购书经费，占总数的 27%。为保证美术馆、公共图书馆、文化馆（站）免费开放后正常运转并提供基本公共文化服务，各级财政部门必须加大财政投入力度，提高经费保障水平，特别是将开展业务活动所需经费纳入财政预算，切实予以保障。以免费开放为契机，研究建立美术馆、图书馆和文化馆（站）的经费保障长效机制。根据其服务面积、服务内容、人员构成等因素，研究制定财政补助定额标准，充分保障人员开支和日常运转所需经费。要增加专项资金投入，支持开展业务活动、改善设施设备条件，促进其不断提高服务水平和服务质量，增强吸引力和影响力。

为落实中央领导同志对公益性文化设施免费开放的指示精神，文化部组织有关司局从 2010 年 4 月份开始，深入广西、广东、北京、重庆等省（区、市）实地调研，同时各省（区、市）文化厅（局）在本省范围内也开展了公共图书馆、文化馆站（含群众艺术馆，下同）免费开放情况的摸底调查，形成专题调研报告，报送中央领导同志。2010 年 9 月 19 日，李长春同志在《文化部关于公共图书馆、文化馆站等公益性文化设施免费开放调研情况的报告》上批示："要抓紧在调研报告的基础上，会同财政部并组织有关部门制定可操作的文件。"根据中央领导同志批示，为推动美术馆、公共图书馆、文化馆站等公益性文化设施免费开放，文化部在财政部的大力支持下，组织人员和部分专家制订了《推进全国美术馆、公共图书馆、文化馆站免费开放工作实施方案》，在此基础上，制定了《关于推进全国美术馆、公共图书馆、文化馆站免费开放工作的意见》。财政部对这项工作高度重视，大力支持，同意与建立公共文化机构经费保障机制相结合，与文化部共同推进全国美术馆、公共图书馆、文化馆（站）免费开放工作。2011 年 1 月 26 日，文化部、财政部正式印发了《关于推进全国美术馆、公共图书馆、文化馆站免费开放工作的意见》。

二 基本情况

（一）免费开放的范围和内容

本次推进免费开放工作涉及的公共文化机构，主要是各级文化行政部门归口管理的美术馆、公共图书馆、文化馆（站），涉及全国6000多家县级以上美术馆、公共图书馆、文化馆和近4万个乡镇文化站。与博物馆、纪念馆等不同，公共图书馆、文化馆站作为公共文化单位面向群众开放，都不收取门票。其免费开放的主要内容是取消基本服务项目的收费，实现现有基本服务的免费提供；从长远来说，要逐步解决基本服务缺项、职责缺位的问题，完善与其职能任务相符的基本文化服务内容和方式。《意见》规定，公共图书馆、文化馆（站）免费开放包括两个方面：一是指公共空间设施场地的免费开放，二是指与其职能相适应的基本公共文化服务项目健全并免费向群众提供。基本公共文化服务项目将随着社会的不断发展、政府财力的增长和人民群众精神文化需求的不断增长而发展变化。

公共图书馆免费开放主要包括：一般阅览室、少年儿童阅览室、多媒体阅览室（电子阅览室）、报告厅（培训室、综合活动室）、自修室等公共空间设施场地免费开放；文献资源借阅、检索与咨询、公益性讲座和展览、基层辅导、流动服务等基本文化服务项目健全并免费提供；为保障基本职能实现的一些辅助性服务（如办证、验证及存包等）全部免费。

文化馆免费开放主要包括：多功能厅、展览厅（陈列厅）、宣传廊、辅导培训教室、计算机与网络教室、舞蹈（综合）排练室、独立学习室（音乐、书法、美术、曲艺等）、娱乐活动室等公共空间设施场地的免费开放；普及性的文化艺术辅导培训、时政法制科普教育、公益性群众文化活动、公益性展览展示、培训基层队伍和业余文艺骨干、指导群众文艺作品创作等基本文化服务项目健全并免费提供；为保障基本职能实现的一些辅助性服务（如办证、存包等）全部免费。

文化站免费开放主要包括：多功能厅、展览厅（陈列厅）、辅导培训教室、计算机与网络教室等公共空间设施场地的免费开放；书报刊借阅、时政法制科普教育、群众文艺演出活动、数字文化信息服务、公共文化资源配送和流动服务、体育健身、青少年校外活动等服务项目健全并免费提供；为保障基本职能实现的一些辅助性服务（如办证、存包等）全部免费。

各级美术馆的基本展览实行免费参观。对于少数特殊展览，可根据实际情况实行低票价。

（二）总体目标和实施步骤

美术馆、公共图书馆、文化馆（站）免费开放工作的总体目标是：到

2012年底，与深化文化体制改革、提升公共文化服务能力相结合，实现美术馆、公共图书馆、文化馆（站）规章制度健全，职责任务清晰，服务内容明确，保障机制完善，健全与其职能相适应的基本文化服务项目并免费向群众提供，设施利用率明显提高，使免费服务成为政府的重要民生项目和公共文化服务品牌。

按照《意见》要求，美术馆、公共图书馆、文化馆（站）免费开放工作分两步走：2011年底之前，国家级、省级美术馆全部向公众免费开放；全国所有公共图书馆、文化馆（站）实现无障碍、零门槛进入，公共空间设施场地全部免费开放，所提供的基本服务项目全部免费。2012年底之前，各级美术馆全部向公众免费开放；全国所有公共图书馆、文化馆的一级馆、省级馆、省会城市馆、东部地区馆站免费提供的基本公共文化服务质量和水平不断提升，形成2个以上服务品牌。其他图书馆、文化馆站实现基本公共文化服务项目健全，并免费提供。

（三）免费开放的经费保障原则

从全国目前情况看，公共图书馆、文化馆（站）大多数坚持无偿免费的原则提供公益文化服务，其涉及的收费项目数量少，且多为非基本的文化服务项目，经费来源主要依靠财政拨款。根据《2010年中国文化文物统计年鉴》，2009年，全国地市级图书馆平均每馆事业收入36万元、文化馆37万元；县级图书馆平均每馆事业收入8万元、文化馆13万元；乡镇文化站平均每站事业收入不到2万元。从分地区情况看，东部地区事业收入较多，中西部地区很少。依据图书馆、文化馆（站）业务职能，参考图书馆、文化馆评估定级标准和乡镇综合文化站管理办法等，为满足免费开放后开展培训、讲座、展览、图书借阅览、群众文化活动、共享工程服务及设备运行维护等基本公共文化服务项目要求，综合考虑，确定2011年地市级图书馆、文化馆补助标准为50万元，县级图书馆、文化馆补助标准为20万元，乡镇综合文化站补助标准为5万元，均高于2009年各类单位全国平均事业收入水平。中央财政按此标准和负担比例对中西部地区予以补助。地方财政可根据实际情况提高补助标准，所需经费由地方财政自行解决。2011年，中央财政拨付18亿元免费开放专项资金。

三　主要做法

推进免费开放，是在财政经费保障机制建立的前提下，鼓励各级公共文化机构把主要精力转移到提供高效、优质的基本公共文化服务上来，切实提高基本公共文化服务能力和水平，让广大群众共享文化发展成果。

主要做法如下。

一是取消原有部分收费项目。取消公共图书馆办证费、验证费、自修室使用费、电子阅览室上网费，取消公共图书馆、文化馆（站）存包费，限期取消文化馆（站）群众文化艺术辅导和培训费，业余文艺骨干培训费，公益性讲座、展览收费。

二是限期收回出租设施。严格执行《公共文化体育设施条例》和中央《关于加强公共文化服务体系建设的若干意见》《关于进一步加强农村文化建设的意见》，维护好美术馆、公共图书馆、文化馆（站）的公益性质，不得以拍卖、租赁等任何形式改变公共文化设施用途，已挪作他用的限期收回。

三是降低非基本服务收费。公共图书馆、文化馆（站）除基本公共服务外，为满足广大基层群众多层次、多样化的需求，开展了多种多样的公益性服务。如公共图书馆深度参考咨询服务（为读者收集专题信息，编写参考资料，或者进行代查、代译、复印书刊资料等服务）、赔偿性收费和文化馆（站）的高端艺术培训服务等，可以收取合理的费用。

四是完善免费开放公示制度。公示免费开放内容，在窗口接待、场所引导、资料提供以及内容讲解等方面创造良好的服务环境，增强吸引力。

五是制订应急预案。切实做好免费开放的前期准备，充分考虑免费开放后可能遇到的各种情况和问题，制订切实可行、严谨细致的免费开放工作方案。要制订突发事件的应急预案，完善应急处置机制，确保免费开放后的公众安全、资源安全、设施设备安全。

六是加强免费开放的宣传。开展形式多样的宣传活动，扩大免费开放的公众知晓率，吸引广大群众走进文化设施，最大限度地发挥美术馆、公共图书馆、文化馆（站）功能作用。

四　进展情况

美术馆、公共图书馆、文化馆（站）免费开放消息一发布，立刻引起媒体、社会的广泛关注和广大人民群众的普遍欢迎。2011 年 2 月 10 日，新华社刊发《我国美术馆、公共图书馆、文化馆将实现全面免费开放》消息。当天，中央人民广播电台播发了新华社通稿，中国网、人民网、新浪网、腾讯网等各大网站均在显要位置进行了转载，中央电视台以及各地广播电台、电视台、报纸、地方政府网站、论坛等均进行了报道。随着免费开放的不断展开，媒体的深度报道仍在持续增加。

各地文化行政部门和美术馆、公共图书馆、文化馆（站）也积极落实中央的决策部署，迅速行动，采取各种措施，加快免费开放步伐。中国美术馆 3 月 2 日免费开放，每天接待人数达 6000 人。上海美术馆 3 月 5 日免费开放，吸引了众多美术爱好者和普通市民，观众提前 1 小时就在美术馆门口排起长队。2011 年 3 月 2 日，中国美术馆正式向社会免费开放。免费开放初期，日均参观人数在 4000～6000 之间，已经达到日最高参观量 6000 人的饱和值，相比免费开放前的 1000～2000 人的日参观量有明显增长。2011 年 3 月 3 日起，为贯彻落实文化部、财政部《关于推进全国美术馆公共图书馆文化馆（站）免费开放工作的意见》的精神，国家图书馆继 2008 年初推出基本服务项目免费举措之后，对部分现行服务收费项目再次进行调整，取消上网费；取消对缩微、影印、重印等善本古籍复制品收取的复制底本费；降低彩色复印费、打印费等非基本服务收费标准。调整服务收费受到了读者的热烈欢迎。2011 年 3 月份当月，读者证卡数量较 2010 年同期增加 8%；无线上网读者新增 4716 人，是 1 月份新增读者的 3.9 倍，每小时在线用户数最大值达 201 人，是 1 月份的 2 倍。

《意见》下发以后，按照中央统一部署，各级文化行政部门和公共文化机构迅速行动，结合本地区实际情况，加快推进免费开放工作：一是制定明确的“三馆”免费开放时间表。陕西省 5 家美术馆、112 家公共图书馆、120 家文化馆、1611 家乡镇文化站从 2011 年 7 月 1 日起全部面向社会免费开放。广东省于 2011 年 7 月 1 日前实现省级和副省级市的“三馆”免费开放，10 月 1 日前扩大到珠江三角洲地区，年底前推广到全省其他地区。湖南省省图书馆、省少儿图书馆、省群众艺术馆2011年7月1日前免费开放，市州、县区文化场（馆）和乡镇综合文化站在2011年10月1日前免费开放，到2012年底，省内“三馆”全部免费开放。江西省确立了13家图书馆和12个文化馆作为免费开放试点单位，到2011年底全省所有“三馆”实现全面免费开放。二是进一步提高“三馆”服务质量和水平。《江苏省美术馆公共图书馆、文化馆（站）免费开放工作方案》明确要求，实行免费开放后，各级图书馆、文化馆提供的基本服务项目应不少于10项，乡镇（街道）综合文化站应不少于6项。重庆市针对免费开放的公共文化机构，分级分类提出免费开放的设施场地要求和免费提供的服务项目及数量。山东省将“健全服务项目”作为免费开放部署的一项重要措施，要求免费开放的机构在均等、普惠基础上，逐步增设多样化服务。三是加强“三馆”免费开放的组织和经费保障。安徽省文化厅、财政厅召开全省电视电话会议，专题部署免费开放工作，明确省级美术馆、图书馆、文化馆所需经费全部由省级财政负担；市级公共图书馆、文化馆（站）所需经费，由中央财政、市级财政分别承担50%；县级（含县改区）公共图书馆、文化馆（站）所需经费，在中央财政按标准负担50%的基础上，省、县级财政分别负担25%。云南省文化厅和财政厅联合印发了《关于下达2011年度基层公共文化服务体系保障经费的通知》，对省州（市）级及以下公共图书馆、文化馆（站）免费开放工作经费地方配套资金予以明确规定。新疆将免费开放工作列入2011年重大民生项目之一，成立领导小组，并于2011年11月1日至12月30日，开展全区范围内的督导检查。湖南、山东、福建、内蒙古等地明确要求限期收回出租或挪作他用的公共文化设施场地，用于开展公共文化服务。

根据不完全统计，免费开放政策落实后，2011年3月至10月，全国各级文化馆免费开放服务人次514.45万，比2010年全年429.8万服务人次的数量增长19.7%，各级公共图书馆到馆人次4.27亿，比2010年全年3.28亿人次的数量增长30%。

五　下一步工作考虑

一是加强督查。文化部、财政部将定期组织督查组，前往全国各地开展免费开放督查工作，督导检查中央资金使用状况、地方配套资金落实情况、工作成效、存在困难和问题等。

二是认真总结各地创造的经验，树立各级各类公共文化设施免费开放的典型，加大宣传力度，不断创新免费开放的方式和方法，推进免费开放工作的深入开展。

三是通过推进免费开放工作，进一步深化公益性文化单位内部机制改革，逐步完善监督考核机制，增强活力，改善服务，提升服务能力和管理水平。

四是在推进美术馆、公共图书馆、文化馆（站）免费开放工作的基础上，根据中央领导同志指示精神，2011 年 4 月起，文化部牵头，财政部、教育部、全国妇联、全国总工会、团中央、中国科协相关部门参与，研究推进工人文化宫、青少年宫、妇女儿童活动中心、科技馆免费开放工作。经过半年努力，目前已基本完成《关于推进工人文化宫、青少年宫、妇女儿童活动中心、科技馆免费开放的调研报告》，制订了具体的实施方案。

Summary of Open for Free for Galleries, Public Libraries, Public Cultural Centers and Their Branches

Zhong Hua

Abstracts: In 2011, Ministry of Culture, Ministry of Finance launch art galleries, public libraries and cultural centers to open for free. This is another important measures to ensure the basic cultural rights, improve the taste and promote public cultural system construction after museums and memorial halls open for free in 2008. This work not only contribute to solute the shortage of funds for open for free, but also put forward the internal mechanism reform, perfect the supervision mechanism, enhance vitality, improve service, promote service ability and management level.

Key Words: Public Cultural Institution; Open for Free

B.22

国家公共文化服务体系制度设计研究工作概述

白雪华*

摘　要：“十二五”时期，文化部启动国家公共文化服务体系制度设计研究工作，旨在针对当前公共文化服务体系建设存在的突出问题，根据我国区域差异、城乡差异的具体实际，结合公共文化服务体系示范区创建，对涉及全局性、战略性的重大问题进行研究，提出相关政策建议和具体解决方案。

关键词：公共文化服务体系　制度设计　理论研究

2010年3月起，文化部启动了国家公共文化服务体系制度设计研究工作。主要任务是：围绕谋划“十二五”工作思路，针对当前公共文化服务体系建设存在的突出问题，根据我国区域差异、城乡差异的具体实际，结合公共文化服务体系示范区建设，对涉及全局性、战略性的重大问题进行研究，提出相关政策建议和具体解决方案。同时，通过制度设计研究，吸纳一流专家，建立一支由政府公共文化机构、专家学者组成的公共文化服务体系政策理论研究队伍，为政府决策提供咨询；形成一系列推进公共文化服务体系建设的政策、手段和措施，努力建立公共文化服务体系建设的长效机制。

一　工作背景

按照文化部党组“逐步实现由办文化为主向管文化为主转变，由管微观向

* 白雪华，文化部公共文化司。

管宏观转变，由主要面向直属单位向面向全社会转变，真正履行好服务、指导、协调和监管职责”的要求，为增强公共文化服务体系建设的前瞻性和战略性，科学规划、统筹兼顾、有序推进公共文化服务体系建设，“十二五”期间，文化部公共文化服务体系建设的工作将努力实现“三个转变”。

一是从实践推动向理论建设和实践推动并重转变。近年来，各地党委政府和文化部门在公共文化服务体系建设实践中大胆探索，“摸着石头过河”，取得了显著成绩。但是，公共文化服务体系建设在理论上还有待丰富和完善，科学的理论体系尚未形成。为充分发挥理论的先导作用，“十二五”时期，社会文化工作将在继续推进实践的同时，更加注重公共文化服务体系理论建设。2011 年上半年，成立了国家公共文化服务体系建设专家委员会作为思想库和智囊团，确定了制度设计研究课题体系，启动实施了国家公共文化服务体系制度设计研究工作。这对于进一步推动公共文化服务体系建设，具有里程碑意义。

二是从硬件建设向软硬件建设并重转变。这些年来，我国公共文化服务体系硬件建设进展很快，覆盖城乡的公共文化设施网络正在形成，为保障人民文化权益提供了重要阵地和平台。但是，要使公共文化服务体系“运行有效”，发挥“惠及全民”的作用，只有硬件是不够的，必须软硬件并重，在抓好设施建设的同时，更加注重管理和服务工作。通过完善规章制度，加强科学管理，创新服务机制，提高工作效率，确保“管好”、“用好”阵地设施，推动可持续发展。“十二五”时期，在进一步加强公共文化服务体系规章制度建设的同时，以制度设计研究为切入点，加强公共文化服务体系制度设计研究，以建立人才队伍建设、长效保障机制和绩效评估机制为重点，努力形成一套既适应社会主义市场经济的要求，又符合文化发展规律和我国国情，具有中国特色的公共文化服务体系管理制度框架。

三是从抓“点、线”为主向抓“点、线、面”并重转变。“十一五”期间，在中央财政支持下，文化部实施了乡镇综合文化站建设、文化信息资源共享工程等重大文化项目。这种以“点、线”为主的办法，对抓住薄弱环节、形成重点突破十分重要，在实践中也取得了显著成效。但这种方式也带来一些问题：其一是使基层政府容易形成“等、靠、要”的思想，管理责任缺位；其二是不利于基层文化资源的统筹、整合；其三是容易脱离基层实际，使地方政府缺乏创新空间。“十二五”时期，我们既要继续抓好“点和线”，谋划实施重大文化项目，更要注意调动和发挥地方政府的积极性和创造性，进一步明确基层政府在公共文化服务体系建设中的主体责任，加强在“面”上的管理和调控。2011 年上半年，文化部、财政部联合实施了国家公共文化服务体系示范区（项目）创建工作，其中，制度设计研究是最具特色的环节，要求各地在创建过程中注意总结经验，形成制度设计研究成果，为我国公共文化服务体系建设探索路径、积累经验、提供示范，推动公共文化服务体系建设科学发展。

十七届六中全会为公共文化服务体系建设和发展提供了难得的历史机遇，面对新形势和新任务，适应广大人民的精神文化需求，公共文化服务体系建设必须与时俱进，站在建设社会主义核心价值体系、保障广大人民群众基本文化权益的战略高度，创新方式方法，从宏观上深入开展公共文化服务体系制度设计研究，为实践中遇到的热点、难点问题提出对策和解决办法，为推进公共文化服务体系建设提供强有力的智力支持和理论支撑。开展制度设计研究，是着眼于大局、着眼于长远、着眼于根本的基础性工作。做好制度设计研究，关系到公共文化服务体系的理论构建，关系到公共文化服务体系的科学发展，关系到公共文化服务体系的可持续发展。只有深入开展制度设计研究，从具体实践中发现普遍规律，提出符合各地实际的不同模式以及针对性和可操作性较强的解决方案，增强工作的前瞻性和科学性，才能为公共文化服务体系建设提供有力的理论依据和决策参考，逐步建立和完善符合中国国情、符合市场经济规律、符合文化自身发展要求的公共文化服务体系，推动公共文化服务体系建设再上新台阶。

二　基本情况

按照职责分工，文化部统筹安排制度设计研究工作，负责课题体系设计，推进重点课题研究工作，指导地方文化厅（局）制度设计研究工作，负责组织制度设计课题的申报、验收等工作。国家公共文化服务体系建设专家组专家按照各自研究领域，承担课题研究工作，出任所选课题首席专家。各省（区、市）文化厅（局）按照自愿申报的原则，与文化部签订委托协议书，负责承担组织实施本地制度设计研究工作的职责，制定翔实具体可操作的课题研究方案，在人、财、物等方面落实保障措施，在规定的时限内保质保量完成文化部委托的课题研究任务。在开展制度设计研究时，各地要注意选取本地区工作基础好、地方政府重视的市、县，作为课题研究的承担主体和实践基地，为下一步开展创建示范区（项目）工作做好前期准备工作。

一是组建专家团队。2010年上半年，按照三三制原则，文化部组织高校科研单位、文化行政部门和公共文化单位的学者和专家，成立了国家公共文化服务体系建设专家组，后来又升格为专家委员会，确定了制度设计研究课题体系，启动实施了国家公共文化服务体系制度设计研究工作。

二是发布公共文化服务制度设计研究课题体系。2010年3月17日，文化部向全国各省、自治区、直辖市文化厅（局）公布公共文化服务制度设计研究课题体系，以各省文化厅（局）为申报主体，组织开展课题申报工作。课题体系分为一级课题和二级课题，其中一级课题共10个，主要包括：群众文化需求和基本文化权益研究；政府公共文化服务主体地位研究；公共文化单位免费开放与公益性服务研究；公共文化资源供给体系研究；社会文化活动机制研究；公共文化服务社会参与机制研究；公共文化服务经费保障机制研究；公共文化服务人才队伍建设研究；公共文化服务技术支撑研究；公共文化服务评价考核体系研究。

上述10个一级课题自需求研究起，到绩效考核结束，涵盖了公共文化服务体系所有关键要素。每个一级课题下，针对公共文化服务体系建设存在的突出矛盾和问题，又设置了2~3个二级课题，共计27个，指出了研究重点和方向。在上述课题中，将当前最为突出的“公共文化单位免费开放研究”、“公共文化服务经费保障机制研究”、“公共文化服务人才队伍建设研究”、“公共文化服务评价考核体系研究”以及“公共文化服务体系建设‘十二五’规划”等5个问题，并列为2010年重点研究课题，委托清华大学、北京大学、中国传媒大学、深圳市特区文化研究中心等高校和研究机构进行专题研究。

三是委托各地承担课题研究。文化部发布课题后，全国陆续有24个省、自治区、直辖市的文化厅（局）申报承担课题研究工作。2010年6月，文化部在重庆召开国家公共文化服务体系制度设计研究工作会议，与相关省份签订委托协议书，部署各地开展制度设计研究工作。

四是要求创建国家公共文化服务体系示范区成为制度设计研究实践基地。2011年10月，文化部在贵阳召开国家公共文化服务体系制度设计研究工作会议，明确要求各创建示范区必须承担制度设计研究课题，并以政府文件形式，下发了制度设计研究工作方案，明确课题方向、组织形式、经费保障等，制定时间表和路线图，并将其成果是否通过专家委员会审核作为验收的前置条件。

三 主要做法

一是与实践相结合。制度设计研究目的不仅仅是形成具体的理论研究成果，更重要的是针对我国东中西部和城乡的实际差异，着力解决当前影响和制约公共文化服务体系建设中的突出矛盾和问题，探索解决实际问题的路径、机制、对策、措施。特别是要把制约当前公共文化服务体系深入发展的关键性问题摆在优先的位置，集中力量加以攻关，争取早出课题研究成果，为政府决策和策划项目提供依据和参考。

二是与国家公共文化服务体系示范区（项目）创建工作相结合。文化部即将开展创建国家公共文化服务体系建设示范区（项目）工作。开展制度设计研究是示范区（项目）建设的重要内容，制度设计研究成果是示范区（项目）验收的前置条件。示范区（项目）要成为课题研究的实践基地，深化推动课题研究，使之具有实践性和可操作性。课题研究要为示范区（项目）建设提供理论指导和政策支持，推动公共文化服务体系科学发展。

三是与专家指导相结合。公共文化服务体系建设是一项专业性强、涉及门类广的工作，理论研究相对薄弱，迫切需要一支理论造诣深厚的专家队伍，充分发挥思想库、智囊团的重要作用。为保证制度设计研究的完整性、连贯性和实效性，确定了专家对课题、课题对省份、省份对专家的工作机制，明确了各个层面的任务环节和责任环节。各省（区、市）文化厅（局）也要成立相应的课题组，接受国家公共文化服务体系建设专家组专家的指导，按照文化部和专家组的统一要求，具体开展课题研究工作，在规定的时限内完成任务，提交课题研究成果。

在具体操作过程中，文化部公共文化司作为课题研究的牵头部门，负责与专家组、课题承担省份的联系与沟通，建立定期沟通机制，指导、督促课题的顺利开展。同时，积极争取财政支持，对专家组和课题承担单位开展课题研究提供经费支持；中国文化传媒集团国家公共文化发展中心作为课题研究办公室，负责服务工作，加快建设网上工作交流与成果发布平台，为课题研究创造有利条件。

四 工作成效

按照“决策参考、指导实践、推动立法”的目的要求，2010年以来，各省（区、市）文化厅（局）和专家学者结合现阶段我国国情和文化发展实际，重点研究亟待解决的涉及全局性、战略性和前瞻性的重大问题，总结发展规律，判断、预测发展趋势，提出政策建议，为公共文化服务体系建设实践工作提供了有力的理论支撑和智力支持。

（一）制度设计研究成为推动公共文化服务体系建设的重要工作抓手

在2010年重庆会议上，各省（区、市）文化厅（局）与文化部公共文化司签订了协议书，全国共有10余家科研机构、21个省（区、市）和文化部直属单位参与，确定了专家对课题、课题对省份、省份对专家的工作机制。各省、自治区、直辖市文化厅局高度重视，将开展公共文化服务体系制度设计研究作为推动当地公共文化服务体系建设科学发展上水平的重要举措，首批承担课题研究任务的21个省（区、市）迅速行动，成立课题组，落实经费，启动制度设计研究工作，并为课题研究顺利开展创造条件、提供保障。承担综合性课题研究的浙江省成立了浙江省公共文化服务研究中心指导委员会，由副省长郑继伟担任主任，还成立了浙江省公共文化服务体系建设制度设计研究工作领导小组和浙江省公共文化服务体系建设专家组，在公共文化资源供给、活动机制、经费保障、队伍建设、评价体系等领域展开研究，并在宁波市鄞州区设立公共文化服务体系制度设计实践基地。重庆市将制度设计研究与制定全市经济社会发展“十二五”规划紧密结合，纳入文化工作的总盘子予以统筹考虑，推出了一批高质量的课题研究成果，制度课题研究阶段性成果结集出版，形成《重庆市公共文化服务体系制度设计综合研究报告》，有的成果已经转化为具体的规划、方案、项目和工作措施。长春市从创建示范区前期引导资金中拿出一部分，市财政配套一部分，为制度设计研究工作提供资金保障，并把制度设计作为重点任务纳入《长春市创建国家公共文化服务体系示范区规划》，通过市委、市政府办公厅的正式文件，把制度设计研究工作分解到全市各科研单位和文化等部门，按照制度设计研究工作的时限进度和节点，由党委政府督查室、市绩效考核办公室进行督导检查，确保进度和质量。成都、马鞍山、东莞、赣州、宁波市鄞州区等创建示范区积极争取专家委员会的指导，在制定创建示范区规划和制度设计方案时，充分尊重和吸收专家们的意见和建议。北京市朝阳区还就制度设计研究建立了与市文化局、首席专家会商机制，定期沟通情况，探讨问题，推进课题研究不断深入开展。

（二）制度设计研究为重大政策出台提供了有力的理论支撑和智力支持

一是制定推动公共图书馆、美术馆、文化馆站免费开放的有关政策文件。根据中央领导的指示，2010 年文化部着手制定组织开展图书馆、美术馆、文化馆、文化站免费开放政策。在全国调研的基础上，组织国家公共文化服务体系建设专家委员会的专家研究论证，起草调研报告，制订实施方案，反复征求意见，争取财政支持，为出台文件提供了有力支持。2011 年 1 月 27 日，文化部、财政部下发《关于推进全国美术馆公共图书馆文化馆（站）免费开放工作的意见》（文财务发〔2011〕5 号），正式启动全国美术馆、公共图书馆、文化馆（站）工作，2011 年中央财政划拨 18 亿元用于补助全国地市级以下公共图书馆、文化馆（站）开展免费开放。

二是制定加强农民工文化建设有关政策文件。文化部组织各省文化厅局和国家公共文化服务体系建设专家委员会的专家，开展农民工文化工作大调研，会同人力资源社会保障部、中华全国总工会联合下发《关于进一步加强农民工文化工作的意见》（文社文发〔2011〕45 号），提出以公共文化服务体系为支撑，以城市基层社区、用工企业为重点，以社会力量为补充，逐步形成“政府主导、企业共建、社会参与”的农民工文化工作机制的总体思路。

三是加强了公共数字文化服务体系建设制度设计工作。2011 年，中国网民数量已达 4.77 亿，数字文化阵地已经成为公共文化服务的重要领域，在加强对公共文化服务技术支撑研究的基础上，文化部融合既有的数字图书馆推广工程、全国文化信息资源共享工程，结合公共电子阅览室推广计划，加强统筹和规划，研究制定了“十二五”期间三大惠民工程的建设目标任务，确立了互为支撑、互相促进、形成合力的发展思路，力争到“十二五”末，基本实现数字文化服务覆盖全国所有乡镇、城市社区和行政村。

（三）制度设计研究为解决实际困难和突出矛盾，推动公共文化服务创新发挥重要作用

开展创建国家公共文化服务体系示范区（项目）工作的一个重要目的是，针对当前公共文化服务体系建设存在的突出问题，根据我国区域差异、城乡差异的具体实际，对涉及全局性、战略性的重大问题进行研究，提出相关政策建议和具体解决方案，探索公共文化服务体系建设的路径、模式和规律。文化部充分依托制度设计研究工作机制，充分吸纳制度设计研究取得的成果，制定了科学、规范的创建方案和创建标准，为指导各地开展创建工作发挥了重要指导作用。特别是文化部将创建工作与制度设计紧密结合，统筹安排，统一设计，制度设计研究成为创建示范区的一项重要任务。首批31个创建示范区、47个创建示范项目都按照要求开展制度设计研究。制度设计研究工作与创建示范区（项目）工作紧密结合，推动公共文化服务体系建设理论与实践相互促进，共同推动公共文化服务体系建设科学化、规范化发展。苏州市通过示范区创建，以政府规划的形式将图书馆总分馆制固定下来，在全市范围推广，同时开展公共文化人才职业资格认证研究，解决公共文化机构人员准入问题。苏州市将实行图书馆总分馆制、职业资格制度纳入制度设计研究，并根据近年来的实践加以深化和总结提高，形成具体的制度设计，进入创建规划，做到了制度设计与创建示范区同步规划、同步设计、同步实施。东莞市将公共文化技术支撑研究成果应用于公共电子阅览室建设，很好地解决了友好服务、基层维护等问题，探索出具有东莞特色的“新型公共电子阅览室”建设模式，对全国公共电子阅览室建设具有借鉴作用。

（四）制度设计研究凝聚了一支讲政治、顾大局、高水平的专家团队

2010年以来，围绕制度设计研究工作，文化部先后成立了国家公共文化服务体系建设专家组和国家公共文化服务体系建设专家委员会，按照“三三制”原则，由来自高校科研机构的专家学者，长期主管公共文化工作的文化厅局的领导，还有公共文化机构一线的管理者组成。一年多来，在文化部的组织下，专家委员会深入重庆、云南、河北、山东等地调研，撰写调研报告，帮助基层总结公

共文化服务体系建设经验，参与筹备全国村级文化建设工作座谈会、全国基层文化队伍培训工作会议、全国县级公共文化服务体系建设现场经验交流会、国家公共文化服务体系示范区创建工作会议、关于推进美术馆公共图书馆文化馆免费开放会议、全国地市级公共文化服务体系建设现场经验交流会等一系列会议，积极参加第三次全国文化馆评估定级、中国民间文化艺术之乡评审、全国基层文化队伍培训大纲编写和骨干培训等工作，并为工作的顺利推进作出了积极贡献。各省、自治区、直辖市也分别组建了专家团队，积极参与文化部门的课题研究和相关工作，工作中讲奉献、顾大局，充分体现了中国知识分子关心国家、心怀天下的优良传统，为发挥制度设计研究“决策参考、指导实践、推动立法”的作用提供了重要保障。

五　下一步工作

一是完善工作机制。一方面，继续强化 2010 年重庆会议确定的课题对专家、专家对省份、省份对课题的工作机制。各省（区、市）文化厅（局）要切实承担起组织实施本地制度设计研究工作的职责。特别是与文化部签订委托协议书的省份，要按照协议书约定的任务要求，针对实际，在人、财、物等方面落实保障措施，指导各示范区（项目）开展制度设计研究工作。另一方面，发挥高校、科研单位的人才优势和学科优势，在国家重点高校、科研单位和东、中、西部，遴选工作基础好、工作积极性高的有关高校和科研单位，分别建立公共文化服务体系研究基地，建立长期合作机制，确定选题重点加以研究。

二是按时完成制度设计研究任务。按照文化部与各省文化厅局签订的协议，加强督查，敦促按时完成课题研究任务。重点课题在专家委员会指导下，由具体承担单位对公共文化司负责；继续实行子课题首席专家制，首席专家对承担子课题研究任务的相关省份文化厅局进行指导，并负责对课题质量把关。与文化部签订协议的省（区、市）文化厅（局）对课题研究成果质量负有最后责任。没有按时完成课题研究任务或验收不合格的有关省份和单位，将取消相关项目的申报资格，取消经费补贴，并予以通报批评。2010 年重庆会议没有与文化部签订协议的省份，可以根据课题体系和本省实际，自行选择课题进行研究，完成期限为

2012年底。对自主选择课题进行研究的省份，要按照课题对专家、专家对省份、省份对课题建立工作机制，纳入整个制度设计研究课题体系，由首席专家负责进行对口指导。对完成质量好并通过评审验收的，同样确认为国家制度设计研究课题，予以奖励和补贴。专家委员会要根据公共文化服务体系建设情况，负责将制度设计成果进行筛选和汇总，形成蓝皮书和制度设计研究报告。各省文化厅和创建示范区要有专人负责，参与蓝皮书撰写工作，建立制度设计成果展示的平台。

三是将制度设计纳入创建示范区的考核、验收。各创建示范区既是各省开展制度设计研究的实践基地，也承担具体的制度设计研究任务。制度设计成果是创建示范区验收的必要条件。创建示范区的最终工作成果，不仅体现在按照创建标准完成创建任务，更重要的是体现在制度设计方面，要形成具体的规划、政策和工作措施。为此，各创建示范区要增强制度设计的积极性和主动性，省文化厅要切实加强对创建示范区制度设计研究工作的指导，专家委员会也要定期深入各创建示范区，对各地在创建过程中遇到的突出矛盾和问题给予智力支持，确保示范区创建方向和制度设计路径正确。

四是围绕国家大局和发展战略有针对性地开展制度设计研究。公共文化服务体系是与时俱进的事业，面临着许多新的情况和新的问题。十七届六中全会对公共文化服务体系建设提出了很多新任务、新要求。制度设计应围绕会议精神，既要有长期规划、长远考虑，也要根据形势发展的需要及时调整研究方向和研究课题。2012年，六中全会所提及的公共文化服务保障法立法支撑研究、社区文化建设、社会力量参与机制研究、公共文化绩效考核办法、公共文化服务标准化建设被列为重点课题研究，尽快形成政策性文件指导工作。

五是继续完善专家委员会工作机制，形成高效、和谐、有战斗力的工作团队。国家公共文化服务体系建设专家委员会专家在公共文化服务体系的理论研究和工作实践中承担重要责任和使命。今后，文化部将根据工作开展情况和实际需要，对专家委员会适时进行调整，人员有进有出，保持团队的素质和活力。在保证专家团队政策层面上统一思想、顾全大局的同时，鼓励专家在学术层面上畅所欲言，发表各自的观点。支持各省（区、市）参照文化部做法完善专家工作机制，加强服务，提供保障，推动制度设计研究工作的可持续开展。

Summary of Research on National Public Cultural Services System Design

Bai Xuehua

Abstracts: During the period of Twelfth Five-Year, Ministry of Culture launches the research work on national public cultural services system design, which aims at current existing problems about public cultural services construction and China's regional differences between urban and rural areas, combines with the demonstration areas of cultural public cultural services, puts forward relevant policy suggestions and specific solutions according to global and strategic problems.

Key Words: Public Cultural Services System; System Design; Theory Research

B.23
全国基层文化队伍培训工作概述

王珊珊*

摘　要：“十二五”期间，文化部启动全国基层文化队伍培训工作，计划用5年时间，对全国现有县乡专职文化队伍和业余文化队伍进行系统培训。为开展此项工作，文化部每年举办10期基层文化队伍示范培训班和师资班，编辑出版全国基层文化队伍培训教材，建立全国基层文化队伍培训基地和远程网络培训平台，以有效地提升基层文化工作者素质。

关键词：基层文化队伍　公共文化

2010年10月21日，文化部下发了《关于开展全国基层文化队伍培训工作的意见》（文社文发〔2010〕33号），正式启动“全国基层文化队伍培训项目”。项目主要内容是：“十二五”期间，用5年时间，对全国现有24.27万名县乡专职文化队伍和366.85万名的业余文化队伍进行系统培训，包括县级文化馆、公共图书馆、艺术表演团体和乡镇文化站（街道文化站）工作人员，以及这些基层文化单位指导的村（社区）文化活动室、农村文化中心户、群众业余文艺团队等业余文化工作者和社区文化志愿者等。

一　实施背景

（一）加强基层文化队伍培训工作，是贯彻落实“人才兴文”战略，推动文化大发展大繁荣的必然要求

2005年中办、国办《关于进一步加强农村文化建设的意见》提出，“采取有

---

* 王珊珊，文化部公共文化司。

效措施，稳定和发展专兼职结合的农村文化队伍，逐步提高队伍的整体素质”。2007年中办、国办《关于加强公共文化服务体系建设的若干意见》提出，要“加强对从业人员的规范化管理，运用多种方式加大培训、轮训力度”。刘延东同志在2009年全国文化先进县（单位）和先进个人表彰会上的讲话中要求“要特别注重加强基层公共文化队伍建设，发挥农村业余演出队、业余电影队、文化中心户的作用，培养文艺骨干，培育志愿者队伍，努力造就一支扎根基层、服务群众的专兼职文化工作队伍”。2010年6月22日，中宣部、中组部、中央编办、国家发改委、财政部、人社部六部（委、办）联合下发《关于加强地方县级和城乡基层宣传文化队伍建设的若干意见》，明确提出“切实加强县级和城乡基层宣传文化干部素质能力建设”。2011年召开的十七届六中全会通过的《中共中央关于深化文化体制改革推动社会主义文化大发展大繁荣若干重大问题的决定》，明确把“加强基层文化人才队伍建设”作为繁荣发展文化事业的重要任务之一。以上这些重要论述和重大决策部署，对建立一支适应新时期文化建设需要的基层文化工作者队伍提出了新的更高要求。

（二）基层队伍素质不高成为当前基层文化建设面临的突出问题

基层文化人才队伍是文化改革发展的基础力量。基层文化队伍是文化部门面向农村、面向群众开展管理、服务的直接承担者，是组织实施农村基层公共文化服务体系建设的主要力量。基层文化队伍的整体素质如何，直接关系到农村公共文化服务的水平和成效。“十五”“十一五”时期，随着县级两馆建设项目、乡镇文化站建设项目、全国文化信息资源共享工程、流动舞台车、送书下乡工程、社区文化中心设备购置项目等重大文化惠民工程的实施，农村基层公共文化机构的基础设施设备等条件有了很大改善，硬件逐步完善。“十二五”时期，按照中央关于“基本建成公共文化服务体系”的要求，农村基层公共文化服务体系建设的任务将由注重硬件建设向软硬件建设并重转变，软件建设即服务内容、服务手段等的提升将被提到越来越重要的位置。要实现这一目标，培养和造就一大批高素质的基层文化队伍就成为工作的重中之重，成为农村基层公共文化服务体系软件建设的首要任务，必须下大力气加以解决。

（三）基层文化队伍培训不规范，效果不突出

当前基层文化队伍培训工作中除了普遍存在重视程度不够、经费投入不足、师

资匮乏、内容针对性不强、形式单一等问题外，还面临许多新的突出问题，主要表现在：一是在专职文化队伍培训逐步加强的同时，业余队伍培训仍然相当薄弱。专业文化队伍培训基本能够保证三年内人均培训一次，相比之下，业余文化队伍培训比例偏低。据2010年初文化部调研统计，2007~2009年，全国24.27万名县乡两级专业文化队伍接受培训25.15万人次，人均受训1.04次，366.85万名业余文化队伍接受培训82.63万人次，培训比例仅为22.52%。对如何加强业余队伍培训的研究还很不够，还没有建立起有效的培训工作机制，缺乏有针对性的培训办法和手段。二是专职文化队伍培训质量不高，系统综合培训少。基层文化队伍的培训层次主要在县一级，2007~2009年，县级培训66.24万人次，占培训总数的61.45%，培训内容以上岗培训、技术培训为主，缺乏系统性、综合性的能力培训，基层文化队伍培训整体水平不高，培训效果不明显。三是区域发展不均衡，东中西部基层文化队伍培训情况差距较大。2007~2009年，东部9省4.26万名县级公共文化机构（包括文化馆、图书馆和剧团）人员总计接受培训7.02万人次，受训比例为164.79%，中部10省6.21万名县级文化队伍总计接受培训3.69万人次，受训比例为59.42%，西部12省4.09万名县级文化队伍总计接受培训2.62万人次，受训比例为64.06%。从这个统计数据看，中西部和东部相比，差距较大，中部地区还不如西部。

2010年初，文化部组织力量对各地基层专兼职文化队伍培训情况进行了调查，根据全国31个省（自治区、直辖市）和新疆兵团报送的情况，形成了《关于全国基层文化队伍培训工作开展情况的调研报告》，根据调研中反映出的问题，起草了《全国基层文化队伍培训工作方案》，5月31日文化部党组会审议通过了《全国基层文化队伍培训工作方案》，并提出“针对培训目标和现有基层文化队伍状况，结合实际，深入调研，做好内容设计，加强《方案》的操作性和可行性”，根据会议要求，为加强对各地开展基层文化队伍培训的指导，在对《全国基层文化队伍培训工作方案》修改完善的基础上，起草了《文化部关于开展全国基层文化队伍培训工作的意见》。

二　基本情况

（一）培训工作主要目标

一是用5年时间，对现有24.27万名县乡专职文化队伍和366.85万名的业余文化队伍进行系统培训，县级文化馆、图书馆工作人员参加脱产培训的时间每年不少于 15 天，乡镇（街道）、村（社区）基层文化专兼职人员参加集中培训时间每年不少于 5 天。

二是建立基层文化队伍培训长效机制，建立健全覆盖全国的基层文化队伍培训网络，建立网络远程培训服务平台，编辑出版基层公共文化服务系列教材，培养一支稳定的高素质的师资队伍，推动培训工作科学化、系统化、常态化。

三是培训工作与深化公益性文化事业单位人事制度改革相结合，推进基层文化队伍培训规范化建设，实行培训合格持证上岗制度，加强岗位管理，逐步提高公共文化队伍整体素质。

（二）培训内容和方式

培训工作以政策法规、业务知识、文化素质培养、能力建设等内容为基础，根据基层文化工作需要，设计培训课程，不断丰富和完善培训内容。

在培训方式上，采取集中培训、上门培训、对口支援、远程培训和脱产研修等多种形式。创新教学方法，鼓励采取案例教学、现场教学、讨论教学等多种方法。充分利用现代科技手段和信息技术，建立开放、兼容、共享的网络远程培训服务平台，依托全国文化信息资源共享工程服务网络，面向基层文化工作者，提供随时随地在线学习、在线考试等服务，鼓励基层文化工作者利用业余时间自主学习。

（三）培训师资队伍

依托现有各级文化干部培训机构、全国文化信息资源共享工程各级中心和图书馆、文化馆等文化单位，建立一支业务能力强、爱岗敬业的专职教师队伍；选聘实践经验丰富、理论水平较高的党政领导干部、文化行政部门和公共文化机构管理人员、高校和科研机构专家学者担任兼职教师，充分发挥兼职教师的作用。

逐步建立省、地（市）两级师资队伍执教资格制度。文化部负责为各省（区、市）培训骨干师资，各级文化行政部门有计划、分步骤地组织优秀师资到高等院校和上级培训机构进修学习，保证专职教师每年接受系统培训的时间不少于 1 个月，切实提高教师理论水平和业务能力。

三 主要做法

（一）建立分级负责、分类实施的培训组织体系

各级文化行政部门负责组织实施基层文化队伍培训工作。文化部负责指导各地培训工作、组织教材编写、建设远程培训平台、制作考试题库、培养省级师资、举办示范性培训；省级、地市级文化行政部门负责组织培训县、乡级专业文化队伍；县级文化行政部门负责组织培训业余文化队伍。各地文化行政部门负责组织培训考试。

（二）充分发挥培训基地的辐射、带动作用

制定培训基地建设标准，采取申报与招投标相结合的方式，确定10个工作基础较好、培训积极性较高的省级文化培训机构或文化单位、高等院校、科研院所作为基层队伍培训基地，辐射全国或周边省区，承担文化部委托、本省及周边省区相应数量和规模的基层文化队伍骨干培训任务。

（三）构建优势互补、开放竞争的培训工作机制

各地文化行政部门通过政府委托培训和招投标相结合的方式，遴选优质培训资源，鼓励高等院校和具备资质的社会培训机构参与基层文化队伍培训，激发文化系统各级各类培训机构的办学活力。

（四）加强培训工作的规范化管理

要规范完善基层文化队伍培训的各项规章制度，将培训工作纳入制度化、规范化轨道。县级文化馆、图书馆工作人员参加脱产培训的时间每年不少于15天，乡镇（街道）、村（社区）基层文化专兼职人员参加集中培训时间每年不少于5天。

（五）健全培训考核评估与督查制度

建立目标管理责任制，将培训任务层层分解，落实专门机构和人员。建立干

部培训档案，将培训工作与持证上岗制度、职称评定、职务晋升挂钩，并作为绩效考核的重要方面。将培训工作纳入文化行政部门、文化单位年终考核指标，纳入图书馆、文化馆站评估工作。文化部定期开展基层文化队伍培训督查工作，对培训工作完成好的部门和单位进行表彰，不合格的部门和单位进行通报批评。

四　进展情况

（一）建立全国基层文化队伍培训专项资金

2011 年开始，中央财政每年投入 450 万元专项资金，支持开展全国基层文化队伍培训工作，主要用于文化部和培训基地举办示范班、师资培养、培训基地建设、教材编纂和发放、表彰奖励等。

（二）举办示范培训班和师资培训

2011 年初，公共文化司和中央文化管理干部学院在广泛征求意见的基础上，制定了《“十二五”期间全国基层文化队伍示范性培训工作规划》，计划在 5 年内为地方培养师资和业务骨干 2500 人次，根据该规划，2011 年安排组织举办 10 个示范性培训班次。截至 11 月中旬，2011 年度全国基层文化队伍示范性培训班全部圆满完成，10 期共培训学员 455 人，覆盖全国所有省、自治区、直辖市和新疆生产建设兵团，培训对象涉及省级培训管理者、省级文化馆和图书馆师资、地市公共文化科长、县级文化馆和图书馆文化骨干、乡镇文化站业务骨干、业余文化骨干、大学生“村官”和县级文艺编创人员。

（三）编辑出版全国基层文化队伍培训教材

为指导全国基层文化队伍培训工作，2011 年文化部组织力量编写全国基层文化队伍培训系列教材，目前已出版《公共图书馆业务培训指导纲要》和《文化馆（站）业务培训指导纲要》。中央财政购买教材大纲免费赠送，发放范围覆盖省、地、县三级文化行政部门和图书馆、文化馆，用于指导各地结合实际编纂基层文化队伍培训教材，开展培训工作。此外，结合示范班教学，公共文化通论、公共图书馆系列教材、文化馆站系列教材正在编纂过程中。

（四）建立首批全国基层文化队伍培训基地

为建立全国基层文化队伍培训网络，充分利用各地优质培训资源，扩大培训覆盖面，文化部计划在全国确定 9 个全国基层文化队伍培训基地，其中，2011 年首批在东、中、西部各产生 1 个基地，2012 年各产生 2 个基地。经过评审和现场考察，基地评审专家组推荐东部的浙江艺术职业学院和山东大学、中部的湖南艺术职业学院、西部的重庆艺术学校作为首批全国基层文化队伍培训基地。经全国基层文化队伍培训工作领导小组审议通过，文化部与以上 4 家单位签订了《全国基层文化队伍培训基地建设协议书》，对首批基地进行了命名并授牌。

（五）全国基层文化队伍远程培训网建设顺利开展

为创新培训方式，开拓培训渠道，丰富培训手段，学院以开放、兼容、共享为原则，按照为基层专兼职文化工作者提供随时随地在线学习、在线考试服务的工作要求，2011 年启动了“全国文化干部远程培训平台”（以下简称“远程培训平台”）建设项目。在调研基础上，确定了远程培训平台的软件框架，对平台的基本要求、建设任务、组织形式、教学模式、技术实现方式和培训队伍构成进行了论证，明确了培训平台的功能要求，同时，针对不同培训主体和培训环节设计不同培训主体网上培训流程。目前，该项目已经完成了“文化干部远程培训平台”软件开发；购置并调试了基础硬件；拍摄、录制了培训课程资源 2000G，包括近百门课程。在此框架下，正在构建“全国基层文化队伍远程培训网”。

（六）各地基层文化队伍培训蓬勃开展

各地文化部门认真贯彻落实文件精神，把加强基层文化队伍培训工作作为工作重点，进一步深入开展各具特色的基层文化队伍培训工作，积累了丰富的经验，取得了很大成效。有的省份制定专项规划，明确培训目标，落实培训内容和机构，加大经费保障力度，为进一步做好培训工作奠定了基础。综合来看，各地基层文化队伍培训主要有以下几个特点：覆盖面广，专业性强。山东省文化厅积极响应政策，制订了乡镇综合文化站站长轮训计划，准备用 3 年时间将全省 1388 名乡镇综合文化站站长轮训一遍。这项工作已经顺利开展了 2 年，在中央文化管理干部学院共举办了 8 期培训班，培训学员 400 人。山西省文化厅全面开展基层文化队伍培训，2011 年度山西省市、县级文化行政部门和公共文化服务单位，逐级开展相应培训工作，共举办培训班 18 期，参训人员 6000 余人次。河北省文化厅 2011 年共举办各类基层文化队伍培训 16 期，培训学员 400 余人，内容涉及群艺馆、图书馆、非物质文化遗产等相关业务知识。辽宁省文化厅针对本省基层文化生活发展的不平衡、文化活动单一、文艺骨干文化素质和业务水平普遍偏低等现状，从 2009 年起开展“百馆千站辅导培训工程”，截至 2011 年底，共培训学员 1800 余人。四川省文化厅明确基层文化队伍分级培训的原则，由省级、市、州级文化行政部门负责培训县（区）图书馆长、文化站长（包括乡镇文化站中心文化专干）、乡级专业文化队伍，由县级文化部门负责培训业余文化队伍，着力于推进基层文化队伍培训规范化、系统化、常态化。2011 年四川省文化厅分 9 批共计培训文化专干 753 人。在全省各市（州）分别开展了多次区（县）级图书馆长、文化站长培训班，实现了今年乡镇文化队伍的培训时间不少于 15 天，每期培训 8 个班次，参加培训人员不少于 400 人。乡镇基层文化专干参加集中培训实践不少于 15 天，每期培训人次不少于 80 人。

五　下一步工作

一是加大示范性师资班和骨干班培训力度。中央文化管理干部学院作为主要基地，每年举办不少于 12 期的示范性培训班。充分发挥浙江艺术职业学院、山东大学、湖南职业艺术学院、重庆艺术学校等培训基地的作用，每年举办不少于 5 期的周边省份示范性培训班的任务。

二是加快推进教材编纂工作。尽快编纂完成《公共文化服务通论》与《图书馆通论》、《文化馆通论》，作为辅导大纲免费发放至各省，作为指导各地培训的重要参考。同时，根据成熟一本推出一本的原则，尽快将讲义教材系列出版完成。届时，将形成以三本大纲为重点、20 多本讲义为参考、地方性培训教材为补充的全国基层文化队伍培训教材体系，为各地开展培训提供帮助。

三是加大培训基地的建设力度。2012 年，选择基础条件好、工作积极性高的地方性培训机构、高校，评审确定 5 家国家级培训基地。届时，形成以中央文化管理干部学院为主、9 家培训基地为辅、各省文化培训机构为补充的遍布全国的培训工作网络，承担起基层队伍培训的工作。

四是建立远程培训平台。在完善中央文化管理干部学院远程培训中心建设的基础上，选择有关省份，依托文化共享工程服务网络进行远程软件试运行，尽快开展远程培训工作。

五是加快建立持证上岗制度。选择基础较好的省份，探索建立与培训直接挂钩的持证上岗制度，只有经过基层文化队伍培训并经过考试获得证书的人员，才具有从业资格。

Summary of National Grassroots Cultural Team Training

Wang Shanshan

Abstract: During the period of Twelfth Five-Year, Ministry of Culture launches the work of national grassroots cultural team training, plans to train the existing full-time cultural team and amateur cultural team in counties and towns for five years. For carrying out the work, Ministry of Culture holds grassroots cultural team training classes and teaching classes for 10 times each year, edits and publishes the national grassroots cultural team teaching materials, establishes national grassroots cultural team training station and remote network platform. These measures can improve the quality of grassroots cultural workers effectively.

Key Words: Grassroots Cultural Team; Public Culture

B.24

"春雨工程"工作概述

关红雯　刘亚东*

摘　要： 2011年，文化部和中央文明办共同组织开展了"春雨工程"——全国文化志愿者边疆行工作。在内地招募了800多名文化志愿者，以"大舞台"、"大讲堂"、"大展台"三种形式，赴边疆民族地区开展文化志愿服务活动，组织文艺演出和讲座100多场、业务培训500多学时、文化展览180多天。同时还邀请300多名少数民族基层文化骨干到内地培训和演出。

关键词： 春雨工程　文化志愿者　少数民族　边疆行

少数民族和民族地区文化工作在我国文化事业发展全局中具有特殊重要的地位。党中央、国务院历来十分重视和关心少数民族文化工作，制定了一系列发展繁荣少数民族文化的方针政策。2009年召开了全国少数民族文化工作会议，下发了《国务院关于进一步繁荣发展少数民族文化事业的若干意见》（国发〔2009〕29号），对推动少数民族和民族地区文化事业作出战略性、全局性的部署。为贯彻落实中央要求，积极推进少数民族文化建设，加强各民族文化交流，探索符合边疆民族地区公共文化服务体系建设实际的文化服务方式和手段，2011年，文化部和中央文明办在试点活动基础上共同组织开展了"春雨工程"，即全国文化志愿者边疆行（简称"文化志愿者边疆行"）工作。通过内地省（市）组织文化志愿者，以"大舞台"、"大讲堂"、"大展台"三种形式，深入边疆民族地区开展针对性的文化志愿服务活动，对于丰富少数民族群众的精神文化生活，提高边疆民族地区基层文化干部能力素质，促进内地与边疆民族地区文化交流，推动各民族和睦相处、和衷共济、和谐发展，发挥了积极作用。

---

* 关红雯、刘亚东，文化部公共文化司。

一　工作背景

少数民族文化是中华文化的重要组成部分，是中华民族的共有精神财富。在长期历史发展过程中，我国各民族创造了各具特色、丰富多彩的民族文化。各民族文化相互影响、相互交融，增强了中华文化的生命力和创造力，不断丰富和发展着中华文化的内涵，提高了中华民族的文化认同感和向心力。各民族都为中华文化的发展进步作出了自己的贡献。

改革开放以来，特别是党的十七大以来，在党中央和国务院的关心和重视下，各级政府不断加大对民族地区文化建设的投入力度，实施了一系列重大文化惠民工程，基层文化设施建设不断加强，公共文化服务网络不断完善，基本实现了县县有文化馆、图书馆，乡镇有综合文化站，丰富了广大人民群众精神文化生活。在公共文化服务“硬件”建设取得显著成绩的同时，“软件”建设即文化内容建设中存在的问题也逐步凸显。2009 年、2010 年，文化部公共文化司先后组织调研组深入西藏、新疆、宁夏、内蒙古等边疆民族地区，对民族地区文化建设情况进行了深入调研。据了解，一方面由于缺乏高水平的基层文化骨干，民族地区业余文化生活形式单一、内容苍白，广大群众精神文化需求难以得到满足；另一方面民族地区与内地文化交流、交往较少，各民族间缺乏相互了解，容易产生不信任和对立情绪，严重影响边疆地区安定团结和长治久安。同时，近年来在内地特别是沿海发达地区兴起的文化志愿服务活动，经过几年的发展，已经积累了丰富的实践经验，吸引了社会各界人士广泛参与，初步形成了一支文化志愿者队伍，日益成为公共文化服务体系建设的有生力量。综合这些情况，文化部策划并组织开展了“文化志愿者边疆行”工作，希望利用内地文化建设经验特别是发挥文化志愿者作用，为促进边疆民族地区公共文化服务体系建设提供有力支持。

二　基本情况

2011 年 6 月 20 日，文化部和中央文明办在江苏省南京市举行了 2011 年“春雨工程”——全国文化志愿者边疆行欢送仪式。仪式上，文化部党组成员、部长助理高树勋同志向 13 个内地文化志愿团授予了志愿服务旗帜，标志着历时半年，800多名文化志愿者参与、服务范围覆盖8个边疆民族省（区）的全国性文化志愿服务工作正式启动。7月5日，文化部确定的“文化志愿者边疆行”首批文化志愿者抵达宁夏回族自治区贺兰县，当地群众载歌载舞，热情迎接来自广东省的140名文化志愿者。当晚举办了欢迎仪式，文化部党组书记、部长蔡武出席仪式并致辞。蔡武同志在致辞中指出，志愿服务是新时期开展公共文化服务的重要方式，是增强文化自觉的良好载体，展示文化自信的重要平台，实现文化自强的有效途径。他强调边疆行文化志愿者要坚持志愿服务的理念，弘扬奉献、友爱、互助、进步的志愿精神，从满足边疆各族群众实际文化需求入手，开展群众乐于参与、便于参与的文化志愿服务活动，大力唱响共产党好、社会主义好、改革开放好、伟大祖国好、各族人民好的时代主旋律，在边疆民族地区与内地间架起一座文化的桥梁，让边疆各族群众真切感受到文化的温暖和力量。

2011年7月至11月，北京、河北、山西、上海、江苏、浙江、安徽、福建、山东、广东、重庆、青岛和文化部全国文化信息资源建设管理中心组成了13个文化志愿团，招募了800多名文化志愿者，分期分批赴内蒙古、黑龙江、云南、西藏、青海、宁夏、新疆及新疆生产建设兵团等8个边疆民族省（区）开展了文化志愿服务活动。志愿者深入边疆民族地区城乡基层，组织文艺演出和讲座100多场次，为少数民族地区基层文化干部200余人开展业务培训500多学时，举办文化展览20多场次，累计展出180多天。此外，还邀请西藏、宁夏、新疆的基层文化工作者300多人赴北京、河北、上海、江苏、浙江、山东、青岛、重庆等地参加“大舞台”演出和“大讲堂”培训活动。

三　主要做法

（一）政府主导、社会参与，形成边疆文化建设合力

一是领导重视。文化部领导和地方党委、政府有关负责同志多次出席“边疆行”仪式活动。文化部将“文化志愿者边疆行”专题活动和“文化志愿者边疆行”总结表彰会议纳入了2011年10月召开的全国文化文物系统对口支援新疆工作会议和2012年初召开的全国文化厅局长会议议程，极大地提升了“文化志愿者边疆行”工作的影响力。

二是有关部门大力支持。中宣部、中央文明办对该项工作给予了极大的关注和支持。从文化事业建设经费中专门设立专项经费支持保障活动的顺利开展，中央文明办与文化部共同印发《文化部中央文明办关于组织开展“春雨工程”——全国文化志愿者边疆行工作的通知》（文社文函〔2011〕522号），共同部署。

三是各地文化部门认真组织。边疆民族省（区）针对群众精神文化需求开展了认真调研并及时向文化部进行反馈。20多个内地省（市）成立了工作领导小组和办事机构，制订了详细实施方案，根据志愿服务项目设立志愿者招募条件，面向社会公开发布招募公告，为活动顺利开展提供了坚实保证。

四是社会各界热情参与。各地招募公告发布后，引起社会各界广泛反响。知名专家学者、专业文艺工作者、业余文化爱好者、退休文化干部和在校大学生等一大批热心公益文化事业的人士纷纷报名，一些社会团体和企业也表现出强烈兴趣，咨询赞助、参与情况，极大地充实了“边疆行”文化志愿者“人才库”，也推动了当地文化志愿服务活动深入开展。

（二）扩大活动规模、丰富服务形式，增加受益群众人数

一是服务范围突出“广”和“深”。相比2010年试点活动情况，文化志愿团由4个增加到13个，招募文化志愿者人数由152名增加到800多名，服务区域由新疆、西藏扩大至8个边疆民族省（区），服务重心由城市向州、县、乡、村下移，深入少数民族群众聚居地区，惠及人群由数万人次增加至数十万人次。

二是服务形式突出“实”和“特”。针对边疆民族地区基层群众看戏看演出难，基层文化干部培训机会少的情况，文化志愿服务的形式重点放在“大舞台”和“大讲堂”，面向基层的群众和文化干部开展文艺演出和讲座培训，辅以“大展台”文化展览，增进少数民族群众对内地文化的了解。同时针对少数民族地区特点，实施了一些特色志愿服务项目。如北京市文化志愿团在新疆和田地区开展的“百福和田”项目，招募了一批专业摄影工作者，为平时没有条件拍摄照片的基层群众免费拍摄全家福和个人肖像。浙江省文化志愿团在新疆举办的“排舞”培训班，将内地群众流行的文化活动形式传播到少数民族地区。

三是服务内容突出“精”和“高”。内地志愿团在策划服务内容时，力求将最具地方特色的文艺精品、最前沿的公共文化服务体系建设理论和实践经验以及最优质的文化资源展览呈献给边疆少数民族群众，文化志愿者多数由知名专家学

者、优秀文艺工作者和专业技术人才组成，确保为少数民族群众提供高端、专业的文化志愿服务。如河北志愿团招募了多次获得国际金奖的吴桥杂技团演员作为志愿者，将“原汁原味”的地方特色文化呈献给新疆少数民族群众。上海志愿团邀请著名学者余秋雨先生作为文化志愿者，在新疆喀什举办了以“中华民族的文化凝聚力”为主题的讲座，增进了新疆少数民族群众对伟大祖国和中华民族的认同。

（三）加强双向交流、结合文化援助，注重服务实效

一是需求与供给相结合。“边疆行”组织过程中，坚持从边疆民族地区文化建设实际需要出发，通过召开不同层面的对接会，不断加强内地与边疆民族地区供需有效对接，精心部署和实施文化志愿服务项目。如根据西藏提出的儿童剧演出需求，青岛市文化局定向招募了市儿童剧团作为团体志愿者赴西藏演出世界经典儿童剧《小红帽》，受到藏族小朋友的热烈欢迎，取得了良好效果。江苏文化志愿者专门创作了新作品《为伊犁放歌》，每次登台表演，善学善用的演员们用维吾尔语、哈萨克语或锡伯族语言向现场观众问好，当地群众备感亲切。

二是“走进去”和“请出来”相结合。一方面组织志愿团深入县、乡、村（社区），与少数民族群众“零距离”接触，提供“面对面”服务；另一方面将“大舞台”和“大讲堂”搬到内地，邀请边疆民族地区基层文化干部和文艺骨干到内地培训和演出，在学习考察的同时为内地群众带来具有浓郁边疆民族特色的文艺表演。如重庆举办了西藏群众文艺创作人员培训班，与西藏各地群艺馆文艺骨干就群众文艺创作和群众文化活动组织交流经验。上海举办了“喀什文化周”，邀请喀什地区歌舞团在沪交流演出，既开拓了新疆基层文艺工作者的眼界，又促进了民族文化交流。

三是内容建设与物质援助相结合。各地志愿团在开展文化志愿服务的同时，还积极为边疆民族地区捐赠设备和资金。如文化部文化信息资源建设管理中心联合深圳雅图公司向新疆、西藏、青海等地捐赠了价值50万元的投影设备。山东省文化厅向新疆捐赠了价值80万元的钢琴。江苏、福建、广东等志愿团向服务地区捐赠了数十万元的文化建设经费。

（四）发挥媒体作用、扩大活动声势，营造良好氛围

一是主动提供新闻线索并策划专题报道。多次邀请记者实地报道，积极向媒

体提供新闻稿件和深度报道文章。据初步统计，新华社 2 次发通稿，《人民日报》、《光明日报》、中央人民广播电台、《中国文化报》等媒体发稿 30 多篇，地方媒体发稿 130 多篇。7 月 5 日，中央电视台《晚间新闻》播出了欢迎仪式的消息。10 月 16 日在党的十七届六中全会召开期间《焦点访谈》栏目以“文化春雨润边疆”为题进行了专题报道。12 月 4 日，中央电视台《道德观察》栏目也对“边疆行”进行了报道。

二是利用网络媒体引起持续关注。中国新闻网、搜狐、新浪、凤凰网等主要网络媒体原创报道 60 多条，转载上万次。在百度中搜索“全国文化志愿者边疆行”词条，可得到 193 万个结果。一些文化志愿者还以博客、微博等形式畅谈志愿服务感受，网友跟帖、评论达数千次。

（五）破解难点、加强理论建设，推动形成工作长效机制

一是强调制度建设。“文化志愿者边疆行”工作尽管已取得初步成效，但仍处在起步阶段，工作方式和方法亟待完善。在深入开展文化志愿服务活动的同时，文化部专门成立了“文化志愿者边疆行”工作机制课题组，组织专家围绕志愿者招募管理机制、活动保障机制、供需对接机制、宣传推广机制、评估表彰机制进行研究和探讨，梳理完善“文化志愿者边疆行”工作的基本原则、目标任务、实施步骤和运行机制。

二是注重顶层设计。“文化志愿者边疆行”工作在组织实施过程中，牢牢把握推动边疆民族地区公共文化服务体系建设，促进少数民族文化事业繁荣发展这一基本任务，多次召开专家座谈会、研讨会和项目论证会，探索梳理推进民族地区公共文化服务体系建设的层次脉络，推动少数民族和民族地区文化建设基础理论研究，为制定少数民族文化事业全面协调可持续发展政策提供科学的理论支撑。

四　社会效果

“文化志愿者边疆行”作为文化部“十二五”期间少数民族文化建设“春雨工程”的重要内容之一，把文化、志愿、边疆、少数民族 4 个元素统一起来，着眼于加强少数民族和民族地区文化内容建设和重大文化活动的开展，着眼于加大边疆民族地区艺术人才培养和文化队伍建设，着眼于促进边疆民族地区与内地文

化交流，充分发挥文化春风化雨、润物无声、潜移默化的作用，全面推动少数民族文化繁荣发展。

一是始终坚持“各民族共同团结奋斗、共同繁荣发展”主题，拓宽了文化援助途径。文化志愿者在边疆民族地区服务期间，大力弘扬以爱国主义为核心的民族精神和以改革开放为核心的时代精神，传承各族干部群众同呼吸、共命运、心连心的优良传统。内地文化厅局在“文化志愿者边疆行”实践中，主动将文化志愿服务活动与文化系统对口支援新疆、西藏和其他民族地区工作结合，力图使文化志愿服务成为完善东部对西部、发达地区对欠发达地区、城市对农村的文化援助机制的创新方式和有效载体。

二是始终坚持“满足人民基本文化需求”的基本任务，增进各民族交流、交往、交融。满足人民基本文化需求是社会主义文化建设的基本任务。文化志愿者以生动鲜活的文化艺术形式活跃了边疆各族人民的文化生活，充实了边疆地区各族群众的精神文化需求，让边疆各族人民共享了文化发展成果，促进了边疆民族地区公共文化服务体系加快建设，增进了民族间的交往与交流，巩固了内地与边疆、汉族与少数民族的情感纽带，形成了虽有不同却亲如一家的生动格局。

三是始终坚持“三个离不开”思想，维护国家文化安全、祖国统一和社会稳定。汉族离不开少数民族、少数民族离不开汉族、各少数民族之间也相互离不开，是中国特色解决民族问题正确道路的思想基础。“文化志愿者边疆行”的深入开展对增强民族凝聚力，巩固“平等、团结、互助、和谐”的民族关系，增进对伟大祖国和中国民族的认同，夯实全国各族人民大团结的深厚根基具有重要意义，对于建设安全边疆、文化边疆，维护国家统一和社会稳定发挥了积极作用。

五　思考和打算

党的十七届六中全会通过的《中共中央关于深化文化体制改革推动社会主义文化大发展大繁荣的决定》提出：要繁荣发展少数民族文化事业，加大对民族地区、边疆地区文化服务网络建设支持和帮扶力度，壮大文化志愿者队伍，鼓励专业文化工作者和社会各界人士参与基层文化建设和群众文化活动。文化部和各地文化部门认真贯彻落实六中全会精神，利用几年时间，将“文化志愿者边疆行”打造成全国性少数民族文化活动品牌，成为推动内地与边疆开展文化艺术交流的重要平台，成为内地支援边疆公共文化服务体系建设的有效载体，成为全国各地支援边疆地区经济社会发展的重要组成部分。一是通过“文化志愿者边疆行”加强内地对边疆民族地区的文化内容建设援助，进一步完善和丰富文化帮扶机制；二是通过“文化志愿者边疆行”加强内地与边疆民族地区文化交往、交流和交融，进一步促进少数民族文化繁荣发展；三是通过“文化志愿者边疆行”加强少数民族和民族地区公共文化服务体系建设，进一步促进边疆民族地区公共文化服务均等化。在增进各族人民对中华民族归属感、对中华文化的认同感，推动民族团结和共同进步方面发挥重要作用。

“十二五”期间，“文化志愿者边疆行”工作的基本目标是：通过大力开展对边疆民族地区的志愿服务活动，逐步建立一支热心公益、素质优良、结构合理、积极奉献的文化志愿者队伍，培育和推介一批惠及边疆民族地区群众的文化服务品牌，形成一套科学有效、较为完备的文化志愿服务机制，推动内地与边疆文化交流，加快边疆民族地区公共文化服务体系建设，不断提高公共文化服务均等化水平。2012 年将进一步扩大文化志愿服务覆盖面，分三个层次实现文化援助的对接模式。按照双向文化志愿服务的要求，实现需求项目的有效对接。争取设立一批“文化志愿者边疆行”研究培训基地，建立一支高素质志愿者队伍，搭建一个边疆优秀文化艺术展演平台，形成一套“边疆行”工作制度体系。此外，结合推进“边疆行”工作开展，对文化志愿服务工作进行全面系统的调研，起草制定相关文件，推动全国文化志愿服务活动科学规范开展。

Summary of the National Cultural Volunteers for Travelling to Border Areas Called “Spring Rain Project”

Guan Hongwen　Liu Yadong

Abstract: During 2011, the Ministry of Culture and the Central Civilization Office launched the “Spring Rain Project” ——the work of national cultural volunteers for travelling to border areas. Over 800 cultural volunteers have been recruited, with three forms of “big stage”, “big forum”, “big exhibition stand”, to go to the border areas to carry out cultural volunteers' activities, organize art shows and more than 100 lectures, professional training for over 500 hours, cultural exhibitions for over 180 days. At the same time, over 300 minority grass-roots cultural backbones have been invited to inland for training and performances.

Key Words: Spring Rain Project; Cultural Volunteers; Minority; Travelling to Border Areas

B.25

全国文化信息资源共享工程建设回顾

张彦博　王芬林*

摘　要： 文化共享工程作为我国公共文化服务建设工程和重点文化惠民工程，建立了从中央到地方的分级管理体系，初步满足基层群众的文化需求，“十二五”期间的发展规划是，完善覆盖城乡的服务网络、推进文化共享工程进入居民家庭、实施公共电子阅览室建设计划、构建优秀数字资源库群、打造先进实用的技术支撑平台、推动国家中长期人才培训计划的实施。

关键词： 文化共享工程　数字资源　公共文化　基层文化需求

为了深入贯彻落实十七届六中全会精神，圆满完成“十二五”期间文化共享工程建设任务，很有必要深入总结过去10年文化共享工程建设的成功做法和有益经验，科学谋划未来工程发展的目标任务和具体措施，推动工程建设不断取得新进展。本文将对文化共享工程的实施背景、保障措施、实施进展及社会效果等进行全面梳理和总结，并介绍其在“十二五”期间的发展规划。

一　文化共享工程实施背景

20世纪末，中国基层文化建设面临着许多困难和问题。截止到2000年底，全国共有公共图书馆2675个，人均拥有图书0.3册；到馆读者18854万人次，占全国总人口的15%；有756个县级图书馆全年无一分购书费，占全国公共图

* 张彦博、王芬林，文化部全国文化信息资源建设管理中心。

书馆总数的28.3%。全国文化部门共有艺术表演场所1900个，2000年演出场次6.4万场，观众3738万人次，直接到剧场观看演出的人次仅占全国人口的3%。全国共有博物馆1384个，2000年举办陈列、展览17752场，共8540万人次参观，仅占全国人口的6%，这些困难和问题严重阻碍了文化信息的传播。

与此形成鲜明对比的是，进入21世纪，蓬勃发展的高新技术广泛而深刻地影响着人类的生产方式、生活方式和思维方式。互联网及通信技术的发展与应用，显著提升了信息的传播范围和传播速度，加快了“全球化”步伐。与此同时，世界各国争相运用现代信息技术强化对外传播手段，力争在21世纪的世界舆论格局中占据有利位置。统计数据表明：在当时的互联网上，英文内容约占95%，法文内容是3%，其他语系只有2%。据估计，中文仅占8‰。

为迅速改变我国基层文化建设现状，保障基层群众的基本文化权益，全面提升基层文化单位的公共服务能力，扭转互联网上中文信息匮乏的状况，逐步消除中国不同地区在获取文化信息资源上的不平等，缩小数字鸿沟，同时，为解决国家数字图书馆工程数字资源建设经费缺项的实际问题，2001年6月，文化部联合财政部开始策划并研制全国文化信息资源共享工程（以下简称“文化共享工程”）试验系统。2001年12月，国务院法制办、北京市大运村、北京市北辰小区、河北承德地区满蒙自治县围场一中分别对试验系统进行了测试，文化共享工程试验系统研制成功，为2002年4月文化部和财政部在全国组织实施文化共享工程奠定了必要的基础。

二　文化共享工程概述

文化共享工程是我国公共文化服务建设工程和重点文化惠民工程，由文化部和财政部共同组织实施。该工程利用现代信息技术，依托各级图书馆、文化馆等公共文化设施，通过互联网、卫星网、广播电视网、无线通信网等新型传播载体，在全国范围内实现中华优秀文化资源的共建共享。工程启动近十年来，取得了全面、快速发展，基本实现了“十一五”期间建成“资源丰富、技术先进、服务便捷、覆盖城乡的数字文化服务体系，实现‘村村通’”目标，在丰富基层群众业余文化生活、保障基层群众基本文化权益、缩小城乡“数字鸿沟”等方面发挥了重要作用，有力地推动了公共文化服务体系建设。

工程启动至今，始终受到党中央国务院的高度重视和关怀。作为公共文化服务体系的基础工程、政府提供公共文化服务的重要手段、实现广大人民群众基本文化权益的主要途径、改善城乡基层群众文化服务的创新工程，文化共享工程连续三年被写入《政府工作报告》，并先后被纳入《中华人民共和国国民经济和社会发展第十一个五年规划纲要》、《国家“十一五”时期文化发展规划纲要》、《中华人民共和国国民经济和社会发展第十一个五年规划纲要》、《国家“十一五”时期文化发展规划纲要》、《中华人民共和国国民经济和社会发展第十二个五年规划纲要》、《国家“十二五”时期文化改革发展规划纲要》、《2006～2020年国家信息化发展战略》、《国家中长期教育改革和发展规划纲要（2010～2020）》等一系列重大发展规划之中。十七届六中全会通过的《中共中央关于深化文化体制改革推动社会主义文化大发展大繁荣若干重大问题的决定》中对文化共享工程再一次提出了明确的要求。

为了推动文化共享工程的顺利进行，建立了从中央到地方适应文化共享工程发展的分级管理体系。

文化共享工程部际联席会议：在2006年4月29日经国务院批准成立，由文化部牵头，教育部、财政部、国家发展改革委、科技部、农业部、卫生部、国家广电总局、国家新闻出版总署（国家版权局）和国务院法制办等十家部委共同组成。其主要职责是，在国务院领导下，研究拟定全国文化信息资源共享工程建设的重大政策措施，向国务院提出建议；协调解决推进文化共享工程建设中的重大问题等。

文化共享工程领导小组：2002年4月文化共享工程启动时建立，主要职责是宏观规划建设方向；组织协调、指导资源建设和信息服务；协调网络通道使用；协调与有关部委、单位、地方主管部门的关系等事宜。领导小组在文化部设办公室。此后，全国各省、自治区、直辖市和新疆生产建设兵团先后成立了本地区文化共享工程领导小组，并设办公室推进本地区工程建设。

文化共享工程专家咨询委员会：2002年4月，为协助文化共享工程建设，由文化部聘请有关专家组成了文化共享工程专家咨询委员会，协助领导小组对文化共享工程的规划、实施方案、资源建设、标准规范、技术路线等重大问题给予咨询。

文化共享工程国家中心：2002年4月，在国家图书馆成立了文化共享工程国家中心，负责工程具体实施。2004 年 2 月，成立了文化部全国文化信息资源建设管理中心，作为文化部正局级直属事业单位专职负责文化共享工程的组织实施。

文化共享工程依托全国各省、自治区、直辖市公共图书馆建立了 33 个省级分中心；在所辖市和县建立支中心；在乡镇（街道）、村（社区）建立基层服务点。

文化共享工程建设得到中央和地方财政的大力支持。财政部积极安排专项经费支持管理中心开展工作，并逐步加大对地方共享工程建设的支持力度，为文化共享工程的顺利实施提供了保障。2006 年以后，文化共享工程建设被财政部列为重点支持的文化建设工程。截至 2011 年底，各级财政累计投入达到 66.87 亿元。文化共享工程实现了“十一五”时期的主要目标，基本建成资源丰富、技术先进、服务便捷、覆盖城乡的数字文化服务体系，基本实现“村村通”。

三　工程进展及社会效果

十年多来特别是“十一五”期间，文化共享工程建设取得了显著进展，初步满足了基层群众“求知识、求富裕、求健康、求快乐”的需求，受到广泛欢迎。文化共享工程建设成果及服务效果主要体现在以下方面。

1. 服务网络有效拓展

文化共享工程依托各级图书馆、文化站等公共文化设施和农村党员干部现代远程教育工作、农村中小学现代远程教育工程等，初步建立了层次分明、互联互通、多种方式共用的五级信息传输网络。截至 2011 年底，全国文化信息资源共享工程已建成 1 个国家中心，33 个省级分中心（覆盖率达 100%），2840 个县级支中心（覆盖率达 99%），28595 个乡镇基层服务点（覆盖率达 83%），60.2 万个村基层服务点（覆盖率达 99%），部分省（区、市）村级覆盖范围已经延伸到自然村。其中，北京、天津、河北、山西、辽宁、吉林、黑龙江、上海、江苏、浙江、安徽、江西、山东、河南、湖北、湖南、广东、海南、广西、重庆、四川、贵州、西藏、陕西、甘肃、青海、宁夏、新疆、新疆生产建设兵团等 29 个省（区、市）完成县级支中心全覆盖和“村村通”目标。

2. 数字资源形成规模

通过广泛整合图书馆、博物馆、美术馆、艺术院团及广电、教育、科技、农业等部门的优秀数字资源，至2011年底，数字资源建设总量累计达到136.4TB，包括艺术欣赏、农业科技、文化教育、知识讲座、少儿动漫等视频类资源34809部（场）、21964小时，少数民族语言资源1956小时。在中央财政专项经费的支持下，各地深入挖掘、整合、制作出一批具有本地特色文化内涵的优秀资源，共建成207个地方特色专题资源库，成为文化共享工程资源建设的品牌和亮点。山西省建成了风雅颂地方资源多媒体等数据库。吉林省建设了《吉林二人转专题数据库》等。安徽省立足"徽风皖韵"的特色，先后完成了《徽州建筑》等6部大型电视专题片的拍摄制作任务。福建省已初步建成闽南文化专题资源数据库、福建省非物质文化遗产保护资源数据库等特色数据库。湖北省完成了《辛亥革命专题数据库》的建设，打造全国红色数据库精品。湖南省初步建成湖南地方戏剧资源库、湖南近代名人资源库、湖南非物质文化遗产资源库。西藏自治区建成了集视频、文字、图片、音频、网页包等形式的《藏族传统八大藏戏资源库》和《西藏舞蹈资源库》。

3. 技术手段不断创新

文化共享工程基于现代信息技术和国家网络通信平台，利用互联网、卫星网、电子政务外网等多种传输渠道，形成了覆盖全国城乡、连接各级站点、便捷的、有效的信息和资源传输网络，各地开拓创新，因地制宜，通过自建和合作的方式，还形成了IPTV、数字电视、VPN、3G等多种与业务需求相适应的技术服务模式，并积极探索"三网融合"、"云计算"等新兴技术手段，使基层文化单位的信息化水平和数字资源服务能力得到跨越式提升。

4. 工作队伍初步建立

经过几年的快速发展，至2011年底，文化共享工程全系统拥有专兼职工作人员68万人，从事管理、资源建设、技术支持、开展服务等工作，成为文化共享工程和当地公共文化建设与服务的骨干力量。国家中心和各地分中心通过集中与分散，教师面授与远程视频，课堂教学与知识竞赛等不同方式，从工程管理、系统构建、资源制作、信息服务等方面对各级文化共享工程人员进行系统培训，全面提高了工程队伍的业务素质和服务能力。截止到2011年底，培训人次总计591万，2011年全年培训256万人次，超额完成2011年规划目标。2011年文化共享工程国家中心举办了第二届“文化共享杯——全国文化信息资源共享工程知识与技能竞赛”，在各地再次掀起了岗位练兵的热潮，各分支中心共计4万余人参加了32个省级分中心举办的地区性竞赛活动，10余万人在线观看了竞赛活动。

5. 共建机制基本形成

各地结合实际，将文化共享工程与全国农村党员干部现代远程教育、全国农村中小学远程教育以及信息产业、农业、科研、部队等系统广泛开展共建共享，在基层服务网络设施、服务内容、管理以及人才培养等方面进行了有效整合。截至2011年底，文化共享工程与全国农村党员干部现代远程教育、全国农村中小学远程教育合作共建基层服务点85万个，向各地农村党员干部现代远程教育累计提供数字资源68TB。文化共享工程国家中心从2007年开始每年向远程教育平台提供不少于100小时的资源，通过该平台专用卫星频道的“文化共享园地”向基层服务点播放。天津市与广电网络公司联合建设“文化共享”栏目，实现入户覆盖200万户，约600万人口。

6. 服务效果日益明显

截至2011年底，文化共享工程累计服务群众已达11.2亿人次，通过优秀的数字文化资源，初步满足了基层群众“求知识、求富裕、求健康、求快乐”的基本需求，初步缓解了农民群众看书难、看戏难、看电影难的问题。在实践中，共享工程创新服务方式，针对少数民族群众、青少年、新生代农民工和低收入人群的实际需求，开展专项服务；充分利用县级支中心和乡镇、社区文化共享工程基层服务点，试点公共电子阅览室阵地服务，开辟绿色上网空间；紧密围绕国家大局，开展多种形式的宣传服务活动，开辟了一条崭新的数字文化传播渠道和服务网络，成为中国公共文化服务体系的基础性、标志性创新工程。工程尤其致力于向西部地区广大农村传播优秀文化资源及农业种植养殖新技术、城镇务工实用技术和致富信息，在消除东、西部之间数字鸿沟，推动西部地区持续发展，丰富百姓文化生活等方面发挥了重要作用。2010年，具体承担文化共享工程组织实施任务的文化部全国文化信息资源建设管理中心（文化共享工程国家中心）荣获“国家西部大开发突出贡献集体”大奖，2011年又荣获“汶川地震灾后恢复重建先进集体”大奖。

四 下一步思路

“十一五”期间，文化共享工程取得了丰硕成果，覆盖城乡的服务网络基本建成，数字资源初具规模，技术平台日趋成熟，管理体系不断完善，服务效果成绩显著，初步实现了优秀文化信息资源在全国范围的共建共享。为深入贯彻党的十七届六中全会精神，全面实现“十二五”奋斗目标，充分发挥文化共享工程在公共文化服务体系建设中的重要作用，推动社会主义文化大发展大繁荣，领导小组牵头编制完成文化共享工程“十二五”规划纲要，主要内容如下。

（一）指导思想

以科学发展观为指导，高举旗帜、围绕大局、服务人民、改革创新，继续坚持公益性、基本性、均等性、便利性原则，以政府为主导，全社会共同参与，坚持面向基层，面向农村，传播先进文化、促进社会和谐，更好地满足人民群众日益增长的精神文化需求，实现优秀文化资源的全民共享。

（二）发展目标

以有效开展服务为重心，以打造精品、优化应用为重点，以全面推动共建共享为途径，以可持续发展的体制机制作保障，到2015年，将文化共享工程建成资源优质丰富、技术先进实用、传播高效互动、服务便捷贴近、管理科学规范、体系完整可控的公共数字文化传播服务体系，实现“时时可看，处处可学，人人可享”，成为基层群众的信息中心、学习中心和数字文化中心。

（三）主要任务

1. 完善覆盖城乡的服务网络

完善文化共享工程国家、省、市、县（区）、乡镇（街道）、村（社区）六级服务网络，在城市街道社区、文化馆新建基层服务点，实现从城市到农村服务网络全覆盖。加强制度设计，实现基层服务点的科学化、规范化管理。

2. 推进文化共享工程进入居民家庭

推广辽宁省文化共享工程“进村入户”经验，紧密结合国家三网融合发展战略，加强与信息技术和广播电视等部门的合作，结合各地实际，通过有线电视、直播卫星、通信网、互联网等多种方式进入居民家庭，入户率达到50%。

3. 实施公共电子阅览室建设计划

以未成年人、老年人、进城务工人员等特殊群体为重点服务对象，与乡镇文化站建设、街道（社区）文化中心（文化活动室）建设以及中央文明办组织实施的“绿色电脑进西部”工程结合，与共青团中央、全国总工会、全国妇联合作，共同推进公共电子阅览室建设。到2015年，努力实现公共电子阅览室在全国所有乡镇和街道、社区的全覆盖。

4. 构建优秀数字资源库群

（1）建设公共文化数字资源基础库群

建设体现社会主义核心价值、弘扬中华民族传统文化、关系文化民生的公共文化数字资源，增强文化信息资源的针对性、实用性和吸引力、感染力，重点建设若干主题鲜明、体系完整、质量上乘、具备广度和深度的数字资源库。整合制作适合公共电子阅览室和入户使用的专题资源；吸纳公益性健康网络游戏进入公共电子阅览室；整合制作一批适用于农村实用人才和进城务工人员培训的专题资源。

（2）建设红色历史文化多媒体资源库

贯彻落实中宣部《关于实施红色历史文化数字工程有关情况和我们的意见》文件精神，以中国共产党在革命、建设、改革过程中的重要事件、主要人物、发生地点、历史资料、文艺作品为主要内容，利用现代多媒体信息技术，制作融文字、图片、视频、动漫、游戏为一体的红色历史文化大型多媒体资源库，将文化共享工程建设成为网上爱国主义教育基地。

（3）加强少数民族文化产品译制工作

重点整合译制藏语、维吾尔语、哈萨克语、蒙古语、朝鲜语资源。贯彻落实中央宣传部、国家发改委、教育部、国家民委、财政部、文化部、国家广电总局、新闻出版总署《关于做好新疆少数民族文化产品译制工作的意见》，进一步做好新疆少数民族语言文字资源建设和网站建设。到2015年，建成藏汉、维汉、哈汉、蒙汉、朝汉等文化共享工程双语网站。

5. 打造先进实用的技术支撑平台

（1）实施基于云计算的全网优化计划

对文化共享工程网络数据的存储和服务进行优化。充分发挥现有基础设施的作用和规模优势，构建基于云计算的文化共享工程技术支撑平台，不断扩大共享范围，提升资源共享的深度和广度，提高信息服务的时效性、互动性、针对性与便捷性，实现服务安全高效，全网可管可控的目标。

（2）建设公共文化信息服务门户

打造资源丰富、内容权威、支持各种传播媒体的公共文化信息服务门户。建设国家、省、市、县/区四级分布式互联网网站群；利用3G移动通信网，为公众开展手机文化信息服务；设立文化共享工程网络视听台，开展网络视频直播、点播和视频分享服务，满足基层群众多样化的网络文化信息需求。

（3）建设公共电子阅览室技术平台

建立公共电子阅览室信息资源导航系统，提升导航的实用性和针对性，引导基层用户访问互联网上优秀的文化信息资源。通过技术手段保障公共电子阅览室内容服务的健康、文明，杜绝反动、淫秽、暴力等不良信息的侵入和传播，确保公共电子阅览室网络信息安全。建设公共电子阅览室用户访问信息采集系统。

（4）建设分布式数字资源共建共享系统

建立并完善文化共享工程资源建设标准规范体系。建设分布式数字资源共建共享系统，采用开放式、分级管理方式，实现数字资源的分布式加工、存储和元数据的统一管理以及跨库使用。利用技术手段实现数字资源的长期安全保存，与国家数字图书馆、国家电子政务外网等建设项目合作，对精品数字资源库群进行异地灾备。

（5）做好文化共享工程资源入户服务的技术保障

加强与广电、电信等部门合作共建，结合有线电视、直播卫星、通信网、互联网的发展，以自主可控的形式编播节目和推送资源，为文化共享工程资源入户服务提供技术支撑与保障。

6. 推动中长期人才培训计划的实施

（1）开展国民信息素养教育培训

根据国家信息化发展战略确立的利用文化共享工程开展提高国民信息素养培训的要求，利用覆盖城乡的文化共享工程服务网络，通过建设与整合各类标准化、高质量的培训课件，因地制宜，有步骤、有组织地开展提高国民信息素养的教育培训。制作并翻译少数民族语言的培训课件，加大少数民族地区的培训力度。

（2）推进农村实用人才和进城务工人员培训

根据《国家中长期人才发展规划纲要（2010～2020年）》和《关于进一步加强农民工文化工作的意见》要求，充分发挥文化共享工程的服务优势，通过合作共建、网络教育等手段，大规模开展农村实用人才培养和进城务工人员培训。“十二五”期间，培训农村实用人才和进城务工人员1000万人次。

（3）继续实施文化共享工程基层队伍培训

根据文化部《关于开展全国基层文化队伍培训工作的意见》和文化共享工程基层队伍培训工作规划，完善工程培训体系，提升远程培训能力，实现培训工作的科学化、规范化、常态化。按照分级负责、分类实施、全员学习的原则，培训各级各类工作人员500万人次。

A Decade of National Cultural Information Resources Sharing Project Construction

Zhang Yanbo　Wang Fenlin

Abstract: National Cultural Information Resources Sharing Project as China's public cultural services construaction project and important cultural Humin project has been build classification management system from the centrel to the local level, and met the cultural needs for grassroots preliminarily. It aims at: perfecting service network covered both urban and rural areas, promoting cultural sharing project into households, implementation of the project of public electronic reading room construction, building advanced digital resources systems, making advanced and practical technique support platform and driving the implementation of national long-term talents training plan.

Key Words: Cultural Sharing Project; Digital Resources; Public Culture; Grassroots Cultural Needs

B.26

公共电子阅览室建设计划工作进展概述

刘惠平　李亚男*

摘　要： 公共电子阅览室通过建设规范化公共电子阅览室、推进免费开放、丰富数字资源供给、建立技术支撑平台、建立健全管理制度、鼓励社会力量参与建设等方式开展试点工作，并取得了一定成效。下一步的工作方向为：快速推进乡镇、街道、社区公共电子阅览室全覆盖，全面提升公共电子阅览室服务效能，建立和完善技术支撑平台，加强规范化管理和监督考核，为建设计划的实施营造良好舆论氛围，加大基层文化队伍的培训力度。

关键词： 公共电子阅览室　公共数字文化　数字资源

一　实施背景

近年来，党中央、国务院提出一系列推动社会主义文化大发展大繁荣的重大战略措施，我国公共文化基础设施发展迅速，一批重点文化工程取得丰硕成果，覆盖城乡的公共文化服务体系正在形成。为进一步加强公共数字文化建设，提高公共文化服务能力，推动覆盖城乡公共文化服务体系建设，保障数字化、信息化、网络化环境下公共文化服务的公益性、基本性、均等性、便利性，满足人民群众日益增长的精神文化需求和基本网络文化需求，在“全国文化信息资源共享工程”、“数字图书馆推广工程”取得积极进展的基础上，“十二五”期间，文化部、财政部将在全国实施“公共电子阅览室建设计划”。2012 年 2 月 3 日，《“公共电子阅览室建设计划”》正式发布。

公共电子阅览室是以计算机技术、网络通信技术为基础，依托文化共享工程

---

* 刘惠平、李亚男，文化部全国文化信息资源建设管理中心。

各级服务点、图书馆、文化馆，以及具备条件的工人文化宫、少年宫、妇女儿童活动中心、乡镇（街道）文化站、社区文化中心（村文化室）、学校、工业（产业）园区等，提供集互联网信息查询、文化共享工程信息资源服务、数字图书馆服务、素质培训、网络通信、休闲娱乐为一体的现代化多功能公共文化服务场所。

公共电子阅览室建设是在公共数字文化建设发展到新的阶段，为保障基层群众的基本文化权益而推出的一种创新服务模式。实施公共电子阅览室建设计划，将为广大人民群众特别是未成年人提供公益性上网场所，吸引广大群众参与积极、健康的网络文化活动；将进一步完善全国各级公共图书馆、文化馆（站、室）的软硬件设施，增强数字文化服务能力，把更多适应人民群众需求的数字资源传送到社区、城镇和农村，活跃基层群众的文化生活，推进全社会的信息化进程。

二 “公共电子阅览室建设计划”主要内容

（一）总体目标

以科学发展观为指导，坚持公益性、基本性、均等性、便利性原则，以保障人民群众基本的文化权益为目标，以未成年人、老年人、进城务工人员等特殊群体为重点服务对象，依托文化共享工程的服务网络和设施，以及文化共享工程、国家数字图书馆丰富的数字资源，与文化共享工程建设、乡镇文化站建设、街道（社区）文化中心（文化活动室）建设以及中央文明办组织实施的“绿色电脑进西部”工程相结合，在城乡基层大力推进公共电子阅览室建设，努力构建内容健康、服务规范、环境良好、覆盖广泛的公益性互联网服务体系。

（二）实施内容

1. 推进免费开放

“十二五”期间，结合文化部、财政部组织实施的“三馆”免费开放工作，推动已建公共电子阅览室的免费开放，满足广大社会公众特别是未成年人与老年人、进城务工人员等城乡低收入群体的需求。

2. 完善设施条件

在文化共享工程县级支中心及基层服务点基础上，按照面积不少于40平方米、终端计算机不少于10台、局域网储存空间不少于1TB、互联网出口带宽不低于2M的标准，推进公共电子阅览室建设，到“十二五”末，实现在全国所有乡镇、街道、社区的全面覆盖。

3. 丰富资源内容

依托文化共享工程和国家数字图书馆资源，建设适合开展公共电子阅览室服务的优秀数字资源达到500TB。重点建设一批未成年人喜爱的动漫故事、益智类游戏、进城务工人员实用技能、少数民族语言文字、地方特色资源等。

4. 建设新技术支撑平台

充分应用云计算、智能服务、流媒体、移动互联网等最新适用技术，与“三网融合”发展战略紧密结合，依托已有技术管理平台，建设先进实用、安全可靠、传输通畅、开放互联的公共电子阅览室技术平台。

5. 强化管理与服务

制定出台《公共电子阅览室管理规范》；建立健全统一标识、用户上网实名登记、巡查监督、限时上网、工作信息填报、资源利用统计与反馈制度；重点加强对未成年人上网管理；加强少数民族语言数字资源及相关网站建设。利用公共电子阅览室广泛开展内容丰富、形式多样的惠民服务。

6. 建立长效运行保障机制

结合“三馆”免费开放工作，建立公共电子阅览室建设和运行经费保障机制，促进可持续健康发展；在保证公共电子阅览室公益性前提下，积极探索社会力量参与公共电子阅览室建设的新路。

（三）实施步骤

1. 试点阶段（2010年11月~2011年12月）

组建“公共电子阅览室建设计划”专家咨询机构；制定公共电子阅览室管理办法、公共电子阅览室技术平台规范；对55%以上已配备文化共享工程设备的乡镇/街道、社区公共电子阅览室进行设备升级；完成公共电子阅览室信息资源导航系统建设；完成资源建设计划总量的20%，并提供服务。

2. 逐步推进阶段（2012～2013年）

推进已建公共电子阅览室全面免费开放；完成已配备文化共享工程设备的乡镇/街道、社区公共电子阅览室的设备升级；完成公共电子阅览室信息管理平台建设；完成“十二五”期间资源建设计划总量的60%，并提供服务。

3. 全面完成阶段（2014～2015年）

对符合条件的公共互联网服务场所进行认定；推进全社会共同参与建设公共电子阅览室；发展完善面向三网融合的资源传输调配体系；全面完成500TB资源建设计划，并提供服务。

（四）保障措施

1. 组织领导

全国文化共享工程领导小组负责“公共电子阅览室建设计划”的组织实施，领导小组办公室设在文化部公共文化司；管理中心负责公共电子阅览室整体资源建设、技术支持和人员培训；省级文化行政部门负责区域内建设规划和组织实施；省级分中心负责区域内资源建设、技术支持和人员培训。

2. 经费保障

“公共电子阅览室建设计划”所需经费由中央和地方财政共同负担。“十二五”期间，中央财政专项资金重点用于中西部地区乡镇、街道和社区公共电子阅览室补充设备，完善服务管理、建设技术平台。中央财政支持中、西部地区公共电子阅览室建设专项资金投入分别为50%和80%，东部地区给予适当奖励；地方财政按规定足额落实配套资金。

3. 培训工作

按照《文化部关于开展全国基层文化队伍培训工作的意见》要求，建立公共电子阅览室工作人员培训机制，着力开展培训工作，培养一批熟悉和掌握计算机及网络知识的业务骨干，提高公共电子阅览室服务工作水准，为“公共电子阅览室建设计划”的顺利实施提供人才保障。

4. 宣传推广

广泛宣传“公共电子阅览室建设计划”，营造良好的舆论氛围，增强辐射力和影响力，吸引更多的社会公众到公共电子阅览室享受公益性数字文化服务。注意总结工作经验，发现和培养典型，及时宣传和推广。

三 “公共电子阅览室建设计划”试点工作

为推动公共电子阅览室计划的顺利实施，文化部自2010年10月至2011年12月，在北京、天津、辽宁、山东、上海、安徽、浙江、广东、陕西9省（市）开展实施公共电子阅览室计划的试点工作。2010年9月，文化部与教育部、全国妇联、共青团中央、全国总工会在天津召开“全国公共电子阅览室建设试点工作会议”，正式启动了试点工作。

（一）试点工作主要任务

1. 建设规范化公共电子阅览室

按照地市级不少于40台，县级不少于25台，乡镇、街道、社区不少于10台，行政村不少于5台电脑终端的标准配置设备，以宽带形式接入互联网，建立电脑桌面一站式导航服务，改造配套设施。

2. 推进免费开放

试点单位的公共电子阅览室首先对未成年人实行免费开放，具备条件的，向社会公众免费开放。

3. 丰富数字资源供给

管理中心和国家图书馆提供专题资源，分批发送到试点省（市）使用。各试点省结合当地实际，建设适合未成年人和其他群体需要的特色资源。

4. 建立技术支撑平台

各试点省（市）运用现代技术手段，安装信息浏览监控和屏蔽软件，加强对未成年人的保护。建立和完善网络安全和资源管理技术平台，实现对全网的即时监控、资源利用情况的统计与反馈。

5. 建立健全管理制度

制定出台《公共电子阅览室管理规范》，建立用户上网实名登记、巡查监督、限时上网、信息填报、资源利用统计与反馈等制度，确保公共电子阅览室安全运行。

6. 鼓励社会力量参与建设

制定相关政策，鼓励支持国有、民营企业和机构，开发推广弘扬民族精神、反映时代特点、有益于未成年人健康成长的数字文化资源、游戏软件产品；鼓励支持以优惠条件为公共电子阅览室提供网络接入等服务。

（二）试点工作成效和经验

试点工作启动之后，9个试点省份分别制定了本地试点工作实施意见。全国参加试点的公共电子阅览室数量达6200个，资源提供总量386GB，服务人次近1700多万，各级财政经费投入近2.7亿元。2010年6月，文化部在山东青岛召开了公共电子阅览室建设计划试点工作现场经验交流会。2011年3月和12月，全国文化共享工程领导小组先后两次组织了公共电子阅览室建设试点工作督导。“公共电子阅览室建设计划”试点工作，较好地完成了预期的任务，为下阶段全面实施公共电子阅览室建设积累了宝贵经验。

1. 试点工作呈现的特点

（1）及时部署试点工作。山东、广东将县级以上文化共享工程分支中心全部列为试点；天津、辽宁、上海、安徽将试点与国家公共文化服务体系示范区创建结合，以地市为单位重点推进；陕西省文化厅与试点地区分别签订《试点建设责任书》，对建设标准、管理规范、宣传标识等提出明确要求。

（2）努力落实试点经费。前期，9个试点省（市）共筹措试点经费9600多万元，其中，山东财政投入5737万多元；上海财政投入1810万元；天津、辽宁、浙江等地方财政专项投入均超过400万元。结合“三馆”免费开放工作，9个试点省（市）已有1357个公共电子阅览室实现免费开放，占总数的44.5%。

（3）积极提升设施条件。各试点省（市）按照文化部制定的公共电子阅览室配置标准，积极提升改善设施条件，辽宁结合文化共享工程县级支中心建设，对公共电子阅览室设施设备进行了补充更新；北京对部分试点公共电子阅览室进行了重新装修，扩大了服务场地面积，配置了新的桌椅和辅助设施。

（4）扎实推进资源建设。管理中心为9个试点省（市）提供了16批、约2099小时的公共电子阅览室适用资源；1235集少儿动漫影视作品，购买了部分益智游戏、少儿英语等资源。浙江、山东、广东整合建设了一批未成年人、进城务工人员适用资源。

（5）加快技术平台研发。管理中心启动了公共电子阅览室信息安全管理平台系统规范的研发；北京为公共电子阅览室配备了信息资源和信息浏览监控软件；山东研制了“一站式”服务平台，实现资源导航功能和分类资源的动态管理；上海研发了公共电子阅览室专网平台，实现“一个平台，内容整合共享”。

（6）深入开展特色服务。各试点省（市）结合实际，深入开展形式多样的特色服务。山东成为全国首个公共电子阅览室建设走进青少年宫、走进武警总队的省份；北京选择外来务工人员集中的地区建设公共电子阅览室；广东开设专门面向老年人、未成年人、外来务工人员及子女的公共电子阅览室。

2. 各地取得的突破性成效

（1）北京对全市公共电子阅览室实行统一管理，利用数字宽频内容分发传输平台，实现了市分中心、基层服务点和公共电子阅览室之间资源传输的无缝链接，每天向基层服务点推送2.5G的多媒体资源，并通过“双网一器”，为读者提供便捷的数字资源服务。

（2）天津率先启动中小学公共电子阅览室建设，并开通利用全国文化共享工程资源为中小学电子阅览室服务的综合性资源平台——i知网，为全市100余万名中小学生打开了健康文明的绿色上网之门。

（3）辽宁落实了省级及县区、乡镇公共电子阅览室建设经费4890万元。在功能和作用上，紧密结合文化共享工程、国家数字图书馆工程和本省公共图书馆合作网建设，使乡镇公共电子阅览室同时具备文化共享工程乡镇服务点的功能。

（4）山东在全省建成3400多个公共电子阅览室，其中建在文化系统2300多个，与青少年宫、学校和企业等共建1100多个；建成3G网终端4400多个，基本实现公共电子阅览室的全覆盖。

（5）上海以原有300多家东方社区信息苑为基础，按照文化部公共电子阅览室功能配置要求，成功对接了电子阅览室的服务功能，进一步完善设备配置，强化了服务功能和管理。同时，实现服务延伸，重点建设了一批示范性的农民工公共电子阅览室。

（6）安徽将全省所有乡镇、街道和社区公共电子阅览室配置标准提高到每个5万元，2012年省财政总投入达到2062.2万元，高标准完成全省667个乡镇、22个社区、40个街道公共电子阅览室建设任务。

（7）浙江实施了公共电子阅览室备案制度。由本级文化行政主管部门审核备案公共电子阅览室，备案后的公共电子阅览室通过张贴统一标志，方便群众识别和监督；同时加大检查力度，对不符合服务标准的公共电子阅览室，取消服务资格。

（8）广东以公共电子阅览室建设为契机，通过统一身份管理、统一认证、上网行为审计管理、VPN 网络及资源授权访问等技术，构建了以广东省分中心为枢纽，以县级支中心为节点，覆盖市、县、镇的三级联合服务网络。

（9）陕西从制度层面建立起公共电子阅览室运行情况的考核办法、运行资金使用办法以及设备资产管理办法，按照分级管理的原则，层层加强考核，确保公共电子阅览室“管得住”。

四　下一步工作

实施公共电子阅览室建设计划，是“十二五”期间文化建设的重点任务，是新形势下推进公共数字文化建设的重要举措。根据党的十七届六中全会提出的“满足人民群众基本文化需求”的基本任务和《国家“十二五”文化改革发展规划纲要》关于“加快构建公共文化服务体系”的要求，“十二五”期间，将全面实施公共电子阅览室建设计划，主要任务和工作方向有以下几个方面。

（一）快速推进乡镇、街道、社区公共电子阅览室全覆盖

2011 年，中央财政投入 2 亿元支持全国 55% 的乡镇、街道、社区公共电子阅览室硬件建设；2012 年，继续投入资金完成其余 45% 公共电子阅览室的硬件建设；到 2015 年，实现公共电子阅览室在全国所有乡镇和街道、社区全面覆盖。要结合文化馆、图书馆、美术馆免费开放工作，落实公共电子阅览室免费开放运行维护经费，完善机制，保障公共电子阅览室建设的可持续发展。

（二）全面提升公共电子阅览室服务效能

开展服务是公共电子阅览室建设的终极目的。要丰富公共电子阅览室数字资源，根据公众需求特别是未成年人、进城务工人员、少数民族等重点服务人群的需求，加强专题资源的建设和提供。坚持公共电子阅览室网络服务与图书馆、文化馆传统服务相结合，与读者活动、讲座、培训相结合，深化服务内涵，提高服务质量，创新服务形式，打造服务品牌，全面提升公共电子阅览室的服务效能。

（三）建立和完善技术支撑平台

“十二五”期间，完成已配备文化共享工程设备的所有街道、社区、乡镇公共电子阅览室硬件升级工作。通过建立先进实用、安全可靠、开放互联的公共电子阅览室技术平台，对运行维护、资源传输、资源导航、信息采集、管理监控等实行有效管理。在建设公共电子阅览室的同时，推动文化共享工程各级中心网站建设，重点加强市、县级支中心网站建设，突出特色，增加互动性、趣味性，提高访问率和利用率。

（四）加强规范化管理和监督考核

公共电子阅览室建设要始终坚持公益性原则，同时按照项目建设和运行管理并重的要求，以机制建设为重点，加强规范化管理和监督考核。建立健全管理规章，对公共电子阅览室统一认定，统一挂牌，严格管理，严格监督，努力把公共电子阅览室建设成为安全、健康、绿色的上网场所；重点加强对未成年人上网管理，确保公共电子阅览室安全运行；建立健全绩效考核和评估体系，提高管理科学化水平。

（五）加大基层文化队伍的培训力度

公共电子阅览室的建设和实施对基层文化工作队伍的观念、能力、水平提出了新的要求，“十二五”期间，将大力开展公共电子阅览室从业人员培训，提高队伍的业务能力和管理服务水平。建立分级培训机制，管理中心制定培训规划，编写培训教材，完善培训内容，提高培训质量；各地组织本地区的培训，有条件的地区组织开展工作人员的全员培训。“十二五”期间，完成培训总量不少于500万人次。

（六）为建设计划的实施营造良好舆论氛围

“十二五”期间，作为公共文化建设的新平台，公共电子阅览室的建设意义、目标、内容和方式需要广为宣传，让社会公众广为知晓，形成良好的舆论氛围。认真做好宣传推广，采取多种形式，宣传公共电子阅览室免费开放政策、丰富的资源内容、规范的管理秩序和良好的阅读环境，以及对未成年人保护措施等，吸引公众踊跃利用公共电子阅览室。推动媒体参与监督，保障公共电子阅览室的健康运行。

Summary of the Progress of Public Electronic Reading Rooms Construction Plan

Liu Huiping　Li Yanan

Abstracts: Through methords of building standardization public electronic reading rooms, promoting open for free, riching digital resources supply, establishing technology support platform, setting up management system, encouraging social forces to participate with construction, public electronic reading rooms construction has launched pilot projects, and made progress. The next steps of work direction are: speeding up the development of public electronic reading rooms covered in villages, towns, streets and communities; promoting public electronic reading rooms services efficiency comprehensively; establishing and perfecting technology support platform; strengthening the standardized management and supervision; building up an atmosphere with positive public opinion; increasing the grassroots cultural teams training efforts.

Key Words: Public Electronic Reading Rooms; Public Digital Culture; Digital Resources

B.27

国家数字图书馆推广工程实施情况概述

申晓娟*

摘　要：数字图书馆推广工程于2011年5月正式启动，是我国在“十二五”时期实施的三大数字文化惠民工程之一。工程将搭建覆盖全国的数字图书馆虚拟网络，建立海量分布式数字资源库群，支持用户通过计算机、数字电视、手机等终端，随时随地获得图书馆的服务。本文对数字图书馆推广工程的实施背景、建设内容、工作机制、实施进展和社会效果等进行梳理和总结，并介绍其未来发展规划。

关键词：数字图书馆推广工程　公共数字文化

数字图书馆是公共数字文化建设的重要组成部分，是数字化、信息化、网络化环境下文化建设的新平台、新阵地，是利用信息技术拓展公共文化服务能力和传播范围的重要途径，对于消除数字鸿沟、满足人民群众不断增长的精神文化需求、提高全民族文明素质、构建社会主义核心价值体系具有重要意义。

我国自1995年开始进行数字图书馆的研究与实验工作，并在近二十年的发展过程中取得了显著进展。2001年，经国务院批准，我国第一个国家级数字图书馆项目——国家数字图书馆工程立项，2005年正式开始建设。为推广国家数字图书馆建设成果，建立覆盖全国的数字图书馆服务网络，2011年5月，财政部、文化部联合发文启动了数字图书馆推广工程。2011年10月，党的十七届六中全会又进一步提出“完善国家数字图书馆建设”的要求，标志着我国数字图书馆建设进入大规模普及推广阶段。本文将对数字图书馆推广工程的实施背景、建设内容、保障措施、实施进展和社会效果等进行梳理和总结，并介绍其未来发展规划。

* 申晓娟，国家图书馆研究院。

一　实施背景

20 世纪 90 年代以来，随着计算机技术、网络技术和信息处理技术的迅猛发展，越来越多的国家认识到信息对于提高国际竞争力、增强综合国力的重要性，相继提出了“信息高速公路”计划，人类社会快步进入一个前所未有的信息化社会。在此背景下，数字图书馆作为网络环境下一种新的信息资源组织与服务形式应运而生。

数字图书馆是网络环境和数字环境下图书馆新的发展形态，它利用现代信息技术，对海量、分布、异构的数字资源进行整合，形成有序整体，通过各种媒体提供友好、高效的服务，使人们随时随地获取信息和知识。数字图书馆的迅猛发展为传统图书馆提供了新的发展机遇和广阔的发展空间，大大提升了传统图书馆的服务能力，拓展了服务范围，丰富了服务手段，由此也深刻改变了人们的学习习惯和获取知识的方式，越来越受到世界各国的普遍关注和社会公众的广泛欢迎。

一些发达国家乃至发展中国家陆续将数字图书馆建设作为国家信息基础设施的重要工程和国家级战略研究方向进行研究和开发，1990 年日本国立国会图书馆启动关西数字图书馆计划，1993 年英国启动电子图书馆计划，1994 年和 1998 年美国先后启动数字图书馆先导研究一期和二期计划，2000 年法国启动“文化精品数字化”项目，2005 年欧盟启动欧洲数字图书馆计划，2009 年联合国教科文组织正式开通世界数字图书馆网站，2010 年中日韩三国国家图书馆共同启动亚洲数字图书馆计划，世界图书馆事业全面进入数字图书馆发展时期。

我国自 1995 年开始跟踪国际数字图书馆发展，继国家图书馆开始进行数字图书馆研发后，各地区、各系统也纷纷开始进行数字图书馆建设。经过十几年实践，我国的数字图书馆建设进入一个快速发展时期，初步形成了由国家级数字图书馆、行业性数字图书馆和各区域数字图书馆组成的数字图书馆建设与服务体系。

在研发的基础上，国家图书馆于 1998 年提出了实施国家数字图书馆工程的建议，并于 2001 年获国务院批准立项，2005 年开始建设，工程总投资 4.9 亿元。经过近五年的建设，国家数字图书馆建设取得了丰硕成果：软硬件基础设施条件得到极大改善，围绕海量数字资源生命周期管理的软硬件平台已初步搭建完成；数字资源种类与数量日益丰富，截至2011年6月国家数字图书馆数字资源保有量已达560TB，并根据需求牵引的原则形成了一批面向不同用户群体的特色数字资源库；标准规范体系基本形成，制定了二十余项数字图书馆相关标准规范，并着手推动其中部分标准规范上升成为国家标准或行业标准；服务模式不断创新，服务范围已覆盖互联网、移动通信网、广播电视网，并通过计算机、数字电视、手机、手持阅读器、平板电脑、电子触摸屏等终端推出新媒体服务方式；专业人才队伍逐步形成，培养了一支既熟悉传统图书馆业务、又熟悉现代信息技术的专业化人才队伍。可以说，一个内容丰富、技术先进、覆盖面广、传播快捷的国家数字图书馆服务网络已经初步建成。

近几年，随着我国公共文化服务体系建设的大力推进，各地数字图书馆建设也蓬勃发展。许多地区在规划公共文化服务设施建设的同时，同步规划数字图书馆建设。全国有20多个省规划和建设省级数字图书馆，特别是各省基于本省公共图书馆丰富的馆藏资源，组织建设了一批内容丰富、形式多样的地方特色数字资源库，据不完全统计，截至2010年底，全国省级公共图书馆数字资源总量已近700TB，市级公共图书馆资源总量超过200TB。在普遍提供网络服务的基础上，一部分图书馆开始尝试通过手机、数字电视等新兴媒体提供服务。

这些已经形成的数字图书馆系统和各类型数字资源库，为进一步建立覆盖全国的数字图书馆系统奠定了坚实基础。但从整体上看，我国数字图书馆建设还存在发展不均衡、资源重复、标准不够统一、共享程度低、服务平台不统一等问题，一个覆盖全国的数字图书馆网络系统亟待建立，全国数字图书馆建设的共建共享机制亟待形成。

为解决上述问题，在文化部的领导下，国家图书馆于2010年实施了“县级数字图书馆推广计划”，通过文化信息资源共享工程的服务网络，将国家图书馆优秀的数字资源推送到全国每一个县，使全国所有县级图书馆都具备了数字图书馆服务能力。同时，国家图书馆在山东、新疆、厦门、黑龙江等省市进行了国家数字图书馆区域全覆盖的试点工作，为在全国推广国家数字图书馆建设成果提供了经验。在此基础上，文化部、财政部于2011年5月联合下发文件，作出了在“十二五”期间实施数字图书馆推广工程的重要部署。

二　工程概况

数字图书馆推广工程将构建以国家数字图书馆为中心、以各级数字图书馆为节点、覆盖全国的数字图书馆虚拟网，建设分级分布式数字图书馆资源库群，建设优秀中华文化展示平台、开放式信息服务平台和国际文化交流平台，在全国范围内形成有效的数字资源保障体系，以电信网、广播电视网、互联网为通道，以手机、数字电视、移动电视等新媒体为终端，向公众提供多层次、多样性、专业化的数字图书馆服务，从而整体提升全国公共图书馆的信息保障水平和信息服务能力，形成图书馆新的服务业态。

数字图书馆推广工程的主要建设内容包括以下方面。

一是建设覆盖全国的数字图书馆虚拟网，实现各级公共图书馆的互联互通。通过推广比较成熟的数字图书馆技术成果及标准规范和软硬件系统，以及资源建设的成果，构建以国家数字图书馆为核心，覆盖全国各级数字图书馆和基层服务站点的数字图书馆建设、加工、存储、检索、调度的网络体系，支持全国各数字图书馆间资源与服务的全面共建共享。

二是建设分级分布式数字资源库群，实现数字资源无障碍共建共享。提高各级公共图书馆的积极性，建设分级分布式数字资源库群，在全国范围内形成有效的数字资源保障体系。建立数字资源共建共享机制，采取资源互换、集中采购、统一认证等方式，实现资源的共享。本着分步实施的建设原则，依托全国各级公共图书馆，建立若干数字资源建设中心、数字资源保存中心和数字资源服务中心，实现数字资源的建设、保存、服务的统一规划、分布式建设和保存，集中调度和管理，避免重复建设，改善数字资源建设发展不均衡的状况。到“十二五”末，使各级公共图书馆的数字资源量得到较大、均衡的增长，数字资源总量达到10000TB，每个省级数字图书馆数字资源量达100TB，每个市级数字图书馆数字资源量达30TB，每个县级数字图书馆数字资源量达4TB。

三是建设数字图书馆基础软件支撑平台，实现全国公共图书馆数字图书馆系统间的无缝连接。借助已建成虚拟网，以国家数字图书馆已建成的应用系统平台和业务系统平台为基础，为全国各级图书馆建立标准、规范、易用的业务软件平台，为地方馆搭建标准化和开放性的数字图书馆系统、实现数字图书馆全流程业务管理提供基础软件支撑。同时，提供开放接口，各馆已有的数字图书馆系统可利用该平台提供的开放接口，通过二次开发实现与“数字图书馆推广工程”平台的无缝链接，共享平台资源与服务，从而实现全国公共图书馆数字图书馆系统的互联互通。

四是建设多层次、多样化、专业化、个性化的数字图书馆服务平台，形成数字图书馆服务体系。在构建海量分布式资源库群的基础上，对数字资源进行有效的组织、整合、知识挖掘，实现元数据集中与统一检索，依托互联网、移动通信网、广电网，建立满足不同需求的数字图书馆服务平台，为中央与地方各级政府的立法与决策提供信息服务；为科研院所、企事业单位及研究型用户提供深层次、专业化信息与知识服务；为广大社会公众以及未成年人、残疾人等特殊人群提供多样化、个性化的数字图书馆服务；通过新技术应用，提供基于移动通信网的移动数字图书馆服务、基于广播电视网的数字电视服务。

五是开展数字图书馆建设与服务的培训，建设一支专业知识与实践技能兼备的高素质人才队伍。以提升图书馆馆员整体的科技素质、服务素质为重点，结合不同阶段的实施规划和建设重点，围绕资源建设、系统维护、数字图书馆服务、数字图书馆技术、数字图书馆管理等方面问题，有步骤地分批面向图书馆馆员开展数字图书馆理论培训、业务培训、应用培训、科技培训和服务培训。通过培训，建设一批现代化、科技化、职业化的数字图书馆馆员队伍，提升图书馆服务能力与服务质量，为我国数字图书馆的健康快速发展奠定人才基础。

三　运行机制

数字图书馆推广工程由国家图书馆组织实施，根据分期分批原则，由各省、市图书馆共同参与建设。

（一）经费投入机制

数字图书馆推广工程所需经费由中央和地方财政共同负担。中央财政资金主要用于全国性基础数字资源保障性建设、基础性资源的版权征集、资源统一调度与服务系统开发、新媒体服务系统开发、人员培训等，并对中、西部地区省、市两级数字图书馆硬件设备建设予以补助。地方财政资金主要用于搭建硬件环境与地方特色数字资源建设。2011 年，中央财政共安排转移支付经费 4980 万元，对中西部省份省、市两级数字图书馆的硬件设备购置予以补助。省、市两级图书馆分别按照 300 万元和 150 万元的标准配置，其中，东部省份全部由地方财政投入；西部省份中央投入 80%，地方投入 20%；中部地区省份中央、地方财政各投入 50%。

（二）标准规范先行

标准规范作为数字图书馆建设的基础，是开发利用与共建共享文献资源的基本保障，是保证数字图书馆的资源和服务在整个数字信息环境中可利用、可互相操作和可持续发展的基础，是各级数字图书馆建设的标准依据，在数字图书馆推广工程的实施过程中占有重要地位。

目前，国家图书馆已陆续将国家数字图书馆工程标准规范项目成果付印出版，并提供各级公共图书馆在建设数字图书馆推广工程时使用。2011 年底，国家图书馆又联合上海图书馆、北京大学图书馆、中科院图书馆等国内主要的数字图书馆系统建设单位，通过全国图书馆标准化技术委员会积极申报了 17 项数字图书馆建设相关标准，所有参加工程建设的图书馆都将按照这些数字图书馆标准规范进行资源的组织加工和建设。

（三）加强与其他公共数字文化惠民工程的结合与协调

数字图书馆推广工程与全国文化信息资源共享工程、公共电子阅览室建设计划是公共数字文化三大惠民工程，是公共文化服务体系的基础性工程。中央领导曾专门作出重要批示，指出实施数字图书馆推广工程“要和全国文化信息资源共享工程相结合”。2011 年 11 月，文化部、财政部联合下发《关于进一步加强公共数字文化建设的指导意见》，指出这三大惠民工程既有内在联系又各有侧重，在组织实施上，应统一规划，统筹兼顾；在技术平台和网络建设上，应做好协调，不重复建设；在资源建设上，应各有侧重，突出特色；在标准规范上，应统一规则，相互兼容。三大惠民工程互为支撑，互相促进，形成合力，共同在公共数字文化建设中发挥重要作用。

在文化部统筹规划下，数字图书馆推广工程主要致力于搭建县及县以上数字图书馆网络系统，并利用文化共享工程已有的网络平台提供基层服务。在资源建设方面，推广工程主要致力于建设满足社会公众学习、教育、科研和日常文化娱乐需要的各类资源。

四 工程进展及社会效果

截至2012年1月，数字图书馆推广工程已先后在黑龙江省、吉林省、福建省、新疆维吾尔自治区、贵州省等地启动，工程各方面建设取得实质性进展。在虚拟网连接方面，已完成与11个省级图书馆的网络联通，其中浙江省实现全省联通。在软件平台方面，已完成全国公共图书馆统一用户管理三级体系架构的设计与开发，并在浙江省馆、绍兴市馆等多个省市馆进行试点部署。在资源建设方面，已进行部分资源的筛选、配置与部署，结合福建省图书馆百年馆庆、援疆工作等工作，完成福建省、新疆维吾尔自治区、贵州省、吉林省、黑龙江省的资源镜像工作，共镜像资源超过20TB，并为新疆维吾尔自治区提供数字资源硬盘20块，资源总量达到10TB。在新媒体服务方面，与吉林省、贵州省共建了掌上图书馆服务，实现了这两个省图书馆基于手机的服务；与贵州省馆、贵州省广电部门合作共建了数字电视服务。

数字图书馆推广工程自启动实施以来，在全国各级公共图书馆产生热烈的反响。陕西、广西、四川等省级馆纷纷到北京与国家图书馆就的实施进行方案对接，内蒙古自治区图书馆特别请国图的专家和业界专家对内蒙古自治区图书馆数字图书馆建设方案进行论证。金陵图书馆、绍兴图书馆、嘉兴图书馆、阿拉善盟图书馆等地市级图书馆也纷纷表示希望尽快在本地实施数字图书馆推广工程，尽快将国家数字图书馆的资源、平台复用到本地。

2011年10月，中国图书馆年会在贵阳召开，数字图书馆推广工程设立体验区和分会场。160平方米的数字图书馆推广工程体验区，集中展示了国家数字图书馆虚拟网、围绕数字资源生命周期的核心业务系统、数字图书馆应用服务平台以及资源建设成果。各省文化厅领导同志、各省市图书馆同仁、图书情报界的专家学者以及读者朋友近千人参观了“数字图书馆推广工程”体验区。体验区还受到新闻媒体的广泛关注，CCTV、贵州电视台、文化报、中国报道等多家媒体均派记者专门对新媒体体验区进行采访和宣传报道。

2012年春节，国家图书馆联合黑龙江省图书馆、浙江省图书馆、福建省图书馆、贵州省图书馆以及广西壮族自治区图书馆共同举办“网络书香过大年”活动，国家图书馆精选了20余种中外文数据库资源，借助数字图书馆推广工程搭建的网络平台，为各省读者提供丰盛的网络文化大餐。资源内容包括2200余种社科期刊、12000种科技期刊、4000余小时视频节目、5万余种有声图书等，囊括中外名著、历史文学、人文社科、生活百科、童话寓言、年画、老照片等文献，以及在线讲座、地方戏曲、学习课程、纪录片节目等内容以及国家图书馆将近年来从全国各级图书馆征集的地方志、家谱、老照片等特色数字资源。数字图书馆推广工程网站（http：//www. ndlib. cn/）也同时上线，为全国读者提供全方位综合服务和资源查询与知识共享，读者通过互联网就可以享受到多个地方数字图书馆提供的信息资源服务。

数字图书馆推广工程的实施为提高全国各级图书馆的服务能力和服务水平发挥了积极作用，为社会公众提供了方便快捷的信息服务，受到公众的热烈欢迎。2012年1月，国家数字图书馆读者门户系统上线，短短15天的时间内，注册读者就达到6546人。

五　工作规划

数字图书馆推广工程于2011～2015年实施，分为基础构建阶段和全面推广阶段。

（一）基础构建阶段（2011～2012年）

这一阶段要完成省级数字图书馆和部分市级数字图书馆的硬件平台搭建工作，并与国家数字图书馆进行网络连接，初步建成数字图书馆虚拟网。启动数字资源建设中心、数字资源保存中心和数字资源服务中心的建设、数字图书馆推广工程软件平台的建设以及主要资源库的设计。

2012年将完成17个省馆（含新疆生产建设兵团）和131个市馆的硬件平台搭建工作，完成数字图书馆虚拟网骨干网的搭建；继续完善相关标准规范建设并推广相关成果；继续在全国范围推广部署文献数字化系统、统一用户系统等平台；着手建设虚拟网管理平台、数字资源登记系统等数字图书馆推广工程系统平台；对全国各级公共图书馆的数字资源逐步实施登记机制，开展资源库群的构建；大力开展数字图书馆建设与服务的培训工作，逐步培养一支专业技术队伍。对已经实施数字图书馆推广工程的省、市图书馆进行督导和评估。

（二）全面推广阶段（2013～2015年）

这一阶段除完成所有市级馆的硬件平台搭建工作外，还要会聚整合全国各级数字图书馆的文献资源，向全国公众和业界提供统一揭示服务；在扩大数字图书馆覆盖范围的同时，持续增加数字资源数量，加大对新媒体服务的推广力度，不断创新、提高数字图书馆服务能力，提升公共图书馆服务水平。

2013年完成全部市级馆的硬件平台建设，数字图书馆虚拟网初步建成；应用系统平台建设和新媒体服务建设进入重点实施阶段；继续进行数字资源建设和人员培训工作。

2014年基本完成应用系统平台建设；完成新媒体服务建设的主要建设工作；基本完成重点资源专题库的建设，全国性分布式数字资源库群初步形成。

2015年完成工程建设任务，以各级数字图书馆为节点的数字图书馆虚拟网和分布式数字资源库群建设完成，数字资源总量和类型得到跨越式发展，全国数字图书馆人才队伍更加完备，各级公共图书馆服务能力获得较大提升。

Summary of the Practice of National Digital Library Promotion Project

Shen Xiaojuan

Abstract: Digital Library Promotion Project was officially launched in May 2011, as one of the three People-oriented Digital Culture Projects during the 12th Five-year Plan period. The project will build a digital library virtual network covering nationwide, construct distributed digital library resource repository, and support the users to access to library services anytime and anywhere through many terminals like computers, digital TV, mobile phones. This article will comprehensively summarize the background, construction content, working mechanism, progress in the implementation and social effects of this project, and describes its future plans.

Key Words: Digital Library Promotion Project; Public Digital Culture

他山之石

Outside the Box

B.28

发达国家和地区的公共文化服务及其发展趋势

毛少莹　袁 园*

摘　要： 本文全面梳理发达国家和地区公共文化服务的历程、理念、模式和特点，划分出其公共文化管理与服务发展的三个阶段，指出其核心理念为保障公民文化权利；主要特点为采取共同治理模式；基本做法为保证公共财政对公共文化服务的必要投入、文化资源的合理分配和有效利用，以及依靠社会力量，适当应用市场机制，大力发展第三部门，推进公共文化服务的社会化与市场化等；本文还预测了发达国家和地区公共文化服务未来发展的七大趋势。

关键词： 发达国家和地区　公共文化服务　治理

由于先发优势，发达国家和地区公共服务起步较早，它们虽然不直接使用

* 毛少莹，深圳市特区文化研究中心研究员，学术总监；袁园，深圳市特区文化研究中心助理研究员。

"公共文化服务体系"这个有中国特色的术语，但是，长期以来，其文化领域发展出丰富的公共文化产品与服务，形成了各自的模式和特色，也积累了不少好的做法和经验，对我国正在开展的公共文化服务体系建设有借鉴意义。

一 发达国家和地区公共文化服务发展的历程和理念

（一）公共服务的分类和公共文化服务的界定

发达国家和地区公共服务出现较早，公共服务（public service）依其功能，可分为"维护性公共服务"、"经济性公共服务"和"社会性公共服务"。① 公共服务从发展的维度看，又可以分为"传统公共服务"和"现代公共服务"。② 此外，按照公共服务自身的水平，还可以将各类公共服务分为"基本公共服务"和"非基本公共服务"。按照公共服务的功能，还可以将公共服务分为"补缺型公共服务"和"普遍型公共服务"。

公共文化服务与教育、医疗卫生服务等一样，是社会性公共服务的一种，也属于现代公共服务。所谓"公共文化服务"（public culture service），简要讲就是公共部门为满足公共文化需求而提供的各类文化产品和服务的总称，如公共图书馆服务、公共博物馆服务、社区文化服务、各类公共文化信息平台建设、赞助扶持文化艺术的政策措施等。我国提"公共文化服务体系"（the system of public culture service）③ 中的"体系"意即"系统"，亦是"制度"，它是包括"维护

① 维护性公共服务主要指政府负责的国防、行政管理等最低限度的公共服务。经济性公共服务主要指政府为促进经济发展而提供的公共服务，如公共基础设施建设、环境保护等，其主要受益者是企业。社会性公共服务指政府为促进社会公正和谐而为全社会提供的平等的公共服务，包括教育、医疗卫生、社会保障等领域的公共服务。参见李军鹏《公共服务学》，国家行政学院出版社，2007，第5~6页。

② 在市场经济条件下，所谓传统公共服务，主要指保护产权、维护市场秩序、经济性公共服务；所谓现代公共服务，主要指公共教育、公共医疗卫生、公共科技投入、社会保障、社会福利、文化等方面的公共服务。参见李军鹏《公共服务学》，国家行政学院出版社，2007，第5~6页。

③ 西方常见的术语有 culture service（文化服务）、public culture（公共文化），但没有"公共文化服务体系"的说法。2006 年，我们在开展相关研究时，将公共文化服务体系英文译为 the system of public culture service。

性公共服务”、“经济性公共服务”和“社会性公共服务”在内的公共服务体系的有机组成部分。①

（二）公共文化服务的发展历程

公共文化服务与其他社会性公共服务一样，有一个发展的过程，这个历程与经济社会的发展密切相关，与人们需求的增长密切相关。公共文化服务的出现和增长，往往以公共文化部门或机构的建立、重大公共文化政策的出台为标志。就发达国家和地区的情况看，主要经历了三个发展阶段。

1. 文化管理与服务的“无政府阶段”（1959 年以前）

按照公共管理学的研究成果，在人均 GDP 达到 1000 美元之前，政府提供的公共服务主要是维护性公共服务和经济性公共服务，社会性公共服务基本没有出现。表现在文化领域，虽然西方早在古希腊时期就出现了文化生产和管理的机构，② 但是，大约从 19 世纪初到第二次世界大战前，现代意义上的公共文化服务是缺失的，文化领域基本处于“无政府管理阶段”，对公共文化需求的满足根本提不到政府预算安排上来，经济社会的增长主要来自经济利润的激励，满足人们衣食住行等基本物质需求，保障“基本生活水准权利”仍是社会发展的主要动力。③

2. “现代文化管理体系的确立阶段”（1959 年至 20 世纪 80 年代）

在人均 GDP 达到 1000 美元，尤其是到 3000 美元之后，经济水平带来较好的财政收入，政府初步具备了改善公共服务的财政基础，人民群众能够享受到的物质财富有了新的增长，社会消费结构向发展型、享受型升级，人们的精神文化需求更是大幅增长。与此同时，经济增长机制也发生重要转变，人力资本投资、社会保障、技术创新等构成了现代经济增长方式。换言之，一方面，经济增长为包括公共教育、公共医疗卫生、公共科技投入、社会保障、社会福利、公共文化

---

① 陈威：《公共文化服务体系研究》，深圳报业集团出版社，2006，第 16 页。

② 古希腊时期，雅典城邦政府直接组织管理戏剧的创作、演出等。另据《周礼》记载，我国商周时期就已经形成了以“大司乐”为首脑的音乐机构，人数达千人以上，分设官吏进行管理。

③ “基本生活水准权利”主要指每个人至少应该享有的基本生存权，如适当的食物和营养的权利、衣着、住房和必需的照顾。《世界人权宣言》第 25 条指出：基本生活水准指“为维持他们和家属的健康和福利所需的生活水准，包括食物、衣着、住房、医疗和必需的社会服务；在遭到失业、疾病、残疾、衰老或在其他不能控制的情况下丧失谋生能力时，有权享受保障”。

服务等在内的现代公共服务提供了基础。另一方面，现代公共服务也成为经济增长的重要动力。二战后，随着各国经济社会的发展，人民物质生活水平提高，闲暇时间增多，广播电视等现代传媒技术的发展，文化需求迅速增长，文化市场逐渐形成，文化自身的发展受到普遍重视，各国开始大量兴建文化设施，不断加大文化投入。1959 年，法国历史上第一个中央文化管理机关——“法国文化部”成立，这往往被视为文化服务被纳入现代政府行政范围的标志。① 这一阶段适应社会发展的需要，直接发育出了西方各种公共文化管理组织、机构，乃至形成不同的模式、制度或政策（大部分至今仍在实行中），文化行政管理日渐独立于政治，成为一个涉及面广泛的公共管理领域。

3. “文化管理与服务的调整、改革阶段”（20 世纪 80 年代末至今）②

进入 20 世纪 80 年代后，随着发达国家后工业化时期或曰新经济时代的来临，③ 包括文化需求在内的社会公共需求剧增，民众转向要求政府放松管制、提供满足人们自由需求的公共产品。与此同时，公民社会④（civil society）兴起，“公民文化权利”（civil cultural rights）日益受到重视，非政府组织开始介入公共产品与服务的提供，文化在公众生活和国际竞争中地位迅速上升。⑤ 这一阶段，因应西方“新公共管理”、“政府再造”、“服务型政府建设”等管理思潮的出现，西方各国程度不同地进行文化管理体制改革和调整，包括部门、机构的设置，政策、法规等的调整。⑥ 公共文化管理由传统的“管制型”体制逐渐向更强调服务理念的“公共文化服务型”体制转型，政府更多以提供“公共文化服务”为主

---

① 苏旭：《法国文化》，文化艺术出版社，2001，第 20 页。

② 周建平：《新时期中国文艺管理体制研究》，广东高等教育出版社，2005，第 5～10 页。

③ 20 世纪 70 年代末期开始，以信息技术、生物技术为代表的高新技术及产业迅猛发展，新医药、新材料、新能源、航空航天、海洋产业、继成电路设计与制造、网络及通信、计算机及软件、数字化电子产品等高新技术产业领域改造了整个社会经济生活，人类进入后工业化时期或新经济时代。

④ 公民社会概念一般指独立于政治国家和市场经济组织的公民结社和活动后领域，包括个人私域、非政府组织（志愿性社团、非营利组织）、非官方的巩固领域和社会运动等四个基本要素。公民社会在国内又被译为市民社会、民间社会。

⑤ 公民文化权利是与公民政治权利、经济权利相平等的基本人权之一。文化权利主要包括四个层面的内容：一是享受文化成果的权利；二是参与文化活动的权利；三是开展文化创造的权利；四是文化创作成果得到保护的权利。

⑥ 陈鸣：《当代西方文化管理体制的基本转型》；叶取源等：《中国文化产业评论》（第三卷），上海人民出版社，2005，第 238 页。

要职责，管理则以满足公民文化权利为出发点和最终目的。①

此外，全球化的快速推进带来了“全球主义”包括“文化的全球政策”的兴起。② 1970 年，联合国教科文组织以维护世界人权宣言中规定的文化权利为核心，召开了世界第一次讨论文化政策的政府间会议；③ 1982 年再次召开世界会议，此次会议继联合国第一个和第二个“国际发展十年”（60 年代和 70 年代）后，提出了《世界文化发展十年规划》。该规划于 1986 年 12 月获联合国通过并批准于 1988 年开始执行。“规划”指出：“要对构成 21 世纪特征的重大世界挑战作出回答，就必须在发展中强调两个重要的目标——发展的文化尺度和人的文化生活”；“要在经济和技术发展中，将文化和人的价值恢复到中心的位置上来”。制定公共政策，提供公共服务，推动文化发展，成为了各国政府的重要责任。

（三）公共文化服务的理念

公共文化服务是经济社会水平发展到一定阶段的产物。在发达国家和地区，由于存在不同的历史文化传统，实行不同的政治经济制度，处于不同的经济发展阶段，不同国家和地区公共服务的发展思路、模式，公共产品的品种、规模乃至具体的服务内容不同，但是，公共服务的逻辑起点和归宿都是对基本人权的保障。事实上，公共服务的发展历程，也可以看做从保障基本生存权（食物等）到保障经济权利（产权等）、政治权利（选举权等）、文化权利（享受文化成果、参与文化创造等）的过程。

---

① 值得指出的是，公共文化管理与服务和传统的文化艺术管理有很大的不同。这里涉及“公共”、“公共性”概念。作为重要的现代性概念，一般意义上代表多数人的，或关系多数人利益的“公共”概念在 17、18 世纪的欧洲逐渐形成。根据哈贝马斯的分析，只有在清晰的产权制度下，在“私人领域”明确的前提下，才有或者能够区分出“公共领域”；区分出私人事务与公共事务，也才诞生了“公共领域”和真正意义上的“公共性”。可见，现代意义上的“公共”（或曰“公共性”）概念，是指建立在社会公与私二元对立基础之上的独特概念，其基础是清晰的产权制度和市场经济体制，公共性涉及“公共需求”、“公共领域”、“公共精神”等诸多问题。公共部门（通常即政府，其所拥有的公共权力由个人的部分权力转让而来）通过提供“公共服务”，满足或实现公共需求并进而保证公民权利的实现。

② 毛少莹：《文化的全球化与全球文化政策的兴起》，引自张晓明等《中国文化产业发展报告（2009）》，社会科学文献出版社，2009，第 75 页。

③ 联合国于 1966 年通过有关文化权利的法律文书：《经济、社会和文化权利国际公约》，该公约 1975 年 1 月 3 日开始生效。我国政府于 1997 年 10 月 27 日签署该公约，2001 年 2 月 28 日获得第九届全国人大常委会正式批准，2001 年 7 月开始在我国生效。

1. 文化权利理念[①]

文化权利理念是公共文化服务的逻辑起点和理论归宿。"文化权利"（Cultural Rights）是"人权"（Human Rights）的重要组成，根据人权理论"所谓'人权'，就是人在其所生活的社会，特别是国家中所应当享受并得到充分保障与实现的各种权益。人权包括个人人权，也包括集体人权，即民族自决权和发展权等。"[②] 人权被普遍认为包括了政治权利、经济权利和文化权利三大方面。

"文化权利"基本上可认为属于第二代人权的范畴，并在第三代人权的理念下得到丰富和发展。1948 年 12 月，联合国大会通过的《世界人权宣言》，该《宣言》第 27 条规定：人人有权自由参加社会的文化生活、享受艺术，并分享科学及其产生的福利；人人对由于他所创造的任何科学、文学或美术作品而产生的精神的和物质的利益，有享受保护的权利。此外，《宣言》第 22 条还补充说，人人有权通过国家的努力和国际合作，实现自己的文化权利，文化权利是他或她的尊严和人格自由发展中不可剥夺的一部分，这是人类有史以来第一个提到文化权利的正式文件。[③]

随后，文化权利在很多国际文书中得到关注，尤其是在《经济、社会和文化权利的国际公约》（第 15 条）中，得到了集中表达。[④] 1966 年，联合国大会经过长达十余年的讨论，最终于 12 月 16 日通过了《经济、社会和文化权利国际公约》（以下简称《公约》），确认并发展了文化权利。[⑤]《公约》在"序言"中

---

① 毛少莹：《"文化权利"与"治理"》，引自于平、傅才武《中国文化创新发展报告（2010）》，社会科学文献出版社，2010，第 79 页。

② 李步云：《人权法》，高等教育出版社，2005，第 1 页。

③ 雅奴力兹·西摩尼迪斯：《文化权利：一种被忽视的人权》，《中国社会科学》1999 年第 4 期，第 95 ~ 108 页。

④ 如《美洲人权与义务宣言》（第 13 条）、《美洲人权公约经济、社会和文化权利领域的协议书》（第 14 条）、《消除对妇女一切形式歧视公约》（第 13 条）、《儿童权利公约》（第 31 条）、《非洲人权与民族权宪章》（第 17、29 条）。

⑤ 1948 年联合国大会通过《世界人权宣言》后，人权委员会即努力起草国际人权公约，但是，初期，人权委员会将仅保护公民个人地公民权利和政治权利的公约草案提交审议，被认为不全面，未对经济/社会和文化权利予以保护。1952 年，第六届联合国大会通过了由印度和黎巴嫩提出的起草两个公约，分别对公民权利和政治权利以及经济/社会和文化权利予以保障的倡议，决定由人权委员会起草两个人权公约。1954 年，人权委员会将经济、社会和文化权利公约草案（A）草案连同公民权利和政治权利国际公约草案（B）草案一起，提交第九届联合国大会审议。从 1955 年到 1966 年十余年的时间里，由第三委员会（即社会、人道和文化事务委员会）对经济、社会和文化权利国际公约草案进行了逐条审议。

指出“只有在创造了使人可以享有其经济、社会及文化权利，正如享有其公民和政治权利一样的条件下，才能实现自由人类享有免于恐惧和匮乏的自由的理想”，并在第一、第十五条中详细规定了文化权利的内涵。①

作为权威国际组织的权威国际性条约，上述《条约》的通过和实施，带动了全球范围（包括很多发展中国家在内）对文化权利的普遍关注和重视，也使得文化权利成为公共文化服务最核心、最基本的价值理念。

2. 公共文化服务理念

由于文化权利的普遍性和公共管理与服务的共通性，纵观发达国家和地区的文化政策、文化服务，可以总结出一些基本的公共文化服务理念。

（1）“文化自由”

鉴于自由权是科学探索和文化创造必不可少的权利，世界各国的宪法以及种种有关文化权利的国际法规都提出，人人享有文化创造、表达的自由，维护人们信仰的自由、思想的自由以及艺术家创作的自由和表达的自由。我国宪法亦主张公民的基本权利包括宗教信仰自由，言论、出版、集会、游行、结社、示威自由等文化自由。无疑，这是最重要的文化政策理念，可视为文化政策中的元政策。当然，文化自由不等于文化的自由化，文化自由的实现程度，受国家和地区发展水平、风俗习惯及其他法律法规的约束。需要指出的是，全球化背景下，随着人们对文化与文化权利认识的不断深化，文化自由和文化选择之间的联系越来越紧密，某种意义上，我们甚至可以将文化权利视为文化自由。

（2）“享受基本文化服务”

世界多数国家的文化政策，都将公民有权享受到基本的公共文化服务作为其重要的政策理念。这些服务的范围十分广泛，主要包括公共图书馆、博物馆、广播电视、报纸杂志、网络等其他公益性文化服务。20 世纪 80 年代后，随着西方政府改革运动的深入和服务型政府建设的兴起，② 各国的文化体制和文化政策进入大规模调整阶段。有限政府、服务型政府的理念开始占主导地位，表现在文化行政及文化政策制定中，公共文化产品和服务的提供成为重要的政策议题，如何拓展民间参与，甚至以民间为主导，围绕满足公民的文化权利提供必要的公共文

① 详见联合国大会1966 年12 月16 日第2200A（XXI）号文件：《经济、社会和文化权利国际公约》。

② 即从“新公共管理”到“新公共服务”的“政府再造”运动。

化服务，成为重要的文化政策理念。

（3）“文化公平”

人人享有文化权利，因此，文化服务、文化福利、文化市场竞争等都应当遵循公平的基本原则。文化权利的公平性包括：平等享有公共文化服务的权利；平等享有科学文化进步的权利；平等享有参与文化生活与文化创造的权利；平等参与文化政策的制定、执行和评估的权利等。① 总之，人人有权谋求文化发展，因此，对文化发展的目标的确立、文化政策的制定、文化资源的配置、公共文化事务的管理等，公民都有权参与决策。

（4）“著作权保护”

作为一项世界各国普遍采用的文化政策理念，已经形成规范的系列政策措施，其保护依据直接来源于文化权利中“对其本人的任何科学、文学或艺术作品所产生的精神上和物质上的利益，享受被保护之权利”。1952 年通过的《世界版权公约》（1971 年作了修改）成为第一个专门保护文化权利的国际条约。国际上其他涉及文化权利各个方面的纲领性文件，仅条约、宣言和意见书约有 30 多个。其中最著名的包括《国际文化合作原则宣言》（1966）、《关于广大人民参与文化生活并为此做贡献的倡议书》、《关于艺术家状况的倡议书》（1980） 等。②

二　发达国家和地区公共文化管理和服务的特点

全面考察发达国家和地区公共文化管理和服务的实践，可以将其特点总结如下。

（一）政府与社会联合进行的“共同治理”（Governance）结构

世界各国由于历史、国情和公共管理哲学的差异，形成了不同的公共服务制度与模式。考察各国公共文化服务发展状况可以看出，作为社会整体公共服务制度的有机组成部分，各国公共文化服务亦形成了不同的制度模式，主要可分为三

① 李军鹏：《论文化权利与文化公平》，引自李景源、陈威《中国公共文化服务发展报告（2007）》，社会科学文献出版社，2007，第 133 页。

② 徐家林：《人文发展与文化权利》，《上海师范大学学报（哲学社会科学版）》2007 年第 36 期。

种（这一结论在2006年推出的《公共文化服务体系研究》一书中已经提及，这里，根据新的研究略加修正）。

第一种是以法国、意大利、西班牙、葡萄牙、巴西、阿根廷等拉丁语系国家，以及（原）社会主义国家、东亚和发展中国家，如中国、俄罗斯、越南、日本、印度尼西亚等为代表的“中央集权”或可称“政府主导”模式（或称“单元式”文化行政模式），这种模式从中央到地方政府均设有文化行政管理部门，中央部门直接领导地方部门制定文化政策，开展文化行政。各级政府文化部门对文艺团体进行有限的资助并提供比较完善的公共文化服务。

第二种是以美、德等为代表的“市场分散”或可称“民间主导式”模式（或称“多元式”文化行政模式），中央没有正规的文化行政主管部门，地方各级政府一般也没有，政府对各类文化团体或机构主要在政策法规上进行调节、给予优惠，鼓励其适应市场，自我生存。主要由大量的非政府组织或非营利机构开展公共文化服务。

第三种是以英国、澳大利亚等为代表的政府与民间共建的“分权化”模式（或称“二元式”文化行政模式），政府以“一臂之距”与民间“建立伙伴关系”，进行文化资源的分配，文化事务的管理和文化服务的提供。①

不同的公共文化服务模式体现出不同的特点，但可以肯定的一点是，发达国家采用的公共文化服务模式，都可以归入现代公共管理学意义上的“共同治理（governance）模式”②，各国除政府部门外，都有大量的非政府组织和营利组织，即所谓的第三部门③，如各种文化协会等，参与公共文化服务的提供。

根据全球治理委员会的界定，所谓“治理”即是各种公共的或私人的机构管理其共同事务的诸多方式的总和，它是使相互冲突的或不同利益得以调和并且

① 陈云：《香港有文化（上）》，香港花千树出版有限公司，2008，第252～253页。

② 英语中的治理（governance）一词源于拉丁文和古希腊语，原意是控制、引导和操纵。长期以来它与统治（government）一词交叉使用，并且主要用于与国家公共事务相关的管理活动和政治活动中。但是，自从20世纪90年代以来，其涵盖的范围已超出了传统的经典意义。我国学者毛寿龙认为：“英语词汇中governance既不是统治（role），也不是指行政（administration）和管理management），而是指政府对公共事务进行治理，意味着新公共行政或者新公共管理的诞生，因此可译为治理。”

③ 现代社会通常可以区分为三大部门：第一部门（公共部门）——政府，是照顾大众利益的公共治理部门；第二部门（非公共部门）——企业，是应用社会资源创造经济价值的部门；第三部门（准公共部门），凡不属于政府、企业以外的团体组织，如事业单位、社会团体、公益机构、民间组织等非政府组和非营利组织都可统称为第三部门或准公共部门。

采取联合行动的持续的过程。换言之，“治理”是公共事务管理方式的一种新发展，其中的公私部门之间的界线均趋于模糊。治理所偏重的管理机制并不依靠政府的权威或制裁，而是利益各方参与协商的机制。发达国家的经验表明，建立公共服务型文化行政管理体制，形成政府与社会共同治理结构，是保障公共文化服务得以完善提供的一般模式。①

（二）安排完整的公共文化制度

凡公共文化服务做得较好的国家或地区，对公众的文化服务与产品提供，必有一套涉及建立机构、立法、合理的公共财政投入、足够的人员、科学的配套政策等各个方面的完整制度安排。事实上，推进政府由传统的管制型向现代服务型的转型，就文化领域而言，正是要为公共文化服务体制提供一种制度化的支持与保障。

公共文化服务的制度安排主要包括以下方面。

（1）种类齐全、服务质量稳定、能满足不同社会群体基本文化需求的公共文化产品和服务，如图书馆、博物馆等服务。

（2）合理的文化政策法规，科学的公共文化服务管制体系，包括公共政策决策机构及机制。发达国家往往通过建立各类文化咨询委员会、召开文化政策听证会、公布咨询文件等方式，吸纳专家及公众参与公共文化服务的决策和文化产品、服务的提供。

（3）明确的责任主体与高效服务提供主体。政府是公共文化服务明确的责任主体，而服务的提供，发达国家往往通过鼓励各种文化协会等非营利组织、非政府部门发展，促进公共文化服务的市场化和社会化，以形成政府与社会共同提供公共服务的多元供给主体结构。

（4）科学的公共资源配置。公共资源包括公共财政、土地、城市空间、人力资源等诸多方面。合理配置公共资源，妥善使用文化资源是建设和完善公共文化服务体系的重要前提。发达国家和地区的经验表明，公共文化服务水平的维持和提高，需要公共财政拿出相当总支出 1% 左右比例的经费用于文化投入，在特

---

① 毛少莹：《论公共文化服务中的“共同治理结构”》，引自彭立勋《2008 深圳文化蓝皮书》，中国社会科学出版社，2008，第 140 页。

别重视文化发展或文化基础薄弱的地区，这一投入比例可能还比较大。[①] 当然，对非营利组织实施减免税收等优惠政策，鼓励社会捐赠以提高公共文化服务的总体投入，也构成公共投入的必要补充。而发达国家也往往在城市规划、土地使用、人才引进等多方面，对公共文化需求给予倾斜性优惠政策。

（5）科学的绩效考核制度。发达国家往往通过收支分离、年报、财务审计、综合绩效审计等方式，科学考评公共文化服务机构的绩效，并通过行政、经济、法律等手段，对其进行调控。

（三）鼓励企业和私人赞助公共文化事业

基于上述理念和制度安排，鼓励社会赞助公共文化事业成为政府文化行政管理的重要方面，也是当代文化政策的重要趋势。由于公共财政的有限性，特别是随着有限政府、责任政府理念的推广，社会赞助公共文化事业成为西方发达国家丰富其公共文化产品的重要途径。在美国，私立博物馆占博物馆总数的比例超过60%。在公立博物馆，每年向政府申请的经费不到博物馆经费的20%，个人或组织对博物馆的捐款一般则高达30%以上，另外，部分靠博物馆附设的商店、门票、出版物等创收，或来自博物馆自身的基金会。事实上，发达国家公共文化服务的经费来源一般都包括三个方面：一是政府拨款；二是企业、私人捐赠和赞助；三是靠有关基金会、学会和文化设施、文化单位自身的经营赞助。企业和私人的捐赠或赞助能达到30%甚至更高的水平。形成这种社会积极参与公共文化事业格局的原因在于法律的调控。美国联邦税法规定部分组织可以享受免纳所得税的待遇，同时规定，美国纳税人向这类组织捐款，可以相应少缴税[②]。

除了免税或税收优惠之外，有的国家还以奖励的方式，鼓励社会力量参与文化事业。如新加坡自2006年开始还发起了年度性的文化遗产赞助奖，以便

---

① 关于各国和地区文化支出占公共开支的统计，由于统计口径不一和数字不全，没有专项调查和研究，这里无法全面展开。但是，根据我们看到的资料，法国文化预算占国家财政预算的比例，1995～1999年，一直占0.5%～1%（苏旭《法国文化》，文化艺术出版社，2001），芬兰、澳大利亚、加拿大、德国、荷兰、瑞典等国也在1%左右甚至更高，韩国、我国的台湾地区也分别于1999年和2000年立法规定文化开支不得少于公共开支的1%。这里所说的文化预算，一般不包括文化基础设施场馆等的建设和维修成本（参见《香港人均艺术经费的国际比较》，香港艺术发展局，2000）。

② 孙维学：《美国文化》，文化艺术出版社，2004，第132页。

促进更广范围内的慈善捐助。自2006年以来，新加坡总共有72家公司、基金、组织和65位个人总共捐赠、捐助了价值1.2亿美元的现金、实物和艺术品贷款。事实上，日本、加拿大、澳大利亚等很多国家都有类似的政策。通过免税或税收优惠的方式，鼓励了社会对公共文化事业的赞助，成为世界性的文化政策趋势。

（四）努力实现公共文化资源的合理配置与公共文化权力的必要分散

这一做法也被称为“文化民主化”（Cultural Democracy 或 Cultural Democratization）和文化权力（Cultural Power）的分散化，主要指两方面的内容，一是文化权力下放——由中央向地方的下放和由政府向民间的下放，扩大普通大众享受和创造高雅艺术的机会。英国文化管理奉行所谓“一臂之距”（Arm's Length Principle）的原则。具体表现为中央政府在其与接受拨款的文化艺术团体和机构之间，设置了一级作为中介的非政府的公共机构（Non-Departmental Public Bodies），负责向政府提供政策咨询、负责文化拨款的具体分配、协助政府制定并具体实施政策等。二是适当分权，即政府行政主管部门只管文化而不办文化，即通过制定和监督文化政策的方式对文化事业的发展发挥领导和调控作用，而不对艺术团体和文化机构进行直接的行政干预。这些做法，促进了英国文化资源的合理分配和权力向地方和民间机构的必要分散。此外，英国还提出，艺术应在全国范围内得以发展，为此，对财政资源的地理和艺术形式的合理配置进行重估，调整国家、地区和地方的分配比例，以支持艺术在全国范围内的发展。就扩大普通大众享受和创造高雅艺术的机会，英国文化政策明确规定：“人人，不管是作为参与者还是观众，都应有欣赏艺术的机会。为此，应通过增加艺术产品，打破社会、自然、经济和其他硬性人们积极参与艺术活动的障碍，从而使这一机会成为现实。”①

在法国等采取“政府主导”、“中央集权”公共文化服务提供模式的国家，文化资源的配置和处理公共文化事务的权力很长时间比较集中地掌握在政府特别是中央政府手中，带来了文化资源分配不合理、文化权力过于集中的问题。如法

① 范中汇：《英国文化》，文化艺术出版社，2003，第26页。

国的大型文化设施、文艺团体、文化活动等过多集中于巴黎，全国文化发展不平衡。1995年希拉克总统上台后，坚决推进文化分散政策，决定在他任职期间，不在巴黎开工大型文化设施，文化部也决定，在今后10年中，政府2/3的文化投资用于外省，重要的文化设施大部分建在外省。法国政府的目标是努力实现三个平衡，即巴黎与外省的平衡、城市和乡村的平衡、市区和郊区的平衡，以使生活在各地的公民都有平等享受文化生活的权利。①

（五）不断提高公共文化服务决策的专业化与民主化水平

公共服务的核心理念，即强调在公共管理中倡导参与式管理模式，强调保护公民自由，发挥社区与非政府组织在公共管理中的作用。当代文化政策发展的一大趋势，即以各种灵活的制度安排，建立民主决策机制，不断提高专家、非政府组织及公民个人在公共文化服务决策中的参与程度，从而不断提高公共文化服务决策的专业化与民主化水平。

一种方式是成立各类委员会，如澳大利亚各大文化设施和院团的管理，都由社会各界参与的理事会来共同完成。香港在1997年回归后，重新审视文化政策，专门成立了由社会各界知名人士组成的香港文化委员会，对香港的文化政策及行政管理架构等进行整体反思。香港文化委员会经过两年的调查研究，最终提交了《香港文化政策咨询报告》，为香港未来的重大文化决策咨询奠定了很好的基础。② 另一种方式是公民直接参与，如香港目前正在酝酿中的西九龙综合文艺娱乐区的开发问题，就进行面向全社会的公开咨询。③ 这些为提高香港公共文化服务决策的专业化与民主化水平发挥了重要的作用。

三　发达国家和地区公共文化服务发展趋势

随着时代的发展，文化全球化的推进，公民社会的兴起，近年来发达国家和地区公共文化管理和服务呈现出一些新的发展趋势，主要有如下几个方面。

---

① 苏旭：《法国文化》，文化艺术出版社，2001，第25页。

② 香港民政事务所网站，http：//www. hab. gov. hk/。

③ 香港西九龙文化区管理局网站，http：//www. wkcdauthority. hk/。

（一）努力推进公共文化服务的社会化与市场化

公共文化服务的社会化和市场化在美、加等市场经济发达国家表现十分明显，公共文化服务很大程度上依靠间接的非政府组织（NPO）提供。如美国没有专门的国家文化部，联邦政府和各州政府也无主管文化的机构，美国公共文化服务的主要提供者是美国的国家艺术基金会和国家人文基金会。这两个基金会都只以资助的方式，而不是以行政领导的方式出现。美国的公共文化服务中，主要通过政策和法律进行调节，如按法律规定的条件给予某些艺术团体以非营利免税的地位，其中，大量民间性质的协会发挥着很大的作用。如美国政府不直接负责图书馆服务，而是将这一重要的公共文化服务任务交给具有民间性质的美国图书馆协会完成。据不完全统计，美国的各类图书馆有近 13 万座，其中公共图书馆有 16114 座，公共图书馆的经费大多由地方政府税收解决。① 此外，关于图书馆服务的所有其他事项，均由图书馆协会负责决策、协调及服务。类似的民间或半官方的公共文化服务性文化组织还有很多，如史密森学会、美中关系全国委员会、亚洲协会、东西方文化和技术交流中心、美国笔会中心、美国音乐家联合会、美国电影协会等。这些协会或为行业组织，或为私人基金建立。它们提供丰富的公共服务，但其运作是社会化与市场化的。近些年来，在法国等曾经对公共文化服务大包大揽的国家，也开始积极尝试公共文化服务的社会化与市场化。在英国，由文化媒体体育部与私人慈善基金 Wolfson 基金共同出资的“DCMS/Wolfson 博物馆与画廊改进基金”是一个非常成功的政府资本带动社会资本促进公共文化服务的案例。该项基金在 1990 年开始成立，由政府和 Wolfson 基金双方各出资 50% 建立，每五年一个投资周期，到 2009 年 8 月已经进行到第 8 轮投资了。在 2010 年的评估结果中显示，该支专门用于资助博物馆和画廊的基金在社会上获得了很高评价，使得众多博物馆在展览质量、教育设施改善及受众普及方面获得显著提高。

（二）对文化多样性的保护更加重视，尤其将国家文化遗产的保护、开发上升到国家身份认同和发展战略的高度

长期以来，公共文化服务都被当做一种由政府提供的，旨在满足公民文化生

① 据 1997 年统计，美国公共图书馆经费中的 1% 由联邦政府拨给，12% 由州政府拨给，地方政府拨款占 78%，其他来源（罚款、捐款等）占 9%。

活需求、实现公民“文化权利”的单向给予，是文化领域内义务与权利的关系。但是，新的国际形势的发展使各国政治、经济、文化的关联不断紧密，文化问题同时也成为政治问题、经济问题。例如，多种族、多阶层的自由流动造成的移民社会特征，由文化强权国家大批文化输出造成的文化趋同等现象都使民族国家的单一认同由稳定走向松动，如何重塑全球化时代的“身份认同”已经成为各国都必须面对的刻不容缓的文化政治问题。尽可能开发国家文化遗产潜能，打造新的国家文化形象，重塑国民文化认同，成为公共文化服务的一大趋势。

新加坡国家遗产委员会（National Heritage Board，NHB）在2008年出版的《文化遗产发展计划》中指出：“遗产和文化是一个国家的心脏和灵魂”，“一个国家的遗产定义了一个国家的身份，并激发着它的未来。国家遗产在很多方面都承载了一个族群的集体价值并昭示了他们对文化和生活方式的理解。”早在20世纪80年代，新加坡就认识到文化遗产的重要性。在1989年成立的文化艺术咨询委员会（ACCA）建议下，由国家档案馆、国家博物馆和口述历史部合并组建的国家遗产委员会（NHB）于1993年8月1日成立，并直接隶属于新加坡的信息通讯艺术部（MICA），统管新加坡的博物馆和文化遗产发展。国家遗产委员会对新加坡的博物馆事业进行了大规模的扩张，将原来的国家博物馆重新组建了三个专业博物馆，即亚洲文明博物馆（ACM，1997）、新加坡历史博物馆（SHM，1993）和新加坡艺术博物馆（SAM，1996）。通过对内容和遗产对象进行专业性的细分，使得新加坡文化身份的多样性更加鲜明、社区族群的多元文化内容更加丰富。①

（三）对公民文化权利的实现更加注重阶级、种族、年龄之间的公平性、平等性和全覆盖

在英国文化媒体体育部（DCMS）2007年委托智库FreshMinds所作的研究报告《文化需求——如何促进更广泛的文化参与》中，扉页上即用大号字体特别打出这么一段话：“我们的研究目标在于通过设计各种文化和体育活动，提高全国人民的生活质量，支持他们追求卓越，并以此促进旅游产业、创意休闲产业的

① National Heritage Board. Heritage Development Plan. http：//app. mica. gov. sg/Data/0/RCP%20III%20Heritage%20Development%20Plan%20（Bk%203）. pdf.

发展。”本着这个宗旨和目标，为了最大程度地激发文化需求，他们用6个月的调查来尝试回答这样一个问题：“什么才能激发残障人士、黑人和少数族裔以及低收入群体的文化需求?”

不管是从什么角度出发，在英国这样的老牌资本主义国家，对公共文化服务的研究视角已经开始扩张到对全社会各个阶级、种族、低收入、少数群体的关注上来。在“库尔德文化遗产项目”中，DCMS通过先期在伦敦哈克尼镇的库尔德社区进行的调研和专家咨询，了解到该社区的群众有将库尔德文化遗产与更广泛的群体进行交流的强烈兴趣。随后在哈克尼博物馆举行的“库尔德文化遗产”展约有17000人参观，并有300人加入与此项展览相关的工作坊活动中，这些活动包括交流库尔德饮食和音乐，讲故事，时装秀，击鼓，戏剧，纺织和传统音乐，并全由库尔德社区的成员主持①。这个项目不仅通过对目标群体的走访和咨询，让更多的人走进了博物馆，并且从活动的最终意义上来说，使库尔德人的文化、历史和非物质文化遗产得到了很好的宣传和保护。

年龄方面，发达国家为培养青少年的艺术爱好和艺术修养，也有针对性地给予文化服务。在DCMS《2008～2009年度报告和职述》中，特别提到在过去一年的工作亮点中有一项便是特别为青少年设计的“A Night Less Ordinary（ANLO）”项目。该项目自2009年2月开始，针对全英国26岁以下青少年提供超过60万张免费剧场演出票，鼓励他们积极参与戏剧等演出的欣赏活动。加入这个项目的既有国家大剧院、皇家莎士比亚演剧公司，也有康沃尔郡乡村俱乐部的小演出厅，实现了此项公共文化服务的地域全覆盖。

（四）发达国家公共文化服务与经济、教育、外交等部门更为紧密联系、相互推动

随着文化创意产业的兴起，原本属于公共文化服务领域的一些部门也开始思考如何与产业和企业联合，塑造良好的公共文化服务品牌，为民众提供更好的文化服务。

2008年，新加坡国家遗产委员会（NHB）提出了“强化NHB品牌”和

① Department for Culture, Media and Sport. Culture on Demand: Ways to engage a broader audience, 2007. http://www.culture.gov.uk/images/research/CultureOnDemand.pdf.

"建立遗产生态系统"的概念。之所以提出"强化 NHB 品牌"是因为经过调查发现大多数的民众对 NHB 各种遗产机构很不熟悉。针对这个现象，NHB 除了与媒体建立了战略合作关系、加大宣传之外，还加强或扩大了与新加坡教育部、城市发展委员会、经济发展委员会、国家图书馆委员会、国家艺术理事会等部门的合作，以便能够更广泛地参与到地方社区的各项活动之中。另外，NHB 还对私人企业开启了产业授权，让他们利用 NHB 的知识产权生产出新奇的产品、创造新颖的服务，从而扩大新加坡遗产的知名度。正是本着整合各方力量来运营新加坡遗产文化品牌的原则，NHB 进一步提出"建立遗产生态系统"。在他们看来，这个"生态系统"是一个包括政府、合作机构、内容创造、产业生产、宣传渠道、市民参与的完整链条，只有把这个链条中的各个部分都充分激活，并进行良好的整合，才能挖掘出新加坡遗产文化事业的最大潜能。为此，他们在 2008 年开展了"NHB 遗产产业促进计划（NI2P）"①。

公共文化服务与艺术教育的关联，最早动力来源于扩大文化需求。在智库 FreshMinds 为 DCMS 作的研究报告《文化需求——如何促进更广泛的文化参与》中，他们发现孩子对文化艺术活动的参与往往会带动整个家庭、尤其是很少参与文化活动的低收入家庭走进艺术馆、博物馆和图书馆。因而"孩子和家庭网络"被列为拉动文化参与繁荣的头号重要力量。② 据一项文化遗产研究的报告所称，有 95% 的受访者认为让孩子接受文化遗产教育是非常重要的。除此之外，在发达国家博物馆的很多的主题展览中，都会同时开设相关的"工作坊"（workshop）或研讨会（seminar），使关心此项主题的观众能够进一步更深入地了解相关文化，在拓展民众获得社会教育途径的同时，更大地激发了民众的文化参与。

（五）逐步建立完备的文化统计和文化政策评估体系

对于拥有较为成熟的公共文化服务体系的国家来说，文化统计和文化政策评估具有非常重要的作用。借助这些统计数据和评估手段，政府管理者能够更清楚如何及时调整步伐，制定未来目标，并动态地满足不断变化的公众文化需求。

---

① 新加坡国家遗产委员会，http：//www. nhb. gov. sg。

② Department for Culture, Media and Sport. Culture on Demand：Ways to engage a broader audience, 2007. http：//www. culture. gov. uk/images/research/CultureOnDemand. pdf.

近年来，国外的文化统计和文化政策评估越来越精细、全面、体系化。一个明显的趋势是，随着文化与经济关系的日益紧密，公共文化服务与文化市场的繁荣相互影响，相得益彰，使得公共文化服务的经济影响力也成为文化统计体系中的一部分。事实上，发达国家和地区的文化统计并不区分文化事业和文化产业，而以“文化”为一整体。例如，新加坡信息通讯艺术部制定的《2004～2008 新加坡文化数据摘要》[①] 就分为五个部分：A. 文化和艺术场所和活动，B. 文化和艺术活动参与，C. 艺术教育和学校艺术课程参与，D. 文化和艺术的资金支持，E. 文化和艺术领域的经济贡献。这里的“资金支持”包括慈善捐助和政府财政拨款两大块；“经济贡献”包括文化和艺术领域的从业人员数，提供的工作岗位数，以及文化和艺术给经济活动带来的附加值。而艺术教育也在数据统计体系中排在第三的地位，成为公共文化服务中极为重要的一部分。另外，新西兰在其 1993 年设定的文化统计项目基础上，于 2006 年重新设定了一个指标框架——《新西兰 2006 年文化指标》来监测国家文化福利发展趋势，提出了包括参与、文化认同、文化多样性、社会凝聚力、经济发展五大主题在内的主要目标。[②]

根据新的社会形势的变化，联合国教科文组织在 2009 年也更新了其于 1986 年制定的文化统计框架，起草完成了“2009 文化统计框架”。在此次修订中，体现出更多关注发展中国家的文化、经济和社会的发展的特点，并提出了几个目标和原则。[③]

除了文化数据统计之外，国外文化政策评估体系日趋完善。文化政策评估的目标是对文化政策、文化投入进行系统化考量，通过测评该项政策实施情况以总结该项政策的得失成败。英国《文化政策投入评估框架实施纲要》是 2007 年 5 月由伦敦经济前沿公司（Frontier Economics，Ltd.，London）受英国信息通讯艺术部委托提交的研究报告。该项报告对文化政策投入的评估框架进行了系统设置，包括：首先根据战略目标对文化政策种类进行划分；然后根据不同的政策类别确定资助对象的经济属性，是投资于教育、研究、消

---

① MICA，NAC，NHB，NLB：Singapore Cultural Statistics 2004 - 2008 （In brief）. http：//www. ifacca. org/publications/2009/11/24/singapore - cultural - statistics - 2004 - 2008 - brief/.

② 陈威：《完备的公共文化服务体系研究》，深圳报业集团出版社，2010，第 60 页。

③ The 2009 UNESCO Framework for Culture Statistics. http：//www. culturalpolicies. net/web/files/134/en/FCS_ 2009. doc.

费、建筑创新、产业更新、建立网络，还是建立产业集群，分析没有此项投入时存在的问题；最后分析因此项投入而获得了哪些方面的收益和效益。①

（六）利用公共文化服务缓解突发危机事件的创伤，公共文化部门承担更多的维护社会稳定、进行心灵安慰的责任

近年来，人类遭受突发性灾难和心理创伤的几率不断提高。在发达国家，利用公共文化服务对受害人群进行人道主义协助的动向值得关注。人道主义传统固然是西方社会长久以来根深蒂固的价值观，但是政府的文化部门将此种行为作为自己的责任，无疑是对“文化”含义和作用的积极拓展，使得公共文化服务在整个社会的运营中扮演越来越重要的角色。

英国 DCMS 在 2008 ~ 2009 年拟定草案要对遭遇社会性突发灾难的人民进行专门的、全方位的关照，以保证英国的受害公民及其家庭得到理解和政府的照顾。2009 年，英国皇家公园和 DCMS 合作，为 52 位在 2005 年 7 月 7 日伦敦恐怖袭击爆炸案中牺牲的公民建立纪念碑。另外，媒体的积极介入一直被认为是公共危机管理的关键。一些国家的媒体作为政府危机管理主体的一个组成部分，扮演着政府“危机信息代言人”的重要角色。例如，英国重视突发事件中政府与媒体的协作，要求有关机构在平时必须作好准备，把配合媒体作为紧急反应计划的一部分进行讨论和演习，并任命受过专门训练的新闻官员负责媒体事务，甚至要求电话总机接线员和其他员工也必须清楚地知道在接到媒体询问时该怎样应答。德国政府重视在公共突发事件中与媒体的互动，要求政府公务员自觉遵守“回答记者和传媒提出的每一项问题”的法则，形成了为记者服务、为传媒服务、为公众服务的传统。日本将媒体视为“政府应对危机的最好朋友”。

（七）文化、经济和科技的融合和互惠日益紧密，增加文化参与，提高公民的文化生活质量成为新趋势

近年来，伴随着信息技术的一日千里，人们的交流方式和生活内容都发生了

① Executive Summary：A Framework for Evaluation Cultural Policy Investment，2007. http：//www. culture. gov. uk/images/research/Aframeworkforevaluatingculturalpolicyinvestmentmainreport. pdf.

翻天覆地的变化。面书（Facebook）、微博、微信等成为青年业余文化休闲生活的潮流。文化与信息技术结合日渐紧密，文化的数字化、科技化，俨然成为当今文化发展的一大新兴热门话题。各国政府也顺潮而动，借助科技的春风，提升公共文化服务的普及率、参与率，并在文化市场上收获更大的价值和利润，实现公共文化服务和文化产业的双赢。

2010 年 9 月 22 日，法国文化部在新闻发布会上宣布，法国“文化、科学和教育内容数字化”工程将从当年第四季度正式启动，总预算为 7.5 亿欧元，其中 75% 用于项目投资，25% 用于资助部分科研计划。在 2010 年法国欧洲文化遗产日上，法国文化部推出的一系列三位数字化文化产品，让参观者通过点击鼠标即可轻松游历法国各地知名文化遗产。例如，在电脑屏幕上只要动动手指，眨眼间就能飞临巴黎圣母院等地；或能让时光倒流 70 年，重温拉斯科史前壁画被发现的一刻；还能走进大革命前夜，在凡尔赛小特里亚农宫与法国末代王后共品下午茶等。[①] 法国的“文化数字化”政策除了上述项目之外，还落实在各行各业，在面向图书出版、音乐、电影、音像、摄影、图片、电子游戏等机构和个人广泛征集项目后，由专门评审委员会选出圈定项目，给予不同程度的投资和补助。仅 2010 年 7 月中旬结束的第一批征集收到的候选项目就有 141 个。

统一监管机构，实现跨界别共融，无论从信息技术管理还是文化媒体发展而言都是大势所趋。世界各国均积极进行通讯传播的法制革新和监管改革。独立自主的原则与组织架构，既可加强既有的媒体和电信业的互通与共融，使消费者享受通讯传播新技术及新技术的好处，又可使该监管机构去除政治干扰，公正地行使其专业职责。技术的发展，使得文化媒体平台与科技、通信融合得更加紧密，也催生了新的整合性的信息技术监管机构。例如，英国 OFCOM（通讯传播办公室）的成立就是把电信、无线电台、频谱、内容与广播服务等五个监管机关集合起来，令有限的无线电频率的管理变得更有效，确保了频谱的使用效率，规范了这个平台的内容。[②] 正是得益于这个平台的成立，无线电频率的使用效率得到

① 朱晓云：《法国文化数字化有大动作——以 7.5 亿欧元投资未来》，2010 年 9 月 30 日《中国文化报》。

② 《英国 OFCOM—NCC 成功案例》，http://www.stnn.cc/global/global_sp/t20051011_13162.html。

显著提高，英国的44家本地电视台得以获得转播许可，整合成一个新的“本地电视框架”，使得包含更多本地的、独特的地域生活内容的文化节目可以在全国范围内被观众共享。[①] 从某种程度上来说，文化的多样性、普及率借助科技的手段得以更具体的实现。

The Public Culture Services and Trends in Developed Countries and Regions

Mao Shaoying　Yuan Yuan

Abstract: This article analyzes processes, concepts, patterns and characters of the public culture services in developed countries and regions. Then it Divides the development of the public culture management and services into three stages. Pointing out the main concepts of guarantee the civil cultural rights and the main features were to establish a co-management pattern. The article also discusses the basic methods were maintaining the necessary government financial input into the public culture services part, the reasonable distribution and the effectively usage of the culture resources. As well as depending on social forces, appropriately using market mechanism, striving to develop the third department and pushing forward the socialize and marketization of the public culture services, and etc. Finally this article predicted seven trends of the public culture services in developed countries and regions in the future.

Key Words: Developed Countries and Regions; Public Culture Services; Governance

① Local TV: Making the vision happen, http://www.culture.gov.uk/consultations/8699.aspx.

B.29

公私合作伙伴制的文化治理模式*

陈　鸣**

摘　要： 当代西方国家公共文化服务体制改革出现了新的取向，即公私合作伙伴制的文化治理模式。这一模式的产生和扩大，改变了西方国家在公共文化服务领域内的既有体制，在以国家、政府为核心的公共部门支持公共文化服务的体制外，生长出一种私人部门的公共文化服务的支持主体。通过对以公私合作联盟、公私招标合作和公私合资企业等制度形式确立的公私合作伙伴制的治理模式的分析与讨论，对我国的公共文化服务体系的建设，有一定借鉴意义。

关键词： 公私合作　文化治理　模式

20世纪90年代以来，西方国家的公共文化服务领域内出现了新一轮体制改革热潮。一方面，更多的西方国家通过政务分离的途径，全面推进国家文化行政组织与国家公共文化服务机构之间的制度性分化和重组；另一方面，国家和政府的公共部门与民间的私人部门之间在公共文化服务领域内构建跨体制的公共治理框架，进而营造起国家文化行政组织的公共部门与“第三部门”的非营利组织（包括慈善机构、志愿组织、基金会等）和营利性企业的私人部门之间的一制的文化治理框架。从这个意义上说，公私合作伙伴制的文化治理模式是当代西方国家公共文化服务体制改革的新取向。

一　公私合作伙伴制度的由来与定义

公私合作伙伴（Public-Private Partnership，简称PPP）是一种因提供公共服

---

* 本文系2009年度国家社会科学基金艺术学项目“国家文化行政体制在当代西方国家的建构与演变”（批准号09BG087）的分课题报告。

** 陈鸣，上海大学中文系副教授。

务和公共基础设施而由公共部门与私人部门联合组建的各种合作伙伴关系的组织制度形式。1985 年，美国成立的公私合作伙伴全国理事会（The National Council for Public-Private Partnerships），在社会民间的公共服务层面上打开了公私合作伙伴制度在西方世界的通道。不过，西方国家在国家的公共服务层面上创设公私合作伙伴制度，则是20 世纪90 年代以后的事情。1997 年，英国财政部设立了一个重振私人部门融资计划（reinvigorate the private finance initiative）特别小组。1998 年11 月，根据英国前首相布莱尔签署《英格兰和威尔士地区政府与志愿及社区组织关系协定》（the COMPACT），英国内政部开始施行 the COMPACT 项目。2000 年，英国合作伙伴组织（Partnerships UK）取代英国财政部的重振私人部门融资计划的特别小组。从组织制度上讲，英国合作伙伴组织是一个独立运作的公私合作的合资企业，与英国的中央政府保持着“一臂之距”（the Arm's-length）的关系。在其股份的构成中，私人部门占51% 的股权，其余的股权由英国财政部和苏格兰行政院的公共部门平分。① 因此，英国合作伙伴组织（Partnerships UK）的改组成立，标志着公私合作伙伴制度被正式纳入当代西方国家的中央政府在公共服务领域内的体制改革议程。也就是说，由此开始，西方国家的公私合作伙伴组织的制度创新由民间提升到国家公共服务层面，标志着当代西方国家公共服务体制改革的新动向。

随着西方国家的中央或联邦政府在公共服务领域内相继设立公私合作伙伴组织之后，各国的公共服务管理界和研究界对于公私合作伙伴的概念也出现了多种界定。这里列举加拿大、美国、澳大利亚和联合国欧洲经济委员会的公私合作伙伴组织有关公私合作伙伴的定义。

- 加拿大公私合作伙伴理事会（The Canadian Council for Public-Private Partnerships）指出，公私合作伙伴是一种公共部门与私人部门之间的合资企业（cooperative venture），依赖于每个合作伙伴的专业知识，并通过适当的资源、风险和回报的配置，更好地满足公共需要。②

- 美国联邦公路管理局（The FHWA）的定义是，公私合作伙伴是一种公共机构（public agency）与私人部门实体（private sector entity）之间形成的合同协

① About PUK. http：//www. partnershipsuk. org. uk/PUK – Background. aspx.

② Definitions. http：//www. pppcouncil. ca/resources/about – ppp/definitions. html.

议，并允许较大的私人部门参与公路交通项目的融资和建设。①

• 澳大利亚基础设施组织（Infrastructure Australia）② 认为，公私合作伙伴是一种公共部门与私人部门之间的长期合同，是政府为从事基础设施和相关服务的私人部门的代表提供财政支持。公私合作机构通常使私人部门的人士参与公共基础设施的建设，并负责其永久的运行和良好的性能。公私合作项目涵盖社会和经济的基础设施，包括资本部分与持续提供的非核心服务（non-core services）部分。③

• 联合国欧洲经济委员会（the United Nations Economic Commission for Europe）的公私合作伙伴联盟（The Public-Private Partnership Alliance）认为，公私合作伙伴是一种致力于对公共部门的设施和服务进行融资、设计和管理经营的组织形式，其主要的特点是，长期服务的规定（有时长达 30 年）；风险转移到私人部门；在法人实体与公共当局之间签署不同形式的长期合同。并指出，公私合作伙伴并不是私有化（privatization）。因为在公私合作伙伴的条件下，不存在所有权的转移，并且，提供公共服务的问责制由公共部门保留；而在私有化语境下，该问责制则转移给私人部门（公共部门可能会保留一些价格控制的监管）。④

总之，20 世纪 80 ~90 年代是西方国家公私合作伙伴制度的形成时期，其生成途径表现为由社会民间提升到国家和政府的层面，进而构成当代西方国家公共服务的制度改革思潮。从这个意义上说，公私合作伙伴是一种国家和政府主导的公共服务的公共治理制度形式。主要表现为，各级政府借助于私人部门实体的专业技术、融资力量等各种体制外的资源和优势，通过公共部门与私人部门之间的合作契约机制或合资企业制度等制度方式，以利益互助、资源分享和潜力开发等原则而独立组建的公共服务组织形态。

二　公私合作伙伴制模式

公共文化服务的公私合作伙伴制，是当代西方国家公私合作伙伴制度在公共

① Defined. http://www.fhwa.dot.gov/ipd/p3/defined/index.html.

② 根据 2008 年 4 月实施的《澳大利亚基础设施法》（the Infrastructure Australia Act）而建立。

③ National Public Private Partnership Guidelines: Overview. http://www.infrastructureaustralia.gov.au/public_private/files/National_PPP_Guidelines_Overvies_Dec_08.pdf.

④ Guidebook on Promoting Good Governance in Public-Private Partnerships. http://www.unece.org/ceci/publications/ppp.pdf.

文化服务领域内的具体表现。因此，公共文化服务的公私合作伙伴制既具有公私合作伙伴制的一般特性，又呈现出自身的特点。2011 年 12 月，德国埃尔芬咨询公司（Alfen Consult GmbH）通过对欧盟的“2007～2013 年的中欧计划”的“第二次机会项目”的调查研究，从组织合作模式（Organisational Partnership Models）的意义上提出了以下三种公共文化服务的合作模式（Partnership Models）。

- 公私合作联盟（Public-Private Collaboration），是一种短期的协议合同和赞助合同。这些合同的任务和功能通常限制在文化活动或文化项目的某些方面，其合作方式包括赞助、捐赠和资助等。这意味着私人部门可以通过赞助等契约方式支持公共文化服务活动。

- 公私合作伙伴（Public-Private Partnership），是一种公共部门在公共基础设施建设及其管理方面所采取的采购形式。其主要特点是，将公共基础设施的规划、建造、融资、维修和经营等事务，由过去的公共部门负责转移给私人部门的投标人，旨在提高公共服务的效益，并缓解公共部门在公共基础设施建设方面的应急需求。

- 公私合资企业（Public-Private Joint Venture），是由公共部门与私人部门以合作股东（co-shareholders）的方式建立的制度模式，主要有两种方式：一是合作开发某个项目的项目公司；二是合作从事公共文化基础设施的设计、建造、融资、维护和经营的企业。①

上述三种“组织合作模式”实际上是在当代西方国家的公共文化服务领域内出现的三种公私合作伙伴的制度形式。也就是说，这种公共文化服务领域内的组织合作模式已不再是传统的文化合作关系，而是在公私合作伙伴的意义上创建的各种制度模式。因此，可以将公私合作联盟、公私合作伙伴（可改名为“公私招标合作”，Public-private partnership bidding）和公私合资企业界定为三种公共文化服务的公私合作伙伴制模式。其中，公私合作联盟是一种以赞助或资助等合同方式为特色的公私合作伙伴制治理模式；公私招标合作是一种以建造和运营

① Alfen Consult GmbH. Transnational Public-Private Partnership concept in the cultural sector for the Second Chance Project. http://www.secondchanceproject.si/wp-content/uploads/Trans_PPP_Concept_final1.pdf.

公共文化基础设施的招投标方式为代表的公私合作伙伴制治理模式；公私合资企业是一种以合作股东的股份制公司方式为特征标志的私合作伙伴制治理模式。确实，20 世纪 90 年代以来，欧洲的文化合作已经改变了由政府直接行动的传统模式，而是在政府支持的基础上，由私人的或非营利的文化组织来倡议和参与，使出资者的政府、文化经营者和观众都能从中受益①，进而也使欧洲的文化合作制度发生了历史的转型，其结果是，在公共文化服务领域内催生了一系列公私合作伙伴制的治理模式，而公私合作联盟、公私招标合作和公私合资企业则是三种具有代表性的公共文化服务的公私合作伙伴制治理模式。

应该看到，以公私合作联盟、公私招标合作和公私合资企业等制度形式确立的公私合作伙伴制的治理模式，反映了当代西方国家公共文化服务体制改革的新取向。一方面，这些公私合作伙伴制的治理模式的产生和扩大，改变了西方国家在公共文化服务领域内的既有体制，在以国家、政府为核心的公共部门支持公共文化服务的体制外，生长出一种私人部门的公共文化服务的支持主体，即以非营利的慈善机构、志愿组织和营利性的企业为代表的社会民间力量，进而构成了某种跨体制的公共文化服务的组织机制，也就是说，在西方国家的公共文化服务领域内，私人部门因公私合作伙伴关系的生成而成为与公共部门相对独立的制度形态，一种体制外的公共文化服务的制度系统；另一方面，各种公私合作伙伴的制度形式又创造性地推进了西方国家公共文化服务的体制转型，一定程度上改变了过去公共部门与私人部门之间的分离或对峙的状态，既将“第三部门”的非营利组织与营利性企业纳入私人部门的范畴，又为公共部门与私人部门在公共文化服务领域建立合作伙伴关系提供制度保障，进而使西方国家由此构建一种体制间的公共治理框架。因此，公私合作伙伴制的治理模式使国家和政府的公共部门与非营利组织、营利性企业的私人部门之间建立起一种公共文化服务的制度性纽带，并以公私合作伙伴的制度形式携手进入公共文化服务领域。

三　公私合作伙伴基金会的制度形式

在当代西方国家的公共文化服务领域内，公私合作联盟、公私招标合作和

① European Forum for the Arts and Heritage. Study on Cultural Cooperation in Europ. http：//ec. europa. eu/culture/key – documents/doc938_ en. htm.

公私合资企业是三种具有代表性的公私合作伙伴制治理模式。比较而言，公私合作伙伴基金会则是一种更为普遍和更为活跃的公私合作伙伴的制度形式。一方面，公私合作伙伴基金会组织通常在各种公共文化服务的公私合作伙伴制度的组建和活动中充当着某种桥梁和纽带的作用，在国际、区域、国家和地区等层面上向公共文化服务领域内的公私合作伙伴关系及其组织提供各种协作的契机或机制；另一方面，公私合作伙伴基金会组织本身又是一种公共文化服务的公私合作伙伴制度模式，在当代西方国家的公共文化服务领域内发挥着独立而基本的制度建构功能，并培育了各种类型的公私合作伙伴的制度形态。因此，在当代西方国家的公共文化服务体制改革进程中，公私合作伙伴基金会的多样性制度形式构成了某种不可或缺的公私治理机制，甚至可以说是上述三种公私合作伙伴制治理模式的基础性制度形式。本文以意大利、英国和澳大利亚三个国家为例，剖析当代西方国家的公共文化服务的公私合作伙伴基金会的多样性制度形式。

（一）意大利的歌剧院基金会

大家知道，歌剧起源于意大利。二战结束以后，意大利的国家级歌剧院都依赖于中央财政的预算拨款。为了建立中央政府对歌剧院等表演艺术团体的统一财政资助制度，意大利的国会颁布了 1985 年的第 163 号法律（Law 163/1985），首次对包括音乐、舞蹈、戏剧在内的表演艺术实体机构制定了综合性财政拨款的法律框架，并且，中央政府依法创建了表演艺术统一基金会（the Unified Fund for the Performing Arts，Fondo Unico per lo Spettacolo），由当时的文化遗产环境部（the Ministry for Cultural Heritage and Environment）负责，其职能是，集中向包括歌剧院在内的意大利公共表演艺术团体提供统一的财政支持。20 世纪 90 年代以后，意大利中央政府推进新一轮的公共文化服务的去中心化（desétatisation）改制政策，在将公共文化服务机构的管制职能向地方政府转移的同时，鼓励私人资本进入歌剧院等公共文化服务领域。1996 年，意大利总统签署剧院改制的第 367 号法令（DECRETO LEGISLATIVO 29 giugno 1996），要求意大利所有的公共歌剧院的管理机构转为公私合作伙伴制的私法基金会（Fondazioni di diritto privato），基金会的主席由该基金会所在地的市长兼任，并设有基金会的管理委员会、账目审核小组及财务主管。基金会的资金由国家、大区省市政府和私人资本合作构成。该法令规定，基金会无须批准即可接受私人捐款和遗产馈赠等私人部门的资金投入，在基金会筹建时投入的私人资本可以享受税收优惠，而为基金会持续注入资金 3 年以上的私人机构可获国家的减税优惠待遇。国家将按私人资本在基金会中注入的数量划拨等额的资金，并由中央政府制定投入资金的具体额度，经财政部审批后方可实施。地区政府投入基金会的资金，需要向国家通报，各级审计部门有权对基金会的资金运作进行核查。① 由此可见，意大利中央政府通过公私合作伙伴制的方式，将公共的歌剧院改组为私法性质的基金会组织形式。

新法颁布不久，意大利 13 家主要的公共歌剧院相继组建成私法性质的非营利基金会组织，吸引了 40% 的私人资金。② 其中，以斯卡拉歌剧院（Teatro alla Scala）、圣卡罗歌剧院（Teatro di San Carlo）和罗马歌剧院（Teatro dell'Opera di Roma）为代表的意大利三大歌剧院在此次公私合作伙伴基金会的体制改革进程中表现尤为突出。1997 年，斯卡拉歌剧院从国有歌剧院变为公私合作伙伴制的基金会，称为卡拉歌剧院基金会（Fondazione Teatro alla Scala）。该基金会成员 20 名，包括意大利政府、伦巴底大区政府、米兰省政府、米兰市政府，以及意大利的众多著名企业，并分为指定基金人（Ex-Officio Founders）、公共部门基金人（Public Founders）、私人部门永久基金人（Private Perpetual Founders）、私人部门普通基金人（Private Ordinary Founders）和杰出的基金人。③ 该基金会设立董事会的决策部门和监事会的监管机构，任命剧院主管、音乐总监和艺术总监。1999 年，圣卡罗歌剧院成立圣卡罗歌剧院基金会（Fondazione Teatro di San Carlo），成员包括坎帕尼亚大区政府、那布勒斯省、市政府以及众多知名企业。④ 2002 年，圣卡罗歌剧院演出收入达到了 5100 万欧元（合 6069.67 万美元），不仅偿还了 800 万欧元（合 951.893 美元）的历史债务，还实现了 51 万欧元（合 60.6832 美元）的收支盈余。⑤ 1997 年，罗马歌剧院改制成立罗马歌剧院基金会（Fondazione Teatro dell'Opera di Roma），成员是意大利政府、拉齐奥大区政府、

① NORMATTIVA. http://www.normattiva.it.

② Carla Bodo, Simona Bodo. Country Profile: Italy. http://www.culturalpolicies.net.

③ TEATRO ALLA SCALA. http://www.teatroallascala.org/en/index.html.

④ Statuto. http://www.fondazionescarlo.it/Statuto.asp.

⑤ 中宣部文化体制改革和发展办公室、文化部对外文化联络局：《国际文化发展报告》，商务印书馆，2005，第 329～332 页。

罗马省政府、罗马市政府，以及意大利著名企业，该基金会下设董事会、监事会，负责任命剧院主管、音乐总监和艺术总监①。由此可见，随着公私合作伙伴基金会制的创建和运作，意大利的公共歌剧院的管理体制改革进入了一个新的历史时期。

总之，从20世纪90年代中期起，意大利中央政府以歌剧院基金会的制度形式，对意大利的公共歌剧院实行私法性质的公私合作伙伴基金会的制度模式，不仅使歌剧院等公共文化服务机构摆脱对中央政府财政资助的经济依附，吸收了各种私人部门的资金投入，而且使意大利私人企业能够通过私法性质的基金会组织制度的途径参与非营利的公共文化服务活动，进而以公私合作伙伴基金会形式在公共文化服务领域内建构起一种新型的公私合作伙伴基金会制的治理模式。

（二）英国的公共文化展馆改建的项目基金会

二战结束以后，英国的公共文化服务虽已受到了来自国家的公共部门和民间的私人部门两个系统的资助②，然而在相当长的时期中，英国的公共部门与私人部门主要是在各自的系统内从事英国公共文化服务的资助活动，并没有建立起公私合作的组织制度。英国的公共文化服务的公私合作伙伴制度起始于20世纪90年代，这不仅因为英国的内政部由此开始施行《英格兰和威尔士地区政府与志愿及社区组织关系协定》（the COMPACT），而且在于，1990年，英国文化媒体和体育部与沃尔夫森基金会组建了一个博物馆和画廊改建的项目基金（The Museums and Galleries Improvement Fund）。也就是说，英国的文化部与沃尔夫森基金会之间建立的公共文化服务设施改建的项目基金会，是一种以项目基金为组织形式的公私合作伙伴基金会制，进而标志着英国的公共文化服务的体制改革进入新的时期。

据资料显示，英国的文化媒体和体育部与沃尔夫森基金会合作组建的博物馆

① Codice etico. http：//www. en. operaroma. it/il_ teatro/sistema_ di_ governo.

② 1976年建立的商业赞助艺术协会（The Association for Business Sponsorship of the Arts），使英国的企业以民间协会的组织制度方式，加入英国社会民间资助公共文化服务的系统之中。从这个意义上说，英国社会民间资助公共文化服务系统中包含了非营利的慈善机构、志愿组织与营利性的私人企业两种类型。

和画廊改建项目基金成立以来，资助英国的公共博物馆和画廊改建工程的款项共计达4000万英镑。① 2012年1月，该基金又融资400万英镑资助英国各地36家博物馆和画廊，包括牛津大学的阿什莫尔艺术考古博物馆（Ashmolean Museum of Art & Archaeology）、剑桥大学的人类学考古博物馆（Museum of Archaeology & Anthropology）、国家肖像画廊（National Portrait Gallery）等。② 正如文化媒体和创意产业部（Minister for Culture，Communications and Creative Industries）的国会议员爱德华·范宅（Ed Vaizey MP）所言：最为重要的是，文化媒体和体育部/沃尔夫森基金的成立和运作表明，公共部门与私人慈善机构可以一起为公众提供实实在在的利益，为改善他们所参观的博物馆质量提供帮助。③

作为英国的公共文化服务的公私合作伙伴的项目基金组织，博物馆和画廊改建的项目基金是由文化媒体和体育部与沃尔夫森基金会共同出资组建的，其主要功能是为英国的公共文化展馆的翻新或改善提供项目资助。该项目基金小组（the Fund's Panel）由文化媒体和体育部、沃尔夫森基金会、博物馆、图书馆和档案馆理事会、外部顾问的代表组成。根据项目基金的申请审批程序，先有基金会小组对项目基金申请者进行审核，然后递交给沃尔夫森基金会的信托人机构（the Trustees of the Wolfson Foundation）讨论，最终由文化媒体和体育部长做出最终决定。例如，坐落在北英格兰的比米什博物馆（Beamish Museum），20世纪初期是一座煤矿，1972年改建成向公众开放的露天博物馆。博物馆和画廊改建的项目基金分别资助4万英镑（2006~2007）和14.5万英镑（2007~2008），用于矿灯的收集和展出，以及整修蒸汽机车的矿道。④

文化媒体和体育部与沃尔夫森基金会合作建立的博物馆和画廊改建项目基

---

① DCMS/Wolfson Museums and Galleries Improvement Fund. http：//www. wolfson. org. uk/_ uploads/documents/dcms_ wolfson – aw2 – lr［1］. pdf.

② A Wards Announced by the DCMS/Wolfson Foundation—Museums & Galleries Joint Improvement Fund. http：//www. wolfson. org. uk/_ uploads/documents/dcms – wolfson – mgif – awards – announced – in – january – 2012. pdf.

③ DCMS/Wolfson Museums and Galleries Improvement Fund：A PublicPrivate Partnership，2002 – 2010. http：//www. culture. gov. uk/images/publications/DCMS_ Wolfson_ PP – Partnership – 2002 – 10. pdf.

④ DCMS/Wolfson Museums and Galleries Improvement Fund：A PublicPrivate Partnership，2002 – 2010. http：//www. culture. gov. uk/images/publications/DCMS_ Wolfson_ PP – Partnership – 2002 – 10. pdf.

金，在英国的公共文化服务领域内创立了一种公私合作伙伴基金会的制度形式。与意大利歌剧院基金会不同，它是一种由英国文化部牵头的公共部门与沃尔夫森基金的私人部门之间联合组建的项目性基金会组织。虽然两者都是公共文化服务的公私合作伙伴基金会的制度形式，然而，意大利的歌剧院基金会是一种私法基金会的组织制度，是意大利公共歌剧院经营管理体制改革的制度形式，基金会的成员涉及意大利的各级政府部门，以及营利性的意大利企业等，并且，基金会设立的董事会通常可以任命剧院主管、音乐总监和艺术总监，具体参与歌剧院的决策管理；英国博物馆和画廊改建项目基金则是一种项目性的基金会组织制度，是英国的文化媒体和体育部与沃尔夫森基金为改善英国的公共博物馆和画廊而合作出资成立的项目基金，基金会的成员主要是中央政府部门以及非营利的慈善机构，基金会组织并不干预被资助的博物馆和画廊的经营管理事务，主要是对博物馆和画廊的场馆设施改建工程提供资金援助。因此，意大利的歌剧院基金会与英国的博物馆和画廊改建项目基金是两种不同类型的公共文化服务的公私合作伙伴基金会制度形式。

（三）澳大利亚的企业艺术基金会

西方国家私人部门支持公共文化服务有着悠久的历史传统和广泛的社会基础。个人、慈善机构、企业、志愿组织等各种社会民间主体以赞助、捐赠、资助等方式支持公共文化服务组织及其活动。但是，西方国家采取公私合作伙伴基金会的形式来支持公共文化服务却主要兴起于20世纪90年代以后。特别是进入21世纪以来，公共文化服务领域的公私合作伙伴基金会制度开始成为西方国家公共文化服务体制改革的主流。澳大利亚的企业艺术基金会具有代表性。

与绝大多数的西方国家一样，二战结束以后，澳大利亚也是通过以国家艺术理事会（1975年成立的澳大利亚艺术理事会）为代表的公共部门支持本国的公共文化服务的组织及其活动，并且，澳大利亚的各类基金会组织也以社会民间的私人部门的身份积极地参与澳大利亚的公益性文化支持行列。2000年，澳大利亚企业艺术基金会（the Australia Business Arts Foundation）的成立，标志着澳大利亚公共文化服务体制改革进入了一个新的历史时期。澳大利亚企业艺术基金会是一家澳大利亚联邦政府的企业（a company of the Australian government），通过澳大利亚地区、地方政府、艺术与体育部（the Department of Regional Australia, Local Government, Arts & Sports）、澳大利亚总理府的艺术办公室（the Office for the Arts）等澳大利亚联邦政府机构的文化发展项目支持而组建起来的，主要从事私人部门的企业赞助者与艺术文化组织之间的互利合作伙伴关系。自创建以后的近十年时间里，澳大利亚企业艺术基金会的私人部门在资助澳大利亚的艺术活动方面几乎翻了一倍，从2001年的1.08亿美元至2009年的2.21亿美元。[①]

从组织制度上看，澳大利亚企业艺术基金会是一家全资拥有的联邦企业，全称澳大利亚企业艺术基金会公司（the Australia Business Arts Foundation Ltd.），与澳大利亚政府之间保持着“一臂之距”的组织制度关系。该基金会分别设置董事会和理事会，董事会的成员大多由澳大利亚企业界的领袖人物构成，并经联邦政府的艺术部长任命。该基金会设有各州和地区的分会组织，分会组织的主席由基金会的理事会长任命。据资料显示，在2010~2011年财政年度，澳大利亚企业艺术基金会促成了共计200万美元以上的资金支持艺术组织，这些资金来自115家新的合作伙伴，其中，37家是企业合作伙伴；29家是艺术合作伙伴；64家是中小企业合作伙伴。[②] 作为联邦级的公私合作伙伴制基金会，澳大利亚企业艺术基金会的资金主要来自澳大利亚联邦政府的各公共部门和社会民间的私人部门。2003年，澳大利亚前总理约翰·霍华德倡导澳大利亚艺术支持（Artsupport Australia）项目，并由澳大利亚艺术理事会与澳大利亚企业艺术基金会合作运作。据统计，自2003年成立以来，约6000万美元的慈善款项用于澳大利亚的200名艺术家和600家艺术组织。[③] 另据2011年6月发布的《澳大利亚企业艺术基金会的私人部门支持艺术的年度调查》资料显示，从澳大利亚的318家艺术文化组织的本年度财政报告的调查中发现，私人部门支持澳大利亚非营利艺术团体（包括大型画廊、艺术节和演艺公司）的概况是，私人部门支持艺术的总款项达

---

① AbaF's Charter of Operations 2010 - 11. http://www.abaf.org.au/Media/docs/AbaF - Charter - of - Operations - 2010 - 11 - b06d6909 - 51d5 - 4a8c - a86d - 3236f714b355 - 0.pdf.

② Australia Business Arts Foundation Ltd, Financial Statements Fof the Year Ended 30 June 2011. http://www.abaf.org.au/Media/docs/AbaF - financial - statements - 2010 - 11 - ac0123ef - 8c24 - 42cb - b07b - 9d5fa3b6924a - 0.pdf.

③ Growing cultural philanthropy: the Artsupport Australia model. http://www.australiacouncil.gov.au/_ _data/assets/pdf_ file/0018/100665/Artsupport_ Australia_ - _ April_ 2011.pdf.

2.21 亿美元，比 2008/2009 年度增长 4.25%。在地区分布上，新南威尔士州和维多利亚州的艺术团体继续成为获得私人部门支持的最大地区，尽管总体的支持率由 71% 下降至 65%。在支持的对象上，表演艺术继续吸引最大的支持份额（7900 万美元），其次是艺术画廊（5100 万美元）和艺术节（约 31 万美元）。① 由此可见，澳大利亚艺术支持（Artsupport Australia）项目是澳大利亚艺术理事会与澳大利亚企业艺术基金会开发的一种公私合作伙伴项目基金会的制度形式。

与其他西方国家相比，在推进公共文化服务的公私合作伙伴制基金会的改革进程中，澳大利亚企业艺术基金会更加关注企业赞助商与艺术机构之间如何取得双赢，并各自从合作伙伴那里汲取有益的资源。因此，近年来，澳大利亚企业艺术基金会十分重视澳大利亚的私人部门在艺术赞助方面的调研工作，例如，《2009 年艺术赞助展望调查》（the Arts Sponsorship Outlook Survey，2009）、《澳大利亚企业艺术基金会私人部门支持艺术的年度调查》（the annual AbaF Survey of Private Sector Support for the Arts）等，尤其是注重企业赞助商支持艺术组织的动机和态度。2009 年 10 月至 2010 年 3 月，澳大利亚企业艺术基金会、澳大利亚艺术理事会和国际 Repucom 赞助商（Repucom International）合作撰写的《艺术与企业：合作伙伴在行动》（Arts and business：partnerships that work）研究报告，是澳大利亚企业艺术基金会第一次对澳大利亚的企业艺术赞助商有关艺术赞助与合作伙伴的态度问题所展开的重点调研。调查对象包括 36 家澳大利亚的企业合作伙伴决策者（其中，25 家是参与艺术合作的企业，11 家是非艺术合作的市场赞助企业）。调查的主要内容是：企业部门与艺术部门建立合作伙伴关系的战略重要性；企业部门与艺术部门建立合作伙伴关系的动机，以及由此对企业部门与艺术部门双方在合作伙伴关系决策上带来的影响；企业部门从企业艺术合作伙伴关系（business-arts partnerships）中获得的好处；大型企业尚未投入艺术赞助行业的主要原因等。根据调查报告显示，在企业赞助艺术的目的问题上，许多企业艺术赞助商认为与艺术组织建立合作伙伴关系是实现其企业目标和优先事项的重要途径，品牌的定位与调整（Brand positioning and alignment）、社会责任（social

---

① 2011 AbaF survy of private sector support for the arts. http：//www. abaf. org. au/news—research/research/2011 – abaf – survey – of – private – sector – support – for – the – arts. html.

responsibility）、员工参与（employee engagement）是企业赞助艺术的关键方面。并且，艺术合作伙伴有能力促进企业员工的创意活力和独特的思维方式。在有关赞助商与合作伙伴问题上，60%的被调查者认为，赞助商（sponsorship）与合作伙伴（partnership）之间是有区别的。赞助商的钱用于某个品牌宣传，而合作伙伴则关注某个共同的事业，为了艺术与企业的双向受益，寻求与其艺术合作伙伴之间发展一种工作关系，确保双方取得成果。① 所以，企业艺术赞助商的身份一旦由赞助商转变为合作伙伴之后，就不再只是一种赞助利益上的互利合作关系，更是一种优势资源的分享和开发意义上的合作伙伴关系。

澳大利亚企业艺术基金会是澳大利亚的公共文化服务领域内的国家级公私合作伙伴制基金会组织。与意大利的歌剧院基金会、英国的公共文化展馆改建的项目基金会不同，澳大利亚企业艺术基金会是一种公私合资企业性质的公私合作伙伴基金会的制度形式，并且，在公共文化的支持对象和方式上也有差异。一方面，在支持对象上，澳大利亚企业艺术基金会并不指向单一而固定的公共文化服务的组织或活动，而是涉及澳大利亚的艺术家个人、艺术团体和公共文化服务组织等多种公共文化服务的个人和组织，意大利歌剧院基金会与英国公共文化展馆改建的项目基金会的支持对象却都是单一或固定的。其中，意大利的歌剧院基金会的支持对象是某个意大利的公共歌剧院实体，英国的公共文化展馆改建的项目基金会也集中面向于英国的博物馆、画廊等公共文化展馆的设施改善项目；另一方面，在支持方式上，澳大利亚企业艺术基金会采取了多种途径，并且在基金会与支持对象两个层面上从事公私合作的赞助和合作伙伴活动，而意大利的歌剧院基金支持的方式和范围局限于相关的公共歌剧院自身，英国的公共文化展馆改建的项目基金会也只是采取项目性的资助方式，其公私合作伙伴关系主要表现在基金会自身，与被支持方并不发生直接的公私合作的工作关系。正是由于澳大利亚企业艺术基金会在支持对象和支持方式上的多元指向和多种途径的特征，不仅在西方国家的公共文化服务体制改革中成为一种新型的公私合作伙伴基金会的制度形式，而且也能够采取多方位的视角和姿态，对当代西方国家的公共文化服务体制改革提出一系列反思性的命题。

① Arts and business: partnerships that work. http://www.abaf.org.au/Media/docs/Arts-and-business-partnerships-that-work-386937d3-3f41-4278-a9cf-38725a77f7d0-0.pdf.

The Public-private Partnerships Pattern of Culture Governance

Chen Ming

Abstract: There is a new orientation of public culture services structural reforming in present age of western countries. It is the public-private partnerships pattern of culture governance. The emergence and enlargement of this pattern has changed the present structure of the public culture services area in western countries. Outside the formal and basic government structure, there exists a new private public culture services supporting party, which is on a private sector base. The analysis and discuss this kind of public-private partnerships governance pattern, which is established by using the systems of public-private partnerships alliance, cooperation of public-private bidding and public-private joint venture company, has its reference meaning for building the correspondence system of our country.

Key Words: Public-private Partnerships; Culture Governance; Pattern

B.30 日本的公民馆及其基本制度

李国新*

摘　要：日本的公民馆是生长于日本历史和土壤中的具有典型日本特色的社会教育设施，文化馆是中国独有的文化事业部门，两者有着极大的相似性。通过对日本公民馆的类型、起源与演变、现状、功能与任务、运营原则与基本制度的讨论，对完善我国公共文化服务体系中的文化馆建设具有借鉴意义。

关键词：日本　公民馆　基本制度

我国有遍布城乡的文化馆（站），日本有遍布全国的公民馆。在我国，有学者认为文化馆是中国独有的文化事业部门；① 在日本，有学者认为公民馆是生长于日本历史和土壤中的具有典型“日本特色”的社会教育设施。② 其实，比较中国的文化馆和日本的公民馆，二者不论是起源、演变，还是性质、功能，都多有相同或类似之处。研究日本公民馆的发展演变及其基本制度，对完善我国公共文化服务体系中的文化馆（站）建设具有借鉴意义。

一　公民馆及其类型

（一）公民馆

“公民馆”是日本二战后首先以农村为中心建设、继而城乡普及的公益性社

---

* 李国新，北京大学信息管理系教授，国家公共文化服务体系建设专家委员会副主任。

① 《百位文化馆馆长聚集江苏吴江探讨文化馆向何处去》http：//culture. people. com. cn/GB/10532725. html。

② 小林文人：《これからの公民館——新しい時代への挑戦》，国土社，1999，第12页。

会教育和文化活动设施。按照日本《社会教育法》（1949 年 6 月颁布，2008 年 6 月最新修订）的规定，公民馆设置在市町村或其他特定区域①，主要任务是通过开展贴近居民的各种教育、学术、文化活动，达到提升居民素养、增进居民健康、陶冶居民情操，进而振兴生活文化、增进社会福利的目的。

（二）公民馆的类型

1. “公立公民馆”和“法人立公民馆”

日本《社会教育法》将公民馆区分为两类：“公立公民馆”和“法人立公民馆”，这是从设置主体着眼对公民馆的类型区分。

公立公民馆的法定设置主体是市区町村政府。日本的地方政府分为都道府县和市区町村两个层级，目前，日本绝大多数公民馆都是由市区町村政府设置的公立公民馆。之所以把市区町村政府规定为公民馆的法定设置主体，是因为市区町村是最能体现公民馆“市民参与、服务市民”特点的地域单元。都道府县政府通过自身设置的社会教育设施，在公民馆体系建设中发挥三大作用：一是公民馆专业人才的培训基地，二是协调市区町村公民馆设备和器材的流通共享，三是促进区域内公民馆的联络、联合与合作。②

“法人立公民馆”是指由一般社团法人或一般财团法人设置的公民馆。所谓一般社团法人或一般财团法人，就是日本《民法》第 34 条规定的不以营利为目的的公益法人。由公益法人设置的公民馆，类似于我国语境中的“民营公民馆”。

2. 中央馆、地区馆和分馆

日本《社会教育法》规定市区町村设置公民馆，同时规定，如有必要，公

① 按日本《地方自治法》的规定，地方政府分为都道府县和市町村两个层级，统称为“地方公共团体”。1945 年，日本全国市町村级政府有近 1.1 万个，1953 年时有 9868 个。1953 年日本实施《町村合并法》，1956 年实施《新市町村建设促进法》，到 1961 年，市町村级政府合并为 3472 个，史称“昭和大合并”。1999 年，日本开始了新一轮市町村合并，称为“平成大合并”，目前尚未最后完成。1999 年时日本全国有市町村级政府 3229 个，到 2009 年 10 月，合并减少到 1772 个。“平成大合并”的目标是，到 2010 年 3 月全国的市町村级政府合并减少到 1760 个。参见《日本の市町村の廃置分合》，http://ja.wikipedia.org/wiki/（2009 年 12 月 7 日）。

② 寺中作雄：《社会教育法解説》，横山宏、小林文人：《公民館史資料集成》，エイデル研究所，1986，第 298 页。

民馆可以设置分馆。这说明，公民馆的最初设计，是在市区町村的范围内形成中央馆/分馆体系，也就是我国语境中的总分馆体系。相对于中央馆，地区馆是一个独立运营的区域性公民馆，因此中央馆和地区馆都称为“本馆”；分馆则是中央馆或地区馆的派出馆，管理和运营依附于中央馆或地区馆。日本目前通常的状况是，在一个市区町村区域单元内，有一所中央馆，有若干所地区馆，中央馆或地区馆根据需要设置分馆。从数量上看，中央馆最少，地区馆最多。

3. 公民馆类似设施

按照日本文部省的界定，公民馆类似设施是指市町村依据成文的条例设置、在政府教育委员会备案、性质和功能与公民馆类似的设施①。日本文部省实施的“社会教育调查”所罗列的社会教育设施包括如下10类：公民馆（含类似设施）、图书馆（含同种设施）、博物馆、博物馆类似设施、青少年教育设施、女性教育设施、社会体育设施、民间体育设施、文化会馆、终生学习中心，这里并没有说公民馆类似设施包括什么，但可以看到官方所说的公民馆类似设施不包括什么。

日本公民馆行业协会“全国公民馆联合会”的界定与文部省有所不同。他们认为，“公民馆类似设施”包括三种类型：一是由自治会、町村会、社区神社等居民自治组织自主设置、管理、运营的社会教育设施，这类设施的建设和运营经费来自当地居民的分摊或集资，也可以从当地政府获得补助；二是市町村可以被用于社会教育的民间集会设施，这类设施往往是“公设民营”；三是没有物理设施依托，只是借用了“公民馆”名称的组织形式，在日本也被戏称为“看板公民馆”、“天空公民馆”。

二　公民馆的起源与演变

（一）二战后初期：由“寺中构想”到设施法定化、制度法律化

日本学者认为，公民馆制度是日本二战后教育改革的产物。它继承了二战前

① 文部科学省：《社会教育調查·用語の解説》，http：//www.mext.go.jp/b_menu/toukei/chousa02/shakai/yougo/1286911.htm。

社会教育以“地域组织”为基础的体制，同时适应了社会民主化的要求，是一种生长于日本历史和土壤中的具有典型“日本特色”的社会教育设施。①

二战后伊始，提高国民素养以及道德和知识水平，在农村和基层普及科学、文化，振兴和平产业，被认为是“新日本建设最为重要的课题”②。1945 年 12 月，首次提出了建设公民馆的构想——史称“寺中构想”：“社会教育事业的持续发展，必须人、设施、事业并行推进。……所谓公民馆，就是社会教育的中心设施，是兼具公民学校、图书馆、博物馆、公会堂、町村居民集会所、产业指导所等多种特点的设施，是具有社会教育、公民自治、社交娱乐、产业振兴、青少年培养等广泛的社会民主化所需功能的设施。”③

日本初期的公民馆建设主要在农村推进。城市的公民馆建设集中在“城市边缘类似农村的区域”。由于有政府的强力推动，各地公民馆建设进展迅速。1947 年 3 月，日本颁布《教育基本法》，设置公民馆被确定为国家和地方政府发展社会教育事业的法律责任，以此为标志，公民馆实现了“设施法定化”。

1949 年 6 月，依据《教育基本法》而制定《社会教育法》，设立专章规范公民馆事宜，标志着日本公民馆制度的法律化，也标志着日本公民馆建设发展到了一个新阶段。

（二）20 世纪 50 年代：公民馆在农村走向普及

1953 年，日本颁布《町村合并促进法》，确定了农村町村的建制标准为拥有 8000 以上的人口，开始了大规模的农村町村合并。统计数据显示，町村合并对公民馆的设置率以及快速推进没有产生太大的负面影响，设置公民馆的町村政府比例在稳步提高，变化是公民馆体制和布局的调整，总的趋势是公民馆总分馆体制进一步强化了，布局趋向科学合理。“町村合并”改变了“一町一村一馆”的模式，因此，全国公民馆的总数量有所减少，但一个政府设置的公民馆群（一个总分馆体系）所包括的公民馆数量增加了，实质上是公民馆对居民的覆盖能

① 小林文人：《これからの公民館——新しい時代への挑戦》，国土社，1999，第 12 页。

② 公民館の設置運営について. 横山宏、小林文人，公民館史資料集成. エイデル研究所，1986，第 96 ~ 104 页。

③ 寺中作雄：《社会教育法制定の頃——特に公民館発足当時の思出》，《社会教育》1945 年第 6 期，第 24 ~ 27 页。

力增强了。从总体上看，经过 10 多年的努力，到 20 世纪 50 年代末，日本的公民馆已经基本实现了在农村的普遍覆盖。

（三）20 世纪 60 年代以来：公民馆由“农村型”向“都市型”蜕变

20 世纪 50 年代中期以后，特别是进入 60 年代以来，伴随着日本城市化进程的加快，此前主要在农村推进的公民馆制度开始向城市延伸，“50 年代的农村型、功能型公民馆和 60 年代的都市型、设施型公民馆并存”，公民馆发展进入了日本学者所说的设施、组织、体制“现代化”阶段①。

所谓“现代化”，主要的表现是：①设施、建筑物走向高档、豪华；②公民馆的活动“模块化”；③公民馆职员“职业集团化”和“专业化”；④公民馆主事和社会教育主事的特点、作用开始明显区分；⑤公民馆作为“教育机构”的特点进一步彰显。②

经过 20 世纪 60 年代的摸索和实践，以 1973 年东京都教育厅社会教育部发表《新公民馆的目标形象》为标志，日本公民馆伴随着整个社会的城市化进程基本完成了由“农村型”向“都市型”的蜕变。

进入 20 世纪 70 年代以后，“创办市民身边的公民馆”在城市中迅速推进，较快地实现了公民馆的全国城乡普及。据日本全国公民馆联合会 2004 年的一项统计，全国 86% 的公民馆在 80 年代中期之前已经建立起来。③

（四）20 世纪 80 年代以来：理念变化、行政改革背景下的公民馆

20 世纪 80 年代以来，随着世界范围内传统的社会教育理念向现代终身教育理念的转变，日本开始了对长期以来以公民馆为中心的社会教育体制的反思。1988 年，日本文部省进行机构改革，撤销社会教育局，组建终生学习局。

从 20 世纪 70 年代后期到 80 年代，在日本行政、财政改革的背景下，已经

---

① 横山宏、小林文人：《公民館史資料集成·はじめに》，エイデル研究所，1986，第 45 ~ 46 页。

② 小川利夫：《公民館論の再構成——寺中構想と現代の公民館》，日本社会事業大学，戦後日本の社会事業，頸草書房，1976，第 383 ~ 385 页。

③ 全国公民館連合会：《全国公民館名鑑（平成 17 年版）》，株式会社ぎょうせい，2005，第 612 页。

基本全部是“都市型”的公民馆也发生了许多剧烈变化。比如，公民馆的“委托经营”出现了，公民馆的“自治化”出现了，公民馆的“受益者负担”也出现了。80 年代后期，公民馆的“国库补助金”制度取消。90 年代，在强化地方分权、弱化国家控制的背景下，先后有两项涉及公民馆的基本制度由强制实行变为地方政府自由裁量：一是公民馆运营审议会必置制，二是公民馆职员专任制。90 年代末有日本学者说，80 年代终身学习政策实施以来，公民馆存在的问题直到今天依然如故，从这个角度看，国家的公民馆制度实际上是停滞甚至倒退。不过，在地方分权的背景下，许多地方政府的公民馆实践和政策有长足进展，弥补了国家政策的不足，但带来的问题是公民馆发展水平的地区差距加大。①

（五）1947～2008 年日本公民馆数量变化轨迹

表 1 是 1947～2008 年日本全国公民馆的数量变化，由此可以看出日本二战后公民馆发展的基本轨迹和趋势。

表 1　1947～2008 年日本公民馆数量变化

年份	设置公民馆的政府数	设置率（%）	公民馆总数（个）	公立		法人立	公民馆类似设施
				总馆（中央馆、地区馆）	分馆		
1947	2016	19	—	—	—	—	—
1948	3475	33	—	—	—	—	—
1949	4599	40	约 6000	—	—	—	—
1950	5980	57	20268	—	—	—	—
1951	6212	62	23184	6599	16585	—	—
1952	6957	69	29395	7028	22367	—	—
1953	7426	74	34244	7973	26271	—	—
1954	7192	79	36321	8500	27821	—	—
1955	4019	83	35343	7977	27366	9	—
1957	3365	86	33731	7466	26257	—	—
1958	3112	88	20190	7925	12465	—	—
1960	3114	86.9	20201	7725	12465	11	—
1963	3112	90.8	19417	7981	11436	7	—
1968	3027	92	13801	8191	5572	38	—
1971	2970	91.6	14249	8196	6004	49	—

① 小林文人：《これからの公民館——新しい時代への挑戦》，国土社，1999，第 15～16 页。

续表

年份	设置公民馆的政府数	设置率（%）	公民馆总数（个）	公立		法人立	公民馆类似设施
				总馆（中央馆、地区馆）	分馆		
1975	2961	90.5	15752	8899	6853	—	—
1978	3015	91.9	16452	9504	6923	25	82
1981	3045	92.9	17222	10224	6998	—	163
1984	2981	90.9	17520	10561	6941	18	282
1987	2981	91.1	17440	10851	6589	18	566
1990	2966	90.8	17347	11005	6342	—	584
1993	2966	—	17562	11172	6374	16	777
1996	2967	—	17819	11439	6372	8	726
1999	2983	—	18257	11418	6839	—	806
2002	2950	91	17947	11343	6593	11	872
2005	2004	89.1	17143	10880	6254	9	1039
2008	1595	88.1	15943	10395	5548	5	623

注1：设置率指设置公民馆的市町村政府占全部市町村政府的比率。

注2：数据来源：

（1）1947～1958年：文部省社会教育局．社会教育十年の歩み（1958年），横山宏、小林文人．公民館史資料集成．エイデル研究所，1986：23

（2）1960～2005年：日本統計年鑑（1961～2008）

（3）文部科学省．平成2年度社会教育調査報告書．大蔵省印刷局、2002

（4）文部科学省．平成17年度社会教育調査報告書．国立印刷局、2006

（5）文部科学省．社会教育調査（平成20年度）·公民館調査．2010

http：//www.e－stat.go.jp/SG1/estat/List.do？bid＝000001026008&cycode＝0

三　公民馆的现状

根据日本《统计法》规定，日本文部科学省从1955年开始定期进行全国范围的“社会教育调查”（1975之前每3～5年进行一次，自1975年开始，每3年进行一次），其中包括对公民馆的调查。最新一次调查实施于2008年，2010年4月公布最终调查结果。据此，可以比较全面、准确地了解日本公民馆截至2008年的现状。①

① 以下有关日本公民馆现状的数据除特别注明者外均来自文部科学省《社会教育調査·平成20年度結果の概要》，见：http：//www.mext.go.jp/b_menu/toukei/chousa02/shakai/kekka/k_detail/1286560.htm（2012.1.30）。

（一）数量

截至2008年，日本全国共有公民馆15943所，其中市（区）立11578所，町立3807所，村立553所，法人立5所。有公民馆类似设施623所，其中市（区）立422所，町立167所，村立34所。二者合计，全国共有公民馆及其类似设施16566所。日本全国有47个都道府县行政建制（相当于我国的省级建制），平均每个都道府县有353所公民馆。

2008年，日本全国有公共图书馆（含同种设施）3165所，公民馆数量是公共图书馆的5倍以上；有博物馆（含类似设施）5775所，公民馆数量是博物馆的将近3倍。可见，与公共图书馆、博物馆等同类公共文化和社会教育设施相比，日本的公民馆数量最多，影响也最大。

（二）设置率和覆盖率

按日本《社会教育法》的规定，市区町村政府是公民馆的法定设置主体。截至2008年，日本全国有市（区）町村1810个，其中1595个设置了公民馆，设置率平均为88.1%，尚有11.9%的市区町村政府没有履行法定设置义务。分层级看，市（区）级政府的公民馆设置率最高，达到了92.6%，村级最差，只有75.6%，町级居中，为86.7%，说明公民馆的设置与城市化程度呈正相关。

设置率不等于覆盖率。覆盖率是反映公民馆有效服务半径、覆盖的地域面积和人口数量的指标。表2是分地区的公民馆覆盖面积、人口以及服务半径现状。

表2　日本47个都道府县公民馆覆盖率（2008年）

都道府县	总面积（平方千米）	总人口（万人）	公民馆及其类似设施总数（所）	一馆平均覆盖面积（平方千米）	一馆平均服务半径（米）	一馆平均覆盖人口（万人）
北海道	83457	550.7	511(49)	163.32	7210	1.08
青　森	9644	137.9	299(10)	32.25	3210	0.46
岩　手	15279	134	334(2)	45.75	3817	0.40
宫　城	6862	233.6	511(11)	13.43	2070	0.46
秋　田	11636	109.6	408(14)	28.52	3014	0.27
山　形	6652	117.9	640(17)	10.39	1819	0.18
福　岛	13783	204	420(4)	32.82	3233	0.49
茨　城	6096	296	389(13)	15.67	2234	0.76
枥　木	6408	200.6	193(—)	33.20	3252	1.04
群　马	6363	200.7	228(4)	27.91	2981	0.88

续表

都道府县	总面积（平方千米）	总人口（万人）	公民馆及其类似设施总数（所）	一馆平均覆盖面积（平方千米）	一馆平均服务半径（米）	一馆平均覆盖人口（万人）
埼　玉	3767	713	526(18)	7.16	1510	1.36
千　叶	5082	613.9	318(11)	15.98	2256	1.93
东　京	2103	1286.8	136(50)	15.46	2219	9.46
神奈川	2416	894.3	178(7)	13.57	2079	5.02
新　潟	10364	237.8	740(—)	14.01	2112	0.32
富　山	2046	109.5	337(6)	6.07	1390	0.32
石　川	4186	116.5	331(10)	12.65	2007	0.35
福　井	4190	80.8	221(—)	18.96	2457	0.37
山　梨	4201	86.7	525(3)	8.00	1596	0.17
长　野	13105	215.9	1378(5)	9.51	1740	0.16
岐　阜	9768	209.2	346(29)	28.23	2998	0.60
静　冈	7329	379.2	174(11)	42.12	3663	2.18
爱　知	5116	741.8	403(3)	12.69	2010	1.77
三　重	5762	187	433(2)	13.31	2059	0.43
滋　贺	3767	140.5	176(7)	21.40	2611	0.80
京　都	4613	262.2	232(6)	19.88	2516	1.13
大　阪	1898	880.1	294(18)	6.46	1434	2.99
兵　库	8396	558.3	373(30)	22.51	2677	1.50
奈　良	3691	139.9	439(14)	8.41	1637	0.32
和歌山	4726	100.4	331(71)	14.28	2133	0.30
鸟　取	3507	59.1	197(6)	17.80	2381	0.30
岛　根	6708	71.8	341(2)	19.67	2503	0.21
冈　山	7010	194.2	431(2)	16.26	2276	0.45
广　岛	8479	286.3	387(32)	21.91	2642	0.74
山　口	6114	145.5	291(30)	21.01	2587	0.50
德　岛	4147	78.9	337(6)	12.31	1980	0.23
香　川	1862	99.9	182(1)	10.23	1805	0.55
爱　媛	5678	143.6	473(24)	12.00	1955	0.30
高　知	7105	76.6	205(2)	34.66	3322	0.37
福　冈	4845	505.3	385(19)	12.58	2002	1.31
佐　贺	2440	85.2	136(2)	17.94	2390	0.63
长　崎	4105	143	203(11)	20.22	2538	0.70
熊　本	7077	181.4	414(13)	17.09	2333	0.44
大　分	5099	119.5	245(1)	20.81	2574	0.49
宫　崎	6346	113.2	120(4)	52.88	4104	0.94
鹿儿岛	9044	170.8	291(27)	31.08	3146	0.59
冲　绳	2276	138.2	104(16)	21.88	2640	1.33

注："公民馆及其类似设施总数"列中括号内数字为公民馆类似设施总数。

资料来源：（1）总面积、总人口：日本統計年鑑（平成23年）http：//www.stat.go.jp/data/nenkan/。（2）公民馆及类似设施总数：文部科学省．社会教育調查（平成20年度）·公民館調查．2010。http：//www.e－stat.go.jp/SG1/estat/List.do？bid＝000001026008&cycode＝0

2008年底，日本总人口为1.28亿，国土总面积为37.79万平方公里。就全国平均水平看，一所公民馆覆盖的国土面积为22.81平方公里，覆盖的人口为7700多人，服务半径平均为2690米。

平均水平是削峰填谷的结果。就实际情况看，以都道府县为单位作比较，不论覆盖面积、覆盖人口还是服务半径，既可以看到相对较好的整体发展水平及均等化程度，也可以看到明显的地区差距和发展不平衡。如一馆平均覆盖面积，北海道为163.32平方公里，富山县为6.07平方公里，相差26倍多，但从总体上看，约七成的都道府县在10~30平方公里范围内。一馆平均覆盖人口，东京将近10万，长野县1000出头，从总体上看，约六成的都道府县在3000~10000人。一馆的平均服务半径，北海道为7210米，富山县为1390米，但总体上看，约六成的都道府县为2000~3000米。

（三）设施规模

表3是截至2008年日本公民馆规模面积分布的统计，反映了公民馆设施建筑的现状。

表3　日本公民馆规模面积分布（2008年）

面积（平方米）	中央馆		地区馆		分　馆		合　计	
	数量（个）	占中央馆比例（%）	数量（个）	占地区馆比例（%）	数量（个）	占分馆比例（%）	数量（个）	占总数比例（%）
150以下	10	0.7	177	2.0	1484	29.0	1671	10.9
150~249	7	0.5	343	3.9	1260	24.6	1610	10.5
250~329	7	0.5	336	3.8	645	12.6	988	6.5
330~499	32	2.5	2264	25.4	819	16.0	3115	20.4
500~749	100	7.8	2072	23.3	426	8.3	2595	17.0
750~999	105	8.2	1128	12.7	184	3.6	1417	9.3
1000~1249	159	12.4	760	8.5	103	2.0	1022	6.7
1250~1499	116	9.0	472	5.3	48	0.9	636	4.2
1500~1999	196	15.3	621	7.0	65	1.3	882	5.8
2000~2499	170	13.2	288	3.2	40	0.8	498	3.3
2500~2999	110	8.6	153	1.7	14	0.3	277	1.8
3000以上	272	21.2	292	3.3	27	0.5	591	3.9
合　计	1284		8906		5115		15305	

分析以上数据可以看到，日本公民馆的中央馆，1000 平方米以上的占总数的 80%，其中 3000 平方米以上的所占比例最高，为 21.2%。同样具有总馆性质的地区馆，80% 以上的规模面积集中在 330 平方米至 2000 平方米区间，其中 330 平方米至 750 平方米之间的数量最多，所占比例接近 50%。分馆的平均规模面积 80% 以上在 500 平方米以下，60% 以上在 330 平方米以下。日本文部省 1959 年颁布的《公民馆设置及运营标准》规定，公民馆设施的规模面积一般应在 330 平方米以上，如果公民馆建有讲堂，讲堂以外的面积一般不低于 230 平方米。从现状看，具有总馆性质的中央馆、地区馆基本都超过了这一标准，但多数分馆尚未达到这一要求。就设施的规模面积来看，日本公民馆明显特点是总数多，单体建筑规模小，这是符合公共文化服务设施建设原则的做法。

（四）从业人员

日本公民馆从业人员有身份类别的区分，分为三类：专任职员、兼任职员和非常勤职员。从公民馆职员所承担的工作来看，又可以分为管理性职员、专业性职员和事务性职员。

截至 2008 年底，日本公民馆及类似设施从业人员共有 53150 人，其中公民馆从业人员 50771 人，公民馆类似设施从业人员 2379 人。从业人员与服务总人口之比为 1∶2408，全国平均每所公民馆拥有工作人员 3.2 人。

和性质相近的公共文化服务设施公共图书馆、博物馆相比，公民馆的从业人员数量最多（公民馆 53150 人，公共图书馆 32557 人，博物馆及类似设施 45979 人），但专任率最低（公民馆为 21%，公共图书馆为 43.8%，博物馆及类似设施为 49.5%），这一现象一方面说明公民馆量多面广，是普及程度最高的公共文化服务设施，另一方面也说明公民馆服务的专业化水平相对较低。

（五）志愿者

在日本，公民馆是一个使用志愿者较多的公共设施。与公民馆馆均 3.2 名工作人员相比，馆均 15.07 名志愿者，说明公民馆的大量工作是靠志愿者支撑的。志愿者为公民馆提供的服务，主要包括自主策划的活动（如讲座等）、对公民馆日常活动的支持和援助、公民馆内部的保洁和美化、为到馆利用者提供托儿服务等。

（六）计算机设备

日本公民馆的网络环境和计算机配置水平不高。2008 年末，全国配有计算机的公民馆只有 9256 所，占公民馆总数的 55.9%，配置的计算机总量为 48276 台，其中一半以上是用于馆内业务管理的。日本只有 30.5% 的公民馆能够为公众提供使用计算机的条件，馆均可提供公众使用的计算机为 4.16 台。日本全国只有 26.6% 的公民馆可以为公众提供连通互联网的计算机使用条件。

（七）举办活动和利用状况

按照日本文部省社会教育调查分类，公民馆举办的主要活动分为两类：一是培训、讲座类；二是集会类，包括各种演讲会、文化活动、体育活动等。

2008 年，日本公民馆共举办了 46.96 万次培训和讲座类活动，馆均 28.35 次，受讲人数 1303.82 万人，馆均 787 人。2008 年，日本公民馆举办的集会类活动共计 19.61 万次，馆均 11.84 次，参加人数 2233.85 万人，馆均 1349 人。从这两类主要活动看，日本公民馆以馆均 3.2 人的专职人力资源完成了馆均 40.2 次主要活动的策划和实施任务。

2008 年，日本全国利用公民馆的总人次达到 2.37 亿，馆均 1.43 万人次，人均 1.85 次。在各类公共文化体育设施中，利用公民馆的人次排在第二位，第一位是社会体育设施，利用人次为 4.82 亿。

四　新公民馆的功能与任务

（一）“新公民馆”的四大功能

20 世纪 70 年代初，东京都社会教育主管部门组织力量对 60 年代以来东京三多摩地区的公民馆实践进行总结，形成了被称为“三多摩论题”的《新公民馆的目标形象》。[①] 所谓“新公民馆”，就是指由“农村型公民馆”蜕变而来的“都市型公民馆”。该文件总结概括了新公民馆的四大功能，在日本公民馆发展

① 横山宏、小林文人：《公民館史資料集成・はじめに》，エイデル研究所，1986，第 48 页。

史上产生了重要影响。新公民馆的四大功能如下。

第一，公民馆是自由聚集场所。公民馆是全体居民的设施，不论谁，都可以自由轻松地进入，自由地聚集，自由地开展活动。因此，公民馆设施必须适应多样化的需求，具有多样化的功能。在城市化进程中，公民馆特别要为那些没有团体或组织可以依附的孤独人士提供参加学习、融入集体的机会。公民馆是自由聚集的场所，是自我解放的场所。

第二，公民馆是集体活动中心。居民有条件开展自主性集体活动，是公民社会的基本要求。因此，必须确保居民开展集体活动必要的场所。对于一个集团人群来说，公民馆就是一个可以被灵活应用的活动中心。公民馆设施必须设置集体活动可以自由使用的多个空间，必须具有满足集体交流使用的场所，必须设置携带婴幼儿的母亲可以自由参加学习、集会的“保育室”。

第三，公民馆是“我的大学”。当今时代的个人的学习，绝不仅仅局限于日常生活中的身边问题，更包括人类生存和全球范围内的重大问题。从身边问题出发，追根溯源去探寻根本性的问题，这是当今公民个人面临的学习课题。公民馆必须在这一过程中充分发挥作用，形成丰富的学习内容，回应居民的学习要求，成为“我的大学”。

第四，公民馆是文化创造广场。公民馆作为自由聚集的场所、集体活动的中心、“我的大学”，这些功能相互联系、综合作用，就会产生独特的教育、文化氛围，成为居民文化创造的广场。

（二）“全公联”的最新表述：集会、学习、纽带

计算机和网络的普及，带来了日本社会结构和社区形态的变革，日本全国公民馆联合会（简称“全公联”）认为，在新的时代，作为社会教育机构的公民馆应该承担起与社会发展相适应的功能任务。在“全公联”新近发布的《公民馆的功能和作用》中，突出强调了三个关键词：集会、学习、纽带。具体说，公民馆站在市民的立场上，对市民的自主性学习交流活动给予援助；公民馆是近在身边的终生学习的核心设施；公民馆联系男女老少，沟通历史与未来，是新时代的地域文化创造中心。① 从这一表述看，技术变革并没有改变公民馆的基本功能。

---

① 全国公民館連合会：《公民館の役割と機能》，http：//www.kominkan.or.jp/zenko_ komin/komin00.html。

五　公民馆的运营原则和基本制度

（一）《社会教育法》确立的公民馆运营原则

1. 公益原则

公民馆不得从事以营利为目的的活动；不得支持任何营利事业。

2. 公共原则

公民馆不问年龄、性别、种族、信仰、国籍等，向所有人开放。

3. 中立原则

公民馆不得从事与特定政党有利害关系的活动；在公私选举中，不得支持特定候选人；不得从事支持、援助宗教、教派或教团的活动。

4. 依“标准”设置与运营原则

为促进公民馆的持续健康发展，《社会教育法》规定文部科学大臣负责制定有关公民馆设置和运营的必要标准。据此，文部省于 1959 年 12 月首次颁布了《公民馆设置及运营标准》，2003 年 6 月最新修订。现行标准规定的主要事项包括：公民馆网点布局原则；公民馆的主要功能（地域学习中心、地域家庭教育援助中心、开展服务活动和参与性体验活动、与学校、家庭、社会联系合作）；公民馆的运营与服务原则（适应当地实际需要）；公民馆职员；公民馆设施与设备；公民馆服务的自我评价。

5. 设置者依法管理原则

设置公民馆的市町村政府通过制定条例，规范公民馆设置和管理的有关事项，实施对公民馆的管理。据此，日本所有设置公民馆的地方政府均制定有“公民馆条例”。条例的内容一般包括：设置公民馆的目的、意义；公民馆的名称、位置和设备；公民馆的管理者；公民馆的经费来源；公民馆的职员；公民馆审议会；等等。

（二）《社会教育法》确立的公民馆基本制度

1. 馆长负责制

《社会教育法》规定，公民馆馆长对公民馆策划和实施的所有活动以及其他各项工作负责，并负责管理公民馆所有职员。公民馆的馆长实行任命制：由地方政府教育委员会行政首长推荐，教育委员会任命。

2. 职业资格制度——公民馆主事制度

公民馆专业职员的职业准入制度。《社会教育法》对公民馆职员有如下规定。第一，公民馆应配置馆长、主事和其他必要的职员。第二，主事接受馆长的指令，具体实施公民馆的业务。第三，公民馆主事和公民馆馆长一样，实行任命制：由地方政府教育委员会行政首长推荐，教育委员会任命。这里的所谓"主事"，在"社会教育"的大范畴内称为"社会教育主事"，具体适用到公民馆，又称"公民馆主事"。《社会教育法》第二章专门对"社会教育主事"和"社会教育候补主事"的职责、资格取得方式作了规定，适用于公民馆主事。

3. 公民馆运营审议会制度

公民馆运营审议会是公民馆馆长的咨询机构，职责是应馆长的要求，对公民馆的所有活动、工作的规划和实施状况进行调研与审议。《社会教育法》规定，公民馆应设置公民馆运营审议会，以体现公民馆运营和决策的开放、规范、科学与民主。审议会委员实行委任制：由当地政府教育委员会从学校教育、社会教育、家庭教育相关团体和有学识经验的人士中遴选委任。审议会委员的数额及任期，由当地公民馆条例法定。

4. 公民馆运营评价制度

这是2008年修订《社会教育法》确立的一项制度，实际上是公民馆运营的自我评价制度。制度要素有二：一是要求公民馆要对自身的运营状况作出评价，并依据评价结果提出改善运营和服务的措施；二是要求公民馆公开有关运营状况的信息，以便公众了解公民馆事业，促进公民馆发展。

5. 公民馆运营经费保障制度

公民馆的设置主体是地方政府，为保证公民馆的正常运营，《社会教育法》规定地方政府应根据《地方自治法》第241条的规定设立公民馆运营基金，[①] 并对公民馆运营基金实行"特别会计"制度。[②] 政府通过设立基金来保证公民馆的运营经费，使得经费来源专门化、稳定化、透明化，公民馆使用经费有更大的自主权，当然也面对着更为严格的监管。

---

① 日本《地方自治法》第241条规定，地方政府为实现特定的目的，可以通过制定条例设立基金。

② 日本的一种财政会计制度。对特定事业、特定资金的收入、支出进行专项会计结算。如横滨市就把国民健康保险事业费、公共事业用地费、公害受害者救济事业费等作为"特别会计"事项。

6. 国库补助金制度

中央政府对地方政府作为设置主体的公民馆的经费补助制度。《社会教育法》规定，国家在预算的范围内，对设置公民馆的地方政府就公民馆设施、设备经费和其他必要经费给予部分补助。这一制度自1950年开始实施，一直延续到1988年被废止，实施了将近40年。20世纪70年代末80年代初是国库补助金数量最大的时期，总量每年在100亿日元以上。① 国库补助金制度对促进日本公民馆设施、设备的改善发挥了重要作用。

（三）公民馆从业人员的职业伦理宣言——《公民馆主事宣言》

1973年，东京都公民馆资料作成委员会草拟了一份《公民馆主事宣言（草案）》，向全社会表达公民馆从业人员为完成公民馆承担的职业使命、实现公民馆的运营原则所应该具备的职业理念、专业操守和行为规范，相当于公民馆主事的职业伦理和职业权利规范，和日本图书馆协会的《图书馆自由宣言》、《图书馆员职业伦理纲领》性质相同。这一文件直到今天并未被日本公民馆行业协会——全国公民馆联合会审议通过，但在日本公民馆领域有较大影响。全文如下。②

公民馆主事宣言（草案）

自由集会、自主学习、文化创造，是民主社会公民的权利。

保障公民集会、学习、文化创造的权利，是公民馆存在的理由。

为圆满完成这一任务，公民馆职员确认并实践如下事项：

1. 公民馆职员任何时候都站在公众的立场上。
2. 公民馆职员为民众自治而不懈努力。
3. 公民馆职员尊重科学成果，崇尚地域文化创造。
4. 公民馆职员保障集会、学习自由，保守职业秘密。
5. 公民馆职员作为职业人，捍卫自身的权益。

---

① 文部科学省：「公民館（日本語版）」パンフレット，http://www.mext.go.jp/a_menu/01_l/08052911/004/1292570.htm。

② 東京都公民館資料作成委員会．新しい公民館像をめざして．東京都教育庁社会教育部会教育主事室，1974，第46页。

Kouminkan and Its Basic System in Japan

Li Guoxin

Abstract: Kouminkan, which derives from the history and customs of Japan, is a typical social educational institution with Japanese characters. "Cultural Center" is a sector of culture undertakings, which is one and only sector in China. Those two institutions have a lot in common. This paper discussed the types, origin and development, existing condition, functions and tasks, principles of operation as well as the basic system of Kouminkan, in order to sum up some useful points for the development of "Cultural Center" under the public cultural service systems in our country.

Key Words: Japan; Kouminkan; Basic System

B.31

北美公益性文化设施及服务考察报告

杨庆红*

摘　要： 公共文化服务体系建设在“十二五”时期社会发展转型中具有重要意义。公共文化服务是国家稳定的基础，是一个国家核心价值观教育引导的阵地，更是公民安居乐业感受幸福指数、获得精神寄托的乐园。通过对北美公益性文化设施、服务及管理模式的实地考察，提出可供借鉴的先进经验，对探索上海公共文化服务体系的建设，有着积极的意义。

关键词： 北美　公益性文化　考察报告

2011年5月17~27日，由上海市文化广播影视管理局组织的北美公益性文化设施考察团一行6人赴美国、加拿大进行了为期10天的考察。此次考察旨在学习、了解西方不同体制国家公共文化基础设施建设及管理模式，借鉴北美国家公益性文化设施管理运行经验，对照上海公共文化服务体系建设现状，探索“十二五”期间上海公共文化服务体系建设发展新机制、新模式。

一　公益文化考察体会

（一）公共文化服务是一个城市乃至一个国家人民生活幸福不可缺少的重要内容

北美城市的公益性文化设施，如艺术中心、图书馆、社区综合活动中心、老人活动中心等，成为一座城市人文精神和人文素养的土壤，丰富了当地居民的生

* 杨庆红，上海市文化广播影视管理局公共文化处（非物质文化遗产处）处长。

活，增加了生活的幸福指数。由于公益性文化服务价格低廉，服务质量保证，服务内容多元，深受公民欢迎，成为公民生活中必不可少的精神依托和生活方式。人们惊异地发现、两个制度完全不同的国家，对于公共文化服务设施的建设理念、功能布局、服务内容、服务对象、手段方法等方面都有惊人的相似之处；更让我们感触深切的是，中国改革开放一路走来，国家对文化民生重视程度越来越高，特别是近十年来国家对公共文化设施建设力度之大，在财力投放、规划布局、制度建设、服务内容等等方面都在花大力气，下大工夫，让中国的群众享受富裕物质生活的同时也能充分获取精神上的食粮。国家高度重视充分体现了社会主义的优越性，体现了执政党的高瞻远瞩。相比之下，中国的公共文化设施覆盖面更广，更深入基层，更贴近百姓，更具有凝聚力。

（二）硬件条件差距不大，服务上要更强调以人为本

北美国家公共文化服务由政府、企业、社会组织和个人参与，缺一不可，自上而下形成了国家、州、市及社区的四级网络结构。以纽约为例，公共文化服务机构与上海相差无几，根据2010年统计，纽约公共图书馆数量为214个，上海为245个；纽约公共博物馆是47个，上海是111个；纽约电影院数量是145个；上海是64个；纽约剧场数量仅百老汇地区就有39家，上海是105家；政府公共文化总支出中纽约为1.37亿美元，占政府财政支出的0.21%；上海为4.04亿美元，占政府财政支出的0.87%。上海目前已建成社区文化活动中心203家，居委会（村）文化活动室6000余个，形成了较为完善的四级公共文化设施网络。上海在公共文化服务内容和方式上也在加大力度并努力创新，如上海图书馆的“一卡通”覆盖全市27个区县图书馆、245街镇图书馆，方便读者异地借阅；上海社区文化指导员派送工作受到广大社区文艺团队的深爱；遍布所有社区文化活动中心的东方信息苑是最受居民欢迎的公共电子阅览室；等等。对比之下，上海的公共文化服务并不逊色，但深入了解，不难发现北美的公共文化服务更注重以人为本。纽约公共图书馆持卡人数占纽约总人口的64.7%，借阅流通量6662.3万册；上海公共图书馆的持卡人数占上海总人口的4.64%，借阅流通量1452.5万册；纽约年举办电影节超过45个，上海目前只有一个电影节；纽约文化节庆一年中连续不断，上海每年举办各类文化节庆15个左右。在美国，公共图书馆对所有人开放，不管是流浪者还是乞丐都可以进入，为了保持图书馆内空气流

通，丹佛市图书馆在公共空间放置的椅子是镂空透气的；图书馆借书数量不受限制，到期还书通过电子邮件提醒；在丹佛市图书馆正门口放着一个巨大正方形还书箱，每个读者进出都会清楚地看到它，此箱如同广告，在告诉读者在这里阅读可以为你提供最方便的服务；多伦多市图书馆作为中心图书馆下辖 97 个卫星分馆，读者需要借阅的书本图书馆没有，可以从任何一个卫星图书馆借调；美国老年活动中心除授课收取公益性费用外，其他服务项目都是免费。虽然这些服务方式毫无惊人之处，也非创意之举，但却随处可见服务之用心，方法之灵活。其服务手段、模式和机制的建立，宗旨是为了让更多的人享受到方便的公共文化服务，让每一项服务都能够贴近他们的需求，所有服务的内容、项目、环境、设施都是围绕如何让服务对象更加方便、更加喜欢、更加受益而设计。

（三）社会广泛参与公共文化服务，民间承载公共服务社会责任

由于各国情况不同，北美公益性文化服务政府所起的作用是指定性地建设公益性文化设施，如老年活动中心；对部分公共设施给予经费保障和资助，如公共图书馆的运营经费由政府承担，美国社区老年活动中心的运营经费政府只提供很小的额度，政府负责宣传本地区文化优势、制定税收优惠政策及对部分有较大社会意义的文化项目提供补贴。旧金山山景城老年活动中心，每年的活动经费仅为 1 万美元，其差额部分经费均来自社会的捐助和公益性项目收费，近 5000 平方米的建筑中仅 2 个半政府工作人员，所有运行管理工作更多依靠志愿者的共同参与和承担。美国其余公共文化设施均由非营利性社会组织负责建设和运行。费城克罗克社区综合活动中心由麦当劳基金会买下废旧厂区改建而成，建设经费 70% 由基金会支持，30% 通过社会募集，运行经费由该基金会投资收益、社会捐赠及会员的公益性收费构成；多伦多市新移民服务中心项目是由政府公开招标，由加拿大 YMCA 非营利性社会组织中标并完全自主开展项目运行与实施，以社会专业化的团队提供为多伦多新移民求学、就业、医疗、语言、生活等需求服务；丹佛市艺术中心由公共集资和私人募捐建造，财产归丹佛市，运行管理由四家非营利性社会组织负责，其运行经费由公益性票房收入、场地出租、政府税收减免等组成。北美社会力量在税收政策和价值观的引导下，非常关注社会公益事业，一个家庭从对居住社区公益事业的关心，孩子所在的学校倡导公益事业的参

与，以及对周围的公益捐赠活动等都会有不同程度地参与，自己特别有兴趣的事，会捐赠的更多一些，在西方个人基金会数量之多也与此紧密相关。

考察团在老年活动中心、克罗克社区活动中心、YMCA了解到在那里工作的志愿者不收取任何报酬，而志愿者的数量超过中心的工作人员几倍甚至几十倍之多，进入中心工作的志愿者都要经过严格的审核把关挑选，不欢迎急功近利者。美国从孩子开始就把志愿参与公益事业服务作为人生经历中必修课程，是一种光荣和责任，而从实际需求来讲也是他们求职、求学中必不可少的经历及重要的评价标准。

（四）北美公益性文化服务质量

在近10个文化设施和机构的考察中，了解到这些设施的建成、运行都由严格的前期需求调研机制来确保公益性文化设施建设和服务项目设置的合理性。例如，旧金山山景城老年活动中心，市民通过投票决定活动中心的服务项目设置并根据老年人需求及当地气候条件每季度更换服务内容；费城克罗克活动中心建设规划设计的体量是超大型的，因此功能布局由一家社会机构通过前期需求调研来确定，服务项目和内容由董事会通过意见征询和反馈来设置，以确保中心建成后吸引周边更多的人走进来。费城克罗克中心已成为当地最受欢迎的活动场所，方圆几十里的人都会驱车来此进行锻炼。

（五）良性机制推动社会广泛参与，保障公共文化服务设施可持续运行

在美国，捐赠是一种传统风尚，孩子从小就受到来自家庭、学校、社会都有全方位的熏陶，特别是有宗教信仰的家庭，更是注重善举。美国的税收政策在全社会推动捐赠起到了极大的作用。如科罗拉多州，由州政府以法律条文通过每10美元销售税中提取1美分作为文化基金来扶持该州文化事业发展。在美国，每年4月底要交税，最高要交33%的税，如果交税前对公益事业进行捐赠，就可以减少税收，对于收入高的个体或是有大量遗产的家庭来说，以捐赠的方式贡献社会比上缴税收更具有现实意义。因此，美国的家庭和个人都会根据自己的实际情况考虑如何为社会做一些力所能及的事情，既体现社会责任感，也减少个人纳税。美国、加拿大的非营利性社会组织负责运行管理各类公共服务设施，其公益性收费都享受免税政策。

二　对上海公共文化服务体系建设的借鉴

（一）认识公共文化服务体系建设在社会发展转型中的重要性

上海在“十二五”规划中提出要建设时尚魅力的国际大都市，公共文化服务体系要在“十一五”设施网络布局基本完成的基础上，加大建设力度，使网络布局更加合理、便捷；使服务内容更加贴近群众，受群众的欢迎。当前，我国人均GDP已达到4000美元，文化需求快速增长，而上海的人均GDP已超过1万美元，文化需求呈井喷状，公共文化服务体系更需要加快建设步伐、加大政策研究和制度建设力度，敢于突破制约和阻碍公共文化服务体系建设和发展需要的陈规旧章，找出解决问题的办法，把好事办得更好，实事做得更实，才能让人民群众真正受益，找到精神寄托场所，提高生活幸福指数。

（二）切实提升上海公共文化服务质量和水准

北美公益性文化服务从设施建设到服务内容无一不是通过前期调研、意见征询来确定建设规模和服务内容，上海公共文化设施硬件好，需要加强的是以需求为导向，提升设施的服务质量和功能。如最近黄浦区为解决一些街道看电影难，区委、区政府及时调研，根据当地老百姓的需求，开设了社区免费放电影的项目，每周放映五天，深受群众喜爱；打浦桥社区文化活动中心周边居民的文化欣赏水平比较高，管理团队根据需求开设了歌剧沙龙，也很受居民的欢迎；上海社区文化指导员派送中心以菜单式服务，双向选择采取社区“点菜”，根据需求派送文化指导员的服务模式，指导员的服务质量受社区赞扬；静安区图书馆考虑到白领少有时间走进图书馆，装置了一辆“流动1号图书车”，每周三天中午开进静安区三个中心广场，利用白领午餐休息时间为他们提供服务，办理图书“一卡通”，非常受欢迎。以需求为导向，建立以群众文化需求反馈机制的工作制度是“十二五”期间公共文化服务体系建设深入推进的重要内容，上海要结合国家公共文化服务体系示范区创建，在试点区率先推进市民文化需求反馈机制建设，推动全市各类公共文化服务机构根据各自特点、从服务项目到整体制度建设上进行试点和实施，使上海的公共文化服务真正贴近群众需求，成为群众的精神乐园。

（三）加大力度，鼓励社会力量参与文化设施建设

上海作为经济发达城市，应当率先尝试制定培育和激活社会组织及个人参与公共文化服务体系建设的政策，上海政府职能部门应联手试点研究制定区域性鼓励社会组织和个人参与公共文化事业的免税政策，走出国门学习西方国家成熟的经验和做法；如借鉴从每一笔个人消费中提取1分钱作为公共文化发展基金，或消费者通过消费捐赠进行积分，达到一定点数可以享受文化消费的优惠服务等等，旨在让更多的人关注公共文化，将生活中一般意义的行为与社会责任结合起来，为社会多做些力所能及的奉献；还可以在大专院校建立鼓励学生参与社区公共文化服务实践评价机制和绩效评分制度，将在校学生参与公共文化服务作为必修课程，根据实践的时间、内容、成果进行绩效评分，作为学生毕业后择业的评价指标之一。

中国公共文化服务需要社会的广泛关注和参与，需要更多的志愿者加入，无论是学生、退休人员还是作为兼职的在职人员。鼓励参与需要有良好的社会机制，通过机制建设推动全社会的爱心培育和社会责任感增强。公共文化服务对当今中国社会转型发展极为重要，应从制度机制建设、保障措施加强、职业队伍培训、推动立法出台等方面都需要加快步伐，加大力度。

附

北美部分公益性文化设施及服务简介

一　公共图书馆

考察团考察和参观了旧金山市、丹佛市、纽约市及多伦多市公共图书馆。北美图书馆馆长由董事会任命，图书馆经费基本来自本地的税收，有时图书馆可以根据项目申请到联邦拨款补助金，收取图书逾期费和非本区居民的会议室租赁费也是图书馆的收入来源之一。图书馆工作人员工资根据地区不同，差别较大，一般在（60000~130000MYM/年）。美国图书馆大部分有少儿阅览室，丹佛市图书

馆中的少儿图书室由于刚完成重新的设计与装修，是考察中所见到的规模比较大的一个。

本地区居民免费申领图书卡，借书数量不限，还书期前会有邮件提醒，逾期还书收0.1MYM的滞纳金。非本地居民申领图书卡要交纳少量经费。图书卡功能包括：借书、网上预订、馆内电脑免费使用和各类型会议室预订。每个图书馆都有义务免费向本地居民提供会议室服务，但要提前预约；非本地居民租用会议室要支付一定费用。

图书馆的活动项目有每周举办幼儿故事会，开展青少年自修及作业辅导日，与学校开展联谊活动，举办读书竞赛和各类文化艺术展览。

北美许多城市图书馆已组成卫星图书系统，借书实行“一卡通”服务，如多伦多市图书馆成立于1990年，中心图书馆加分馆共有97个，17个区级分馆，79个社区分馆，全部实行“一卡通”，以优化服务，增加选择，减少运行成本。当地图书馆如果没有读者所需藏书，可以通过卫星图书馆调用。图书馆内研究型的资料不外借，要去图书馆内阅读。

美国图书馆的电子阅览室人气十足，空间都比较大。以丹佛市图书馆为例，电子阅览室讲究安全、布局科学，注重拓展。为了阅读安全，便于管理，电子阅览室集中在一个层面；电脑桌以九边形排列，以便于数量增加时的叠加和拓展。

加拿大多伦多图书馆内的中国图书占外国语图书资料的34%，中国图书借阅量占外国图书流通量的56%。充分说明由于中国移民数量的增加，图书馆为中国移民的服务也在加强，西方人学中文的人数也在增加。

二　文化活动中心

考察团走访了旧金山山景城老人活动中心，费城克罗克活动中心、加拿大多伦多YMCA、丹佛市艺术中心及纽约林肯艺术中心，前三个中心是真正意义上的公共文化服务设施，丹佛市艺术中心、纽约林肯艺术中心虽然面向市场，但在某些做法上非常具有借鉴性。

（一）老人活动中心

旧金山山景城老人活动中心与上海的社区文化活动中心非常相似，由当地政府出资建设，中心只有两名政府派遣的工作人员，其余工作人员都是志愿者，志愿者在此工作只有奉献，不拿任何报酬。政府每年给予中心活动经费1万美元。

活动中心规定55岁以上的老人可以进入中心活动，但任何人都可以进入，不需要检查证件，每天有500~600人来此。活动项目设置由中心根据周边居民投票决定，并根据季节变化进行调整。中心设有电脑室、放映室、活动室、乒乓室、语言学习室、健身房等，每个活动室门口都标有盲文标志。可免费使用电脑，但时间上有所控制，一般设定45分钟，到时自动关机；放电影是每星期三天，每天一次，新片上映过后，DVD一经市场发行即可在中心放映。中心设置各类课程，有免费的，也有收费的，课程内容有科学和技术类的，热门话题研讨会、法律援助课程，还有语言教学。中心还提供低价午餐，2.5MYM/份；同时中心还为非营利组织提供发放免费食品的场所，拿社会保障金的家庭可每周来中心领取一次免费食品。考察团在中心访问时正遇免费食品发放日，不同肤色的老人拉着小推车提着环保袋来领取食品，食品袋中有蔬菜、面包、肉肠、罐头、黄油等。

老人活动中心每年只有1万美元的政府拨款引起了考察团的极大兴趣，在探讨中了解到捐赠是活动中心经费的一个重要来源，每年约有2000人捐赠。在中心的门口贴着一棵捐赠树，以树的形式从低到高体现捐赠额度。

活动中心还建有菜园，低价租给喜欢种菜种花的当地居民。活动中心周末休息，但可以出租，租金上缴当地政府。

（二）克罗克社区综合活动中心

克罗克中心创始人是麦当劳·克罗克遗孀，1998年她向美国救世军组织捐赠了9000万美元在加利福尼亚州圣地亚哥建立了第一个社区综合活动中心。2003年克罗克夫人去世，将她几乎所有的遗产15亿美元捐赠给救世军，要求按照圣地亚哥的模式在全国建立一系列最先进的克罗克中心。目前全美已建成运行8个克罗克中心，2010年又有3个建成开放，2011年计划再建9个。克罗克中心的建设宗旨是在美国落后或不富裕的社区建设国家最先进的健身娱乐和艺术表演中心，其使命是提供无限机遇，体验知识，全面成长，尝试挑战，学习技能，理解成功。中心对所有人开放。

费城克罗克中心是全美最大、环境优美的综合社区活动中心，用资1亿美元，占地面积12.5英亩。其中7000万美元是麦当劳·克罗克基金资助，另外3000万美元是通过社会募集得来。克罗克中心有室内标准游泳池、训练池和儿童玩水池、室内篮球（排球）场、舞蹈房、健身房（两个楼层）、艺术表演剧院、以互联网为基础的图书馆、电子阅览室、体操房、攀岩墙、各类教室、祈祷室、家庭精神救助中心、儿童托管室等。

中心有会员4000～6000名，会员费39MYM/人·月，会员可以免费使用大部分设施，但一些课程要收取低廉的费用。成为会员后即可参加项目培训，如健身培训，有专门的营养师和健身专家作45分钟的培训，这些雇员都是学健身和营养的大学毕业生，另外可以多付一些钱让私人教练提供额外服务。

游泳池开放时间是早上5～9点，每个年龄段都组建了自己的游泳队，有正规的游泳比赛；孩子们过生日可以租用这里的PARTY ROOM；大人来此锻炼，可以把小孩放在托管室，每小时1美元。一家石油公司为费城克罗克中心捐赠了6个电子阅览室，上网全部免费，有专人教授上网课程，适当收取费用。救世军组织制定了安全上网管理标准。

费城克罗克中心有140名雇员，50名是全时员工，工资比较低，多以慈善为目的。志愿者有数百人，周边有许多很好的大学，如宾夕法尼亚大学，学生很希望来做义工，很多社会组织也希望来此做义工，但中心非常慎重，严格把关，只有来此目的是为了帮助和服务别人，才予以接受，中心提倡双赢。

中心都有创收指标，大约为经营预算的75%。运营费70%～80%来自会员费，基本通过上课获得。人头费、修理费、设施费需要800万～900万美元，建造前都已调研过，社会对此很关注，因此账目都要经过审计。中心还为低收入家庭提供助学金。

（三）基督教青年会俱乐部（YMCA）

YMCA创立于1844年的英国，当时已经工业化的伦敦有大量从农村到城市打工的青年农民需要帮助，一个叫乔治·威廉斯的商人希望通过坚定信仰和推动社会服务活动来改善青年人的精神生活和社会文化环境。经过160年的发展，YMCA现已蓬勃发展于世界各地，在全球124个国家拥有4500万会员，总部设在瑞士日内瓦。1851年青年会传到美国，逐渐从单纯以宗教活动为主变成号召青年职工团体，以发展“德、智、体、群”为宗旨的社会活动及服务机构。上海YMCA所属的华爱社区服务中心作为卢湾区打浦路街道社区文化活动中心委托服务机构，在业内享有良好的信誉。

多伦多市YCMA总部是一幢7层楼的建筑，2～4层是专为新移民服务的场所。现在世界各地的YMCA仍然保留着为新移民服务的场所和项目，如语言测试和培训、找工作培训（如何面试、写简历）、为新移民讲授到城市后如何生活、法律咨询等业务。这项服务是政府通过招标来委托 YMCA 的，招标通过后，签约三年，但政府每年都要进行评估。多伦多 YMCA 内有两所学校，一所是专为特殊孩子设立的从初中到高中的学校，这些孩子因有一些病症（如多动症），在学习上有特殊的要求；另一所是烹饪学校。

YMCA 的设施建设资金基本来自基金会和个人捐赠资金和财产馈赠，虽然每个国家都有总部，但分散在各地的 YMCA 都有高度的自治权。每个 YMCA 都有董事会负责运作，董事会会员每年选举一次，董事年薪为 45000～120000 美元。员工根据地区、大小不同一般为 40～100 人，志愿者有数百人。志愿者的贡献时间从每年几小时到每周几小时不等。会费也是各地区不等，每月 35～85 美元。MYCA 总收入 35% 来自会费，约 55% 是从不同活动、课程缴费中获得，剩下的 10% 来自社会捐赠。

低收入家庭可以申请减免会费并获得各种活动、课程补贴。YMCA 内大部分以健身活动为主，也设置一些课程，如游泳、艺术与人文教育、健康知识、青少年领导能力培训、幼儿园和学龄前儿童课程或中小学生放学后托管学习、夏令营及各种运动学习和培训。

（四）丹佛艺术中心

丹佛作为科罗拉多州的首府，共有 200 万人口，这里的文化氛围非常浓厚。丹佛综合艺术中心是全美第二大艺术建筑群体，占地 12 英亩，由公共集资和私人募捐建造。共拥有 9 个剧院，有芭蕾学院、歌剧院、交响乐团。最现代化的剧院有 2634 个座位，舞台在中央，是全美唯一舞台在中央的剧院，剧场顶上有 105 个音响，座椅背上也装有音响设备；歌剧场座位 2000 个，三层高；BUELL 剧院有 2800 个座位，以演百老汇剧目为主；HALLEN BONFILS 共有 4 个剧院，座位为 150～700 个。艺术中心内有四个演出公司，2009～2010 年 6 月共组织演出 1000 余场；年观摩人数为 160 万人，一年共上演 28 个剧目，每年有 15 个百老汇的剧目来此演出，并在这里举行巡演的首场，票价为 25～150 美元。

艺术中心专门有一项目组发现并挖掘剧本，以鼓励作者将新剧本来此排演。剧院为女作家创作的剧本提供特殊的优惠，给予排练机会，给那些无名作者或年轻作家提供展现自己的机会和舞台。

剧院的运营经费 10% 来自市消费税，10% 社团捐赠，80% 来自票价收入和剧场出租费。在美国，非营利机构是不交税的，因此票价收入也不需交税。

丹佛市政府建立了文化投入税收制度，即每 10 美元销售税中拿出 1 美分给文化事业，并建立了文化艺术基金会，每年有 4000 万美元资助丹佛市非营利组织发展文化。资助对象分为三个层级：一是资助芭蕾舞团、歌剧院、交响乐团、动物园、植物园五大机构，每个机构约 500 万美元；二是资助营业额超过 100 万美元的非营利机构，如小剧院、博物馆等文化艺术机构，资助金额一般为 50 万～100 万美元；三是资助个人和团队，资助经费为 500 美元至 10 万美元不等。资助方式是通过报名、评估、评审、审计。

Report on an Investigation of Public Culture Institutions and Services in North America

Yang Qinghong

Abstract: The construction of public culture service system during the Twelfth Five-year Plan period is of great significance. Public culture service is the base of national stability. It's the foundation of education guidance of national core value and it's a fairyland for common people to feel happiness and gain spiritual sustenance. Through the investigation of public culture institutions, services and the pattern of management, we could sum up some advanced experiences. It has a positive meaning to explore the construction of the public culture service system in Shanghai.

Key Words: North American; Public Culture; Investigation Report

B.32

发达国家公共文化部门绩效评估经验及发展趋势

任珺 李奇*

摘　要：发达国家和地区较早开展了公共文化部门的绩效评估，本文全面梳理发达国家和地区绩效评估的基本制度、政策和做法，总结其经验和启示，并参照这些经验和启示，对我国尝试开展公共文化服务绩效评估工作提出若干有价值的建议。

关键词：公共文化　绩效评估

西方国家文化行政体系是在第二次世界大战以后逐渐形成的。20 世纪 70 年代以来，西方国家公共部门管理改革过程中出现了“新公共管理”潮流，使公共文化部门在管理改革过程中呈现一系列新的取向：追求公共文化资源配置的公平合理，以及公共文化部门经营的经济、效率和效益等；通过持续改善政府组织结构和运作机制，改进绩效的措施，制定绩效评估指标和测量方法，以及开展公众的满意度调查等方式，来提高文化机构运作的有效性。从整体上看，国家文化行政部门的绩效评估由政府审计部门考核并直接向立法机构负责，内容涉及内部管理、行政行为、财政状况、公共资金使用效率、文化服务质量和效益等。国家文化行政部门也肩负着评估下属文化机构服务绩效的工作，通过发布指导性文件，提出文化机构绩效管理的理念和方法、绩效测评框架等。学习借鉴西方国家

* 任珺，深圳市社会科学院文化研究所副研究员；李奇，中国（深圳）综合开发研究院助理研究员。本文为“国家公共文化服务制度设计研究”重点课题之一“公共文化服务绩效指标体系研究”的分报告之一。

公共文化领域内已实施的绩效评估实践，了解其发展趋势，将对我们完善已有的绩效评估机制具有重要的现实意义。

一　公共文化部门的绩效评估建立在制度、法制基础保障之上

为了使绩效评估成为对政府机构，包括公共文化行政机构的法定要求，许多发达国家都制定了相关法律和制度。英国1983年的《国家审计法》授予国家审计署[①]检查各部门，包括公共文化行政管理机构使用资源的经济性、效率及效果的权力。1997年颁布的新《地方政府法》中进一步规定，地方政府必须实行最佳绩效评估制度，各部门包括地方政府管辖的公共文化服务机构每年都要进行绩效评估工作，要有专门的机构和人员及固定的程序。[②] 1999年，在《地方政府最佳服务效果法案》（*the Best Value Provision of the Local Government Act 1999*）中，对地方政府提出了文化方面具体的绩效指标和要求。[③] 英国审计委员会公布的“2007/08年版审计委员会最佳价值绩效指标指南”显示，整个“最佳价值绩效指标体系”（Best Value Performance Indicator）共有100多个指标，分为两部分：一部分是一般性指标，另一部分是针对各级地方政府和公共机构所提供服务的分类服务指标（Service Delivery Indicators），涉及教育、住宅、垃圾处理、环境、交通、文化以及社区安全等主要职能。其中“文化及相关服务”指标几经整合，如今共有5个，其中3个与博物馆/美术馆有关，1个与公共图书馆的服务有关。“全面绩效评估”（Comprehensive Performance Assessment）体系是2002年在“最佳价值绩效指标体系”基础上作的进一步改进，其框架主要包括三部分：一是资源利用评价；二是服务评价；三是市政当局评价。前两部分进行年度考核，后一部分每三年考核一次。其中划归在“服务评价”下的“文化服务”指标多达17个，此外还有多个二级指标，分别涉及公共文化服务的获得、参与、质量、

① 英国国家审计署于1997年发布《绩效审计手册》（Performance Audit Manual），总结了英国绩效审计工作的经验和方法，介绍了开展绩效审计工作必然要涉及的共性内容和通用技术。

② 徐剑梅：《英国审计署担当独特角色》，《瞭望》2004年第29期。

③ 参见Comprehensive，Efficient and Modern Public Libraries-Standards and Assessment。

投资效益四个方面。①

2001年起，英国中央政府与地方政府之间开始通过协商谈判，建立以绩效管理为目标的法律文件——《地方公共服务协议》（Local Public Service Agreements）。该文件的主要目标是改善地方公共服务，加强公共服务部门的责任。随后两年内，政府为签署公共服务协议的地方当局提供了3亿英镑的资金。中央政府在地方成立了全面性绩效评鉴团队，评鉴团队作为改善地方政府施政与成效的主力，每年由审计委员会组团，依据绩效指针、审核和督察报告等信息评断地方政府各领域的绩效情况，次年再进行复评，并运用“平衡记分卡”（Balanced Scoreboard）去记录、计算，按五个等级进行打分：优秀、优良、普通、不佳、很差。优秀和优良的政府可以免去检查；不佳和很差的政府则可能受到中央政府的干预。根据1999年提出的一项新倡议，业绩最优秀的地方当局被授予“模范地方”荣誉，还因此获得奖金以及地方政府杰出中心的称号。2002~2003年，共授予了54项这类奖项。②

美国国会1993年7月通过了《政府绩效和结果法案》，要求联邦政府所有部门都要在试点的基础上建立和实施绩效管理系统，将政府绩效评估制度法定化，使其不因行政首长更迭而发生变化。根据这个法律，联邦各文化机构绩效管理的内容包括三大项：绩效战略规划、年度绩效计划和年度绩效报告。绩效战略规划不仅需要对机构的功能、总体目标及实现途径作陈述，而且还需明确实现总目标的评估方法；战略规划以五年为限，至少每三年更新或重订一次。年度绩效计划涉及内容更为具体，包括：建立绩效目标，使每一项工作明确要达到的绩效水平；以一种客观的、量化的、可测量的形式表示绩效目标；为达到绩效目标而使用的操作程序、技能与技术、人力、资金、信息等资源；建立测量或评定每一项行动的产出、服务水平和结果的绩效评估指标体系；绩效目标和任务完成结果之间进行比较的框架；用以核实、确认测定值的方法；等等。年度绩效报告则是对绩效目标实现情况的综述。③ 美国政府在推行绩效管理过程中，充分估计到工作的难度，强调试点先行，逐步推进，逐年增加绩效评估的试点机构，每年安排一

① 周玉红：《英国中央政府如何考核地方政府的公共文化服务》。资料来源：上海情报服务平台，www. istis. sh. cn。

② 曹现强：《当代英国公共服务改革研究》，山东人民出版社，2009，第107~109页。

③ 高小平等：《美国政府绩效管理的实践与启示》，《中国行政管理》2008年第9期。

些新的改革措施。

以具体文化机构为例，美国历史上最悠久的联邦文化机构——美国国会图书馆①，其绩效管理是按照规划、计划、预算、实施和评估五个步骤进行的。在美国制定的《2004～2008年战略计划》中总共设定了18项战略目标，每项均列出计划成果、服务目标及具体绩效评估的内容。以“使国会和其他用户能最大程度的获取馆藏，促进馆藏的有效利用”这一目标为例，绩效评估是从以下11个方面来考核的：（1）编目的资源数；（2）编目拖延的程度；（3）馆际互借的流通量；（4）联机和远程用户对联机目录访问的次数；（5）回答的咨询次数；（6）用户满意度；（7）通过合作获取的资源数目；（8）从合作方那里获取资源为图书馆节省的费用；（9）从合作方那里获取的书目控制和咨询数目；（10）国内外信息界合作者的评价；（11）与国会图书馆进行合作的、国内外其他研究图书馆的专业人员数量。文化机构运作过程中除了要针对每项战略目标进行内部审议与评估外，还要经历三项评估过程。首先是年度评审，图书馆每季度要对计划执行情况进行评审，确定并报告完成年度目标的进度，年终时，要进行年终计划评审，执行委员会和图书馆员可以对战略计划进行适当的调整，并制订年度计划指导备忘录。其次，计划中期，对战略计划又一次的重要审查会在计划的中期（2006年）进行。最后，重要修改，在计划的倒数第二年（2007年），图书馆召集战略委员会实施下一次计划的主要修订（重写）工作，包括下一次战略计划时期。② 这一程序在美国其他联邦文化机构也是如此。

其他发达国家也利用法律和制度上的刚性制约来建立评估机制。荷兰新市政管理法要求对地方当局的工作绩效进行评估，以提高效率和服务质量，绩效示标和绩效评估在公共文化和娱乐设施的管理等领域得到广泛应用。澳大利亚等其他国家还以管理规范的形式，把组织绩效评估视为公共文化部门的管理改革措施的重要组成部分，融入财务管理改进计划、项目管理和预算改革等改革计划之中。设立绩效示标和制定绩效评估方案成为公共文化部门工作计划的一个部分，并列入各部门的年度预算文件公开发布。③

---

① 参见官方网址：http：//www. loc. gov/index. html。

② The Mission of the Library of Congress. http：//www. loc. gov/about/mission/

③ 《政府绩效评估》，资料来源于：http：//www. cpasonline. org. cn/gb/readarticle/readarticle. asp? articleid=120。

二　公共文化部门的绩效评估在内容、程序及评估结果利用上逐步规范化

近些年来，西方发达国家对文化机构的评估内容正变得更加深入细致，传统绩效评估的侧重点主要集中在经济和效率上，由于对效率的偏重，方法上多使用理性设计的模式确定硬性的评估指标，如用精确的数学、经济学方法反复计算测量政府投入和产出的比率等，主要以福利水平为标准，忽视社会效益原则及公民满意原则。从20世纪80年代中后期开始，西方国家地方政府对公共服务质量和客观社会效果给予了应有的重视，引入了一系列软性指标，以反映公共机构真实的执政能力、服务质量和内外形象等情况，评估的内容也开始转移到经济、效率、效果并重。譬如，英国中央政府对地方政府实施的“全面绩效评估”（Comprehensive Performance Assessment）体系，就比原先的“最佳价值绩效指标”体系所考核的公共服务内容更为细致，“文化及相关服务”绩效指标具体内容见表1。

绩效评估程序的合法化以及绩效结果的有效利用，是建立绩效评估制度的基本保证。以当代西方国家普遍设立的国家文化基金机构为例，该类机构中通常都会设有专门的评估组织，在基金分配方面形成规范化的评估制度。尤其在一些建立了国家艺术理事会机构的西方国家，无不例外的将执行国家文化政策作为国家文化基金分配的基本原则，因此都会确立国家文化基金的基本分配评估原则，制定历年的国家文化基金分配项目。为配合国家文化政策的调整及其重点目标，基金项目也呈现出不同时期、不同领域的倾斜，体现出某种阶段性和针对性。[①] 程序上的规范化主要表现为：第一，在理事会内设置由艺术文化领域的专家组成的同行评估委员会，对于国家文化基金的申请者进行独立评估，从而摆脱来自政治意识形态和政府官僚集团的干扰。第二，建立起逐级报审的评估程序，一般经过同行评估委员会的推荐，理事会或基金会主席的裁定，中央文化行政长官或理事会主席的认可，最终向国会报告，实现民主评审和国家把关相结合的评估形式。第三，实行利益抵触回避机制，同行评估委员会的成员在遇到与被评审对象存在

---

① 陈鸣：《西方文化管理概论》，书海出版社、山西人民出版社，2006，第72页。

表1　2007年英国全面绩效评估指标体系中“文化及相关服务”绩效指标

指标代码	指标说明	低标准	高标准
获得(Access)			
C2	公共图书馆服务标准中“获取”标准		
C2a	固定图书馆一定距离内能覆盖的家庭比例		
C2b	平均每千人享有的图书馆固定累计开放时间		
C2c	平均每千人访问图书馆次数		
C3	公共图书馆服务标准中“网络资源”标准		
C3a	提供电子网络信息资源的固定图书馆所占比例		
C3b	每万人拥有的供读者使用的电子阅览室数量		
参与(Participation)			
C4	积极借阅者/借用者在人口中的比例		
C18	每周至少在体育和娱乐场所志愿服务一小时的人口比例	5.0%	6.5%
质量(Quality)			
C5	居民对体育/文化休闲设施的满意度	49%	60%
C6	居民对图书馆的满意度	63%	72%
C7	居民对博物馆/美术馆的满意度	31%	50%
C8	居民对剧院/音乐厅的满意度	36%	56%
C9	居民对公园/其他公共空间的满意度	66%	77%
C11	公共图书馆服务标准中“馆藏”标准		
C11a	预约所需时间	7日、15日、30日内不同比例	
C11b	平均每千人每年新增馆藏		
C11c	外借馆藏翻新所需时间		
C14	公共图书馆服务标准中“满意度”标准		
C14a	16岁以上读者对图书馆服务的评价		
C15	博物馆资质水平		
投资效益(Value for Money)			
C13	图书馆每人次的平均访问成本	3.46英镑	2.53英镑

资料来源：上海情报服务平台，www.istis.sh.cn。

利害关系的时候，采取缺席回避的方法，以避免因利益关系而带来偏见，从而有效体现了项目审查上的公正公平性。①通过了审批的项目的绩效目标以国家文化基金项目协议的方式加以贯彻，而国家文化基金机构的整体运作状况则通过年度

① 陈鸣：《西方文化管理概论》，书海出版社、山西人民出版社，2006，第203页。

备忘录或年度报告的方式向中央政府提供书面报告，由中央政府指派审计员对其年度报告和财务账目进行例行审计。其中，基金项目的绩效评估结果作为政府进一步调整国家文化政策的依据，并将直接影响下一年度的国家文化基金的拨款数额与项目分配情况。

不只是国家资助的公共文化项目，西方国家许多公共文化机构的绩效评估都是与其财政拨款密切相关的，绩效评估的结果对各部门与财政部门预算谈判中的地位将发生重要的影响。比如，美国博物馆评估工作是由美国博物馆协会负责，全国各级博物馆的人力使用、设施安全、服务品质、营运状况、工作计划、资助支持、展示活动及未来发展等都定期得到评估，并向政府有关单位提出书面报告，作为博物馆改进业绩与申请政府经费补助的重要依据。① 这有利于推动博物馆在运作过程中不仅关注静态资源的拥有，而且更重视博物馆的战略规划以及各个博物馆为公众所提供的服务质量。德国 2004 年修订的《德国之声法》中，也增加了德国之声实行自我管理机制的规定，以四年为一期制定工作规划，据此衡量德国之声的业绩和决定联邦政府对德国之声的下一轮拨款经费额度，从而以法律形式明确了德国之声必须采取新的绩效管理和目标管理机制，注重成本投入、工作效率与传播实效。②

三　公共文化部门绩效评估主体的多元化

由重视政府行政部门内部评估及政党评估、国家权力机关评估，发展到同时注重社会评估或外部评估，这种评估模式打破了传统上公共部门绩效主要以政府自身为评价主体的自上而下的完全封闭的评估过程，使公共文化服务部门更加关注与外部环境的互动关系。绩效评估主体多元化已成为西方国家公共文化部门绩效评估的重要特点，其中社会评估主体的多元化更为突出，强调了评估过程的参与和沟通。社会评估主要由公民个体（普通公众或服务惠及群体）、专家学者、社会团体、大众传媒、中介评估机构（调查公司、会计事务所）等民间组织通

---

① 徐纯：《博物馆与行政法人化》，参见台湾史前博物馆网站，http：//www. nmp. gov. tw/main/07/7 –3/3 –2/2 –4/5. pdf。

② 《浅谈国际广播实效的评估机制》，和讯传媒，http：//media. news. hexun. com/detail. aspx? id = 1264707。

过一定程序和途径，采取各种方式，直接或间接、正式或非正式地独立评价和审视公共文化部门的绩效。

事实上，西方国家公共文化机构在社会评估主体选择上，有单一也有多样，主要依据不同的评估目的而定。公民个体的参与是以公民意见调查或用户调查的方式介入，主要考察公共文化服务的惠及程度、评定公共文化服务使用者的感受或满意程度；专家学者以及专业社会团体或学术机构的参与，对公共文化艺术项目中的绩效目标的科学化确定及考核，具有指导作用；大众传媒包括网络资源的利用可以检验公共文化机构的责任感和影响力，起到良好的监督作用；社会中介机构丰富的专业经验则提高了评价工作效率、质量和公正性，在西方国家，聘请权威性的民间审计机构执行对绩效的评价，是许多公共文化机构的普遍做法。无论是何种评估主体参与公共文化部门绩效评估的过程，绩效评估的结果均以年度报告的方式，通过网站和印刷刊物公布于众，以接受各界的监督和意见反馈。

以美国广播管理委员会绩效评估为例，该机构对是否达到所定指标的测评都是委托给社会上的调研机构或有关技术部门，每年所作的自我评估要上报国会和相关委员会，在事关重大战略决策或改革的问题上，有的还要经由美国审计总署审计。2003 年，美国审计总署对广播管理委员会《2002～2007 年战略计划》进行了评估，用近一年的时间对该委员会下属的各对外广播电台的台长、相关节目部主任和地区语言广播部负责人进行问卷调查与面访；与英国广播公司的对外广播和德国之声进行比较；与几家商业性广播电视受众调研咨询公司进行研讨；审计广播管理委员会对重点对象国家的新建广播项目的成本，对该战略规划的每一项逐一提出了评价意见和整改建议。该委员会 2004 年度报告的多项指数和目标根据审计总署的意见进行了修改和调整。①

四　公共文化部门绩效评估中的公民导向日益彰显

绩效评估的目的是为了推动公共部门承担责任，而公民导向则要求绩效评估以公民为中心，以公民满意为服务绩效的终极标准。这一理念源于企业管理中的

① 《浅谈国际广播实效的评估机制》，和讯传媒，http：//media. news. hexun. com/detail. aspx?id＝1264707。

“顾客满意”（Customer Satisfactory），20 世纪 90 年代以来，有关质量和顾客满意度指标在评估指标体系中大幅度增长，坚持公民导向已成为西方公共文化部门绩效评估实践中的重要发展趋势。加拿大等国家还进行大范围的政府顾客满意度调查，将提升顾客的满意度作为政府绩效的目标。在这种理念的指导下，评价公共文化部门绩效优劣主要不是看它投入了多少资源，做了多少工作，而是要考察公共文化服务满意度，其内涵就是社会公众对公共文化服务的感知绩效与自身对该服务的期望值相比较后形成的愉悦或失望的感觉状态，是实际得到的公共文化服务与期望得到的服务之间的匹配程度。

如何以服务对象的满意度来测评公共文化服务的绩效呢？运作程序具体表现在：首先，在绩效目标中明确公共文化的具体服务对象。其次，针对服务对象的文化需求结构，进行分析、综合、归类，据此绩效示标在设计上体现出更多的外向特征和多样化的满意度调查。如一些公共文化机构的绩效评估指标中有公共文化可得性测定，即监测公共文化部门服务的量和类型是否反映了目标群体多样化的特点和多样化的需求；公众知晓度测定，即监测公众对公共文化服务内容的知晓程度和获得有关信息的便利程度，以及目标群体中知道特点服务内容的对象所占的比例；公共文化服务便利程度测定，即通过公共文化服务网点的集中或分散程度和服务半径，以及公共文化部门工作程序的简化和合理程度来监测公众获取和享受公共文化服务的方便程度。最后，在绩效管理过程中建立与公众之间的长期互动关系。针对公众的文化需要，设计、提供理想的文化产品或服务，加强与公众的直接互动，通过各种渠道了解公众的期望，并将此信息作为改进工作和管理的方向。鼓励公众参与到公共文化事务管理的过程中来，在参与过程中积极表达观点、看法和意愿。[①] 在这种互动过程中，公共文化部门了解到其服务对象的真实需要，便于公共文化部门更好地为公众提供服务，便于公共文化部门准确地把握公众的受益程度，同时，也有利于公众对公共文化部门运作的监督。

当然，这种以公民为导向的公共管理发展趋势，不仅体现在服务的绩效评估方面，实际也贯穿整个公共机构的运作过程中。西方发达国家许多著名的博物馆虽然也获得政府的大力支持，但很多是采用市场化模式来运作的。博物馆每年都

① 中国绩效管理网：《公共部门绩效管理与绩效评估》，参见 http：//www. zgjxgl. gov. cn/news_view. asp? newsid = 218。

会对参观者进行充分的市场调查，评估参观者的人口组成，测试他们的参观动机和对展览的满意程度；针对参观者的兴趣，确定博物馆的展览主题和展出形式，根据参观者的层次，设立不同模式的互动，如参观者与讲解员、演员进行互动式提问等；另外，每年还开展多种公共项目，如节日音乐会、舞蹈演出、演讲、示范表演和与学校交流等，通过活动接触不同的观众，增加博物馆的吸引力，也以此来加强、改善博物馆的管理，提高服务水准。

五　公共文化部门绩效评估技术不断成熟，科学化程度不断提高

发达国家公共文化部门绩效评估过程中十分重视专业理论的科学指导，不断改进评估方法和技术。以日本为例，所建立的政策评价制度，其科学性主要体现在两个方面：一方面，政策评价充分发挥专家与学者的作用。2002 年开始实施的《关于行政机关进行政策评价的法律（评价法）》中多处明文规定要“有效运用具有学识经验者的智慧”，这是因为绩效评估是一项专业性很强的工作，要提高政策评价的质量和水平，必须发挥相关政策专家和学者的作用，法律规定无论是行政机关还是总务省在进行政策评价时都必须在计划中公布引入专家学者的情况。另一方面，政策评价倡导运用科学的手法，并不断加以改进。《关于行政机关进行政策评价的法律（评价法）》第 20 条规定：“关于政策效果的准确了解手法及其他政策评价等方面的方法，政府必须推进调查、研究和开发。”政府支持对政策评价相关理论技术的研究，重视理论技术在评价过程中的作用。有利于实现政策评价的科学化，提高其准确性。① 该法律附则第 2 条还规定：“政府应在法律实行 3 年后对实施状况进行检查，根据结果采取必要的措施。”日本政府据此又于 2005 年修改了《政策评价基本方针》和《关于政策评价的标准指针)》。② 可见，科学性不仅体现为重视理论技术的指导作用，更体现为注重操作层面上的实践对政策的修正。

信息技术、量化技术在公共文化部门绩效评估过程中获得广泛采用，除了注

① 袁娟、沙磊：《美国和日本政府绩效评估相关法律比较研究》，《行政与法》2009 年第 10 期。
② 吴松：《日本政府政策评价制度与科技政策绩效评价浅析》，《全球科技经济瞭望》2007 年第 7 期。

重对服务对象意见的调查以外，很多地方会针对不同部门实行不同的评估方式和指标体系，深入探讨评价指标与数据库的建立等技术问题，为实现不同的评估提供有效的信息系统。例如，公众意见调查和数据分析方面，2008 年，美国国家艺术基金会的调查报告显示：通过调查 2008 年出席诸如音乐会、戏剧和舞蹈表演等艺术活动，以及公众参观艺术博物馆和阅读文学的人数和百分比，描述了美国公众的艺术参与情况，了解了当前艺术服务供求现状，为提供切合实际的艺术服务提供参考依据。在 2010 年，该基金会又通过电子媒体调查公众参与艺术的情况，通过互联网调查审查了艺术参与的大类别，并在报告中调查了影响一些美国人参与艺术的可能性因素，最后在报告中分析了基于媒体的艺术参与形式与诸如个人艺术创作参与和其他类型活动的出席情况之间的关系。①

台湾学者总结出：国外公共文化部门绩效评估多采用层次分析（Analytic Hierarchy Process，AHP）法、专家问卷调查法来进行各绩效评估层次结构模型及准则权重的确定，建立绩效评估指标体系。AHP 法是一种有效的定性分析与定量分析相结合的多目标决策方法。此方法能够将错综复杂的问题系统化为简明清晰的结构，再由不同的层面给予层级分解，并通过汇集专家、学者及有关决策人员的意见进行量化判断，寻求其层级内各评估准则的优先权重，然后再加以综合评估，以提供决策者选择适当方案的充分信息，同时减少决策错误的风险性与不确定性，比其他以机率的方式更能降低不确定性，可以更合理地进行预测。②最后建立起来的指标评估模型还需要用案例操作来验证操作性，用实例操作结果检讨修正评估指标，得出结论与具体建议。绩效评估指标体系的科学性直接影响绩效评估的效果，因此加强其科学性、客观性十分重要。

六　发达国家和地区公共文化部门绩效评估经验的启示

（一）国外绩效评估实践效果及价值意义

起源于西方国家的绩效评估，其本质上是一种以结果为本的控制。在 20 世

① http：//arts. endow. gov/research/Research_ brochures. php.

② 潘明珠、许兴望：《博物馆推广活动绩效评估之研究》，台湾《旅游管理研究》第一卷第 1 期。2001 年 12 月，第 47 ~ 69 页；谢玉玲、赖荣平、谢育颖：《文化展演设施建设需求评估指标之研究》，台湾《建筑学报》第 58 期，2006 年 12 月，第 113 ~ 129 页。

纪80年代的西方政府绩效评估侧重点是政府行政的效率和效果，追求投入产出比值的最大化。90年代以后，随着社会关注的焦点逐渐转向了行政效益和“顾客满意”，西方政府绩效评估的主要内容也从行政效率转向了行政效能，更为注重政府与社会、与民众之间的关系，因此，绩效评估的侧重点转向了公共服务的质量和效益，强调以公众为中心，以公众的需求为导向，体现了一种服务质量和服务顾客至上的市场化管理理念。① 尽管到目前为止，它还存在着种种缺陷和这样那样难以解决的矛盾和问题，但它已经在很大程度上改变了英美等许多西方国家地方政府的行政架构；推进了管理体制改革，实现了组织优化②；拓展了公共文化服务的供给模式。对公共文化资源和公共文化服务所采取的有效监督和约束，提高了公共组织的问责性，建立起公众、公共文化部门和政府三者间的约束框架。绩效评估在战略管理中的运用，增强了公共部门的服务导向，更好地回应了社会公众的需求，并有利于将当前的需求与长远的战略考虑结合起来。同时，也增强了政府行为的透明性和可控性等，反映了当今世界公共文化管理的发展趋势，对发展中国家有着很强的“示范效应”。

（二）公共文化服务绩效评估本土化建设分析

我国政府绩效评估起步较晚，大概20世纪90年代起，一些地方政府开始试行，目前尚处于不成熟阶段。孕育现代政府绩效管理及评估的西方行政文化包含了绩效观念、法治理念、公共利益至上意识、服务意识、民主参与理念和现代契约精神等内容，它与我国传统行政文化存在很大的差异。譬如，“官本位”思想严重阻碍了将民意作为改进政府工作动力的“民本为”观念的发展推进。我国传统文化强调社会关系的和谐，这使得在政府部门内部讨论工作绩效问题十分困难，整个绩效评估实施过程较为隐蔽，结果公布不完全，报喜不报忧。除了文化方面的因素，国内制度建设、整体的经济社会发展水平等，也影响现代绩效管理及评估方法在本土的充分发挥。目前，国内整体上存在政府绩效评估无相关法律法规保障，评估目的和用途简单化；绩效评估结果利用上缺乏规范化，没有把绩

① 桂佳：《从文化的角度看我国政府绩效评估的本土化建设》，《天水行政学院学报》2007年第5期。

② 依据绩效评估结果，在机构设置、编制配备、财政投入等行政资源的配置方面进行科学安排。

效测量的结果与干部使用、奖惩挂钩、部门预算挂钩，考核激励作用弱化；实践运用中带有很大随意性，评估结果流于形式，缺乏监督反馈机制，考核过程有始无终，因此，很难起到改善政府管理和服务的作用，绩效评估失去价值。国内绩效管理与评估目前还处于起步探索阶段，出现以上问题不可避免，我们还需要在行政文化建设、体制机制配套等方面做很多努力。

建立公共服务绩效评估机制是十分必要的，因为以公共服务为主要内容的绩效评估有助于促进政府职能转型和行政管理体制改革，改变当前政府工作单纯以经济发展为重心的状态，凸显政府的社会管理与公共服务职能。譬如，公共文化绩效评估是在评估政府文化部门绩效的过程中，将评估的重心放在公共文化服务提供的质量与效果上，这与以前侧重机构职能操作过程不同。从评估对象来看，公共文化服务绩效评估的对象是公共文化服务，它是与公共文化服务相联系的政府职能或者说一系列涉及公共文化服务的活动，关注点是公共文化服务的公众需求、产品内容和过程、服务成效。公共文化绩效评估工作的开展必然促使政府职能部门依据评估内容和测量指标作工作侧重点的调整，从而切实实现政府职能的转型。

（三）因地制宜开展公共文化服务绩效评估的政策建议

1. 加强公共文化服务绩效评估的制度建设，推进立法工作

从国外发展经验来看，公共文化服务绩效评估的顺利开展必须建立在法律、制度的刚性保障之上。目前国内这块尚不完善，绩效评估实施过程中的组织建设、人才培养以及评估指标体系、评估程序和评估方法等，都还没有形成科学合理的制度化模式。今后亟需从立法上明确绩效评估在政府管理中的重要地位和特殊作用，这样才能保证绩效评估目标的合法性以及绩效评估工作的顺利展开。

2. 规范公共文化服务绩效评估的内容、评估程序，强化评估结果的利用

公共文化服务绩效评估的内容应该与我国公共文化政策导向相一致，反映阶段性的重点任务，并每隔五年作部分评估内容的修正。譬如，最近对“十二五”期间社会发展规划建议中，有一点是值得我们注意：逐步完善符合国情、比较完整、覆盖城乡、可持续的基本公共服务体系。公共文化服务体系建设也应以此为基准，评估内容上也要有所体现。在评估程序方面，需要建立科学合理的评估环节，保证程序的公正公平性，同时在评估结果利用上，应进一步规范化，把项目

绩效的好坏作为政府进一步调整文化政策的依据，并与财政拨款数额及项目资源分配相联系。

3. 促进公共文化服务绩效评估主体的多元化

建立内部评价与外部评价相结合，从内部评估占70%、外部评估占30%试点执行，逐步向以外部评价为主转变，强调公共利益，重视结果管理，形成政府、社会、服务群体共同参与的监督管理体系。建议在政府资源（如拨款指标）、效率（包括服务提供、计划执行、服务与产品的数目、每项服务的单位成本）、效果（实现既定目标的程度）和公平之间建立公众可以知晓、可以参与的评估办法。① 对于外部评估较差者，要有惩罚及限期整改措施，改变以往公共文化服务部门绩效评估内部考核模式，要真正回归到绩效考核的公共评价本位。

4. 以公民满意为公共文化服务绩效的终极目标

公共文化服务体系最核心的功能就是为公众提供公共文化产品和服务，公民的参与度和满意度是衡量一个公共文化服务体系是否有效和成功的重要标准。因此，不仅需要在建立公共文化服务绩效目标时明确这一政策方向，引导公共文化服务工作的开展，而且在建立绩效指标体系时，也应在各类服务项目中依据各自特点，作相应的指标考虑与设计。加强对公众文化需求的调查以及与公众的直接互动，启动公众满意度的书面和网络调查，努力使公众服务项目可以针对不同群体有相应的服务措施。

5. 加强量化技术、信息技术在公共文化服务评估过程中的运用

促进文化统计基础工作的不断完善，设立公共文化服务绩效评估数据管理系统，科学设计公共文化服务指标体系。国外运用较为成熟的公共文化服务评估指标体系中大约有一半左右的指标是已有指标或是建立在现有的数据源的基础上的；另外一些新设指标，有些有类似的数据源，有些完全没有，则需要根据测量考核内容具体问题、具体分析。可见，文化基础数据统计收集很重要。此外，绩效评估工作应与先进的网络和信息技术相结合，针对不同部门运用不同的评价方式和方法技术，不仅方便市民参与到公共文化服务的战略决策、执行监督和服务信息反馈等绩效管理的过程中来，而且也可以简化工作，提高公共文化服务绩效评估的效率。

---

① 赵红川：《产业与事业的共生：从“文化权利”说起》，2006年2月10日《中国文化报》。

6. 试点开展公共文化服务绩效评估工作

一个较大规模的全新的改革方案，总要选择若干试点先期进行。公共文化服务绩效评估是一项创新性的尝试，涉及诸多的利益相关因素，更要审慎进行。美国在推行绩效管理时，通过立法进行规范管理，法律明文要求所有联邦部门都要在试点的基础上建立和实施绩效管理和评估，这充分估计到这项工作的难度，强调试点先行，逐步推进，不搞“一刀切”。建议在东、中、西部各选取一个已有公共文化服务绩效评估初步基础的城市作为试点，如选取代表东部地区的浙江省杭州市、代表中部地区的山东省济南市和代表西部地区的重庆市。

The Performance Evaluation and Development Trend of Developed Countries' Public Cultural Departments

Ren Jun　Li Qi

Abstract: The developed countries and areas earlier began performance evaluation about the public cultural department. The article combed the basic system, policy and practice about it. Subsequent, according to these experience and enlightenment, put forward some valuable suggestions about the performance evaluation of China's republic Cultral departments.

Key Words: Public Culture; Performance Evaluation

大 事 记

Chronicle

B.33 中国公共文化服务体系建设大事记（2010～2012年）

2010年

1月

1月4日，全国宣传部长会议在北京举行。中共中央政治局常委李长春出席会议并讲话。（新华社北京1月4日电）

为谋划2010年和“十二五”时期少数民族文化建设工作，文化部分别召开基层文化干部、有关专家和少数民族地区文化部门同志座谈会，大家共同为少数民族地区文化建设出谋划策，分步推进少数民族地区公共文化设施建设。“十二五”期间，少数民族地区的县级文化设施要填平补齐，重点新建市（州）文化设施，保护和巩固好乡镇文化设施。对少数民族地区文化设施应拟定建设标准，同时要重点解决好设施的建、管、用问题。（2010年1月13日《中国文化报》）

1月21日，上海世博会倒计时100天，由文化部全国文化信息资源建设管理中心、文化共享工程上海市分中心共同主办、全国各省级分中心协办的“文化共享世博行”启动仪式在上海图书馆举行。该活动也同时拉开“文化共享世博行”全国各省市图书馆活动的序幕。(2010 年 1 月 26 日《中国文化报》)

1 月 26 日，由中宣部、财政部、文化部、国家文物局四部门联合召开的全国博物馆纪念馆免费开放工作会议在京举行。国家文物局局长单霁翔主持会议并宣读了四部门出台的《关于进一步做好博物馆纪念馆免费开放工作的意见》。(2010 年 1 月 27 日《中国文化报》)

2 月

2 月 1 日，“县级数字图书馆推广计划”正式启动。据介绍，该计划一方面要将国家图书馆优秀的数字资源通过文化共享工程的服务平台推送到全国每一个县，在今年年底前使全国所有的县级图书馆都具备数字图书馆服务能力；另一方面，这些县级图书馆将成为国家数字图书馆服务的延伸，与国家数字图书馆一起构成全国数字图书馆服务网络。(2010 年 2 月 2 日《中国文化报》)

3 月

3 月 5 日上午 9 时，十一届全国人大三次会议在人民大会堂开幕，国务院总理温家宝作政府工作报告。温家宝在报告中指出，新的一年，我们要更加重视和大力加强文化建设。继承和弘扬中华民族优秀传统文化，吸收和借鉴世界各国文明成果，建设中华民族共有精神家园。积极开展对外文化交流，增强中华文化国际影响力。(人民网文化频道北京 3 月 5 日电)

4 月

4 月 9 日，全国宣传部长座谈会在北京召开，中共中央政治局常委李长春出席会议并讲话。(新华社北京 4 月 9 日电)

4 月 19 日，文化部在北京召开国家公共文化服务体系建设专家组成立暨座谈会，文化部副部长杨志今出席会议，并向来自北京大学、清华大学、中国社会科学院、武汉大学、中国传媒大学等高校和科研机构、文化部门的专家颁发了聘书。(2010 年 4 月 23 日《中国文化报》)

5月

从5月11日开始，从全国各地报送的上千个群众业余文艺作品中层层遴选出来的290个节目，将会聚广东，分别在广州、深圳、东莞参加26场比赛，角逐第十五届群星奖。另外还有百余个公共文化服务、活动项目进入群星奖项目类的评选。（2010年5月10日《中国文化报》）

5月18日，“2010年国际博物馆日中国主会场活动启动暨广东省博物馆新馆开馆仪式”在广州举行。中共中央政治局委员、广东省委书记汪洋出席并宣布活动启动暨新馆开馆。（2010年5月19日《中国文化报》）

5月27日，全国数字图书馆建设和服务联席会议在上海举办，发布了《数字图书馆服务政策指南》与《数字图书馆资源建设指南》。其中，《数字图书馆服务政策指南》提出：“数字图书馆的服务应立足于公益性，在尊重和保护知识产权的前提下，提供广域网范围的免费服务。”（新华社上海5月28日电）

6月

5月31日，国家图书馆少年儿童图书馆正式开馆。中共中央政治局委员、国务委员刘延东出席开馆仪式为图书馆揭牌，并考察少儿馆馆区。刘延东强调，要不断推出适合少年儿童身心特点的读书服务项目，增强少年儿童的学习能力和创造能力，努力培育少年儿童崇高的思想道德品质。（2010年6月1日《中国文化报》）

6月16日，由农业部、文化部、中国文联共同主办，中国农业博物馆、中国民间文艺家协会、北京市农委承办的首届中国农民艺术节在北京全国农业展览馆隆重开幕，开幕式文艺晚会《美丽的田野》同期在分会场江苏昆山举行。中共中央政治局委员、国务院副总理回良玉出席开幕式并宣布中国农民艺术节开幕。（2010年6月18日《中国文化报》）

6月25日至26日，国家公共文化服务体系制度设计研究工作会议在重庆召开，标志着这项筹划了半年之久的工作全面启动。文化部副部长杨志今、重庆市副市长谭栖伟出席会议。（2011年6月27日《中国文化报》）

7月

7月12日，加强地方县级和城乡基层宣传文化队伍建设专题电视电话会议

召开，中共中央政治局委员、中央书记处书记、中宣部部长刘云山出席会议并讲话。（新华社北京7月12日电）

7月20日至21日，全国文化厅局长座谈会在黑龙江省哈尔滨市召开。文化部党组书记、部长蔡武出席会议并讲话。（2010年7月22日《中国文化报》）

7月23日上午，中共中央政治局就深化我国文化体制改革研究问题进行第二十二次集体学习。中共中央总书记胡锦涛在主持学习时强调，深入推进文化体制改革，促进文化事业全面繁荣和文化产业快速发展，关系全面建设小康社会奋斗目标的实现，关系中国特色社会主义事业总体布局，关系中华民族伟大复兴。我们一定要从战略高度深刻认识文化的重要地位和作用，以高度的责任感和紧迫感，顺应时代发展要求，深入推进文化体制改革，推动社会主义文化大发展大繁荣。（新华社北京7月23日电）

8月

8月13日至14日，全国文化体制改革工作会议在青岛举行。中共中央政治局常委李长春对会议作出重要批示。中共中央政治局委员、中央书记处书记、中宣部部长刘云山，中共中央政治局委员、国务委员刘延东出席会议并讲话。（新华网青岛8月14日电）

8月14日　重庆38名文化志愿者出发到西藏送演出，这也标志着文化部“春雨工程——全国文化志愿者边疆行”活动开始实施。（新华社重庆8月15日电）

8月16日晚，文化部2010年“春雨工程——全国文化志愿者边疆行”试点活动启动仪式暨北京志愿团出发仪式在京举行。（2010年8月17日《中国文化报》）

8月24日，以“城市生活与图书馆服务”为主题的第五届上海国际图书馆论坛在浙江省杭州市开幕，第七届中日国际图书馆研讨会同时举行。来自25个国家和地区的专家学者参加了论坛。（2010年8月25日《中国文化报》）

9月

9月28日，全国公共电子阅览室建设试点工作会议在天津市举行。文化部副部长杨志今出席会议并讲话，天津市副市长张俊芳致辞。教育部、全国妇联、共青团中央、全国总工会有关部门负责同志以及全国各省区市文化厅（局）负责同志、图书馆馆长等参加会议。（2010年9月29日《中国文化报》）

10月

10月27日至28日，国家公共文化服务体系制度设计研究的部分重点课题在北京举办了系列研讨会，国家公共文化服务体系建设专家组及全国部分省市文化部门课题负责人、有关专家参加了研讨会。会议发布了制度设计研究的初步成果，包括未来我国公共文化服务体系建设的方向、保障机制，公共文化单位的基本服务内容，公共文化服务的绩效考评机制等。随着制度设计研究和实践的深入，我国公共文化服务体系建设将步入科学发展轨道。（2010年11月6日《中国文化报》）

11月

为提高基层文化工作者的综合素质和服务能力，近日，文化部出台了《关于开展全国基层文化队伍培训工作的意见》。根据《意见》要求，“十二五”期间，文化部将大力推动全国基层文化队伍培训工作，逐步建立基层文化队伍培训长效机制，建立健全覆盖全国的基层文化队伍培训网络，建立网络远程培训服务平台，推动培训工作科学化、系统化、常态化。从明年开始，文化部将用5年时间，对现有24.27万人的县乡专职文化队伍和366.85万人的业余文化队伍（包括业余文艺骨干、村/社区文化活动室工作人员等）进行系统培训，提高专兼职结合的基层文化队伍的素质，提高其公共文化服务能力。（2010年11月2日《中国文化报》）

11月4日，酝酿已久的全国重点美术馆评估工作在北京召开初评会议，文化部副部长王文章出席并向2010全国重点美术馆评估专家委员会委员颁发了聘书。中国美术家协会名誉主席靳尚谊，中国文联副主席、中国美术家协会主席刘大为等出席会议。（2010年11月8日《中国文化报》）

11月19日，全国村级文化建设工作座谈会在云南省昆明市召开。会议的主要目的是总结推广云南省福保村和大村等村级文化建设典型经验，部署村级文化建设工作，推动农村公共文化服务体系建设。这是文化部首次以村级文化建设为主题召开全国性会议。中共中央政治局委员、国务委员刘延东致信祝贺。（2010年11月20日《中国文化报》）

12 月

12 月 15 ~ 16 日，国家数字图书馆推广工程启动仪式暨全国图书馆创新服务工作座谈会在国家图书馆举行。国家数字图书馆推广工程正式启动，全国图书馆创新服务座谈会以及以“国家数字图书馆推广工程”、“公共图书馆立法决策服务工作”和“公共图书馆讲座联盟工作”为主题的业务专题研讨会同时举行。（文化部网站，2010 年 12 月 20 日）

12 月 21 日，中宣部、文化部、广电总局、新闻出版总署在京召开第四届全国服务农民服务基层文化建设先进集体表彰会。中共中央政治局委员、中央书记处书记、中宣部部长刘云山出席会议并讲话，强调要把文化服务作为促进经济社会发展的重要内容，作为改善民生的重要任务，坚持面向基层、面向群众，增强服务意识、拓宽服务渠道、提高服务水平，更好地满足人民群众精神文化需求、保障人民群众基本文化权益。（新华社北京 12 月 21 日电）

12 月 21 日，中宣部、文化部在河北省霸州市召开全国县级公共文化服务体系建设现场经验交流会，总结推广河北霸州等县级公共文化服务体系建设的典型经验。会议旨在贯彻落实科学发展观，深入研究统筹城乡文化发展，明确县级公共文化服务体系建设的思路和措施，进一步推动城乡基层公共文化服务体系建设。（2010 年 12 月 23 日《中国文化报》）

12 月 27 日下午，中共中央政治局常委李长春来到北京中国美术馆，参观了全国文化信息资源共享工程“十一五”成果展。他指出，全国文化信息资源共享工程是政府提供公共文化服务的重要手段，是保障基层和农村群众基本文化权益的重要途径，是构建覆盖城乡的公共文化服务体系的基础工程、惠民工程、创新工程。（2010 年 12 月 28 日《中国文化报》）

2011 年

1 月

1 月 4 日，全国宣传部长会议在北京举行。中共中央政治局常委李长春出席会议并讲话，他强调，宣传思想文化战线要按照高举旗帜、围绕大局、服务人民、改革创新的总要求，加快文化体制机制改革创新，加快构建公共文化服务体系，加快发展文化产业，加强对文化产品创作生产的引导，推动社会主义文化大发展、大繁荣，为“十二五”时期发展开好局、起好步提供强大思想保证、精神动力、舆论支持和文化条件。（新华社北京1月4日电）

1月4日至6日，2011年全国文化厅局长会议在北京召开。会议回顾了过去一年文化领域各项建设取得的成绩，总结“十一五”时期文化建设经验，明确“十二五”时期文化建设的总体思路，部署和推进2011年各项文化工作。（2011年1月7日《中国文化报》）

1月5日，文化部计财司正式发布《“十五”以来全国公共图书馆发展情况分析》，分析报告称，“十五”以来，国家通过实施县级图书馆和文化馆建设、县级图书馆和文化馆修缮、文化信息资源共享工程等重大文化项目，全国公共图书馆设施条件不断改善，公共文化产品日益丰富，服务能力有所提高，社会效益显著增强。但从总体上看，随着经济社会的快速发展，人民群众精神文化需求日益增长，我国还存在公共图书馆事业总量不足、地区发展不平衡、经费严重不足、公共文化服务资源总量偏少等突出问题。（2011年1月8日《中国文化报》）

1月13日，中央精神文明建设指导委员会召开全体会议，研究部署当前和今后一个时期精神文明建设工作。中共中央政治局常委、中央精神文明建设指导委员会主任李长春主持会议并讲话。（新华社北京1月13日电）

“国家公共文化服务体系示范区（项目）创建工作”（以下简称“示范区创建工作”）会议在北京召开，这标志着文化部、财政部“十二五”时期共同开展的这项创建工作正式启动。文化部党组书记、部长蔡武出席会议并作重要讲话。他强调，要以创建工作为抓手，推动公共文化服务体系建设科学发展上水平。（2011年1月15日《中国文化报》）

江苏省2010年新建农家书屋348个，累计建成农家书屋1.72万个，率先在全国实现“农家书屋”行政村全覆盖。（新华社南京1月19日电）

1月26日，文化部、财政部联合下发《关于推进全国美术馆、公共图书馆、文化馆（站）免费开放工作的意见》，就各级文化行政部门归口管理的美术馆、公共图书馆、文化馆（站）进一步向社会免费开放提出要求。在2011年年底之前国家级、省级美术馆全部向公众免费开放；在2012年年底之前各级美术馆全部向公众免费开放。到2011年底，全国所有公共图书馆、文化馆（站）实现无障碍、零门槛进入，公共空间设施场地全部免费开放，所提供的基本服务项目全部免费；到2012年底，全国所有一级馆、省级馆、省会城市馆、东部地区馆站免费提供的基本公共文化服务质量和水平不断提升，形成2个以上服务品牌。其他图书馆、文化馆站实现基本公共文化服务项目健全，并免费提供。（2011年2月11日《中国文化报》）

2月

近日，中共中央办公厅、国务院办公厅印发《关于进一步加强新形势下农村精神文明建设工作的意见》（以下简称《意见》），要求深入贯彻落实党的十七大和十七届三中、四中、五中全会精神，进一步加强新形势下农村精神文明建设。（新华社北京2月14日电）

全国公共文化服务体系建设工作平台——国家公共文化网（www. cpcss. org）上线试运行。为推动我国公共文化服务体系建设，国家公共文化网将在文化部公共文化司的指导下，以文化部、财政部开展的国家公共文化服务体系示范区（项目）创建工作为重点，全面反映我国公共文化服务体系建设的政策、理论、动态和成就。（2011年2月14日《中国文化报》）

2月18日，为深入贯彻落实党的十七届五中全会精神和《文化部财政部关于推进美术馆、公共图书馆、文化馆（站）免费开放工作的意见》精神，文化部、财政部召开全国美术馆、公共图书馆、文化馆（站）免费开放工作电视电话会议。会议主会场设在北京，全国各省、自治区、直辖市和新疆生产建设兵团及计划单列市设分会场。（2011年2月19日《中国文化报》）

2月28日至3月1日，国家公共文化服务体系制度设计研究工作会议在北京召开，来自全国各省区、市文化部门的代表汇报了公共文化服务体系制度设计研究工作开展情况。这是文化部部署公共文化服务体系制度设计工作开展一年来的集中展示，汇报会从理论和实践两个方面充分反映了当前我国公共文化服务体系建设存在的问题和最新的成果。（2011年3月3日《中国文化报》）

3月

3月1日，中国国家博物馆改扩建工程竣工暨《复兴之路》基本陈列复展仪式在北京举行。中共中央政治局常委李长春出席仪式。（新华社北京3月1

日电）

3月1日，由来自北京大学、清华大学、中国社会科学院等学术科研机构和全国部分文化机构的39名专家组成的国家公共文化服务体系建设专家委员会在京正式成立，并随后召开了第一次会议。文化部副部长杨志今出席成立大会并向专家颁发聘书。（2011年3月2日《中国文化报》）

3月2日，随着中国美术馆免费参观“领票处”的大牌覆盖在原先的“售票处”之上，中国美术馆正式迎来全面“免费时代”。（新华网北京3月2日电）

3月3日，为贯彻落实《文化部、财政部关于推进全国美术馆、公共图书馆、文化馆（站）免费开放工作的意见》的精神，进一步提高公共文化服务水平，在图书馆行业中发挥引领和示范作用，继2008年初推出基本服务项目免费举措之后，国家图书馆从即日起，对部分现行服务收费项目再次进行调整，减免服务收费，进一步扩大公益服务范围。（2011年3月4日《中国文化报》）

3月5日，提请十一届全国人大四次会议审查的《国民经济和社会发展第十二个五年规划纲要（草案）》中列出了“十二五”期间5项文化事业重点工程，其中包括公共文化服务体系建设工程，要求继续推进广播电视村村通、农家书屋工程、文化资源共享工程、“西新工程”、农村数字电影放映工程、边疆少数民族地区新闻出版东风工程建设。规划建设一批地市级公共图书馆、文化馆、博物馆。（2011年3月7日《中国文化报》；新华网，2011年3月7日）

4月

4月20日，为进一步推动我国民间文化艺术的发展和繁荣，充分发挥其在公共文化服务体系建设中的重要作用，文化部决定组织开展2011~2013年度“中国民间文化艺术之乡”评审命名工作。（2011年4月20日《中国文化报》）

5月

4月30日至5月1日，全国文化体制改革工作会议在合肥举行。中共中央政治局常委李长春对会议作出重要批示，强调要深入贯彻胡锦涛总书记在中央政治局第二十二次集体学习时的重要讲话精神和党的十七届五中全会精神，按照国家“十二五”经济社会发展总体部署，牢牢把握科学发展主题和加快转变经济发展方式主线，着力破除制约文化发展的体制机制障碍，转变文化发展方式，为

"十二五"文化改革发展开好局、起好步。中共中央政治局委员、中央书记处书记、中宣部部长刘云山，中共中央政治局委员、国务委员刘延东出席会议并讲话。(新华社合肥5月1日电)

中共中央政治局委员、中央书记处书记、中宣部部长刘云山在吉林调研时强调，社会主义文化是人民大众的文化，让人民大众共建共享是文化建设必须坚持的根本立场。一定要牢固树立群众观点，增进群众感情，坚持面向基层，重心下移，推动城乡基层文化有一个更大的发展，让文化发展成果更好地惠及人民群众。(新华社长春5月9日电)

5月31日，全国文化信息资源共享工程工作会议在青岛召开，文化部副部长杨志今出席会议并讲话，全面总结了文化共享工程"十一五"建设成果，对"十二五"期间及2011年下半年文化共享工程的建设任务进行了全面部署。(文化部网站，2011年6月1日)

同日，文化部在青岛召开数字图书馆推广工程工作会议，全面部署工程建设工作。为进一步推动数字图书馆的建设。之前，文化部、财政部联合印发《关于实施"数字图书馆推广工程"的通知》，决定于"十二五"期间在全国实施数字图书馆推广工程。(文化部网站，2011年6月1日)

6月

6月2日，中宣部和文化部在山东烟台召开全国地市级公共文化服务体系建设现场经验交流会。这是全国宣传文化战线按照中央"基本建成公共文化服务体系"的目标要求，积极落实"十二五"规划纲要的具体举措，也是具体部署和推进地市级公共文化服务体系建设的一次重要会议。会议要求，要从统筹城乡文化发展的全局角度和战略高度，充分认识地市级公共文化服务体系建设的重要地位和作用，进一步增强做好工作的自觉性和主动性。(2011年6月3日《中国文化报》)

6月20日，由文化部、中央文明办共同主办的2011年"春雨工程"——全国文化志愿者边疆行欢送仪式在江苏南京举行。各地文化志愿者代表、基层群众1000余人参加了活动。(2011年6月22日《中国文化报》)

6月20日下午，在《没有共产党就没有新中国》这首著名红歌的诞生地——北京市房山区霞云岭乡堂上村，由文化部公共文化司与北京市委宣传部、北京市文化局等单位共同主办的“圣地赞歌”——庆祝中国共产党成立90周年群众合唱汇演激情上演，参演者包括来自革命老区的合唱团在内的20多支合唱团、近5000人。这也是庆祝建党90周年全国系列群众文化活动的一个缩影。（2011年7月1日《中国文化报》）

6月21日至22日，全国农村精神文明建设工作经验交流会在内蒙古自治区呼伦贝尔市举行。强调要进一步增强责任感、使命感，认真贯彻落实中办、国办《关于进一步加强新形势下农村精神文明建设工作的意见》，大力加强社会主义核心价值体系建设，大力开展文明户、文明村镇、文明集市等群众性精神文明创建活动，大力繁荣发展农村文化，推动农村精神文明建设迈上新台阶。中共中央政治局委员、中央书记处书记、中宣部部长刘云山出席会议并讲话。（新华社内蒙古呼伦贝尔6月22日电）

7月

7月1日，庆祝中国共产党成立90周年大会在人民大会堂隆重召开，中共中央总书记胡锦涛同志发表重要讲话。胡锦涛说，在前进道路上，我们要继续大力推动社会主义文化大发展大繁荣，坚定不移发展社会主义先进文化。（中国共产党新闻网北京人民大会堂7月1日电）

8月

中共中央政治局常委、全国政协主席贾庆林在陕西调研时强调，要认真贯彻胡锦涛同志“七一”重要讲话精神，大力弘扬伟大的延安精神，要加强公共文化服务，全面推进社会主义核心价值体系建设，大力改善农村文化生活条件，积极发展先进的网络文化，更好地保障人民基本文化权益。（新华社西安8月16日电）

8月11日，文化部召开全国第三次文化馆评估定级工作会议，会议做出安排，将派11个评估组分赴各省区市，对副省级以上文化馆进行评估，对各省区市评估工作进行抽查。（2011年8月24日《中国文化报》）

中共中央政治局常委李长春16日来到不久前落成的中国盲文图书馆新馆，对图书馆投入使用表示祝贺，向广大残疾人朋友致以亲切问候。他强调，要坚持以人为本、服务至上，坚持公益性、综合性、示范性、便利性、权威性，为盲人群众提供优质周到的服务，让知识的阳光照亮广大盲人群众的心灵，让越来越多的残疾人共享改革发展的丰硕成果。（新华社北京8月16日电）

8月25日至26日，为切实推动全国基层文化队伍培训工作，文化部公共文化司委托国家公共文化服务体系建设专家委员会，在北京召开全国基层文化队伍培训指导纲要推进工作会议，研究讨论公共文化服务体系、公共图书馆、文化馆3个系列培训指导纲要内容。（2011年8月27日《中国文化报》）

9月

9月8日，数字图书馆推广工程工作会议在北京召开，会议对进一步加快实施数字图书馆推广工程提出了明确要求。（2011年9月9日《中国文化报》）

全国乡镇综合文化站建设项目、县级图书馆文化馆修缮专项资金、城市社区文化中心（文化活动室）设备购置专项资金等一系列面向基层、面向农村的重大文化设施建设项目顺利实施。截至2010年底，全国共有公共图书馆2884个，文化馆（含群众艺术馆）3264个，乡镇（街道）文化站40118个，村文化室20余万个，基本实现了公共文化服务体系全覆盖。（新华社北京9月11日电）

9月20日，由中央宣传部、中央文明办、解放军总政治部、全国总工会、共青团中央、全国妇联举办的全国道德模范座谈会暨第八届中国公民道德论坛在北京举行。同日，第三届全国道德模范评选表彰颁奖典礼——《德耀中华》在北京举行。中共中央政治局常委李长春出席颁奖典礼，并为全国道德模范颁奖。（新华社北京9月20日电）

9月23日，“创新欧亚合作，共享转型机遇”，首次提升到国家战略层面的2011欧亚经济论坛在西安开幕。本届论坛首次设立文化分会。文化部副部长赵少华出席文化分会并致辞，国家文物局局长单霁翔、文化部公共文化司司长于群等在随后举行的专家研讨单元作了主旨演讲。（2011年9月24日《中国文化报》）

为进一步保障农民工基本文化权益，丰富农民工精神文化生活，文化部、人力资源和社会保障部和中华全国总工会近日下发《关于进一步加强农民工文化工作的意见》明确：到2015年，我国将形成相对完善的“政府主导、企业共建、社会参与”的农民工文化工作机制，建立相对稳定的农民工文化经费保障机制，农民工文化服务将切实纳入公共文化服务体系。（新华社北京9月25日电）

9 月 26 日，中共中央政治局今天召开会议，讨论十七届五中全会以来中央政治局的工作，研究深化文化体制改革、推动社会主义文化大发展大繁荣等问题。中共中央总书记胡锦涛主持会议。（新华社北京 9 月 26 日电）

9 月 26 日，作为文化援疆行动的重要内容之一，新疆维吾尔自治区数字图书馆推广工程在乌鲁木齐正式启动。（2011 年 9 月 28 日《中国文化报》）

9 月 30 日，根据《文化部关于开展全国基层文化队伍培训工作的意见》精神，为建立和完善全国基层文化队伍培训工作网络，2011 年文化部开展了全国基层文化队伍培训基地评审工作。在有关单位申报的基础上，经各省、自治区、直辖市文化厅（局）推荐，专家组评审和实地考查，并报经部领导同意，拟确定浙江艺术职业学院、山东大学、湖南艺术职业学院、重庆艺术学校为首批全国基层文化队伍培训基地。（2011 年 9 月 30 日《中国文化报》）

10 月

10 月 15 日至 18 日，中国共产党第十七届中央委员会第六次全体会议在北京举行。全会由中央政治局主持。中央委员会总书记胡锦涛作了重要讲话。全会听取和讨论了胡锦涛受中央政治局委托作的工作报告，审议通过了《中共中央关于深化文化体制改革、推动社会主义文化大发展大繁荣若干重大问题的决定》。李长春就《决定（讨论稿）》向全会作了说明。（新华社北京 10 月 18 日电）

10 月 19 日，文化部、国家文物局在京召开学习贯彻落实十七届六中全会精神干部大会，学习贯彻落实党的十七届六中全会精神。文化部党组书记、部长蔡武传达十七届六中全会精神并就学习贯彻落实全会精神作出部署。（2011 年 10 月 20 日《中国文化报》）

10 月 19 日，国家文物局局长单霁翔在广西南宁考察时称，截至目前我国已建成各级各类博物馆 3200 多座，其中有 1800 多座免费向公众开放，进馆参展观众人数比免费开放前增加 50%。（2011 年 10 月 22 日《中国文化报》）

10 月 26 日，2011 年中国图书馆年会暨中国图书馆学会年在贵阳拉开帷幕。全国各级图书馆馆长、图书馆界和公共文化服务领域专家及国外图书馆界代表共 1300 余人齐聚贵阳，共同探讨如何推动我国图书馆事业跨越发展。（新华网贵阳 10 月 26 日电）

10月27日，2011年国家公共文化服务体系制度设计研究工作会议在贵阳举行。文化部公共文化司司长于群提出，力争到“十二五”末基本实现数字文化服务覆盖全国所有乡镇、城市社区和行政村。会议总结、交流2010年以来制度设计研究成果和工作经验，明确工作思路和目标并部署2012年工作。（中广网贵阳10月27日）

11月

11月15日，文化部开展的2011～2013年度“中国民间文化艺术之乡”评选揭晓，全国共有528个县（县级市、区）、乡镇（街道）入选。命名颁牌仪式和总结会议在江苏省常熟市举行。（2011年11月16日《中国文化报》）

11月18日至19日，为贯彻十七届六中全会精神，创新工作思路，推动图书馆事业大发展大繁荣，国家图书馆在广西南宁市举办了第13届全国省、自治区、直辖市、较大城市图书馆馆长联席会议。（2011年11月20日《中国文化报》）

12月

12月12日，国家文化创新工程项目“中国残疾人数字图书馆”通过了由文化部文化科技司组织的专家验收。（2011年12月14日《中国文化报》）

12月20日上午全国精神文明建设工作表彰大会在北京举行。中共中央政治局常委、中央文明委主任李长春出席并讲话。中共中央政治局委员、国务委员、中央文明委副主任刘延东宣读了表彰决定，授予27个全国文明城市（区）、899个全国文明村镇、1794个全国文明单位，继续保留23个城市（区）的全国文明城市（区）荣誉称号。（新华网北京12月20日电）

文化部、财政部共同出台了《关于进一步加强公共数字文化建设的指导意见》（以下简称《意见》）。根据《意见》，文化部、财政部将进一步加大全国公共数字文化建设力度，以制度体系、网络体系、资源体系、管理体系和服务体系建设为着力点，构建海量分级分布式公共数字文化资源库群，力争建成内容丰富、技术先进、覆盖城乡、传播快捷的公共数字文化服务体系，为广大群众提供丰富便捷的数字文化服务，切实保障信息技术环境下公共文化服务的公益性、基本性、均等性、便利性。（2011年12月9日《中国文化报》）

12月21日，创建国家公共文化服务体系示范项目工作会议在上海召开。会议总结交流了第一批创建国家公共文化服务体系示范项目工作的进展情况，进一步明确了创建任务、要求，并部署了下一步的创建工作。各省、自治区、直辖市文化厅局和公共文化处的负责人，来自全国47个创建示范项目所在地区文化局的负责人，以及国家公共文化服务体系建设专家委员会的部分专家出席会议。（2011年12月24日《中国文化报》）

12月28日晚，由文化部和国务院农民工工作联席会议办公室共同主办的"温暖之春"——2012年慰问全国农民工春节晚会在北京奥林匹克体育中心体育馆举行。中共中央政治局委员、国务院副总理张德江，全国人大常委会副委员长严隽琪，全国政协副主席李金华，人力资源和社会保障部部长尹蔚民，文化部部长蔡武，文化部副部长励小捷、杨志今，人力资源和社会保障部副部长杨志明等领导，以及来自国务院农民工工作联席会议成员单位的领导及北京市有关领导同志出席，与现场近3000名农民工观众一道观看了晚会。（2011年12月29日《中国文化报》）

2012年

1月

1月4日，全国宣传部长会议在北京举行。中共中央政治局常委李长春出席会议并讲话。他强调，宣传思想文化战线要按照高举旗帜、围绕大局、服务人民、改革创新的总要求，坚持中国特色社会主义文化发展道路，坚持贴近实际、贴近生活、贴近群众，紧紧围绕党和国家工作大局，紧紧围绕学习宣传贯彻党的十七届六中全会精神和中央经济工作会议精神，紧紧围绕迎接宣传贯彻党的十八大，着力深入推进文化改革发展，为迎接党的十八大胜利召开，为推动科学发展、促进社会和谐，为夺取全面建设小康社会新胜利、开创中国特色社会主义新局面提供强大思想保证、精神动力、舆论支持和文化条件。（新华社北京1月4日电）

1月4日，2012年全国文化厅局长会议在北京开幕。文化部党组书记、部长蔡武出席会议并讲话。

1月10日，全国文化信息资源共享工程“文化年货带回家”服务农民工活动暨天津市2012年文化科技卫生“三下乡”示范活动启动仪式，在天津空港经济区举行。(2012年1月12日《中国文化报》)

1月10日，国家重点美术馆授牌仪式暨全国美术馆专业委员会2011年年会在浙江杭州举办。文化部党组成员、副部长王文章出席会议，并为首批荣获“国家重点美术馆”称号的中国美术馆等9家美术馆授牌。(2012年1月12日《中国文化报》)

1月12日，深化“走基层、转作风、改文风”活动座谈会在京举行，中共中央政治局常委李长春作出重要批示，中共中央政治局委员、中央书记处书记、中宣部部长刘云山出席座谈会并讲话。(新华社北京1月12日电)

1月9日至13日，为指导第一批创建国家公共文化服务体系示范区（项目）工作，推动第二批国家公共文化服务体系示范区和示范项目申报工作，文化部在北京中央文化管理干部学院举办创建示范区（项目）培训班。(2012年1月13日《中国文化报》)

1月13日，中央精神文明建设指导委员会召开全体会议，研究部署今年精神文明建设工作。中共中央政治局常委、中央精神文明建设指导委员会主任李长春主持会议并讲话。他强调，精神文明建设要认真贯彻落实中央决策部署，按照高举旗帜、围绕大局、服务人民、改革创新的总要求，着力推进社会主义核心价值体系建设，着力加快文化改革发展，着力深化群众性精神文明创建，着力提升公民思想道德素质和社会文明程度，更好地统一思想、凝聚力量，为迎接党的十八大胜利召开，为推动科学发展、促进社会和谐，开创中国特色社会主义事业新局面提供强大思想保证、精神动力和文化条件。(新华社北京1月13日电)

1月13日，中央文化体制改革和发展工作领导小组召开第一次全体会议，深入学习贯彻党的十七届六中全会精神和全国宣传部长会议精神，总结2011年文化体制改革和发展工作，部署2012年文化体制改革和发展工作，部署落实国家“十二五”时期文化改革发展规划纲要。中共中央政治局委员、中央书记处书记、中宣部部长刘云山主持会议并讲话，中共中央政治局委员、国务委员刘延东出席会议并讲话。(新华社北京1月13日电)

近日，国家质量监督检验检疫总局、国家标准化管理委员会批准发布《公共图书馆服务规范》，国家标准编号为GB/T28220—2011。该标准将于今年5月

1日起正式实施。（2012年1月20日《中国文化报》）

《江苏省农村公共文化服务管理办法》（以下简称《办法》）近日颁布，自3月1日起施行。《办法》对江苏农村公共文化服务机构、服务设施、服务规范等作了明确要求，是江苏公共文化建设管理领域出台的首部政府法规。（2012年2月1日《中国文化报》）

1月31日，国家级非物质文化遗产生产性保护示范基地颁牌仪式在文化部举行，北京市珐琅厂等41家企业和单位被授予第一批国家级非物质文化遗产生产性保护示范基地称号。（2012年2月1日《中国文化报》）

2月

2月5日，在元宵佳节即将到来之际，"中国非物质文化遗产生产性保护成果大展"将在北京全国农业展览馆新馆举行。展览由文化部与国家发改委、教育部等13个非物质文化遗产保护工作部际联席会议成员单位以及全国政协文史和学习委员会、北京市人民政府共同举办。（2012年2月2日《中国文化报》）

国家文物局日前正式印发了《博物馆事业中长期发展规划纲要（2011～2020年）》，提出到2020年，基本形成特色鲜明、结构优化、布局合理的博物馆体系，基本实现博物馆管理运行的现代化，基本建立运转协调、惠及全民的博物馆公共文化服务体系，博物馆文化深入人心，进入世界博物馆先进国家行列。（2012年2月3日《中国文化报》）

近日，由国家发展改革委、文化部和国家文物局共同研究编制的《全国地市级公共文化设施建设规划》（以下简称《规划》）正式印发。该《规划》是在顺利完成"十五"县级公共图书馆文化馆建设、"十一五"乡镇综合文化站建设规划的基础上，针对地市级公共图书馆、文化馆和博物馆（以下简称"地市级三馆"）建设出台的专项规划，是贯彻落实十七届六中全会精神的重要举措，是完善公共文化服务体系、推进社会主义文化大发展大繁荣的重要内容。（2012年2月7日《中国文化报》）

2月6日，中共中央政治局委员、国务委员刘延东出席全国"十二五"广播电视村村通工作电视电话会议强调，要认真贯彻落实党的十七届六中全会精神，以高度的文化自觉，精心组织，扎实推进，把村村通工程作为构建农村公共文化服务体系、保障农民群众基本文化权益的先导工程，作为建设社会主义文化强国

的战略举措，奋力开创村村通工作新局面。（新华社北京2月6日电）

2月7日，由全国总工会、文化部、中国文联、中国作协联合开展的“文艺工作者深入职工创作实践”活动在京启动。活动旨在进一步丰富基层文化生活，更好地满足职工群众多层次、多样化、多方面的精神文化需求。（新华社北京2月7日电）

2月8日，全国未成年人思想道德建设工作视讯会议召开，中共中央政治局委员、中央书记处书记、中宣部部长刘云山出席会议并讲话，强调要深入贯彻落实党的十七届六中全会精神，以建设社会主义核心价值体系为根本，突出重点、抓住关键，巩固提高、深化拓展，着力构建学校、家庭、社会紧密配合的教育网络，着力营造良好的社会文化环境，着力完善各方面共同参与的长效机制，推动未成年人思想道德建设工作不断取得新进展。（新华社北京2月8日电）

2月15日，中宣部、国家发改委在京举行《国家“十二五”时期文化改革发展规划纲要》新闻发布会，中宣部副部长孙志军、国家发改委副主任朱之鑫介绍了《规划纲要》的相关情况。（新华社北京2月15日电）

2月17日至18日，全国文化体制改革工作会议在太原举行。中共中央政治局常委李长春对会议作出重要批示，强调要深入学习贯彻党的十七届六中全会精神，认真落实胡锦涛总书记“三加快一加强”要求，以组织实施《国家“十二五”时期文化改革发展规划纲要》为重要抓手，加大力度、加快进度、巩固提高、重点突破、全面推进，毫不动摇地把文化改革发展继续推向前进。中共中央政治局委员、中央书记处书记、中宣部部长刘云山，中共中央政治局委员、国务委员刘延东出席会议并讲话。（新华社太原2月18日电）

2月23日至24日，由国家图书馆主办的全国省级公共图书馆馆长座谈会在北京召开。与会代表就国家图书馆通报的全国古籍普查登记工作、数字图书馆推广工程、民国时期文献保护计划、建立领导干部讲座共享平台、“中国记忆”等多个全国性重大项目进行了深入讨论和交流。国家图书馆馆长周和平及文化部有关司局负责同志、全国省级（含副省级城市）公共图书馆馆长50余人出席会议。（2012年2月24日《中国文化报》）

2月28日，由文化部组织开展的“公共文化基层行”新闻采访报道活动在北京启动。从今年3月至7月，文化部将组织中央及部分地方媒体，深入基层，全面报道十七大以来各地在公共文化建设中涌现出来的经验和做法。在当天举行

的启动仪式上，“国家公共文化网”正式开通。（2012年2月29日《中国文化报》）

2月29日至3月1日，国家公共文化服务体系示范区创建城市市长研讨班在北京举办，共有30位创建城市负责人参加，其中市委常委9人、副市长21人。文化部党组书记、部长蔡武出席并讲话。文化部党组成员、副部长杨志今主持研讨班。本次研讨班内容包括创建示范区工作情况介绍，国家公共文化服务体系建设专家委员会专家讲解督查、验收办法和标准等，以及案例分析和分组讨论，内容紧凑，形式多样，受到市长们的欢迎。研讨班上，北京市朝阳区区委书记陈刚代表创建示范区作典型发言。（2012年3月2日《中国文化报》）

3月

3月1日，经过一年试运行后的中国国家博物馆正式开馆。文化部党组书记、部长蔡武，中宣部副部长申维辰，国家发展和改革委员会副主任穆虹，文化部党组成员、副部长、国家文物局局长励小捷，文化部党组成员、故宫博物院院长单霁翔，国家图书馆馆长周和平，北京市委常委、宣传部部长、副市长鲁炜等出席开馆仪式。国家博物馆馆长吕章申主持开馆仪式。（2012年3月2日《中国文化报》）

B.34
后　记

以蓝皮书的形式记录和展现我国公共文化服务发展的历史进程，肇始于中国社会科学院文化研究中心和深圳市文化局组织编写、社会科学文献出版社出版的文化蓝皮书《中国公共文化服务发展报告（2007）》，该书在2009年又出版了第二本。为了进一步强化蓝皮书的权威性、指导性和引领性，《中国公共文化服务发展报告（2012）》改由文化部公共文化司和国家公共文化服务体系建设专家委员会组织编写。

本书的目标是，与“文化蓝皮书”2009年本相接续，全面展现2010年以来我国公共文化服务发展的前进步伐、主要成就和重点工作，分析研究事关我国公共文化服务体系建设全局的重大现实性问题，为理论研究提供平台，为政策制定提供参考，为工作实践提供指导，也为事业发展留下历史记录。全书由“总报告”、“宏观视角”、“地方实践”、“重点扫描”、“他山之石”、“附录”几部分组成。“总报告”试图全景式展现近年来我国公共文化服务体系建设取得的成就，深度分析存在的问题、面临的挑战和机遇，以党的十七届六中全会精神为指导，前瞻性地提出未来的发展方向和重点任务。“宏观视角”汇集的是国家公共文化服务体系专家委员会委员承担的公共文化服务体系制度设计研究课题的阶段性研究成果，展现了专家学者对我国公共文化服务体系建设中一些重点问题的深度思考和政策建议。“地方实践”集中反映了近年来各地在公共文化服务体系建设进程中、示范区（项目）创建进程中涌现出来的丰富多彩、鲜活生动的实践创造。“重点扫描”聚焦近年来我国公共文化服务体系建设重大工程、重点工作和重要事件的进展。“他山之石”汇集的是有关公共文化服务体系建设国际经验借鉴的研究成果。以“附录”形式编辑的“大事记”，则留下了2010～2012年我国公共文化服务体系建设的时代印迹。

本书在结构设计、内容选择与表现方法上，吸收和借鉴了此前出版的2007、2009年版“文化蓝皮书”的经验，同时也根据实际情况作了适当调整，并努力寻求新的突破。2010～2012 年间的中国公共文化服务体系建设，出现了许多具有划时代意义的标志性事件，如“三馆一站”免费开放全面实施、国家公共文化服务体系示范区（项目）创建启动、公共数字文化体系建设进一步推进等，党的十七届六中全会召开以及全会通过的《决定》，标志着我国的公共文化服务体系建设实现了历史性转折。以浓墨重笔为这些具有划时代意义的标志性事件“留真”，是本书在内容上的特点之一。文化部公共文化司和国家公共文化服务体系建设专家委员会主持本书的编写，使本书具有了更广阔的视野，更广泛的覆盖面，更可靠的事实与数据来源，更具前瞻性的引导，更有力的组织保证，从而进一步提升了本书的权威性、指导性和影响力。自 2010 年文化部部署开展公共文化服务体系建设制度设计研究以来，本书首次集中发表由国家公共文化服务体系建设专家委员会委员主持的制度设计研究课题阶段性成果，提升了本书的理论品味和研究色彩。

文化部党组书记、部长蔡武同志为本书撰写了序言。这篇序言对我国公共文化服务体系建设的理念、思想、政策作了系统阐述，对各级党委政府落实十七届六中全会精神、全面推进公共文化服务体系建设提出了明确要求，其内涵已经远远超出了一篇书序。当然，部长为本书作序，也是对本书编写的鼓励与鞭策。

本书的编辑出版，得到了深圳市文体旅游局、深圳市特区文化研究中心的特别支持，深表感谢。

中国文化传媒集团国家公共文化发展中心、为本书提供应征稿件的地方政府和文化厅局以及专家学者、社会科学文献出版社等单位和个人，都为本书的编辑出版付出了辛勤劳动，在此一并致谢。

本书主编：于　群

李国新

2012 年 7 月

权威报告 热点资讯 海量资料

当代中国与世界发展的高端智库平台

皮书数据库 www.pishu.com.cn

皮书数据库是专业的社会科学综合学术资源总库，以大型连续性图书皮书系列为基础，整合国内外其他相关资讯构建而成。包含七大子库，涵盖两百多个主题，囊括了十几年间中国与世界经济社会发展报告，覆盖经济、社会、政治、文化、教育、国际问题等多个领域。

皮书数据库以篇章为基本单位，方便用户对皮书内容的阅读需求。用户可进行全文检索，也可对文献题目、内容提要、作者名称、作者单位、关键字等基本信息进行检索，还可对检索到的篇章再作二次筛选，进行在线阅读或下载阅读。智能多维度导航，可使用户根据自己熟知的分类标准进行分类导航筛选，使查找和检索更高效、便捷。

权威的研究报告，独特的调研数据，前沿的热点资讯，皮书数据库已发展成为国内最具影响力的关于中国与世界现实问题研究的成果库和资讯库。

皮书俱乐部会员服务指南

1. 谁能成为皮书俱乐部会员？

- 皮书作者自动成为皮书俱乐部会员；
- 购买皮书产品（纸质图书、电子书、皮书数据库充值卡）的个人用户。

2. 会员可享受的增值服务：

- 免费获赠该纸质图书的电子书；
- 免费获赠皮书数据库100元充值卡；
- 免费定期获赠皮书电子期刊；
- 优先参与各类皮书学术活动；
- 优先享受皮书产品的最新优惠。

（本卡为图书内容的一部分，不购书刮卡，视为盗书）

3. 如何享受皮书俱乐部会员服务？

（1）如何免费获得整本电子书？

购买纸质图书后，将购书信息特别是书后附赠的卡号和密码通过邮件形式发送到pishu@188.com，我们将验证您的信息，通过验证并成功注册后即可获得该本皮书的电子书。

（2）如何获赠皮书数据库100元充值卡？

第1步：刮开附赠卡的密码涂层（左下）；

第2步：登录皮书数据库网站（www.pishu.com.cn），注册成为皮书数据库用户，注册时请提供您的真实信息，以便您获得皮书俱乐部会员服务；

第3步：注册成功后登录，点击进入“会员中心”；

第4步：点击“在线充值”，输入正确的卡号和密码即可使用。

皮书俱乐部会员可享受社会科学文献出版社其他相关免费增值服务
您有任何疑问，均可拨打服务电话：010-59367227 QQ:1924151860
欢迎登录社会科学文献出版社官网(www.ssap.com.cn)和中国皮书网（www.pishu.cn）了解更多信息

中国皮书网

发布皮书研创资讯，传播皮书精彩内容
引领皮书出版潮流，打造皮书服务平台

栏目设置：

□ 资讯：皮书动态、皮书观点、皮书数据、 皮书报道、 皮书新书发布会、电子期刊
□ 标准：皮书评价、皮书研究、皮书规范、皮书专家、编撰团队
□ 服务：最新皮书、皮书书目、重点推荐、在线购书
□ 链接：皮书数据库、皮书博客、皮书微博、出版社首页、在线书城
□ 搜索：资讯、图书、研究动态
□ 互动：皮书论坛

www.pishu.cn

中国皮书网依托皮书系列“权威、前沿、原创”的优质内容资源，通过文字、图片、音频、视频等多种元素，在皮书研创者、使用者之间搭建了一个成果展示、资源共享的互动平台。

自2005年12月正式上线以来，中国皮书网的IP访问量、PV浏览量与日俱增，受到海内外研究者、公务人员、商务人士以及专业读者的广泛关注。

2008年10月，中国皮书网获得“最具商业价值网站”称号。

法律声明

皮书系列

皮书系列

广视角·全方位·多品种

皮书系列

皮书系列

皮书系列

皮书系列

皮书系列为“十二五”国家重点图书出版规划项目

皮书系列

皮书系列